中国石化
SINOPEC

2025
全球油气工程行业发展报告

中石化石油工程技术研究院有限公司 编

中国石化出版社
·北京·

图书在版编目（CIP）数据

全球油气工程行业发展报告 . 2025 / 中石化石油工程技术研究院有限公司编 . -- 北京 : 中国石化出版社 , 2025. 6. -- ISBN 978-7-5114-7973-0

Ⅰ. F416.22

中国国家版本馆 CIP 数据核字第 2025LV0291 号

中国石化出版社出版发行

地址：北京市东城区安定门外大街 58 号

邮编：100011　电话：（010）57512442

http ://www.sinopec-press.com

E-mail : press@sinopec.com

北京科信印刷有限公司印刷

全国各地新华书店经销

*

787 毫米 × 1092 毫米　16 开本　18 印张　332 千字

2025 年 6 月第 1 版　2025 年 6 月第 1 次印刷

定价：298.00 元

《全球油气工程行业发展报告（2025）》
编写组

主　　编：刘宝增　王敏生　王立歆

编写人员：王敏生　马广军　光新军　杨江峰　姚云飞
闫　娜　思　娜　叶海超　张进双　黎　娜
王晓慧　李　婧　郭先敏　李芦茜　刘晓丹
邸伟娜　王瑞瑶　李红敬　李　霞　周小慧
赵汩凡　孙　奇　须振华　王　猛　高淑娟
杨　利　吴昌华　王宝峰　陈会年　令文学
刘文臣　滕春鸣　曹　耐

前言

PREFACE

全球能源低碳转型持续推进，油气高质量发展将为保障能源安全和加快低碳转型提供可行途径。油气工程作为油气勘探开发产业链的重要环节，其技术进步为油气高质量发展提供可靠保障。为了帮助我国油气工程企业和研究单位充分认识行业发展形势和市场环境变化，明晰油服公司发展动向，了解科技创新进展与方向，中石化石油工程技术研究院有限公司联合中石化物探技术研究院有限公司和睿咨得能源管理咨询（北京）有限公司编写了《全球油气工程行业发展报告（2025）》，供业内外人士参考。

报告共 5 章。第 1 章为全球油气行业发展状况及展望，主要分析宏观环境及油气市场状况、油气勘探开发现状和趋势。第 2 章为全球油气工程市场现状及展望，主要分析全球油气工程市场总况及展望、主要细分专业市场现状及展望、主要区域油气工程市场现状及展望。第 3 章为全球油服公司发展动向，主要分析大型综合油服公司、专业承包商、三大国有油服公司及民营油服公司发展动向。第 4 章为油气工程科技创新动向，主要分析物探、钻井、压裂、新领域和数智化科技宏观动向、新技术进展和发展展望。第 5 章为专题研究，主要介绍重点研究专题成果。附录介绍了获得 2024 年 OTC 聚焦新技术奖和工程技术创新特别贡献奖的技术情况。

本报告由主编刘宝增、王敏生、王立歆总体策划、组织和审核，马广军、光新军、杨江峰、杨利组织了报告的编写。第 1 章由姚云飞、王晓慧编写，闫娜审核；第 2 章由姚云飞、李婧、李芦茜、刘晓丹编写，闫娜、须振华审核；第 3 章由闫娜、邸伟娜、李芦茜编写，姚云飞、王猛审核；第4章由光新军、思娜、黎娜、郭先敏、王晓慧、孙奇、李红敬、李霞、周小慧编写，叶海超、光新军审核；第5章由王敏生、光新军、闫娜、张进双、姚云飞、周小慧、郭先敏、黎娜、赵汨凡、王宝峰等编写，王敏生、光新军、姚云飞审核；附录由王瑞瑶翻译，张进双审核。陈会年、令文学、刘文臣、滕春鸣、曹耐对报告进行了校对。

本报告得到了中国石化科技部、油田勘探开发事业部和中石化石油工程技术服务股份有限公司的资助，编写过程中得到了相关领导和专家的支持，在此一并表示感谢。由于编者水平有限，报告中难免存在不尽如人意之处，恳请各界同仁提出意见和建议。

目录

CONTENTS

第1章

全球油气行业发展状况及展望

1.1 宏观环境及油气市场状况

1.1.1 全球经济保持稳定，区域差异化走势明显

2024 年，全球经济在多重挑战中展现出一定的韧性，区域增长态势差异性显著。据世界货币基金组织（IMF）估计，2024 年全球经济增长 3.3%，增速与 2023 年持平，低于 2000—2019 年 3.7% 的历史平均水平。发达经济体经济增长保持稳定，得益于强劲的消费支出，美国经济表现依然稳健，制造业和货物出口的持续疲软导致欧元区增长低迷。相比之下，新兴市场和发展中经济体表现不及预期，但亚洲经济体，尤其是中国和印度，依然是全球增长的主要引擎。中国经济在结构性改革和内需扩大的推动下保持稳健增长，同比增长 5.0%，尽管房地产市场的调整和外部需求疲软带来一定压力，但政府通过积极的财政和货币政策有效缓解了这些风险。印度受到工业活动放缓的影响，经济增速放缓幅度超出市场预估，但也实现了 6.5% 的增长。全球贸易在 2024 年大幅回升，但未恢复到新冠肺炎疫情前水平，仍受到供应链重构和贸易保护主义抬头的冲击。多数经济体核心商品价格通胀已回落至（或已低于）趋势水平，但服务价格通胀仍高于疫情前的平均水平。气候变化和能源转型成为全球关注的焦点，各国在绿色转型和技术创新方面的投入显著增加，推动了可再生能源和低碳技术的快速发展。2025 年全球经济仍将面临诸多挑战和不确定性，总体有望保持稳定增长，预计增速在 2.8% 左右。

1.1.2 能源转型持续推进，能源结构深刻调整

2024 年，全球能源转型持续推进，但前进之路并非坦途。全球应对气候变化取得积极进展，围绕新的气候融资集体量化目标、《巴黎协定》第六条国际碳市场机制等议题，《联合国气候变化框架公约》第二十九次缔约方大会达成了“巴库气候团结契约”，进一步推进了全球绿色低碳转型。在百年未有之大变局背景下，国际格局深刻调整，大国竞争加剧，国家间竞合关系进一步加强，俄乌冲突等引发的地缘政治冲突使能源自主安全供应成为各国能源发展的核心关切，统筹能源安全与转型成为能源可持续发展共识，其关键在于推动传统能源与新能源深度融合。

2024 年是全球能源转型的关键时期，能源结构正在发生深刻变化（见图 1–1）。化石能源消费占比持续下降，2024 年全球煤炭消费占一次能源消费比例由 2023 年的 25.5% 下

降至 24.7%，石油和天然气消费占一次能源消费比例分别由 2023 年的 31.2% 和 22.9% 增长至 31.8% 和 23.0%。可再生能源持续快速发展，消费占比进一步提升，2024 年全球可再生能源消费占一次能源消费比例由 2023 年的 16.5% 提高至 16.7%。可再生能源技术进步成为推动能源转型的重要力量，受太阳能电池板和风力发电机的效率和成本大幅下降影响，2024 年全球可再生能源发电量再创新高。更高容量、更低成本和更长寿命的储能技术推动可再生能源大规模应用，在电网调峰和电力平衡方面作用进一步发挥。2025 年，能源安全转型仍是能源发展焦点，全球能源结构调整持续推进，化石能源消费占比持续下降，可再生能源占比保持快速增长，中国、美国和欧洲将贡献主要的新增可再生能源装机容量。

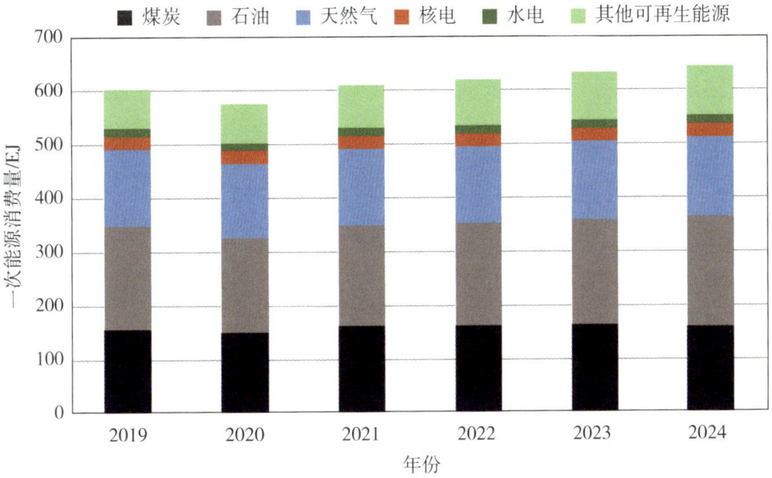

图 1-1　全球一次能源消费变化情况

$1EJ=1\times10^8J$

中国继续引领全球新能源快速发展，2024 年，中国可再生能源发电新增装机 3.73 亿千瓦，同比增长 23%，占全球电力新增装机的 86%。中国可再生能源发电量达 3.46 万亿千瓦·时，同比增长 19%，约占全部发电量的 35%。其中，风电、太阳能发电量合计达 1.83 万亿千瓦·时，同比增长 27%。据国际能源署（IEA）预计，到 2030 年，中国可再生能源累计装机容量将占全球的“半壁江山”，全球约有 60% 的可再生能源装机增长来自中国。2025 年，伴随《中华人民共和国能源法》全面贯彻实施，可再生能源作为能源供应的增量主体，将保持快速发展态势，新型能源体系加快建设，能源转型加速推进，能源结构持续转“绿”，产业结构持续向“新”。

1.1.3 油气资源国鼓励上游勘探开发，油气与新能源融合发展成为趋势

2024 年，全球主要油气生产国在鼓励油气勘探开发方面出台了一系列新政策，旨在平衡能源安全、经济增长和能源转型的需求。一是保持税收激励与财政支持。美国、俄

罗斯、挪威、加拿大、中国等国家政府继续为特定领域的油气勘探开发活动提供税收优惠，吸引国内外投资。二是颁布修订能源法律法规。中国出台能源法，设立一系列能源供应保障制度，加大石油、天然气资源勘探开发力度，开启能源高质量发展与高水平安全的新格局。三是通过国家石油公司直接增加投资。沙特阿拉伯、阿拉伯联合酋长国（简称阿联酋）等通过国家石油公司加大了对上游勘探开发的投资，扩大油气产能。四是加大基础设施投资。俄罗斯、加拿大等国加大了对油气基础设施的投资，特别是管道、港口、LNG（液化天然气）出口设施，以支持新油田的开发和提高油气出口能力。五是加强国际合作。中国继续通过"一带一路"倡议推动国际油气合作，积极参与海外油气项目的并购和开发，以保障能源供应安全；阿联酋鼓励提高油气采收率、低碳等方面的技术创新和国际合作；中亚乌兹别克斯坦与俄罗斯推进"中亚－中心"管道扩容工作。在能源安全更加受到重视的背景下，国际大型油气企业积极重塑油气业务核心地位。一方面，油气资产收并购活动持续活跃，特别是美国页岩油气资产，继 2023 年埃克森美孚宣布收购先锋能源、雪佛龙宣布收购赫斯之后，切萨皮克能源公司与西南能源公司宣布合并，响尾蛇能源公司宣布收购奋进能源公司，康菲石油公司宣布收购马拉松石油公司，掀起油气资产并购潮；另一方面，低碳转型步伐放缓，欧洲大型石油公司调整碳减排目标，下调新能源和低碳投资计划，调整新能源业务布局，平衡短期和长期生产经营战略。

油气与新能源的融合发展成为油气产业转型发展的重要趋势。传统能源与新能源加速深度融合，推动全产业链向"绿"向"新"。部分产油国积极推动实施"油气＋新能源"的融合发展模式，通过技术耦合、设施共用等方式，推进海上风电供电油气平台、光伏和风电供电油气田、海上油气平台集成风电设施、"新能源制氢＋炼化"、碳捕集－地热联合项目、油气管道走廊铺设风电并网电缆等项目，进一步降低油气项目全生命周期碳排放，提升投资回报率。油气企业也通过投资新能源项目、开发氢能、加强低碳技术创新、改造基础设施等方式，积极探索向低碳化、清洁化转型。

预计 2025 年，油气保持能源主体地位，鼓励油气勘探开发的产业政策将是多数资源国的优先选择。受碳中和加速、碳约束强化及能源转型持续推进的影响，油气与新能源将进一步深度融合发展，触发更多的融合技术突破和运营模式创新，进一步推动油气产业的低碳发展。

1.1.4 全球油气供应充裕，需求量保持增长

2024 年，全球石油需求量保持增长，需求总量达 1.0324×10^8bbl/d（1bbl=$0.159m^3$），比 2023 年增长 78×10^4bbl/d。其中，亚太需求量 3921×10^4bbl/d、增长 59×10^4bbl/d，欧洲需求量 1333×10^4bbl/d、增长 11×10^4bbl/d，北美需求量 2456×10^4bbl/d、增长 3×10^4bbl/d，俄罗斯需求量 382×10^4bbl/d、下降 2×10^4bbl/d［见图 1-2（a）］。

全球石油产量 1.0222×10^{8}bbl/d，同比增长 11×10^{4}bbl/d，其中，北美产量 3039×10^{4}bbl/d、增长 88×10^{4}bbl/d，南美产量 844×10^{4}bbl/d、增长 46×10^{4}bbl/d，中东产量 3055×10^{4}bbl/d、下降 66×10^{4}bbl/d，俄罗斯产量 1070×10^{4}bbl/d、下降 37×10^{4}bbl/d［见图 1–2（b）］。

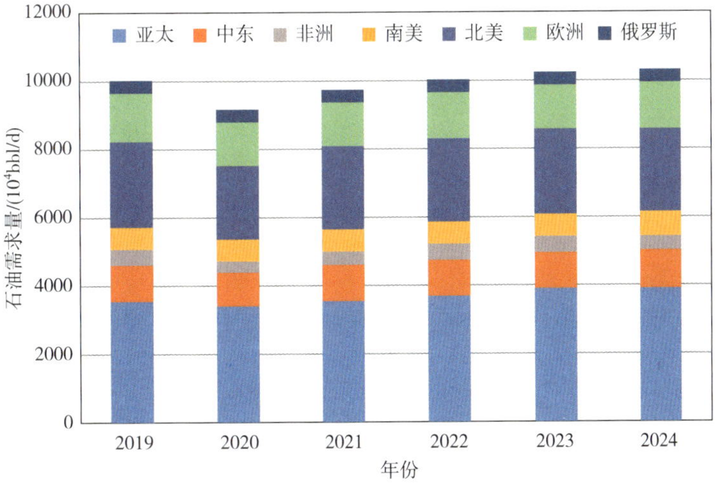

(a)石油需求量

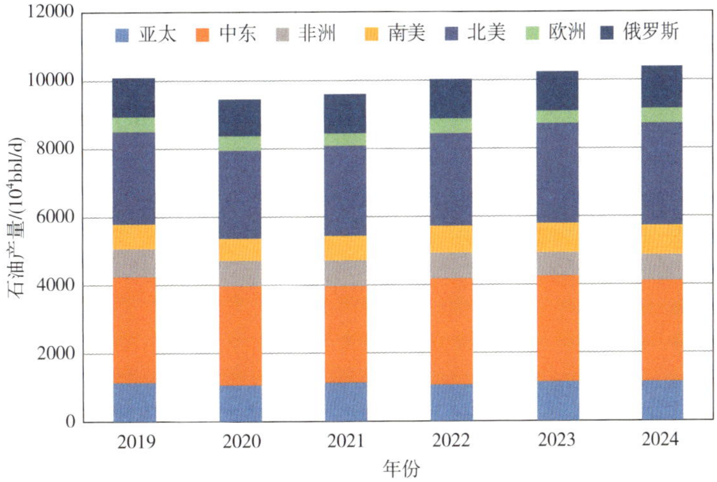

(b)石油产量

图 1–2　全球石油需求量和产量变化

预计 2025 年，受经济复苏乏力、新能源加速替代影响，全球石油需求量增长放缓；特朗普能源新政可能刺激美国原油产量大幅提升，带动非欧佩克国家产量保持增长，欧佩克国家减产分歧加大，供应增长潜力较大。全球石油贸易格局继续调整，重心持续东移，欧美区域贸易持续强化。

2024 年，受亚洲热浪影响，全球天然气需求量实现持续增长，总需求量为 $4.12\times10^{12}m^{3}$，同比增长 2.0%。亚太、北美、中东和俄罗斯是全球需求增量较大的地区［见图 1–3（a）］，全年天然气需求量同比分别上涨 $332\times10^{8}m^{3}$、$205\times10^{8}m^{3}$、$203\times10^{8}m^{3}$ 和

$115\times10^8m^3$。亚太地区主要由于中国非工业用气需求复苏，中国天然气需求进一步增长，日本核电站重启推迟带来天然气需求止跌回升；受发电用气需求推动，中东和北美天然气需求量增长；欧洲天然气需求量持续下降，主要原因为，在俄乌冲突发生后，天然气供应安全风险较为显著，能源转型加快，核电及风光发电水平提升，致使发电用气需求量持续大幅下滑。

2024 年，全球天然气产量 $4.08\times10^{12}m^3$，同比增长 1.6%，主要由俄罗斯、中东和亚太地区推动［见图 1–3（b）］。其中，北美天然气产量 $1.28\times10^{12}m^3$，保持稳定，非洲天然气产量同比下降 5.9%。上游投资增长释放了沙特阿拉伯、科威特和伊朗的天然气产量；美国天然气产量复苏因亨利港（Henry Hub）天然气价格低迷而推迟。受欧洲天然气进口结构变化，挪威替代俄罗斯成为欧盟最大天然气供应国，2024 年挪威天然气产量达到 $1240\times10^8m^3$，再创历史新高，带动欧洲天然气产量实现同比上涨。

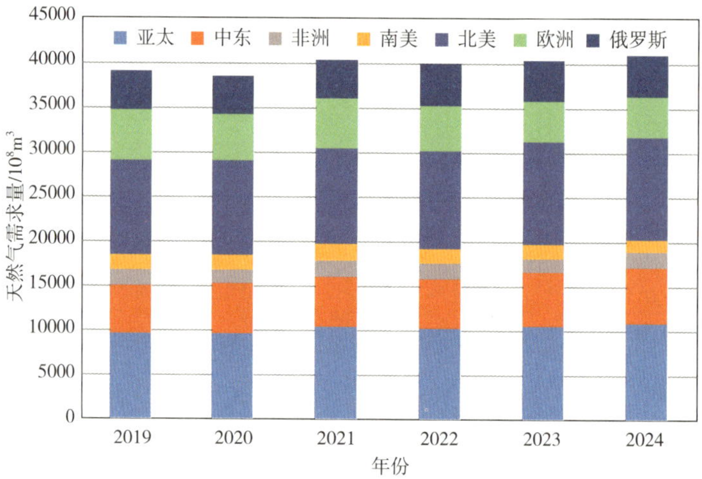

(a)天然气需求量

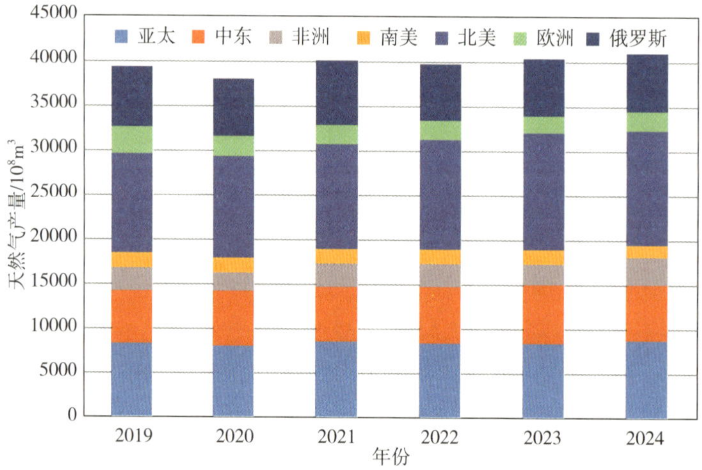

(b)天然气产量

图 1–3　全球天然气需求量和产量变化

预计 2025 年，全球天然气需求量保持增长态势，增速有所减缓，主要受中国、印度及其他新兴经济体拉动；天然气产量将稳步增长，增速有所加快，主要受北美、中东、中国等驱动；LNG 进口需求强劲，项目投产回暖，天然气贸易持续升温。

1.1.5 国际油气价格持续回落，振幅收窄

2024 年，全球原油市场保持供应过剩态势。需求方面，全球经济疲软和能源转型持续推进导致石油需求不振，中国等主要石油消费国进入峰值平台期，全球原油需求量增长放缓。供应方面，以美国为主的非欧佩克产油国原油产量大幅提升，全球原油供应充足。供需宽松导致国际原油价格同比小幅回落，受中东、俄乌等地缘政治因素影响，全年整体保持中高位波动走势。布伦特（Brent）原油价格全年平均为 80.52 美元 /bbl，同比下跌 1.65 美元 /bbl，库辛（WTI）原油价格全年平均为 76.63 美元 /bbl，同比下跌 0.97 美元 /bbl（见图 1–4）。预计 2025 年，国际油价将震荡下行，振幅扩大，全年平均油价为 65~75 美元 /bbl。

图 1–4　国际原油价格变化趋势

2024 年，全球天然气价格总体呈现先抑后扬走势，年均价格持续回落，但降幅显著收窄（见图 1–5），其中欧洲天然气交易中心荷兰产权转让设施（TTF）天然气价格全年平均为 10.43 美元 /mmBtu（1mmBtu=1055.06J），同比下跌 2.67 美元 /mmBtu；东亚 LNG 全年平均价格为 11.44 美元 /mmBtu，同比下跌 2.95 美元 /mmBtu；美国 Henry Hub 天然气全年平均价格为 2.30 美元 /mmBtu，同比下跌 0.36 美元 /mmBtu。2024 年，全球天然气消费增长提速，消费量创历史新高，主要受公路运输、发电等领域天然气取代石油产品的影

响。然而供应增速也进一步提升，其中，俄罗斯产量恢复增长，加拿大、卡塔尔等主要天然气生产国产量保持增长，中国天然气产量维持了较高速度的增长。从总体看，市场供需面由宽松转向趋紧。预计 2025 年，供需脆弱平衡将导致天然气价格回升，TTF 平均价格和东亚 LNG 平均价格小幅回升，Henry Hub 平均价格将大幅回升。

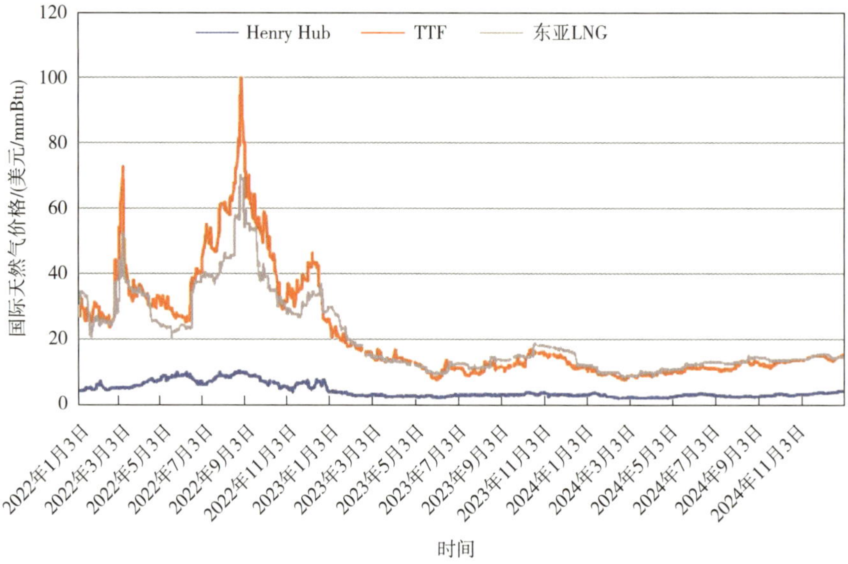

图 1-5　国际天然气价格变化趋势

1.2　油气勘探开发现状和趋势

1.2.1　全球油气勘探开发投资小幅增长，低碳领域投资已超越油气

2019—2024 年全球油气勘探开发资本支出情况如图 1-6 所示，不同区域油气勘探开发资本支出情况如图 1-7 所示。2024 年全球油气勘探开发资本支出达 6109 亿美元，较 2023 年的 6085 亿美元实现小幅增长，较 2022 年增长 854 亿美元，增幅 16.3%。其中，2024 年常规油气勘探开发资本支出比 2023 年增长 4%，非常规油气支出同比下降 9%。受地缘政治风险飙升、能源危机、能源行业低碳转型等不确定性因素的影响，全球对化石能源的需求有所回升，能源低碳转型步伐有所放缓。非洲、拉丁美洲等新兴资源国政府增加油气产量意愿较为迫切，上游资源禀赋良好且近年有重大发现的纳米比亚、圭亚那、苏里南等国家已经成为石油勘探开发的热点地区。

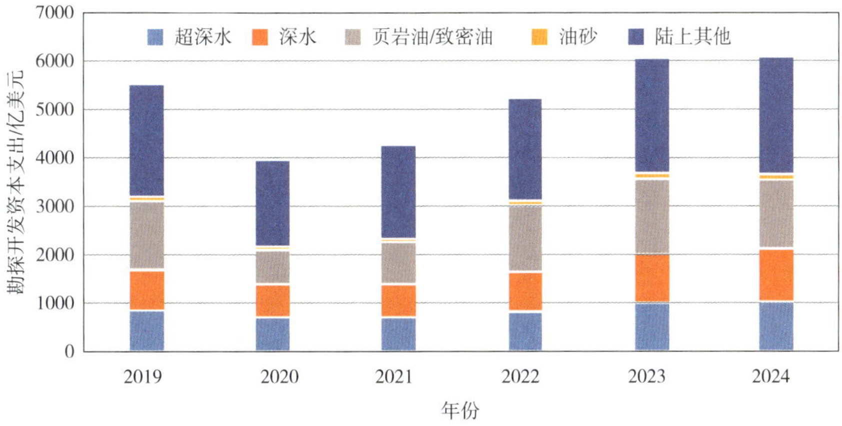

图 1-6　2019—2024 年全球油气勘探开发资本支出情况

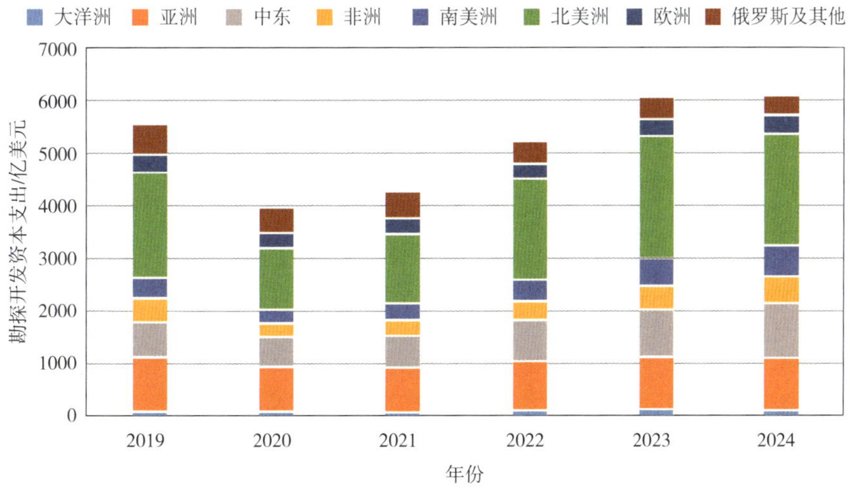

图 1-7　2019—2024 年不同区域油气勘探开发资本支出情况

超深水区投资同比增长 1.6%，深水区投资同比增长 10.5% 左右；页岩油 / 致密油投资继 2022 年同比增长 55% 之后，2023 年同比增长约 7%，2024 年同比下降 10.2%；油砂投资同比增长 10%。

部分区域总投资出现两位数的增长（见图 1-7）。非洲地区的总投资增长 12.5%，主要来自尼日利亚、刚果、利比亚和乌干达。南美洲总投资增长 8.1%，主要来自巴西和圭亚那的海上投资。中东总投资增长 17.3%，主要来自沙特阿拉伯、阿联酋和卡塔尔。欧洲投资增长 10.3%，主要来自挪威。北美、欧洲和中东是 2024 年获批项目最多的地区。2024 年，我国油气勘探投资在 2023 年创下历史新高后保持持平。

受国际形势影响，能源安全在全球层面被提到全新的高度，各国都在以更积极的态度推动本国油气上游发展，同时也持续推进能源转型，自 2023 年起，低碳领域投资已超越油气领域（见图 1-8），标志着全球资本配置的重大转变。

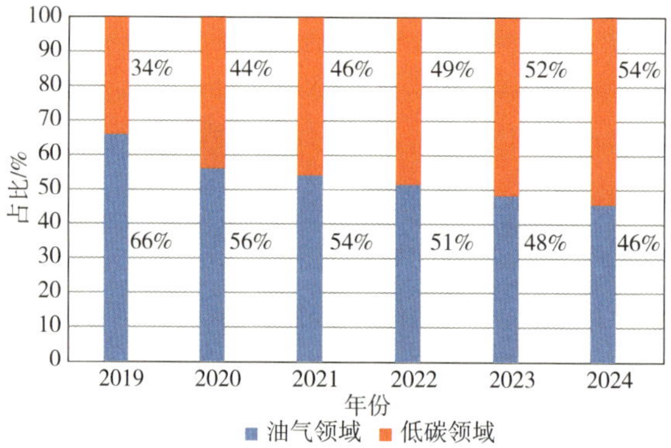

图 1-8　油气和低碳领域投资占比变化

低碳领域：太阳能、风能、CCUS（碳捕集、利用与封存）、氢能、地热、核能、水电、电池储能；油气领域：上、中、下游

数据来源：Rystad Energy 服务解决方案

1.2.2　全球油气勘探新发现大幅缩减，油气剩余经济可采储量小幅下降

1）全球勘探活动小幅下降

2024 年全球完钻勘探井总数持续微跌（见图 1-9）。俄罗斯、中东、亚洲和大洋洲地区的钻井活动增加，在 2023 年完钻的勘探井中，俄罗斯完钻勘探井占比 24.7%，2024 年增加 3.2%，达到 327 口；亚洲地区 2024 年完钻勘探井增加 4 口，总数达到 271 口，占比 22.1%；中东地区完钻勘探井增加 1.7%，达到 175 口，占比 14.3%；大洋洲地区完钻勘探井增加 5.5%，达到 58 口，占比 4.7%。南美地区、北美地区、欧洲及非洲地区完钻勘探井数下降明显，其中，南美地区 2023 年完钻勘探井为 116 口，占比 9%，2024 年下降 28.4%，仅完钻 83 口；北美地区 2024 年完钻勘探井下降 17.8%，全年仅完钻勘探井 88 口，占比 7.2%；欧洲地区下降 16.1%，全年完钻 94 口，占比 7.7%；非洲地区下降 6.5%，全年完钻 130 口，占比 10.6%。

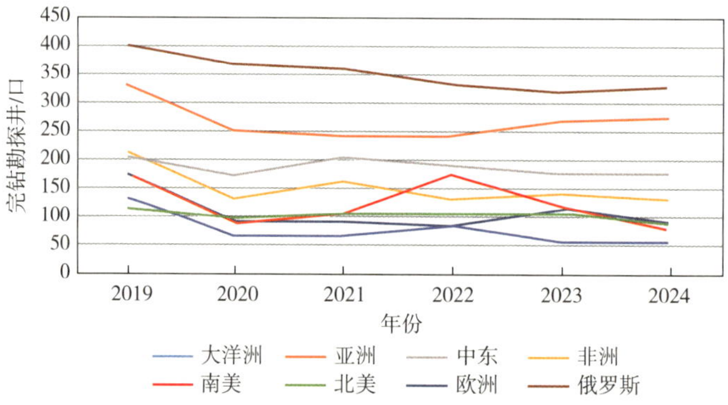

图 1-9　2019—2024 年全球完钻勘探井基本情况

2）勘探发现量和规模大幅下降

2019—2024 年全球不同区域、不同水深常规油气发现量情况分别如图 1–10、图 1–11 所示。2024 年，全球共发现常规油气储量 76.1×10^8bbl 油当量。与 2023 年相比，2024 年油气发现量持续减少、发现储量降低，新发现平均规模持续下降，创近 5 年以来新低。这是由于油气公司探测远景区面临很多困难，许多井未达到预期。全球主要油气公司的油气勘探资本支出维持低位，原油勘探发现的难度越来越大，石油资源的稀缺性将在未来逐步显现。超深水区油气发现量 28.2×10^8bbl 油当量，同比增长 12.4%；深水区油气发现量同比增长 6.5%；浅海大陆架的油气发现量为 8.8×10^8bbl 油当量，同比下跌 51.1%；陆上油气发现量为 16.4×10^8bbl 油当量，同比下跌 38.1%。

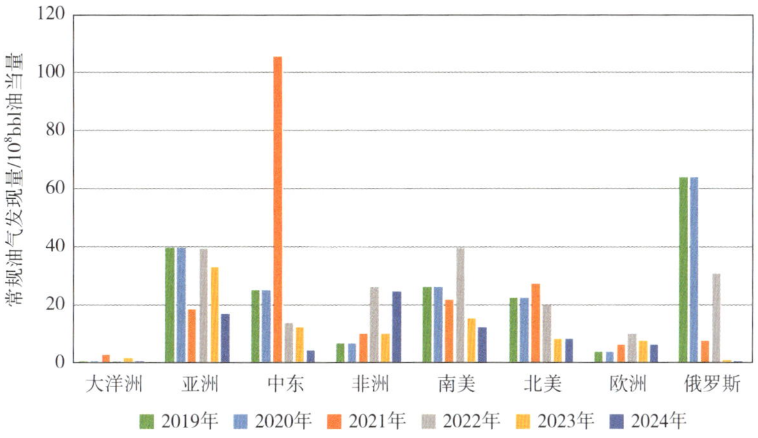

图 1–10　2019—2024 年不同区域常规油气发现量情况

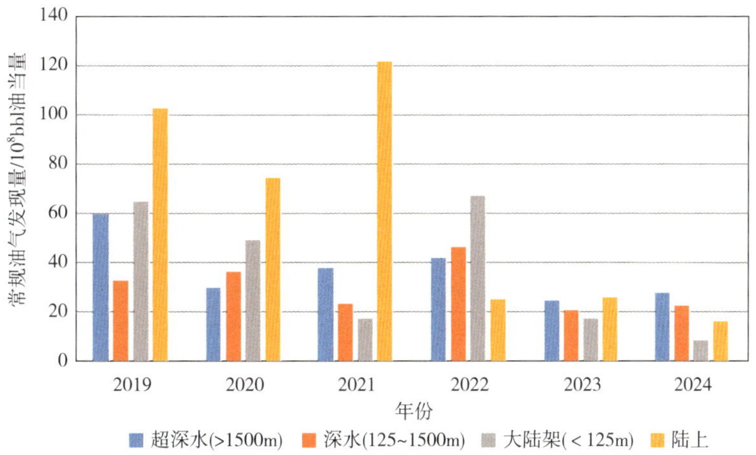

图 1–11　2019—2024 年不同水深常规油气发现量情况

如图 1–12 所示，预计 2025 年全球油气剩余经济可采储量将小幅下降至 1.86×10^{12}bbl 油当量（约 2548×10^8t），同比下降 2.2%，油气储量仍主要集中在中东地区。

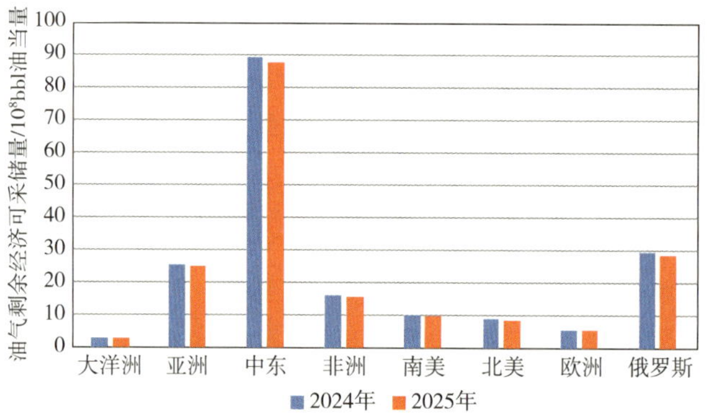

图 1–12　2024—2025 年不同区域油气剩余经济可采储量情况

1.2.3 全球油气产量继续保持双增态势

2019—2024 年全球各地区活跃钻机数量变化如图 1–13 所示。贝克休斯公布的全球各地区活跃钻机数据显示，2024 年，全球平均活跃钻机数量为 1735 台，略低于 2023 年水平（1814 台），与 2022 年持平。其中，拉美的钻机继在 2023 年 5 月达到了 2020 年以来的最高数量（190 台）后持续下降；北美钻机活动整体延续下降态势，2024 年平均活跃钻机数量同比下降 79 台至 787 台；亚太地区的钻机数基本恢复到 2020 年 2 月的水平，2024 年 4 月达到了 237 台，是 2020 年以来的最高水平；中东和非洲地区的钻机数量保持持续反弹态势，2024 年平均活跃钻机同比分别增长 9 台、6 台至 341 台、107 台。

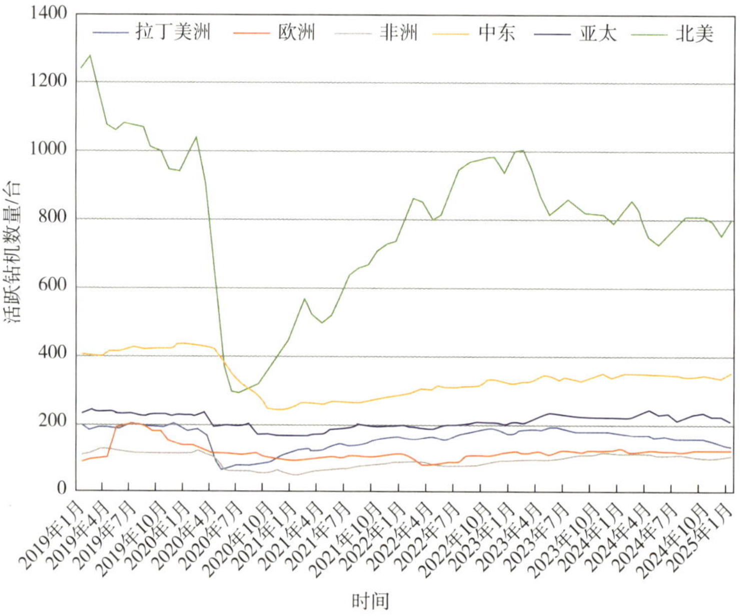

图 1–13　2019 年—2025 年 1 月全球各地区活跃钻机数量变化

2019—2024 年全球各类型石油和天然气产量变化如图 1–14 所示。2024 年，全球油气产量继续保持双增态势，全球石油产量 51.1×10^8t 油当量，同比增长 0.1%。其中，页岩 / 致密油产量同比增加 6.7%，深水石油产量同比增加 2.2%，油砂油产量同比增加 3.0%，陆上其他石油产量同比下降 1.9%。全球天然气产量 32.9×10^8t 油当量，同比增加 1.0%。其中页岩 / 致密天然气产量同比增加 2.5%，陆上其他、大陆架和深水天然气产量同比分别增加 1.5%、1.2% 和 0.5%。

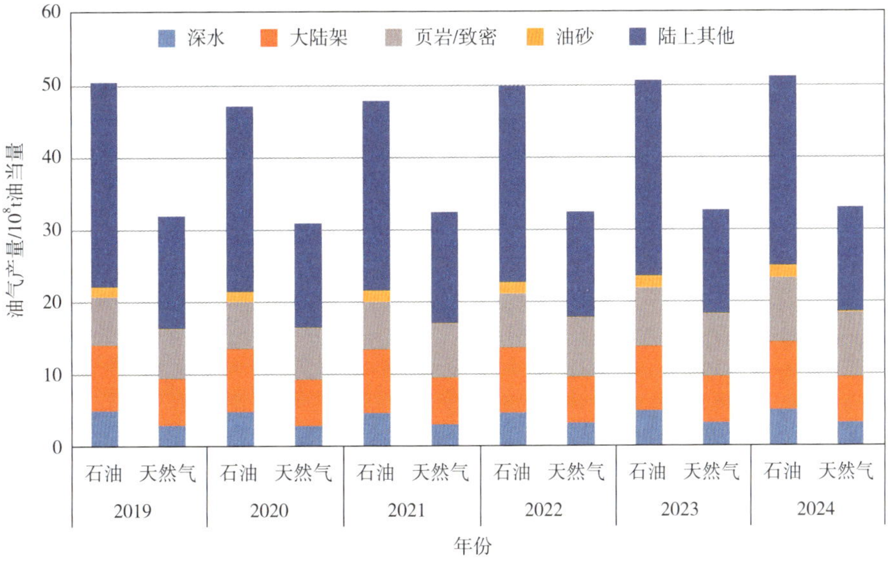

图 1–14　2019—2024 年全球各类型石油和天然气产量变化

2024 年我国原油产量约为 45.1×10^8t 油当量，海域突破 6550×10^4t 油当量，天然气产量达 $4390 \times 10^8 m^3$，页岩气产量 $250 \times 10^8 m^3$，煤层气产量 $140 \times 10^8 m^3$。

1.2.4 油气勘探开发投资将保持稳定，低碳领域支出持续快速增长

受能源转型、石油需求增速放缓、油价走低等因素影响，加上脱碳目标与供应安全之间不断变化的平衡对油气投资的抑制作用，预计 2025 年及“十五五”期间，油气领域投资总体保持相对稳定，与 2024 年的水平相近。北美和中东的投资将占油气总投资的近一半，2027 年后，海上油气上游项目审批速度放缓将导致相关支出下降。

低碳支出将保持快速增长态势。对低碳能源的需求增长推动支出增加，预计 2024—2030 年年均增速为 7%，高于前 10 年 4% 的年均增速（见表 1–1）。大部分支出来自成熟领域，如风能和太阳能，未来 10 年这些领域仍是需求主力，预计至 2030 年，太阳能领域的投资复合年增长率（CAGR）将达到 4.6%，陆上风电为 2.3%。与此同时，海上风电近年来在欧洲和亚洲发展势头强劲，投资 CAGR 预计达 14%，将超越陆上风电。各国对

CCUS 和氢能的兴趣也在上升。CCUS、氢能和地热能活动激增，为供应商（尤其是投资研发驱动技术创新的企业）开辟了新机遇。印度、德国、越南等国家计划在 2030 年提高可再生能源发电占比，未来几年将加大对风能、太阳能等领域的投资。

表 1-1　2024—2030 年各行业及领域投资预期年复合增长率　单位：%

能源领域	设备与材料	工程与建设	钻探与干预	储层与增产	运维	物流与船舶
太阳能	5	4	—	—	19	4
核能	0	0	—	—	2	1
风能	5	5	—	3	15	14
水电	-7	-8	—	—	-1	-3
氢能	28	20	—	—	17	18
CCUS	44	33	50	38	50	45
地热能	11	9	7	8	9	11

数据来源：Rystad Energy ServiceCube 低碳解决方案。

参　考　文　献

[1] International Monetary Fund. World Economic Outlook：A Critical Juncture Amid Policy Shifts［R］. Washington，DC：IMF，2025.

[2] 钱兴坤，陆如泉，罗良才，等. 2023 年国内外油气行业发展及 2024 年展望［J］. 国际石油经济，2024，32（2）：1–13.

[3] 谢克昌. 新型能源体系发展思考与建议［J］. 中国工程科学，2024，26（4）：1–8.

[4] IEA. World Energy Outlook 2024［R］. Paris：IEA，2024.

[5] IEA. World Energy Investment 2024［R］. Paris：IEA，2024.

[6] Rystad Energy. 天然气和 LNG 市场年度报告：2024 年 12 月［R］. Oslo：Rystad Energy，2024.

[7] 罗良才，张焕芝，张珈铭，等. 国内外油气勘探开发形势及发展趋势［J］. 石油科技论坛，2024，43（4）：18–24.

[8] Energy Institute. Statistical Review of World Energy 2024［EB/OL］. London：Energy Institute，2024.https：//www.energyinst.org/__data/assets/pdf_file/0006/1542714/684_EI_Stat_Review_V16_DIGITAL.pdf.

[9] Rystad Energy. Upstream Trends Report［R］. Oslo：Rystad Energy，2023.

[10] 中国石油勘探开发研究院. 全球油气勘探开发形势及油公司动态（2024 年）［R］. 北京：中国石油勘探开发研究院，2024.

［11］陆如泉，余功铭，李晓光，等．2024 年全球油气行业勘探开发评述［J］．世界石油工业，2025，32（1）：1–14.

［12］Rystad Energy. Global Service Report：Low Carbon October 2024［R］. Oslo：Rystad Energy，2025.

［13］Rystad Energy. Energy Macro Report Supply Chain Outlook［R］. Oslo：Rystad Energy，2025.

［14］钱兴坤，陆如泉，罗良才，等．“稳中有变”下探寻能源均衡之道——国内外油气行业 2024 年回顾与 2025 年展望［J］．国际石油经济，2025，33（2）：1–6，24.

第2章

全球油气工程市场现状及展望

2.1 全球油气工程市场总况及展望

2.1.1 市场保持稳定，区域走势差异化显著

2024 年，油气价格持续回落，油气勘探开发活动复苏放缓，油气勘探开发投资增长乏力，全球油气工程市场规模增速大幅下滑，同比增加 1.4% 至 4127 亿美元，增幅下滑 13.3 个百分点（见图 2–1）。其中，石油工程建设市场增长幅度较大，同比增长 6.8%，占总市场规模的 28.1%；钻井、钻完井装备与工具市场增长次之，同比分别增长 2.2%、2.1%，分别占总市场规模的 24.5%、20.4%；软件与数字化市场下降幅度最大，同比下降 10.1%，占总市场规模的 0.6%；完井、物探市场都呈现一定幅度下滑，同比分别下降 4.7% 和 4.0%，分别占总市场规模的 23.3% 和 3.0%。

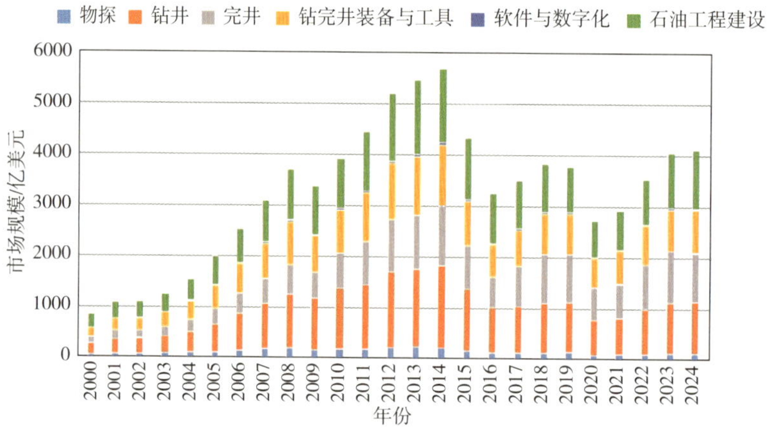

图 2–1　2000—2024 年全球油气工程市场规模变化

2024 年，受美国、俄罗斯等国家陆上勘探开发投资减少影响，全球陆上油气工程市场转向下降态势，同比下降 2.0% 至 2758 亿美元，占钻井市场总规模的 66.8%。受圭亚那、巴西深海及中东海上勘探开发活动推动，全球海上油气工程市场同比增长 9.1% 至 1369 亿美元，占全球油气工程市场总规模的 33.2%（见图 2–2）。

区域市场方面（见图 2–3），2024 年北美油气工程市场规模占比最大，占全球总市场规模的 39.3%，同比下降 6.2%；亚太和中东分别占全球总市场规模的 17.5% 和 13.6%，同比分别增长 2.2% 和 16.5%；南美、非洲分别占全球总市场规模的 9.6%、7.3%，同比分别增长了 13.6%、14.1%。受西方制裁力度加大影响，俄罗斯油气出口更加受限，勘探开

发投资下滑，俄罗斯及其他地区油气工程市场规模同比下滑 8.6%，占全球总市场规模的 6.9%。为了保障油气供应，挪威等国加大油气勘探开发投资，欧洲市场规模呈上涨态势，2024 年同比增长 5.5%，占全球总市场规模的 5.7%。

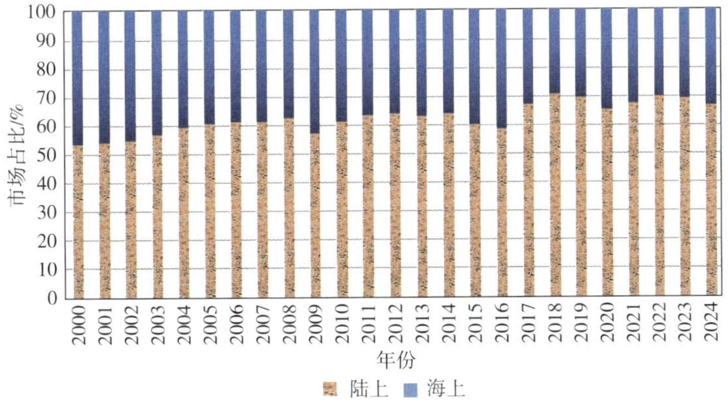

图 2-2　2000—2024 年全球油气工程市场海陆分布情况

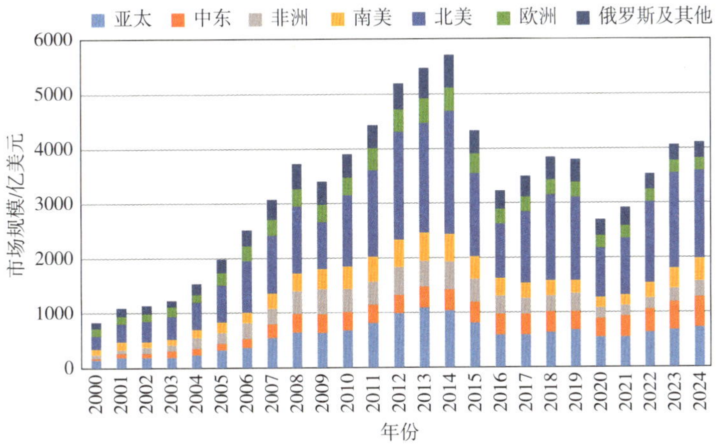

图 2-3　2000—2024 年主要区域油气工程市场变化

2.1.2 市场竞争激烈，集中度有所提升

2023 年和 2024 年全球主要油公司市场需求份额如图 2-4 所示。市场需求集中度进一步提升。2024 年油气工程市场需求端 CR4（前四大企业市场份额之和占市场总份额）为 18.1%，比 2023 年上升 1.7 个百分点；CR8（前八大企业市场份额之和占市场总份额）为 27.8%，比 2023 年上升 1.7 个百分点。市场集中度不高，市场需求端竞争充分，不存在需求垄断情况。中国石油、沙特阿美、埃克森美孚和巴西石油、艾奎诺、壳牌、雪佛龙、康菲石油等是市场的主要需求方，其中，沙特阿美、埃克森美孚、巴西石油和艾奎诺在

2024 年大幅增加油气勘探开发投资，在油气工程市场的需求份额都有不同程度的提升；中国石油、壳牌和康菲石油在油气工程市场的需求份额有所下降。

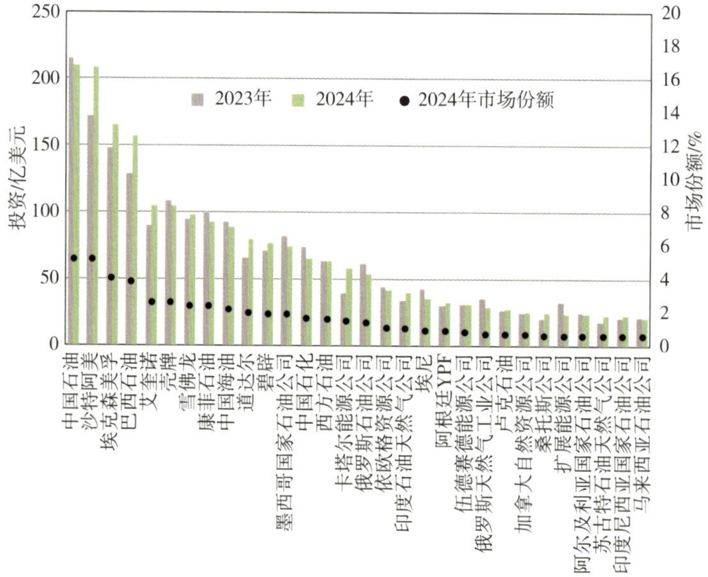

图 2–4　2023 年和 2024 年全球主要油公司市场需求份额

2023 年和 2024 年全球主要服务商市场份额如图 2–5 所示。全球油气工程市场供应集中度略有提升，竞争结构较为稳定。2024 年，油气工程市场供应端 CR4 为 18.6%，比 2023 年上升 0.5 个百分点；CR8 为 26.0%，比 2023 年上升 0.8 个百分点。市场供应集中度不高，市场竞争相对充分，不存在绝对领先的竞争者。斯伦贝谢、哈里伯顿、贝克休斯、中国石油工程板块、石化油服等是市场领导者，合计占市场份额保持在 20% 以上。

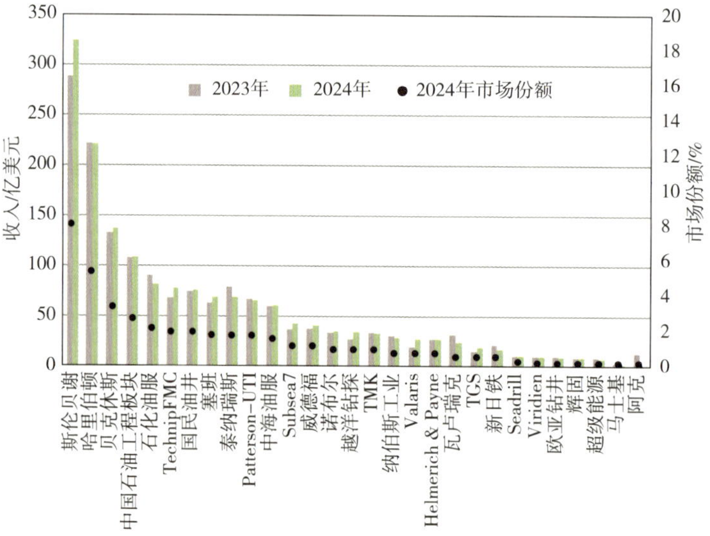

图 2–5　2023 年和 2024 年全球油气工程主要服务商市场份额

2.1.3 2025 年市场总体规模保持稳定，区域和海陆结构仍将变化

2025 年，受国际油气价格走低影响，勘探开发投资增长乏力，油气井工程市场保持稳定，预计总体规模在 4130 亿美元左右。专业市场方面，物探市场有望再次实现增长，预计同比增长 5%，钻井、完井及钻完井装备与工具市场保持稳定，石油工程建设市场小幅下滑。区域市场方面，北美市场持续下滑，预计同比下降 5% 左右，亚太和欧洲市场保持稳定，受俄乌形势好转影响，俄罗斯有望实现快速增长，预计同比增长 10% 以上，中东、南美和非洲市场保持增长，预计同比增长 4% 左右。

2.2　主要细分专业市场现状及展望

2.2.1 物探

1）市场复苏放缓，专业和区域细分市场走势差异化显著

2024 年，全球物探市场复苏放缓，恢复速率低于预期，市场规模与 2023 年相比稳中有降，同比降低 4.0% 至 125 亿美元（见图 2–6）。从细分业务来看，仅处理市场同比增长，涨幅 6.5%；而多用户服务、解释咨询和采集市场均呈现同比下降，降幅分别为 11.1%、4.1% 和 2.4%。

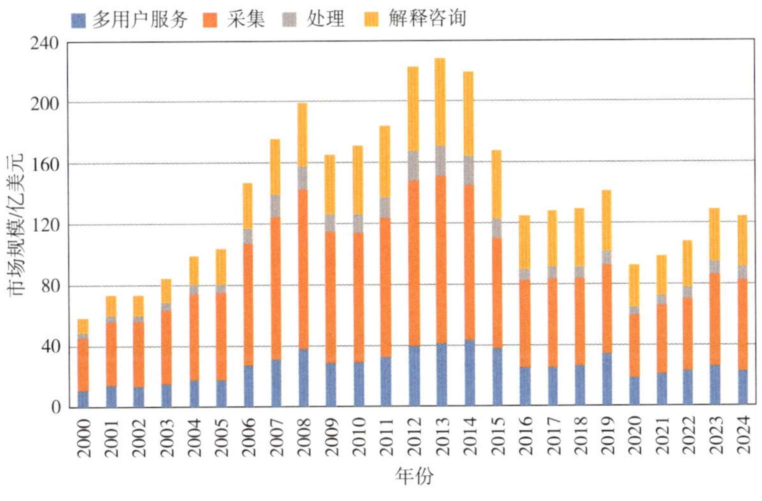

图 2–6　2000—2024 年全球物探市场规模变化

2024 年，全球海陆物探市场占比总体保持稳定（见图 2–7）。陆上物探市场规模略有下降，但仍受到中国加大勘探开发力度的稳定支持，同比减少 3.2% 至 68 亿美元，占全球物探市场总规模的 54.3%。海上物探市场同比减少 4.9% 至 57 亿美元，占全球物探市场总规模的 45.7%。

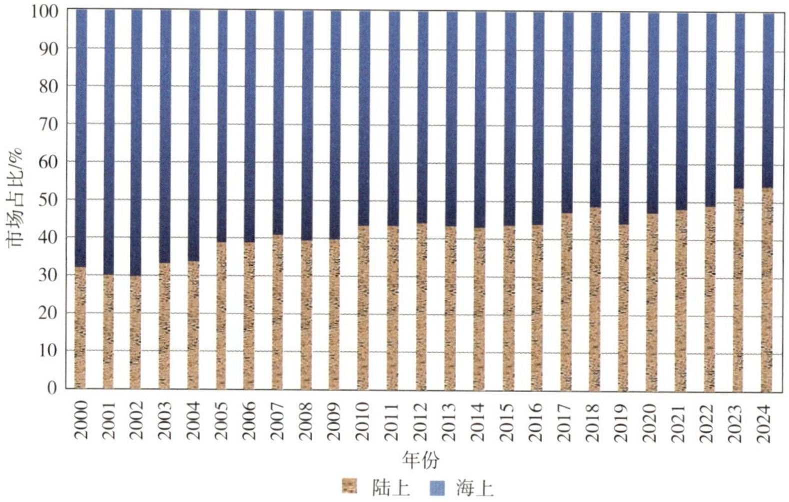

图 2–7　2000—2024 年全球物探市场海陆分布情况

区域市场方面（见图 2–8），2024 年，亚太市场规模占比最大，占全球物探市场的 34.4%，同比减少 11.1%；北美市场规模次之，占全球物探市场的 24.4%，同比减少 4.2%；俄罗斯及其他市场规模占全球物探市场的 10.6%，同比增加 2.9%，是市场规模增长的唯一地区；非洲、中东、欧洲和南美市场规模分别占全球物探市场的 8.8%、7.8%、7.3% 和 6.7%，同比分别减少了 4.5%、0.2%、1.3% 和 4.2%。

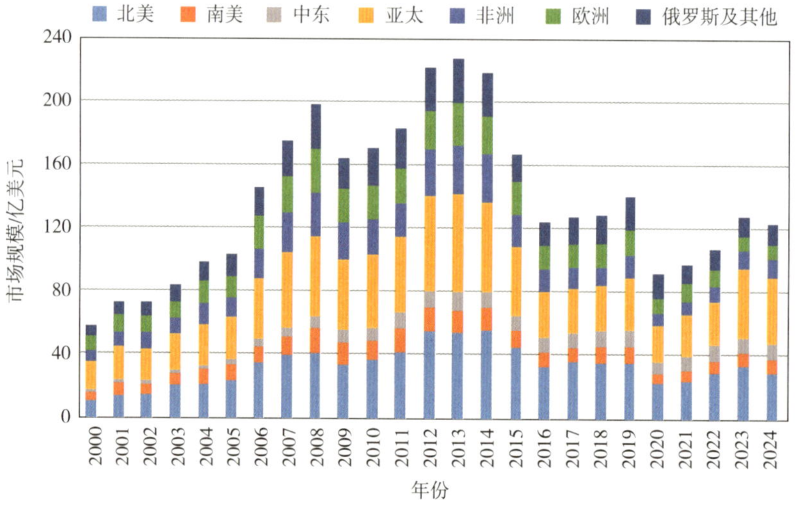

图 2–8　2000—2024 年主要区域物探市场变化

2）市场需求保持稳定，市场供应集中度进一步提升

物探市场需求集中度保持稳定（见图 2–9）。2024 年，物探市场需求端 CR4 为 30%，比 2023 年下降 1.3 个百分点；CR8 为 42%，比 2023 年下降 1.2 个百分点。中国石油、中国石化、墨西哥国家石油公司、中国海油、沙特阿美等石油公司是市场的主要需求方。其中，中国三大石油公司共占市场总需求份额的 25.3%，可见中国是最主要的物探市场。

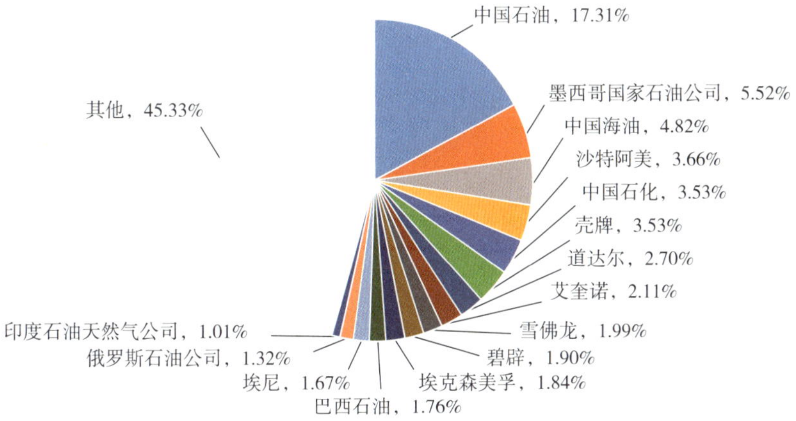

(a) 2023年

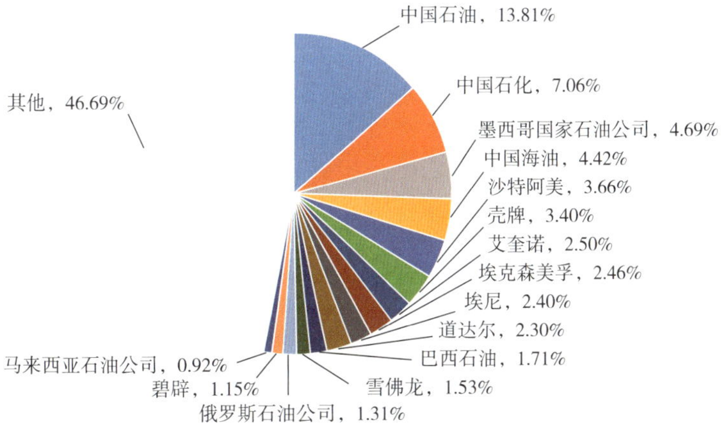

(b) 2024年

图 2–9　2023 年和 2024 年物探市场油公司需求份额

物探市场供应集中度提升，竞争结构局部变化（见图 2–10）。2024 年，物探市场供应端 CR4 为 54%，比 2023 年提高 5.9 个百分点；CR8 为 69.3%，比 2023 年提高 5.6 个百分点。市场供应趋于集中，但竞争格局相对均衡，不存在绝对领先的竞争者。物探市场主要掌握在东方物探、TGS、斯伦贝谢、Viridien、Shearwater、石化油服和中海油服等大型物探公司手中，持续保持稳定的市场地位。中国物探企业在国际市场占据重要位置，东方物探、石化油服和中海油服合计占市场份额的 27.6%。

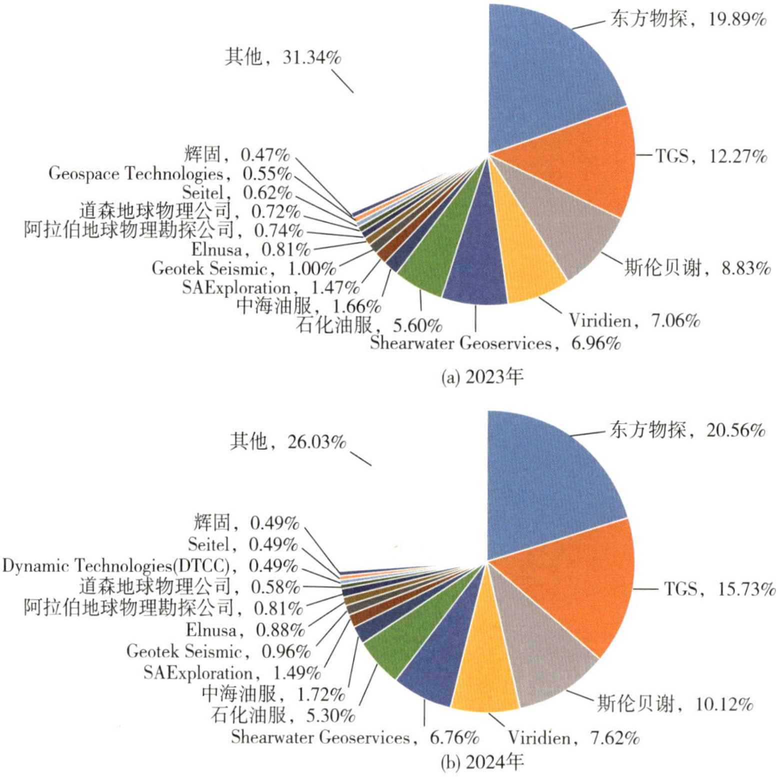

图 2-10　2023 年和 2024 年物探市场服务商份额

3）2025 年市场规模呈增长态势，海上市场回暖加快

2025 年，全球油气勘探开发保持活跃，地震服务需求随之增加，物探市场规模稳中有增，预计同比增长 4.4%。受到海上勘探开发回暖和海底节点（OBN）地震等高端需求持续增长的影响，预计海上物探市场规模同比增长 7.4%，海上市场占比提升。区域层面，预计欧洲、非洲、俄罗斯等地区将引领区域物探市场复苏，可以实现 10% 以上的增长。

随着海洋油气资源成为新增油气储量的重要来源，OBN 数据正在成为已探明盆地的优先数据，是解决地下复杂问题的关键。全球 OBN 市场持续加强，预计 2025 年 OBN 市场规模将达到 16 亿美元，中深水 OBN 受到青睐，驱动海上市场回暖。

2.2.2 钻井

1）市场规模保持小幅增长，专业和区域市场走势差异性显著

2024 年，全球钻井市场规模总体微增，同比增长 2.2% 至 1013 亿美元（见图 2–11）。其中，海上油气勘探开发投资的增加带来钻井船和半潜式平台市场爆发式增长，同比增长 34.1%；平台服务市场稳健增长，同比增长 19.7%；自升式平台市场保持增长，同比上涨 2.2%。受北美钻井活动减缓影响，部分传统服务领域出现萎缩，全球陆上钻机服务、钻井

液服务、井管理市场同比分别降低 4.8%、3.0% 和 2.8%。

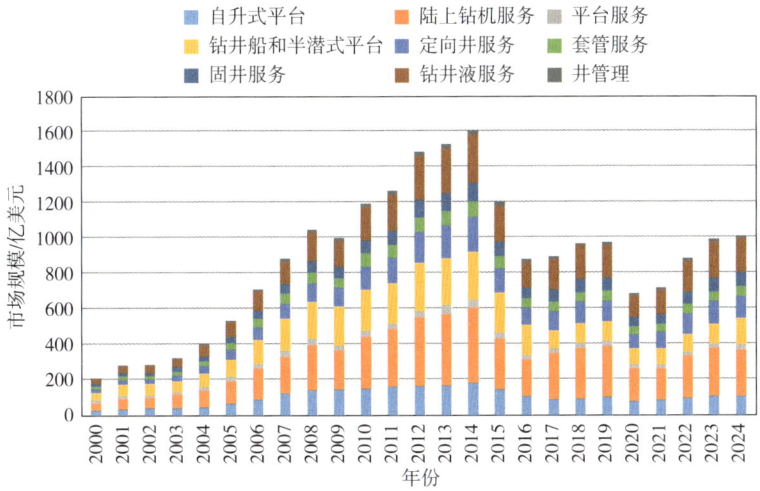

图 2-11　2000—2024 年全球钻井细分市场规模变化

2024 年，全球陆上钻井市场同比降低 3.4% 至 654 亿美元，占钻井市场总规模的 64.6%（见图 2-12）。全球海上钻井市场同比增长 14.2% 至 378 亿美元，占钻井市场总规模的 35.4%。

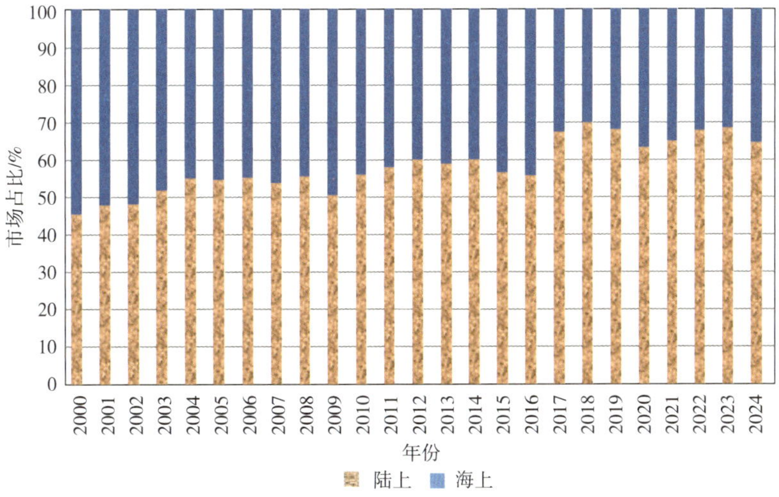

图 2-12　2000—2024 年全球钻井市场海陆分布情况

区域市场方面（见图 2-13），2024 年北美市场规模占比最大，占全球钻井市场的 35.2%，同比降低 8.0%；亚太和中东分别占全球钻井市场的 19.3% 和 15.1%，同比分别增长 5.0% 和 7.3%；南美和非洲分别占全球钻井市场的 9.1% 和 7.7%，同比分别增长 24.6% 和 21.3%；欧洲占全球钻井市场的 6.5%，同比增长 17.8%；俄罗斯及其他占全球钻井市场的 7.1%，同比降低 10.9%。

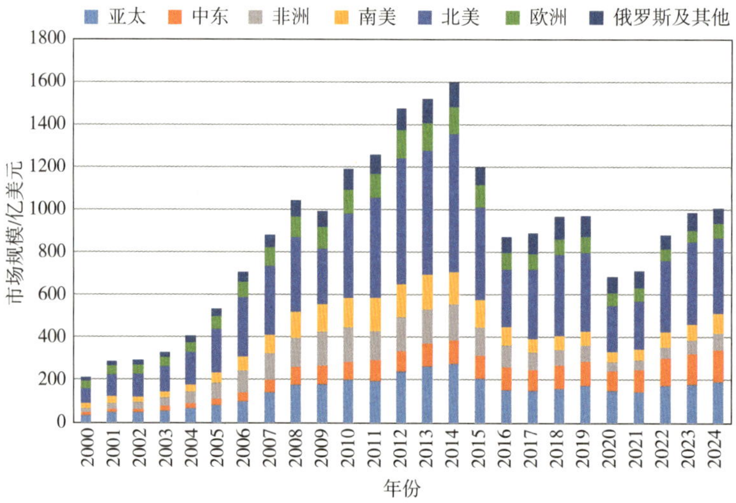

图 2-13　2000—2024 年主要区域钻井市场变化

2）市场需求集中度略有提升，供应集中度提高

钻井市场需求集中度略有提高（见图 2-14）。2024 年，钻井市场需求端 CR4 为 17.8%，与 2023 年持平；CR8 为 27.4%，比 2023 年提高 0.4 个百分点。沙特阿美、中国石

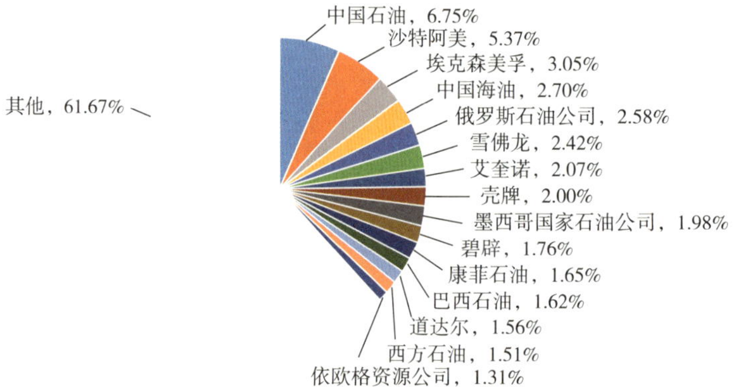

(a) 2023年

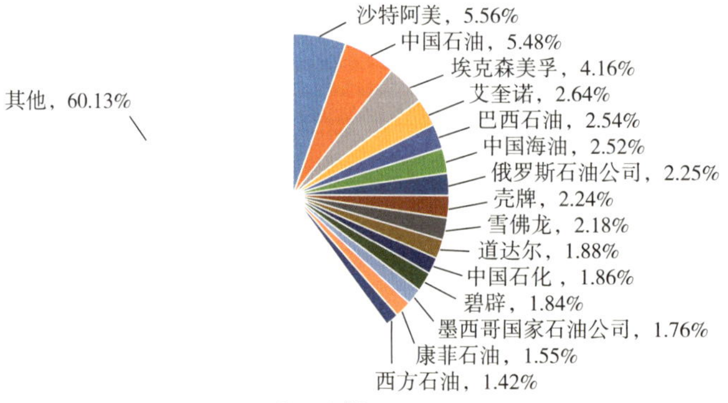

(b) 2024年

图 2-14　2023 年和 2024 年油公司钻井市场需求份额

油、埃克森美孚、艾奎诺等是市场的主要需求方，沙特阿美、埃克森美孚、艾奎诺、巴西石油等都大幅增加钻井投资。埃克森美孚市场需求份额比 2023 年提高 1.1 个百分点，巴西石油、艾奎诺、沙特阿美分别提高 0.9 个百分点、0.5 个百分点、0.2 个百分点。

2024 年市场供应集中度进一步提高，垄断竞争趋势明显（见图 2–15）。2024 年，市场供应端 CR4 为 27.0%，比 2023 年提高 0.4 个百分点；CR8 为 41.1%，比 2023 年提高 1.0 个百分点。大型油服公司持续优化钻井业务结构，保持部分细分专业市场的领导地位。斯伦贝谢在钻井市场的份额为 11.4%，较 2023 年提升 1.0 个百分点，哈里伯顿在钻井市场的份额为 7.7%，与 2023 年持平。石化油服、中国石油工程板块在钻井市场份额分别为 4.2% 和 3.7%，较 2023 年分别降低 0.5 个百分点和 0.1 个百分点。

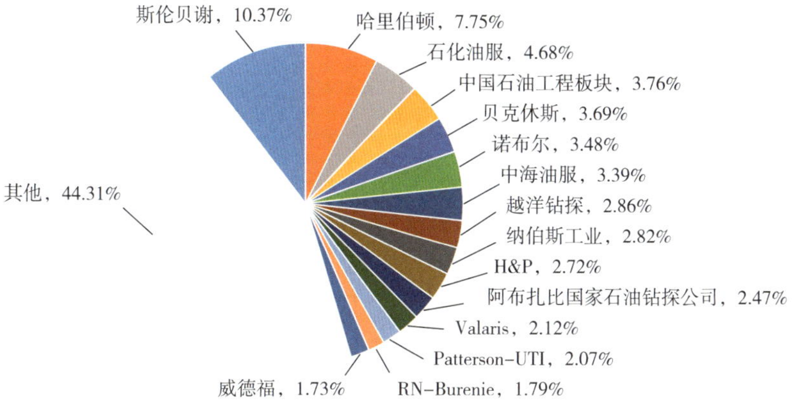

(a) 2023年

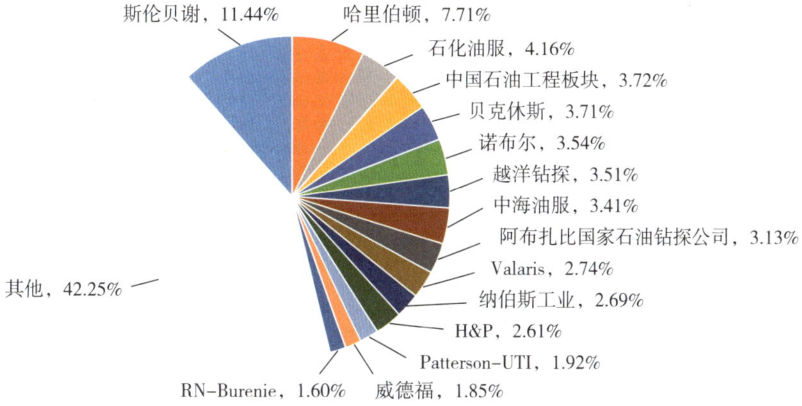

(b) 2024年

图 2–15　2023 年和 2024 年钻井主要服务商市场份额

3）2025 年市场规模小幅上升，中东、俄罗斯市场是主要增长区域

2025 年，受海上油气勘探开发投资增长影响，海洋钻井市场需求保持增长，将带动全球钻井市场保持上涨态势，预计同比小幅增长 2% 左右。细分专业市场层面，自升式平台和平台服务市场预计增长 5% 以上，钻井船和半潜式平台市场预计增长 3% 以上，套管

服务和陆上钻机服务市场增长1%以上，其他专业市场保持稳定。区域层面，中东、欧洲、俄罗斯及其他市场预计将实现5%以上增长，南美和非洲市场预计增长2%左右，亚太、北美市场预计下滑3%左右。

2.2.3 完井

1）市场规模小幅下降

2024年，受非常规油气勘探开发投资同比下降的影响，全球完井市场规模小幅下降（见图2-16），同比下降4.7%至961亿美元。其中，水力压裂市场占比最大，占完井市场规模的43.3%，2024年同比下降9.8%；油田化学剂市场占完井市场规模的11.8%，同比增长5.8%；有线测井和射孔市场占完井市场规模的11.6%，同比下降1.7%；测试市场占完井市场规模的9.2%，同比增长0.9%；连续油管装备与服务市场占完井市场规模的7.3%，同比下降1.2%；支撑剂材料市场规模下降幅度最大，同比下降11.0%，占完井市场规模的7.3%。

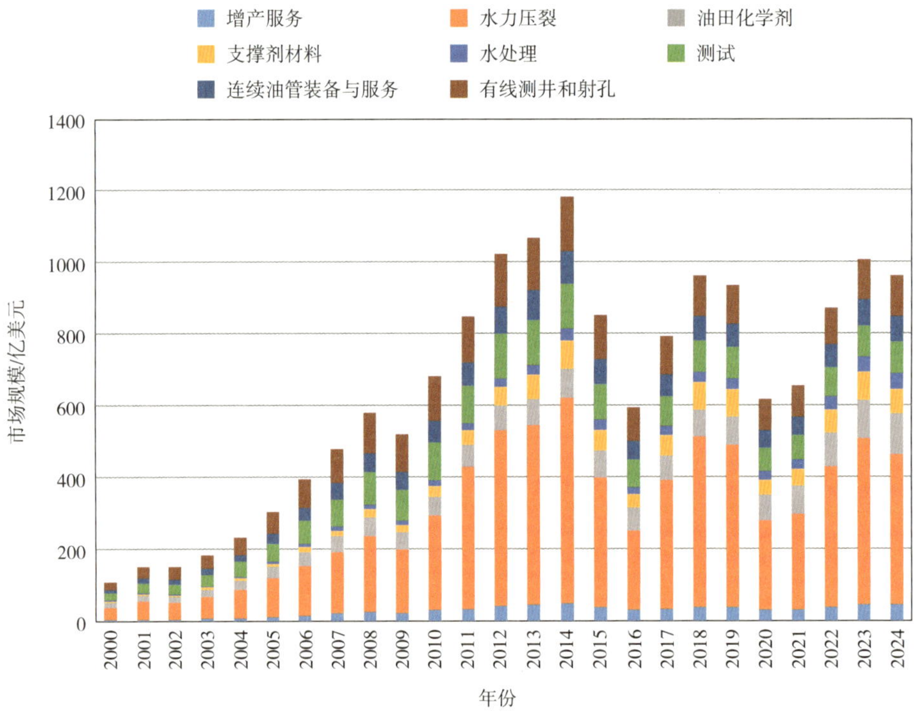

图2-16　2000—2024年全球完井细分市场规模变化

2024年，全球陆上完井市场同比降低5.6%至855亿美元，占完井市场总规模的88.9%。全球海上完井市场同比增长3.2%至107亿美元，占完井市场总规模的11.1%（见图2-17）。

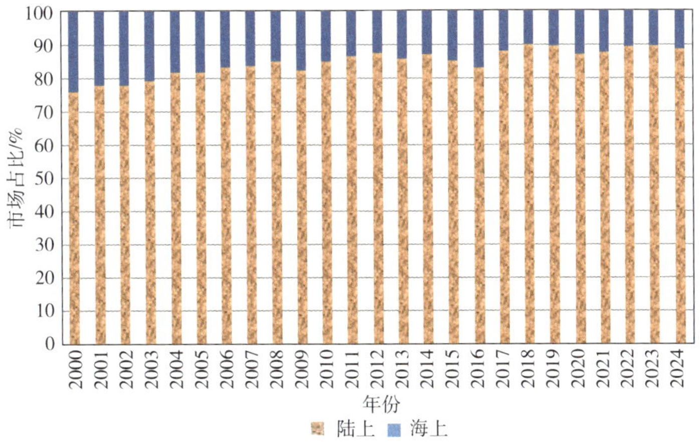

图 2-17　2000—2024 年全球完井市场海陆分布情况

区域市场方面（见图 2-18），2024 年北美完井市场规模占比最大，占全球完井市场的 60.0%；因北美非常规油气勘探开发投资下降，北美完井市场规模同比下降 9.9%。亚太和中东分别占全球完井市场的 14.1% 和 9.5%，同比分别增长 4.4% 和 6.6%；南美、非洲和欧洲分别占全球完井市场的 6.0%、3.8% 和 2.5%，同比分别增长 2.1%、19.5% 和 5.0%；俄罗斯及其他占全球完井市场的 4.1%，同比下降 8.8%。

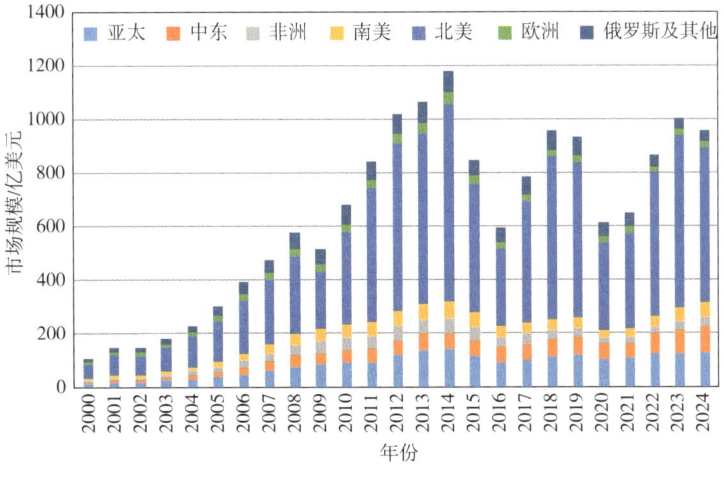

图 2-18　2000—2024 年主要区域完井市场变化

2）市场需求和供应集中度上升

完井市场需求集中度进一步提升（见图 2-19）。2024 年，完井市场需求端 CR4 为 16.0%，比 2023 年提高 1.0 个百分点；CR8 为 24%，比 2023 年提高 1.3 个百分点。中国石油、沙特阿美、康菲石油、埃克森美孚等是市场的主要需求方，沙特阿美、埃克森美孚、雪佛龙等都大幅增加完井投资。埃克森美孚市场需求份额比 2023 年提高 0.6 个百分点，沙特阿美、西方石油、雪佛龙分别提高 0.4 个百分点、0.4 个百分点、0.2 个百分点。

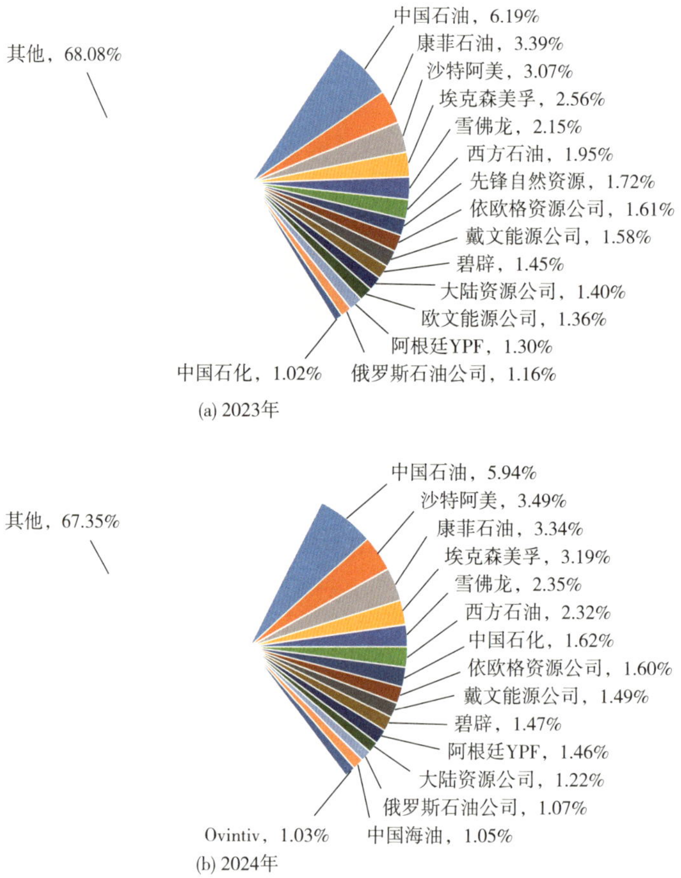

图 2-19　2023 年和 2024 年油公司完井市场需求份额

2024 年市场供应集中度进一步提高，竞争更加激烈（见图 2-20）。2024 年，市场供应端 CR4 为 27.3%，比 2023 年提高 1.3 个百分点；CR8 为 38.0%，比 2023 年提高 1.4 个百分点。大型油服公司持续提升完井业务竞争力，保持部分细分专业市场的领导地位。哈里伯顿在完井市场的份额为 10.6%，较 2023 年提升 0.2 个百分点；斯伦贝谢在完井市场的份额为 7.7%，较 2023 年提升 0.9 个百分点；北美压裂服务商自由能源公司在完井市场的份额为 4.7%，与 2023 年持平；美国钻完井承包商 Patterson-UTI 在完井市场份额为 4.3%，较 2023 年提升 0.1 个百分点。

3）2025 年市场规模保持稳定，北美市场萎缩是主因

2025 年，受全球油气勘探开发投资保持稳定影响，完井市场需求保持稳定，预计维持在 2024 年水平。细分专业市场层面，测试市场预计增长 3% 左右；连续油管装备与服务、有线测井和射孔市场预计增长 2% 左右；受北美非常规油气投资低迷影响，全球水力压裂市场预计小幅下滑，同比下降 1%；其他专业市场保持稳定。区域层面，南美、俄罗斯及其他市场预计将实现 10% 以上增长，中东和非洲市场预计增长 5% 以上，亚太、北美市场预计下滑 3% 左右。

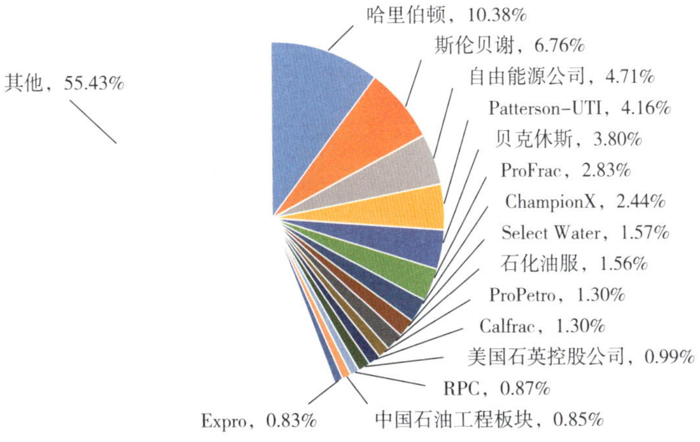

(a) 2023年

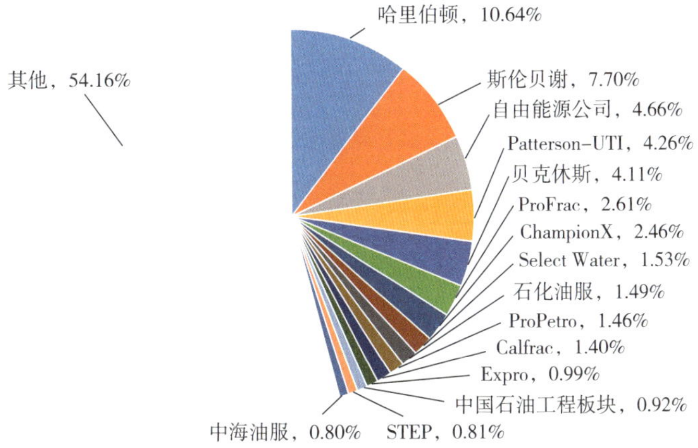

(b) 2024年

图 2-20　2023 年和 2024 年完井主要服务商市场份额

2.2.4 钻完井装备与工具

1）市场规模保持增长，专业和区域细分市场走势差异化显著

2024 年，全球钻完井装备与工具市场规模保持增长态势（见图 2-21），同比增加 2.1% 至 842 亿美元。其中，油套管市场增长幅度较大，同比增长 6.9%；井下作业装置市场次之，同比增长 3.6%；完井工具、固井工具、井下作业工具市场都呈现增长态势，同比微增 0.3%~1.7%；固控装备、井控装备及控压钻井服务、钻杆等管具、钻井工具市场出现不同程度的下降，同比下降 2.5% 以上。

2024 年全球陆上钻完井装备与工具市场保持增长态势，同比增长 1.5% 至 697 亿美元，占钻井市场总规模的 82.8%。受非洲、巴西和中东海上勘探开发活动推动，全球海上钻井市场同比增长 5.0% 至 145 亿美元，占钻井市场总规模的 17.2%（见图 2-22）。

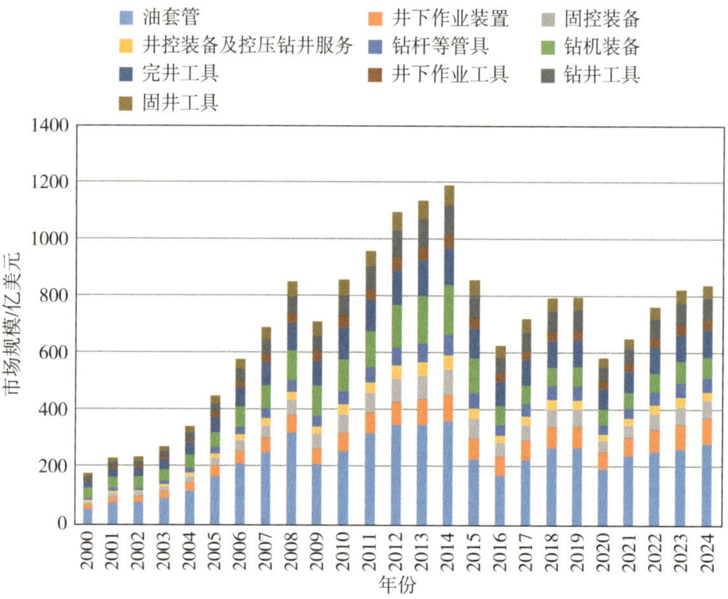

图 2-21　2000—2024 年全球钻完井装备与工具市场规模变化

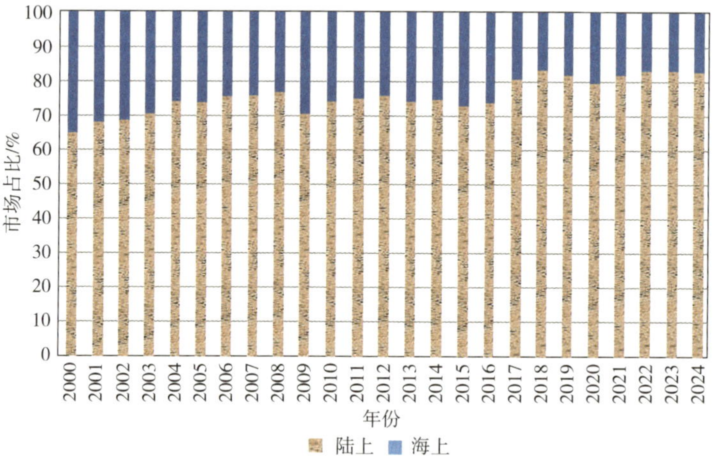

图 2-22　2000—2024 年全球钻完井装备与工具市场海陆分布情况

区域市场方面（见图 2-23），2024 年北美市场规模占比最大，占全球钻完井装备与工具市场的 40.7%，同比下降 3.1%；亚太和中东分别占全球钻完井装备与工具市场的 16.8% 和 13.3%，同比分别增长 6.3% 和 10.4%；南美、非洲和欧洲分别占全球钻完井装备与工具市场的 6.0%、5.5% 和 3.3%，同比分别增长 2.8%、21.4% 和 14.8%。2024 年，俄罗斯及其他区域占全球钻完井装备与工具市场的 14.4%，同比下降 2.9%。

2）市场需求集中度进一步提升，供应集中度下降

钻完井装备与工具市场需求集中度进一步提升，如图 2-24 所示。2024 年钻完井装备与工具市场需求端 CR4 为 16.9%，比 2023 年上升 0.7 个百分点；CR8 为 23.7%，比 2023 年

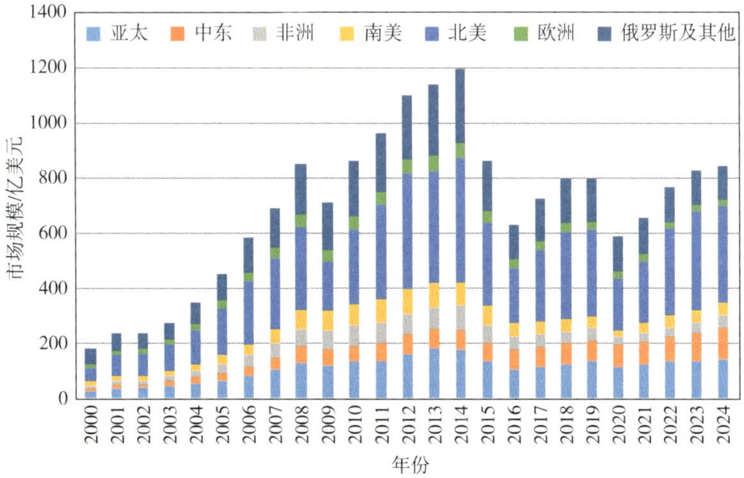

图 2-23　2000—2024 年主要区域钻完井装备与工具市场规模变化

上涨 0.7 个百分点。市场需求集中度不高，钻完井装备与工具市场需求端竞争充分。中国石油、沙特阿美、埃克森美孚、雪佛龙等是市场的主要需求方，沙特阿美、埃克森美孚、雪佛龙、中国石化等在钻完井装备与工具市场的需求份额都有不同程度的提升。

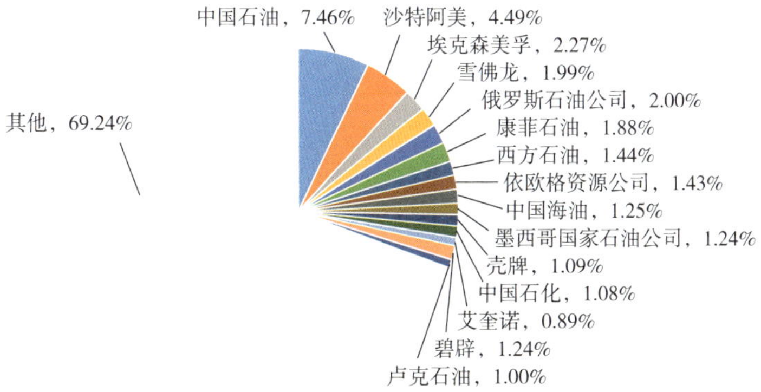

(a) 2023年

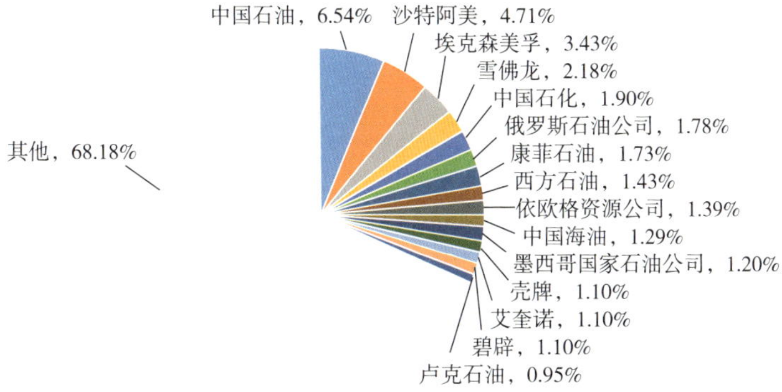

(b) 2024年

图 2-24　2023 年和 2024 年油公司钻完井装备与工具市场需求份额

钻完井装备与工具市场供应集中度下降，竞争更加激烈（见图 2-25）。2024 年，钻完井装备与工具市场供应端 CR4 为 23.3%，比 2023 年下降 1.3 个百分点；CR8 为 36.9%，比 2023 年下降 2.4 个百分点。市场供应集中度不高，钻完井装备与工具市场竞争相对充分，不存在绝对领先的竞争者，泰纳瑞斯、斯伦贝谢、国民油井和哈里伯顿等是市场领导者。

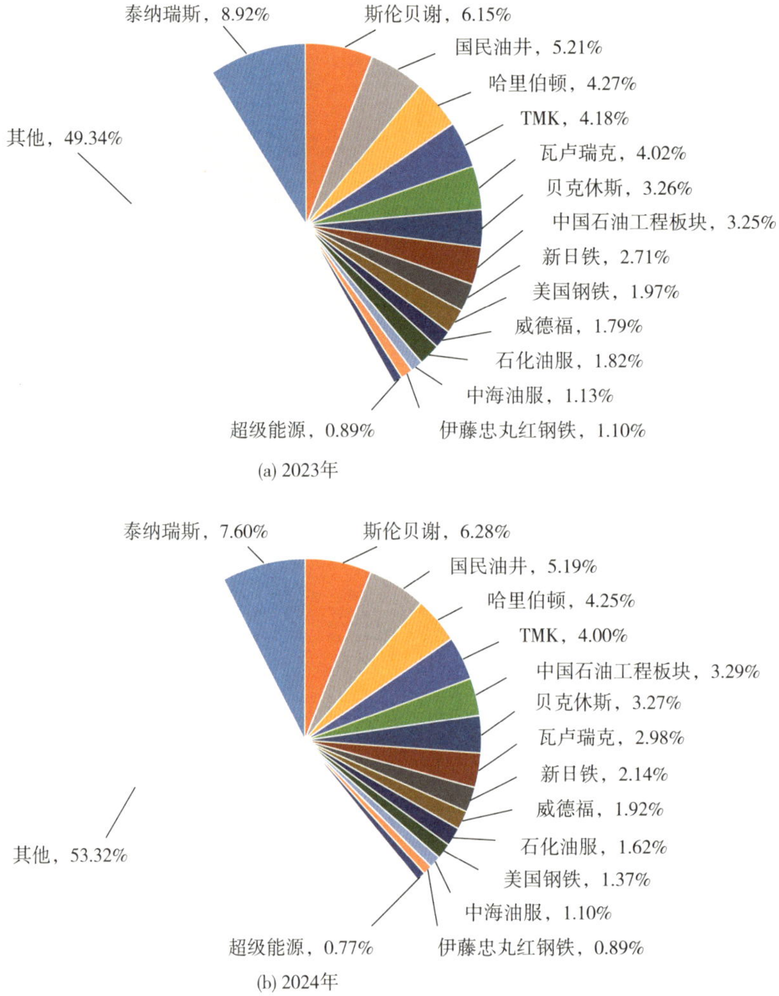

图 2-25　2023 年和 2024 年钻完井装备与工具主要服务商市场份额

2024 年，斯伦贝谢市场份额有所提升，国民油井、哈里伯顿和中国石油工程板块基本保持稳定，泰纳瑞斯、TMK 等其他主要市场领导者市场份额都出现了下滑，泰纳瑞斯、TMK 市场份额分别由 2023 年的 8.9%、4.2% 下降到 7.6%、4.0%。

3）2025 年市场规模保持稳定，区域差异走势仍较显著

2025 年，钻完井装备与工具市场需求增长动力不足，预计保持 2024 年水平。细分专业市场层面，钻机装备市场预计增长 8% 以上，固井工具和井下作业工具预计保持小幅增长，油

套管市场预计略有下滑，其他专业市场预计保持稳定。区域层面，南美、非洲、俄罗斯及其他市场预计将实现 8% 以上增长，北美市场预计下滑 6% 左右，亚太和中东市场预计略降。

2.2.5 石油工程建设

1）市场规模大幅增长，除欧洲以外区域市场增速较快

2024 年，受海洋油气勘探开发投资活动持续活跃等因素的影响，海洋工程带动石油工程建设市场保持增长态势，市场规模同比增长 6.8%（见图 2–26）。其中，服务支撑船、起动绞车装备、平台供应船市场同比增长 20% 以上，多用途船、海底系统市场同比增长 15% 以上，海上直升机服务、生产船同比增长 5% 以上，陆上勘探开发相关的电气服务、管架焊接安装、土方打桩、办公营房市场同比仅增长 2%~3%。

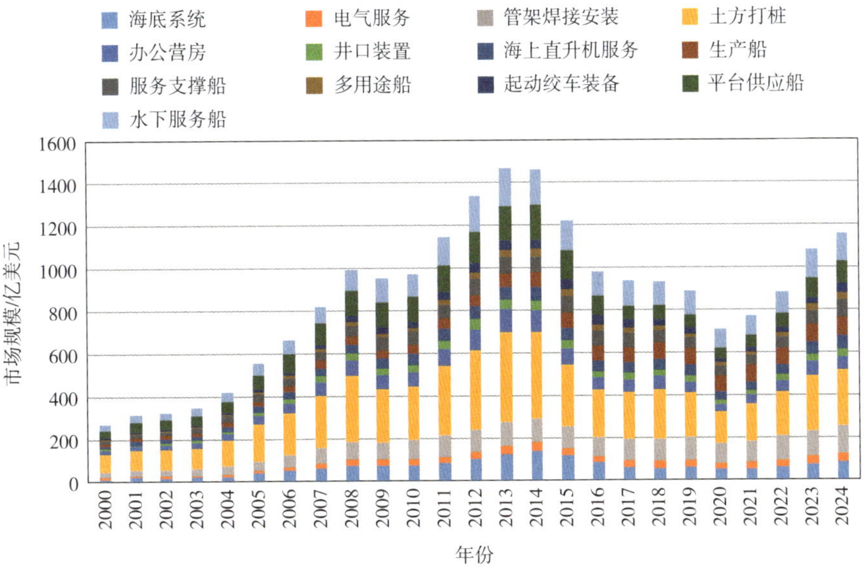

图 2–26　2000—2024 年全球石油工程建设市场规模变化

2024 年，受陆上页岩油 / 致密油投资下降拖累，全球陆上石油工程建设市场增长速度大幅下降至 2%，市场规模约 476 亿美元，占石油工程建设市场总规模的 41.0%。受巴西、圭亚那和中东海上勘探开发活动推动，全球海上石油工程建设市场同比增长 10.4% 至 685 亿美元，占石油工程建设市场总规模的 59.0%（见图 2–27）。

区域市场方面（见图 2–28），2024 年北美市场规模占比最大，占全球石油工程建设市场的 26.6%，同比增长 0.6%；亚太占全球石油工程建设市场的 17.3%，同比下降 3.1%；中东、南美、非洲分别占全球石油工程建设市场的 16.5%、16.0% 和 10.9%，同比分别增长 38.6%、17.7% 和 8.2%。欧洲和俄罗斯及其他区域分别占全球石油工程建设市场的 9.3% 和 3.5%，同比分别降低 1.3% 和 21.6%。

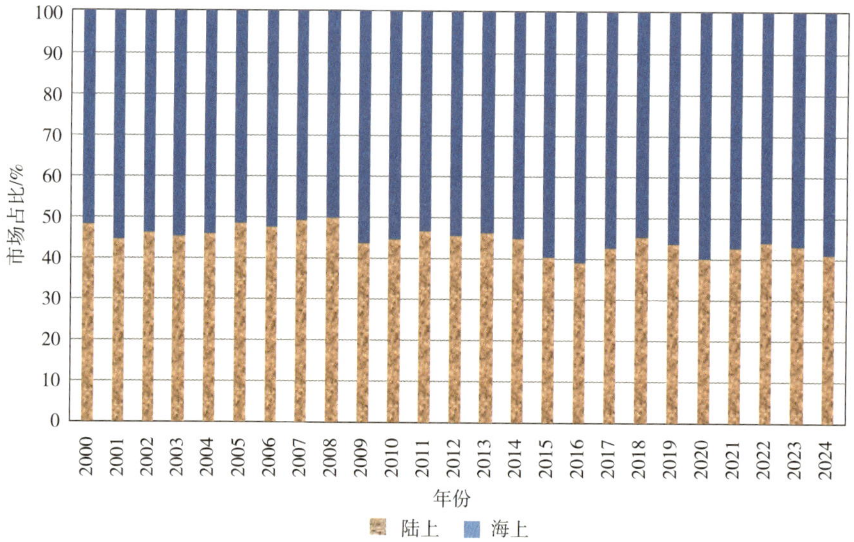

图 2-27　2000—2024 年全球石油工程建设市场海陆分布情况

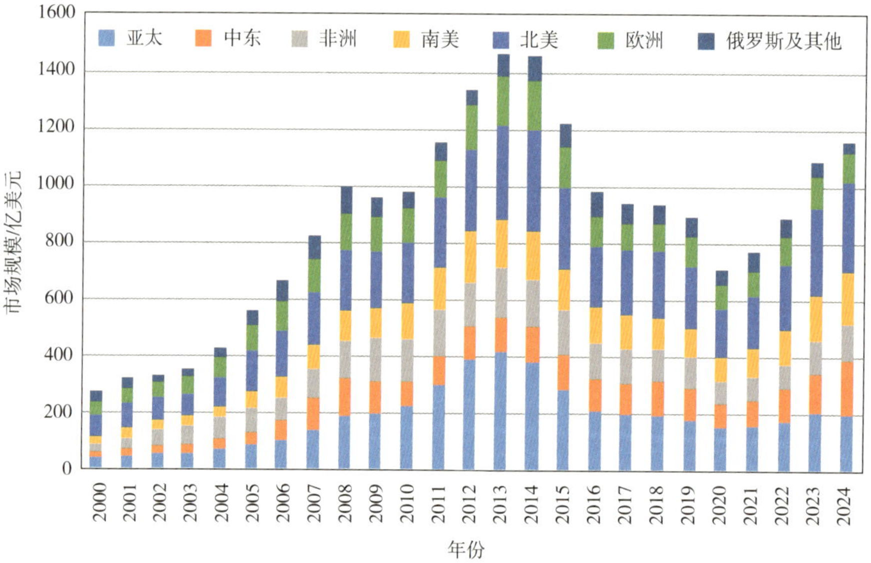

图 2-28　2000—2024 年主要区域石油工程建设市场规模变化

2）市场需求和供应集中度都进一步提升

石油工程建设市场需求集中度进一步提升，如图 2-29 所示。2024 年石油工程建设市场需求端 CR4 为 23.9%，比 2023 年上升 2.7 个百分点，CR8 为 38.3%，比 2023 年上升 3.8 个百分点。市场需求集中度不高，石油工程建设市场需求端竞争充分，不存在需求垄断情况。巴西石油、沙特阿美、埃克森美孚、壳牌、艾奎诺、卡塔尔能源公司等是市场的主要需求方，其中沙特阿美、埃克森美孚、巴西石油、碧辟在石油工程建设市场的需求份额都有不同程度的提升。沙特阿美市场需求份额增长最大，从 3.7% 增至 5.8%。

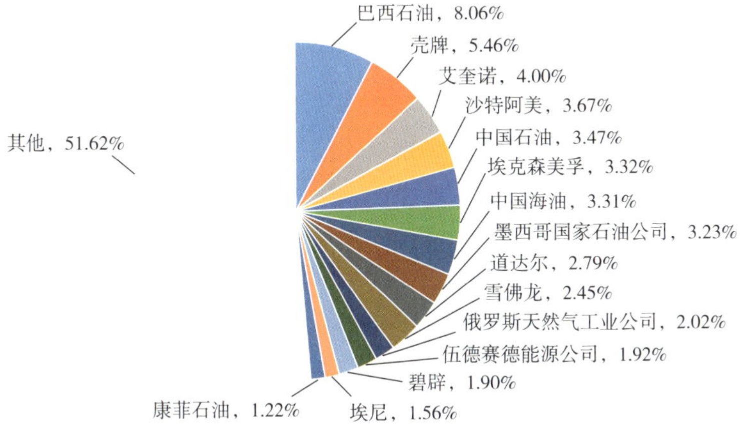

(a) 2023年

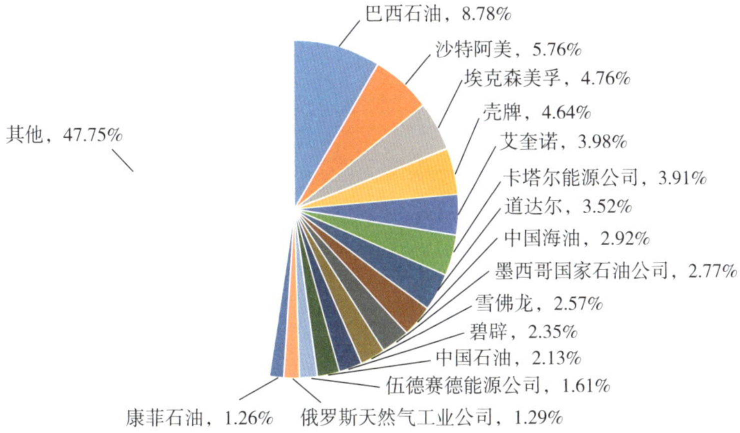

(b) 2024年

图 2-29　2023 年和 2024 年主要油公司石油工程建设市场需求份额

石油工程建设市场供应集中度上升，行业领导者市场竞争能力提升（见图 2–30）。2024 年石油工程建设市场供应端 CR4 为 15.0%，比 2023 年上升 2.3 个百分点，CR8 为 23.2%，比 2023 年上升 2.7 个百分点。市场供应集中度不高，石油工程建设市场竞争相对充分，不存在绝对领先的竞争者。TechnipFMC、塞班、斯伦贝谢、柏克德工程公司（Bechtel）合计占市场份额的 15.0%。

3）2025 年市场规模增速预计放缓，北美市场将缩减

2025 年，随着油气勘探开发投资反弹乏力，石油工程建设需求将可能转向萎缩，市场规模将稳中略降，预计同比下降 2%。其中，陆上市场预计下降 3%，海上市场预计下降 1%。细分专业市场层面，生产船、平台供应船市场将保持增长，分别增长 10% 和 4% 左右，海底系统、起动绞车装备、服务支撑船预计下降 10% 左右。区域层面，俄罗斯及其他区域预计将实现 10% 以上增长，中东预计实现 5% 以上的增长。受非常规油气勘探开发投资下滑影响，北美市场规模预计缩减 10% 左右。

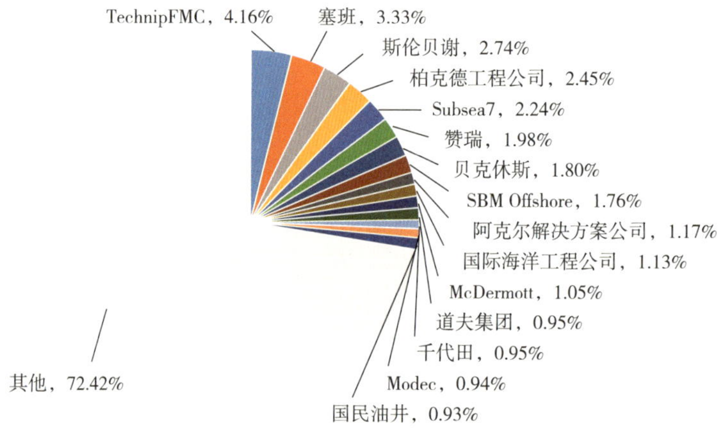

(a) 2023年

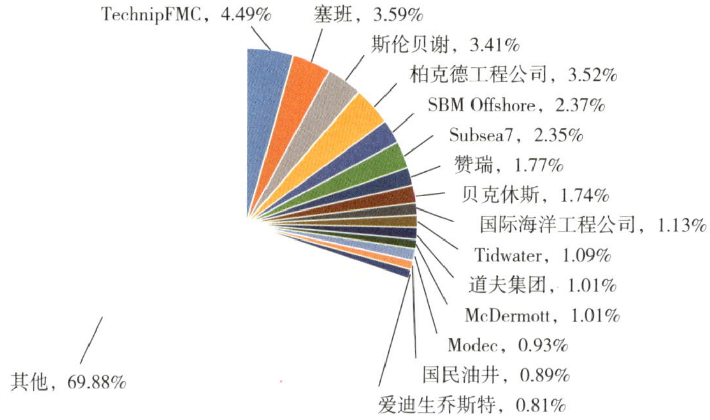

(b) 2024年

图 2–30　2023 年和 2024 年石油工程建设主要服务商市场份额

2.3　主要区域油气工程市场现状及展望

2.3.1 中东地区

1）市场现状及趋势

（1）油气储量十分丰富，供应全球 30% 以上的油气产量。

中东地区是全球油气资源最为丰富的区域之一，其石油储量约占全球储量的 48%，天然气储量占比超过全球储量的 40%，位于沙特阿拉伯的加瓦尔油田是全球最大的陆上油田，位于伊朗的南帕尔斯气田则是全球最大的天然气田之一。中东油气资源不仅储量丰富，同时也贡献了全球 30% 以上的油气产量，沙特阿拉伯、伊拉克与阿联酋等国家更是全球主要的石油出口国，其产量对全球能源市场具有重要影响。

（2）油气上游资本支出保持稳定增长。

随着国际油价止跌回稳，天然气开发进程加速，提振了资本对中东油气上游市场的信心，2024 年中东油气上游总体资本支出达到 1057 亿美元，较 2023 年的 901 亿美元有了显著增长（见图 2–31）。其中，陆上常规资本支出同比上涨 11% 至 599 亿美元，占比 57%；浅海大陆架资本支出同比增长 28% 至 409 亿美元；非常规与深海的资本支出占比较少，2024 年非常规资本支出同比增长 44% 至 35 亿美元，深水资本支出同比减少 11% 至 15 亿美元，是 2024 年中东油气上游唯一一个缩减支出的板块。

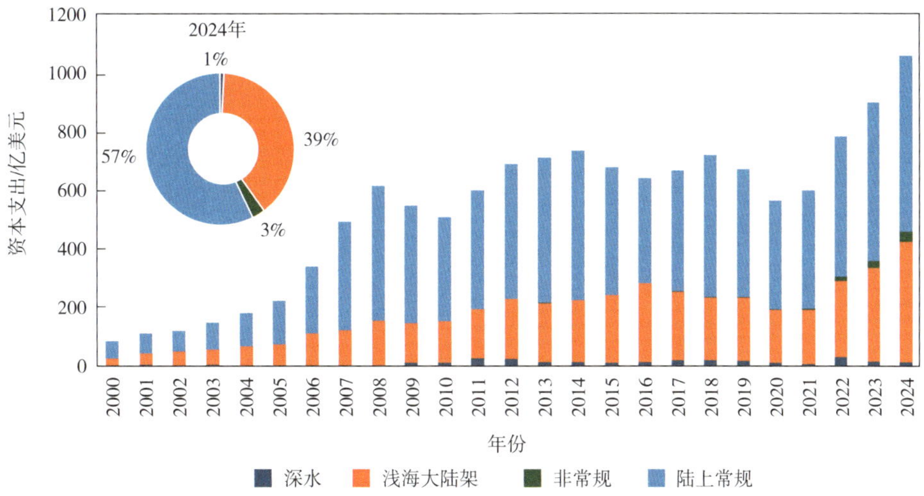

图 2–31　中东油气上游资本支出规模变化

（3）油气工程市场占全球 20% 以上，主要集中在沙特、科威特等国家。

中东上游资本支出的增长带动了中东油气工程市场规模的扩张，2024 年中东油气工程市场总体规模超 576 亿美元（见图 2–32）。沙特阿拉伯是中东最主要的油气工程市场，占总体市场的 36%，在 2024 年实现了 21% 的增长。伊朗、卡塔尔与阿联酋总体市场占比接近，均为 12% 左右，其中，伊朗 2024 年签署了大额天然气合同，其市场份额实现了 19% 的增长，卡塔尔持续推进北部油田扩建项目，油气工程市场份额同比增长高达 42%，而阿联酋市场份额同比降低 1%。阿曼 2024 年市场规模增加至 49 亿美元，伊拉克与科威特同比增长 9.6% 与 12.2%，分别占总体市场份额的 7% 与 6%。在中东所有国家中，受国内不稳定的政治环境与经济形势影响，黎巴嫩、约旦市场份额同比减少 98% 与 34%，市场规模不足 1 亿美元，是同比缩减较多的国家。

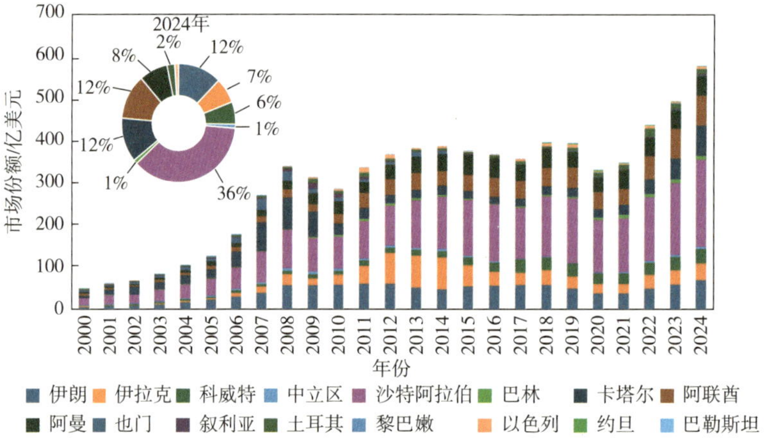

图 2-32 中东主要国家油气工程市场规模变化

（4）以陆上市场为主，海上市场增长较快。

中东油气工程市场以陆上市场为主，但近年来，中东各国对海上油气开采的关注度与日俱增，海上市场增幅逐渐超过陆上市场（见图 2-33）。2024 年，海上市场份额依然保持着 2001 年以来的小幅上涨趋势，由 2023 年的 33% 增长至 36%，市场规模增长至 207 亿美元。陆上市场虽然份额有所降低，但整体规模依然保持增长趋势，增长至 369 亿美元。

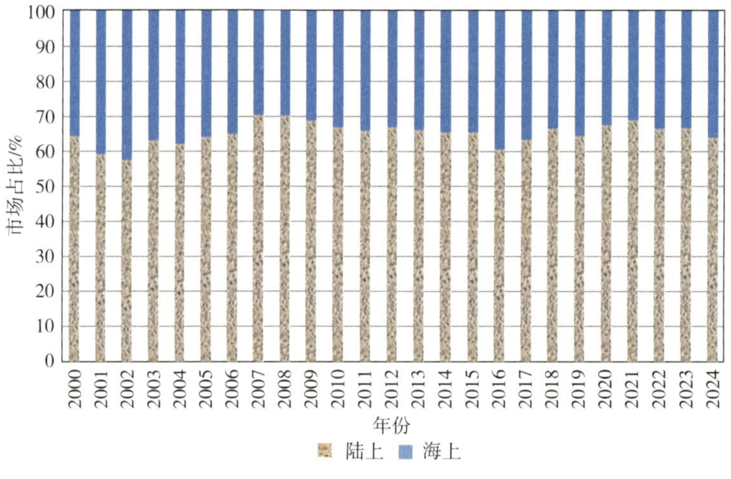

图 2-33 中东海陆油气工程市场规模变化

2024 年，中东油气工程各专业市场规模基本都实现了增长（见图 2-34）。钻井服务市场规模最大，占整体市场规模的 27%，达到了 153 亿美元。地面建设市场同比增长 23% 至 104 亿美元。完井服务市场同比增长 7%，市场规模为 92 亿美元。海洋工程市场同比增长 64% 至 88 亿美元，钻机装备与工具市场同比增长 14% 至 79 亿美元。完井装备与工具、物探、软件与数字化市场规模分别为 34 亿美元、10 亿美元及 4 亿美元。

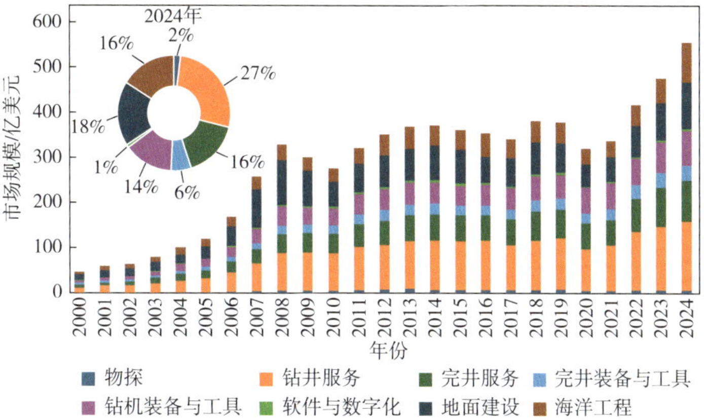

图 2-34 中东油气工程专业市场规模变化

2）竞争态势

（1）中东各国家石油公司是市场主要购买方，沙特阿美占据垄断地位。

中东油气市场中，中东各国的国家石油公司为市场主要购买方（见图 2-35）。市场需求集中度进一步提升，2024 年中东油气工程市场需求端 CR4 为 58.4%，比 2023 年上升 6.6 个百分点；CR8 为 74.2%，比 2023 年上升 5.2 个百分点。沙特阿美在 2024 年继续加大服务支出，以 209 亿美元占据了 36% 的买方市场，显著高于其他企业。卡塔尔能源公司（LNG）服务支出大幅提升，以 59 亿美元攀升至第 2 位，科威特国家石油公司、阿曼石油开发公司服务支出略有增加，分别以 35 亿美元、33 亿美元排在第 3 位和第 4 位。阿布扎比国家石油公司（陆上）、伊朗国家南方石油公司、阿布扎比国家石油公司（海上）2024 年的服务支出均在 25 亿美元上下。

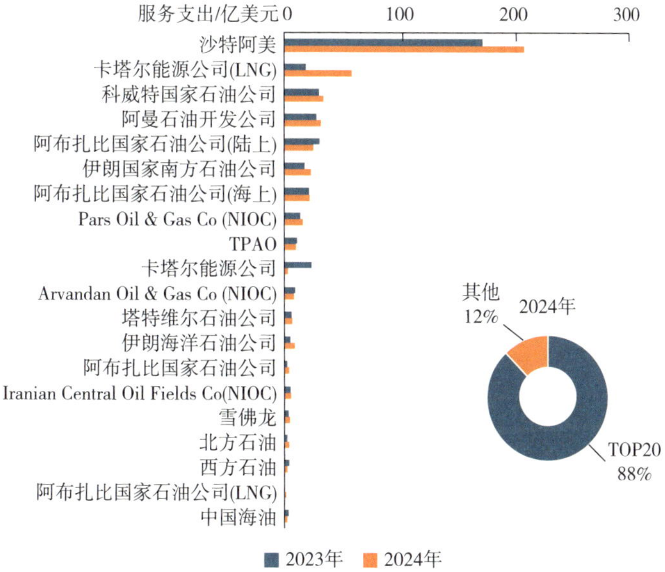

图 2-35 中东主要油公司油气工程市场需求份额

（2）国际大型油服公司市场占比较高，头部企业增长明显。

中东油气工程市场供应集中度略有提升，竞争结构较为稳定（见图 2-36）。2024 年中东油气工程市场供应端 CR4 为 42.4%，比 2023 年上升 1.3 个百分点；CR8 为 57.1%，比 2023 年上升 0.9 个百分点。市场集中度较高，以国际大型油服公司为主。2024 年，头部供应商不断开拓市场，斯伦贝谢以 73 亿美元的市场收入稳居首位，并以同比 14.5% 的增幅锁定领先优势。阿布扎比国家石油公司（钻井）同比涨幅 28%，市场收入达 39 亿美元。中国石油工程板块与哈里伯顿紧随其后，市场收入分别为 32 亿美元、31 亿美元。贝克休斯市场收入同比降低 4.7% 至 19 亿美元。

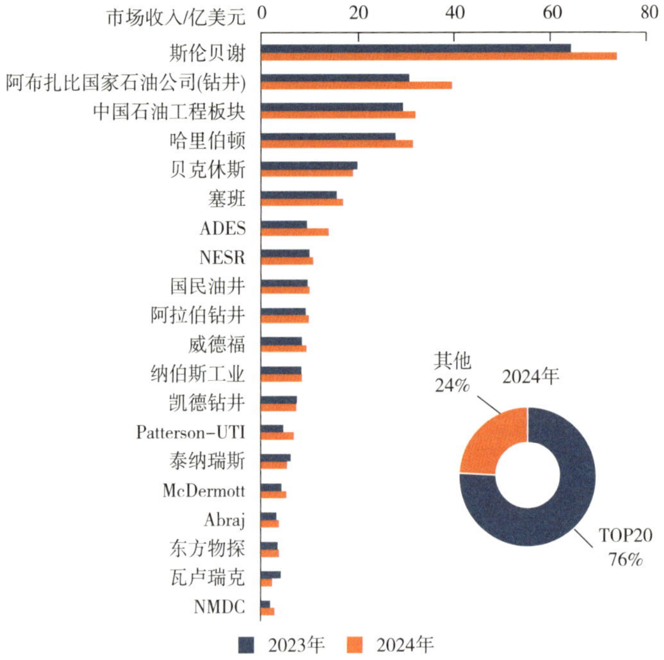

图 2-36　中东油气工程主要服务商市场份额

3）市场特征

（1）市场准入要求高，高端市场寡头垄断明显。中东地区多数国家的石油工业体系早期由西方石油公司建立，油气工程技术服务长期被西方公司垄断。市场管理体系、作业规范标准和要求都延续了西方石油公司的标准，与国际接轨程度及信息化管理要求较高。资源丰富，产量相对稳定，油气工程市场成熟，一直都是国际大型油服公司重点关注的地区，石油工程服务市场格局相对稳定，高端技术服务市场由斯伦贝谢、哈里伯顿等国际大型油服公司把控，新进入者面临较大挑战。

（2）部分国家政治风险较高，市场发展不确定性较大。由于受到资源、宗教、民族和文化等因素交织影响，中东地区一直是世界地缘政治安全局势最复杂多变的地区。部分国家民族、宗教和政治派系斗争激烈，社会稳定性差、政局动荡、相关政策法规不完善，社会公共服务差。当前还主要存在巴以冲突及演化、美国对伊朗制裁、叙利亚内战及各国之间的地缘政治纷争等风险因素，对中东油气工程市场发展前景产生较大冲击。

（3）本土化要求高，部分国家政策变动较大。为了促进外国公司加强本地投资，创造就业机会，为当地经济做出更大贡献，中东地区多个国家纷纷推行专门的本土化政策，评估供应商与合作伙伴对本国的贡献。阿联酋、阿曼、卡塔尔推进国内价值（In-Country Value，ICV）评估，沙特阿拉伯主要开展国内生产总值增加值（In-Kingdom Total Value Add，IKTVA）评估。ICV 评估需每年进行，如果供应商与合作伙伴提供假数据，未来可能面临被禁止参加投标的风险。沙特阿拉伯的 IKTVA 评估政策作为本地化战略，提出到 2021 年实现所有项目和设备支出的 70%来自本地。

4）沙特阿拉伯市场

（1）上游资本支出持续增长，浅海大陆架占比跃居首位。

在政府“2030 愿景”推动下，沙特阿拉伯积极探索能源多元化，不断加大天然气和非常规资源的开发力度。沙特阿拉伯在 2024 年持续加大上游资本支出，总体支出超过 390 亿美元（见图 2-37），其中浅海大陆架板块资本支出金额突破 195 亿美元，同比增长 40.2%，超越陆上常规板块成为 2024 年资本支出最多的板块，占据总体支出的 50%；陆上常规板块资本支出同比略有降低，总体占比 41%，全年资本支出金额为 163 亿美元；非常规板块资本支出同比增长 42%，是 2024 年增幅最大的板块，占总体支出的 9%。

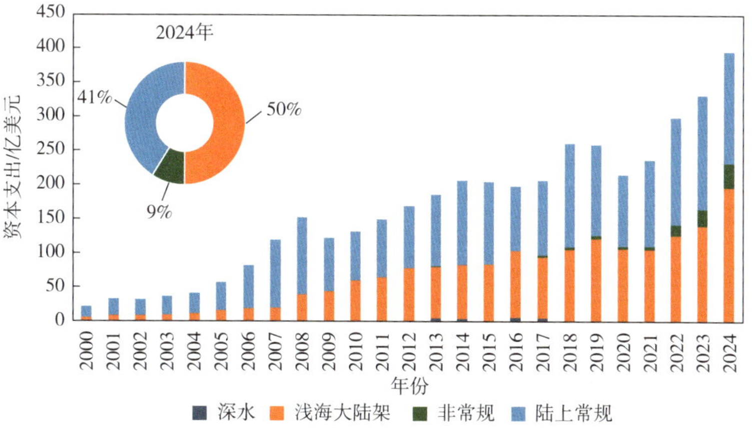

图 2-37　沙特阿拉伯油气上游资本支出规模变化

（2）钻井服务市场份额最大，海洋工程专业市场增幅显著。

得益于沙特阿拉伯 2024 年油气上游市场资本支出增加，沙特阿拉伯石油工程各专业市场规模出现了不同程度的增长（见图 2-38）。钻井服务市场份额达到 28%，是目前沙特阿拉伯规模最大的专业市场，同比增长 6.1%；海洋工程专业市场增幅最大，同比增长 127.9% 至 44 亿美元；完井服务、钻机装备与工具、地面建设专业市场增幅都在 9.0% 左右，市场规模分别为 33 亿美元、28 亿美元与 21 亿美元；完井装备与工具专业市场增长

3.6% 至 11 亿美元；物探、软件与数字化专业市场分别同比减少 4.3%、14.6%，分别为 5 亿美元和 2 亿美元。

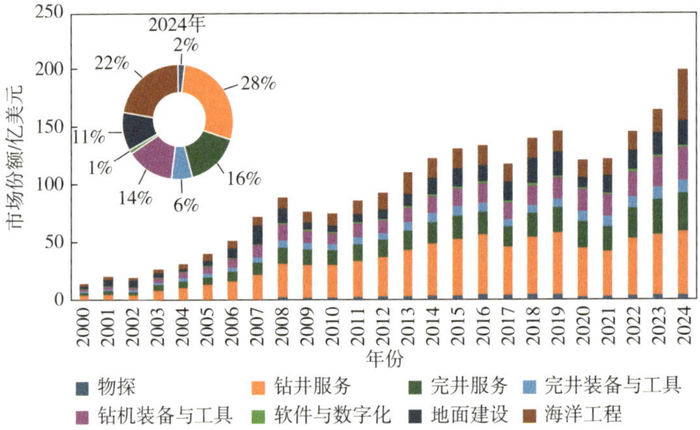

图 2-38　沙特阿拉伯油气工程专业市场规模变化

5）市场展望

预计在 2025 年，中东油气上游总体资本支出将超过 1100 亿美元，深水板块资本支出迎来巨大增长，有望突破 47 亿美元，浅海大陆架资本支出可能出现 8% 的缩减。海上与陆上石油工程市场规模稳中有升，分别同比增长 1% 与 8%。中东油气上游各专业市场增幅放缓，其中海洋工程市场份额将降低 6%。中东油气工程市场竞争加剧，头部企业市场占比将有 1%~5% 的缩减。

2.3.2 亚太地区

1）市场现状及趋势

（1）亚太是全球重要的油气供应区域之一。

亚太地区油气储量产量较中东、北美、南美低，全球占比较少。其中，石油储量约占全球石油储量的 2.5%，天然气储量约占全球储量的 11.0%；在产量方面，石油产量全球占比 7.2%，天然气储量全球占比 12.5%。

（2）资本支出总体保持稳定，陆上市场资本投入较多。

虽然亚太地区能源需求不断增长，但受能源转型、地缘政治风险等因素叠加影响，亚太地区的油气上游资本支出总体保持稳定，较 2023 年略有减少（见图 2-39）。占总体资本支出 54% 的陆上常规资本支出同比减少 5.3%，规模降低至 603 亿美元；浅海大陆架同比上涨 7.1%，资本支出总额突破 297 亿美元，占总体支出的 26.0%，是唯一一个保持增长的板块；深水支出水平与 2023 年持平，支出金额保持在 164 亿美元，占比 15.0%；非常规资本支出同比减少 3.6%，资本支出金额降低至 52 亿美元。

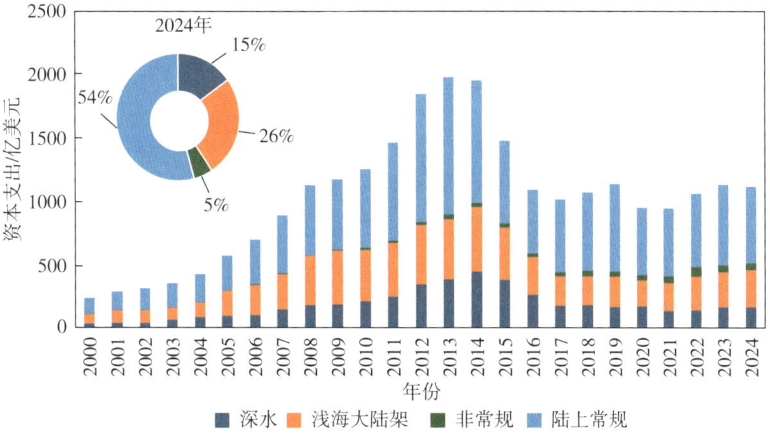

图 2-39　亚太地区油气上游资本支出规模变化

（3）中国为亚太地区主要市场，阿塞拜疆市场规模增幅明显。

受 2024 年资本支出减少的影响，亚太油气工程市场增长趋势逐渐放缓，各国增长趋势逐渐分化（见图 2-40）。中国作为亚太地区最大规模的油气工程市场，2024 年占总体市场份额高达 53%，同比降低 0.3%，规模略有下滑至 383 亿美元；澳大利亚、印度、印度尼西亚油气工程市场同比分别增长 7.5%、10.7%、4.9%，以 76 亿美元、55 亿美元、42 亿美元的市场规模分列亚太地区第 2、3、4 位，远低于中国市场规模；哈萨克斯坦、马来西亚市场规模分别小幅缩减至 38 亿美元、32 亿美元；阿塞拜疆市场同比增长 53.9%，成为亚太地区 2024 年增幅最大的国家，其市场规模突破 31 亿美元。

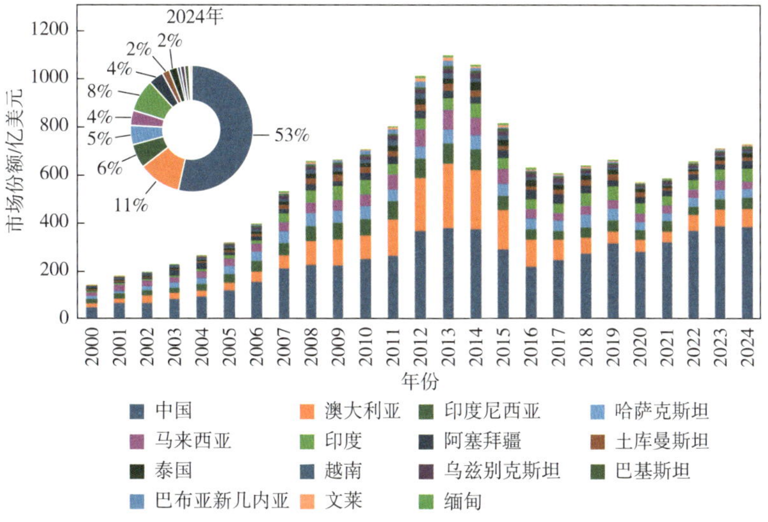

图 2-40　亚太主要国家油气工程市场规模变化

（4）以陆上市场为主，钻井服务市场规模最大。

亚太油气工程市场以陆上市场为主，随着近年来浅海大陆架及深海领域资本支出的增加，海上市场占比略有回升（见图 2–41）。2024 年亚太地区油气工程海上市场同比增长 9.2%，市场规模为 301 亿美元，占整体市场的 40.6%；陆上市场规模为 439 亿美元，同比降低 1.5%，其市场份额也由 2023 年的 61.8% 缩减至 59.4%。

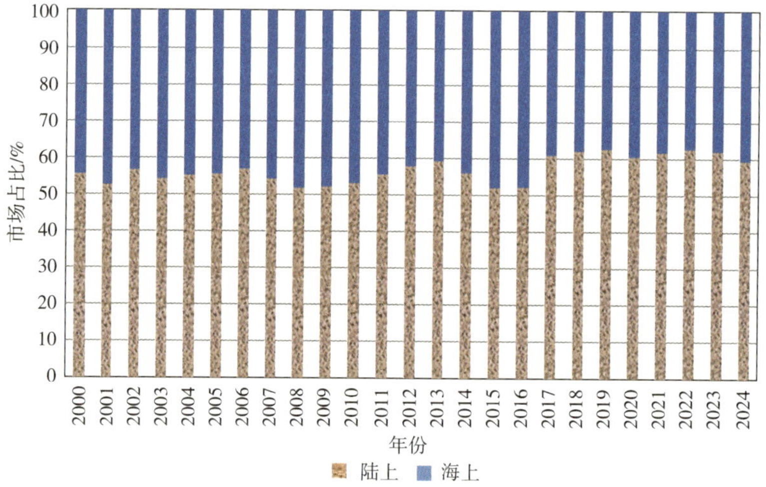

图 2–41　亚太海陆油气工程市场规模变化

2024 年亚太油气工程市场总体小幅攀升，但各业务板块间发展并不均衡（见图 2–42）。钻井服务专业市场是亚太最大的专业市场，同比增长 5%，2024 年市场规模小幅提升至 195 亿美元；完井服务、海洋工程市场同比分别增长 4.4%、9.1%，市场规模均超过 100 亿美元，分别达到 135 亿美元和 120 亿美元；钻机装备与工具市场同比增长 8.1%，市场规模突破 93 亿美元；而地面建设市场规模缩减幅度较大，同比降低 16.8% 至 81 亿美元；完井装备与工具、物探、软件与数字化专业市场规模相对较小，2024 年市场规模分别为 48 亿美元、43 亿美元、6 亿美元。

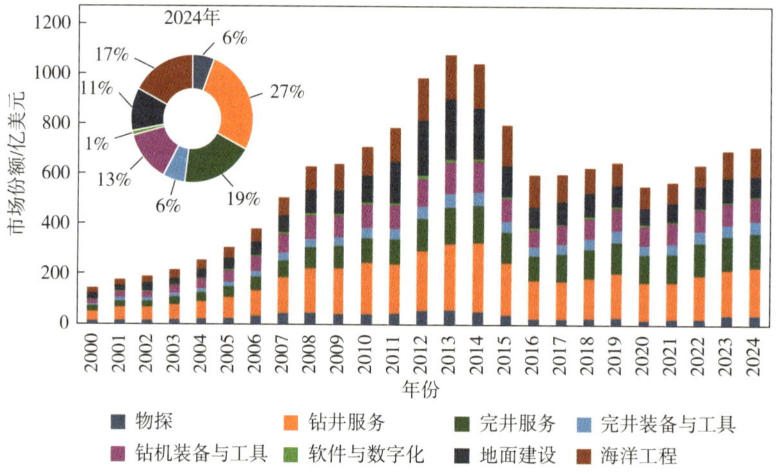

图 2–42　亚太油气工程专业市场规模变化

2）竞争态势

（1）市场需求集中度高，中石油等国家石油公司是主要购买方。

亚太油气工程市场需求集中度略有下降（见图 2-43），2024 年亚太油气工程市场需求端 CR4 为 59%，比 2023 年下降 2.8 个百分点；CR8 为 70.2%，比 2023 年下降 1.5 个百分点。2024 年，亚太油气工程市场的主要购买方为亚太地区各国国家石油公司与国际石油公司，其中亚太各国国家石油公司依然占据主导地位。中国三大国家油公司占据榜单前 3 位，其中，中国石油服务支出较 2023 年减少 16.2%，但依然以 206 亿美元的市场需求保持着绝对的领先优势，中国海油与 2023 年持平，中国石化同比增长 5.8%；印度石油天然气公司、印度尼西亚国家石油公司同比分别增长 16.3%、6.3%，服务支出分别为 41 亿美元、23 亿美元。

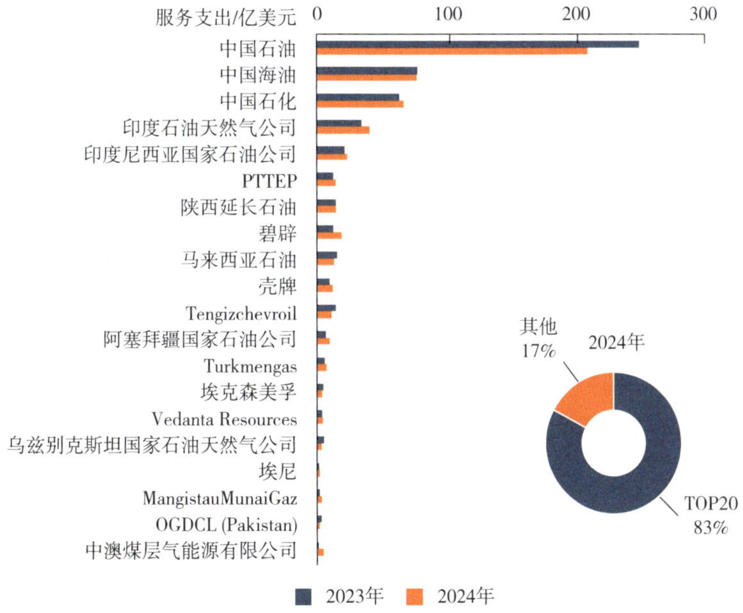

图 2-43　亚太主要油公司油气工程市场需求份额

（2）市场供给集中度较高，国家油服公司和国际油服公司竞争激烈。

2024 年亚太油气工程服务市场格局较为稳定（见图 2-44）。亚太油气工程市场供应端 CR4 为 37.9%，比 2023 年上升 0.2 个百分点；CR8 为 54.8%，比 2023 年下降 0.5 个百分点。主要服务商为中国国家油公司下属的油服公司与国际油服公司，中国国家油公司下属的油服公司市场收入普遍有所下降，三大国际油服公司市场收入保持增长。石化油服 2024 年市场收入同比降低 9.8%，以 72 亿美元总金额排在所有服务公司首位；斯伦贝谢市场收入提升明显，同比增长 14.3%，以 54 亿美元稍稍领先中海油服；中海油服 2024 年市场收入上涨 1 亿美元；中国石油工程板块 2024 年市场收入为 32 亿美元，同比减少 2.6%；贝克休斯市场收入同比增长 5.7%，市场收入增至 30 亿美元。

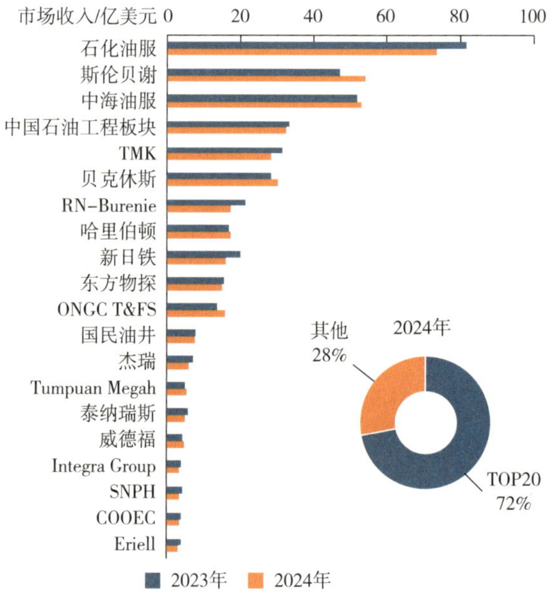

图 2-44 亚太油气工程主要服务商市场份额

3）市场特征

（1）区域政治安全面临诸多挑战，南亚、东南亚地区安全形势较为紧张。缅甸军政府执政以来，政治、经济与社会等方面的不确定性上升，内战持续紧张。巴基斯坦安全问题突出，恐怖袭击频发，并出现针对中国公民的恐怖袭击现象。阿富汗冲突不断，恐袭频仍，安全形势依然严峻。美英澳结盟，挑战亚太安全平衡。朝韩紧张对立，半岛危机明显加剧。

（2）经济充满活力，市场空间大。亚太地区要素资源丰富、市场规模巨大、资源禀赋各异、经济互补性强，是全球经济最具活力的增长带，主要国家油气消费保持增长，对外依存度高，重视国内勘探开发，油服市场具有一定发展空间，且相对较为稳定。

（3）当地国家油公司是油气投资主体，投资环境持续改善。亚太主要油气生产国都是由国家油公司主导国内油气勘探开发活动，是区域勘探开发投资主体。多国推出油气招标及经济刺激方案，促进勘探开发。国际石油公司积极投资亚太地区油气、新能源、CCUS等项目，促进亚太地区油气工程市场更加规范。

4）印度尼西亚市场

（1）上游资本支出稳定增长。

印度尼西亚政府通过税收优惠、合作开发协议等措施，改善了投资环境，并不断加强基础设施建设，为油气上游吸引了更多的资本投入。2024 年印度尼西亚依然保持油气上游资本支出的小幅增长，总支出超过 61 亿美元（见图 2-45）。陆上常规资本支出与 2023 年持平，支出金额达 30 亿美元，占总体资本支出的 49%；浅海大陆架资本支出同比增长 31.5%，支出金额为 25 亿美元；深水板块资本支出增幅明显，较 2023 年上涨 71.7%，支出金额增加至 6 亿美元。

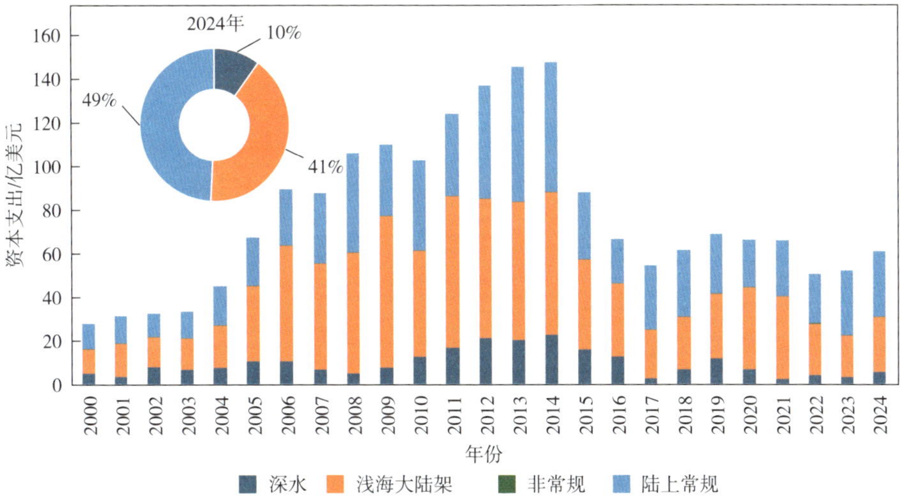

图 2-45　印度尼西亚油气上游资本支出规模变化

（2）海洋工程市场主导地位稳固，物探市场增长最快。

上游资本支出的增加带动了印度尼西亚石油工程市场规模的持续扩大（见图 2-46）。海洋工程专业市场是印度尼西亚石油工程市场最重要的专业细分市场，随着 Masela 深海气田进入关键开发阶段，2024 年海洋工程市场同比增长 8.5%，市场规模为 17 亿美元，占总体市场份额的 35%；钻井服务专业市场同比增长 1.8%，市场规模为 13 亿美元，占总体市场份额的 27%；完井服务、钻机装备与工具专业市场同比分别增长 17.5%、23.1% 至 6 亿美元、5 亿美元；完井装备与工具、地面建设专业市场份额均为 3 亿美元；物探专业市场、软件与数字化专业市场占比最少，物探专业市场同比增长 49.6%、规模突破 1 亿美元，软件与数字化专业市场同比增长 36.7%、规模不足 1 亿美元。

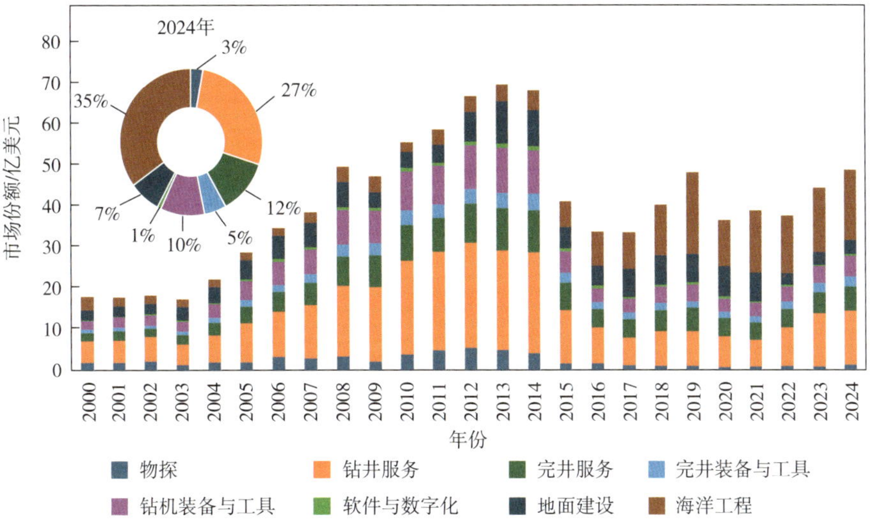

图 2-46　印度尼西亚油气工程专业市场规模变化

5）市场展望

2025年，亚太各国勘探开发活动保持活跃，海陆资本支出继续保持海增陆减的态势，增减幅度预计均在3%左右。上游资本持续流向浅海大陆架板块，预计为浅海大陆架资本支出带来20%的增长，其他板块资本金额将有10%以内的降幅。钻井服务、完井服务、海洋工程专业市场规模预计出现3%的减少，物探、软件与数字化专业市场将有10%~20%的增长。2025年亚太油气工程需求市场格局基本保持稳定，供方市场斯伦贝谢、哈里伯顿等国际油服公司的市场份额将有8%~10%的提升，而石化油服、中油技服等中国服务商的市场份额将面临4%~8%的缩减。

2.3.3 非洲

1）市场现状及趋势

（1）油气储量产量。

非洲石油储量约占全球总储量的7.5%，主要资源集中在尼日利亚、安哥拉、利比亚和阿尔及利亚，尼日利亚的深海油田（如Bonga油田）和安哥拉的盐下层资源（如Kaombo油田）是储量增长的主要驱动力。天然气储量约为$15\times10^{12}m^3$，占全球总储量的7.5%，莫桑比克的Rovuma盆地和坦桑尼亚的深海气田是天然气储量增长的核心区域。非洲石油产量约为800×10^4bbl/d，占全球总产量的8%。非洲天然气产量约为$2500\times10^8m^3$/a，占全球总产量的6%。由于基础设施较为老旧和安全问题频发，石油产量受到不小影响，天然气逐渐成为增长引擎。

（2）总体资本投入力度增强，海陆资本支出相当。

在深水勘探技术持续突破、欧盟“非洲能源走廊”计划驱动等因素的刺激下，非洲油气上游总体资本投入力度持续增强，2024年总体资本支出为504亿美元（见图2-47）。其中陆上常规资本支出同比增长39%，支出金额为249亿美元，占据了总体支出的49%；深水资本支出略有缩减，同比降低8.1%，以172亿美元占据了总体支出的34%；浅海大陆架资本支出占总体支出的17%，增长也较为缓慢，同比增加2%至83亿美元。

（3）油气工程市场复苏势头强劲，尼日利亚与利比亚涨幅明显。

非洲油气工程市场主要集中在尼日利亚、安哥拉、阿尔及利亚、埃及等国，2024年非洲油气工程市场总体规模随上游资本支出的提升而有小幅增长（见图2-48）。尼日利亚与安哥拉是非洲最主要的油气工程市场，其中，安哥拉不断扩大与国际石油公司合作，推动深水和超深水油气开发，2024年其油气工程市场同比增长10.1%，市场规模突破59亿美元，排在首位；在尼日利亚政府全面提升石油和凝析油产量计划的驱动下，油气工程市场大幅回暖，同比增长28.2%，市场规模达到58亿美元，与安哥拉的差距进一步缩小。阿尔及利亚、埃及石油工程市场规模均在30亿美元以上，阿尔及利亚同比增长4.6%，市场规模为 35 亿美元，埃及同比降低 4.1%，市场规模为 31 亿美元；利比亚石油工程市场规模显著提升，同比增长 42.8%，突破 24 亿美元。

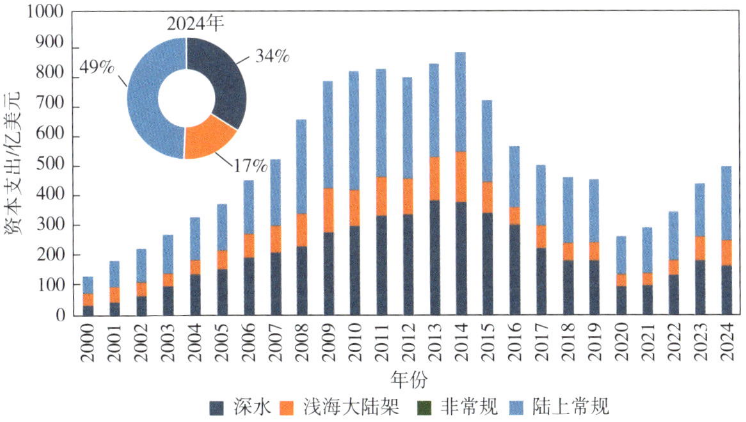

图 2–47　非洲油气上游资本支出规模变化

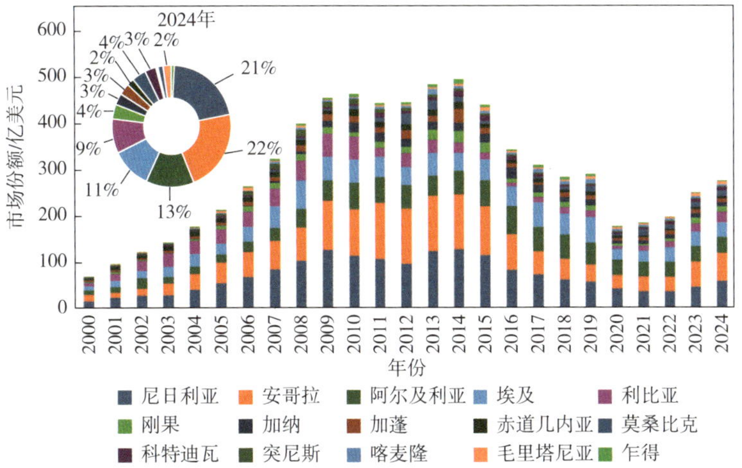

图 2–48　非洲主要国家油气工程市场规模变化

（4）以海上市场为主，海洋工程、钻井服务与地面工程专业市场规模占主导。

非洲油气工程市场以海上市场为主，2024 年陆上市场增长较快（见图 2–49）。海上市场稳定发展，同比增长 2.8%，市场规模为 190 亿美元，占主导地位；陆上市场迎来快速发展，同比增长 28.5%，市场规模提升至 132 亿美元。

2024 年非洲石油工程上游市场规模保持增长态势，地面建设、钻机装备与工具、钻井服务市场为主要增长动力（见图 2–50）。海洋工程作为非洲油气工程传统优势市场，在 2024 年增长受到了一定阻力，市场份额同比减少 0.9%，维持在 82 亿美元；钻井服务市场同比增长 21.3%，市场份额突破 77 亿美元；地面建设、完井服务、钻机装备与工具专业市场发展迅猛，2024 年同比分别实现了 30.6%、19.5%、24.7% 的增长。

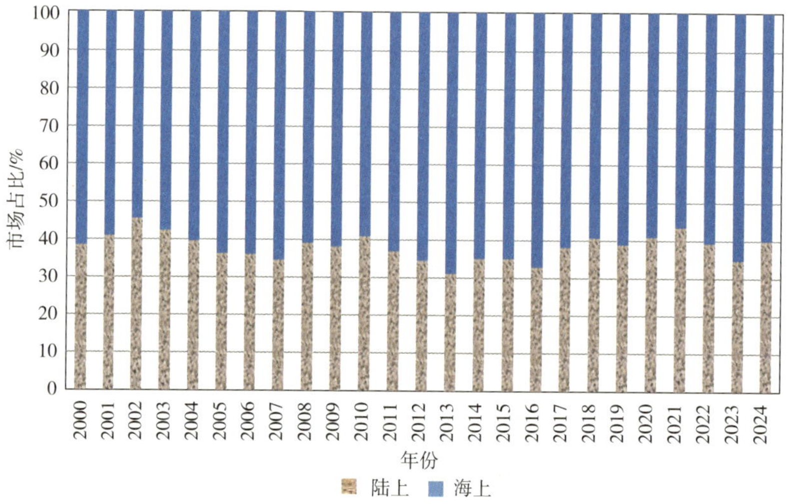

图 2-49　非洲海陆油气工程市场规模变化

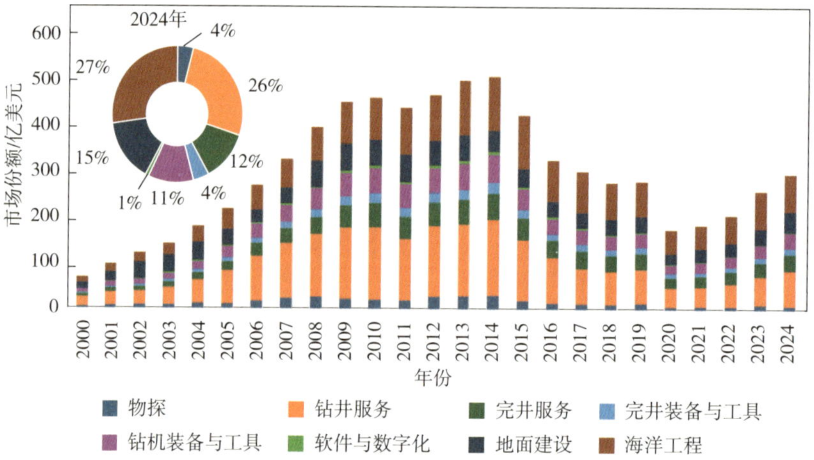

图 2-50　非洲油气工程专业市场规模变化

2）竞争态势

（1）国际石油公司与非洲国家石油公司为主要购买方，国际石油公司份额扩大。

非洲油气工程市场需求端集中度略有降低（见图 2-51）。2024 年非洲油气工程市场需求端 CR4 为 37.3%，比 2023 年减少 1.8 个百分点；CR8 为 55.1%，比 2023 年上升 1.1 个百分点。市场主要购买方为国际石油公司与非洲国家石油公司，其中道达尔保持强劲增长态势，2024 年同比增长 27.9%，服务支出达到 54 亿美元；阿尔及利亚国家石油公司同比降低 1.8%，服务支出为 25 亿美元；埃克森美孚服务支出同比大幅增长 58.1% 至 21 亿美元；Azule Energy、埃尼分别同比降低 0.3%、17%，服务支出分别为 21 亿美元、19 亿美元；壳牌同比增长 37%，服务支出为 14 亿美元；雪佛龙服务支出为 12 亿美元，同比增长 17.9%；其余购买方服务支出均未超过 10 亿美元。

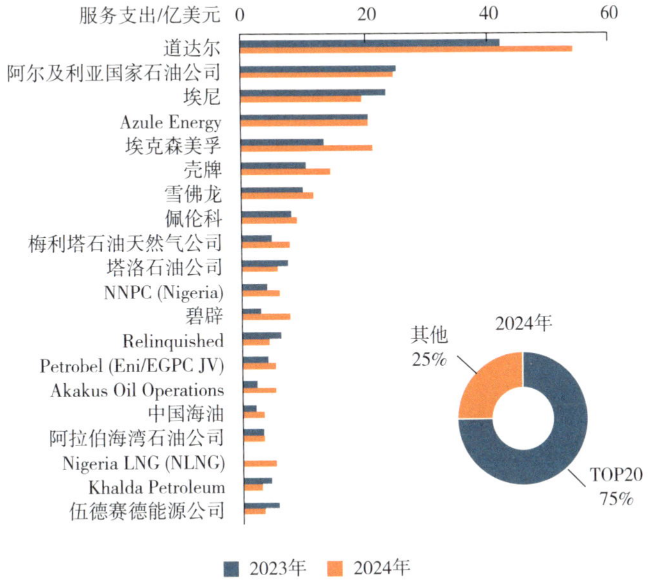

图 2-51　非洲主要油公司油气工程市场需求份额

（2）大型油服公司市场占比较高，领头服务供应商增长趋势明显。

2024 年非洲油气工程市场供应集中度进一步提高（见图 2-52）。非洲油气工程市场供应端 CR4 为 43.6%，比 2023 年上升 3.0 个百分点；CR8 为 58.9%，比 2023 年上升 3 个百分点。非洲油气工程市场集中度较高，2024 年国际大型油服公司市场收入增长显著。斯伦贝谢在非洲石油工程市场迎来 22.4% 的增长，市场收入达到 40 亿美元，领先

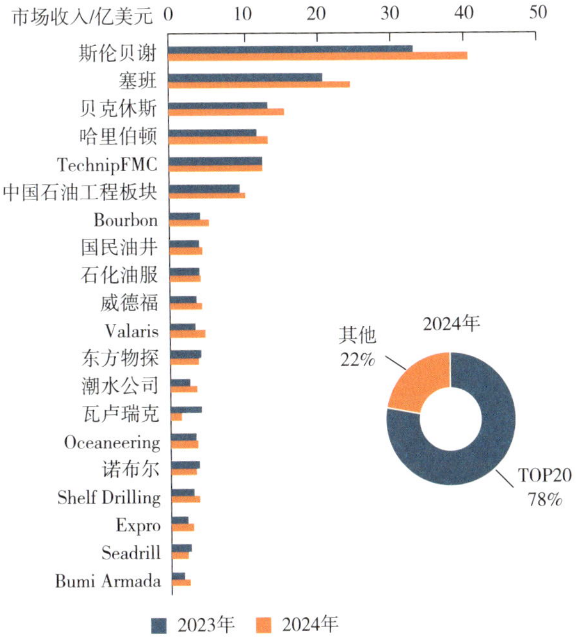

图 2-52　非洲油气工程主要服务商市场份额

优势更加明显；塞班同比增长 18.3%，市场收入近 25 亿美元；贝克休斯、哈里伯顿、TechnipFMC 市场收入较为接近，分别为 15 亿美元、13 亿美元、12 亿美元，贝克休斯与哈里伯顿同比分别增长 16.2% 与 12.7%，TechnipFMC 则同比减少 0.9%；中国石油工程板块稳步提升，同比增长 8.2%，市场收入突破 10 亿美元；其余供应商的市场收入均在 10 亿美元以下。

3）市场特征

（1）市场潜力较大，政治、安全和社会风险不容忽视。油气储量丰富，非洲油气探明储量占世界油气探明储量的 7.5% 左右，北非、西非是传统油气成熟区，石油资源丰富，东非、西非、南非近年取得天然气重大发现，是勘探热点地区，市场潜力相对较大。同时，部分国家政治局势不稳定，在监管方面存在较大不确定性，中央与地方存在利益之争，安全形势不容乐观。

（2）市场参与主体较多，国家石油公司实力增长较快。非洲油气产业市场主要由产油国石油公司和跨国石油公司构成，跨国石油公司在非洲地区石油勘探开发中占据重要地位。非洲有 27 个国家建立了国家石油公司，以阿尔及利亚国家石油公司（Sonatrach）、尼日利亚国家石油公司（NNPC）、埃及石油总公司（EGPC）和利比亚国家石油公司（NOC）为典型代表。除了传统天然气行业，非洲石油产业近年来逐渐成为吸引 FDI（外国直接投资）流入的最主要领域，世界上一些较大的石油跨国公司目前几乎都在非洲产油国有大量投资。北非地区是传统的油气富集区，该地区国家石油公司建立较早，实力雄厚，国家石油公司在油气上游投资中所占比例近 40%，撒哈拉以南非洲的国家石油公司在油气上游投资中所占比例不到 20%。因主要油气资源国财政、经济对油气收入依赖加深，国家更加重视对油气产业的掌控，以提升国家石油公司实力。

（3）油气合作多元化战略和本土化战略并行。非洲各主要产油国通过不断完善法律制度、制定优惠的财税合同条款吸引外资进入本国油气行业，同时具有较强的本土化意识，制定了严格的本土化政策法规，以培育本土企业实力，力争摆脱对国外企业的过度依赖。

4）尼日利亚市场

（1）总体资本支出保持增长，资本支出向陆上倾斜。

2021 年尼日利亚通过了《石油工业法案》（PIA），为油气行业提供了更清晰的法律框架和税收优惠，2024 年 PIA 的实施效果进一步显现，且政府于本年制定了油气产量提升计划，推动了上游资本支出的增长（见图 2-53）。尼日利亚上游资本支出集中在陆上常规、浅海大陆架、深水 3 个板块，2024 年资本支出整体保持增长态势。陆上常规资本支出增幅最大，同比增长 52.1%，金额突破 46 亿美元，是尼日利亚上游资本支出最多的板块；浅海大陆架资本支出同比增长 17.5%，金额为 19 亿美元；深水资本支出同比降低 2.0%，金额缩减至 16 亿美元。

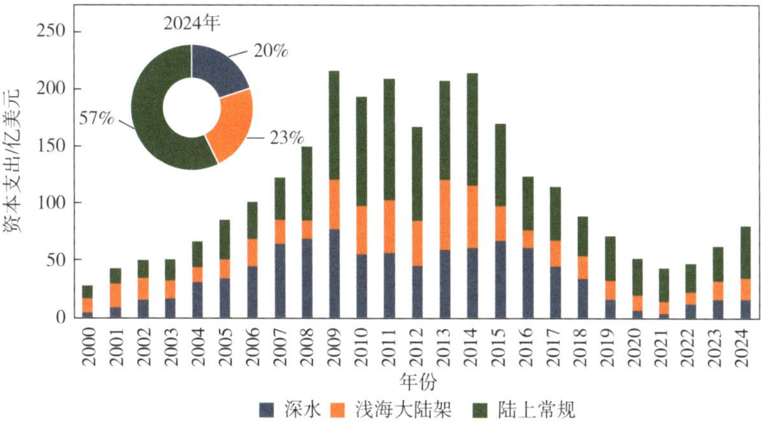

图 2-53　尼日利亚油气上游资本支出规模变化

（2）整体市场规模大幅增长，海洋工程市场规模占比 43%。

2024 年尼日利亚油气工程市场快速复苏，市场整体规模有了明显提升（见图 2-54）。海洋工程专业市场规模最大，在 Bonga South West 深海油田项目开发持续推动下，同比增长 10.5%，市场规模为 33 亿美元；钻井服务、地面建设专业市场增幅明显，较 2023 年分别增长 45.8%、41.3%，市场规模均为 12 亿美元；完井服务、钻机装备与工具专业市场快速发展，市场规模较为接近，分别为 8 亿美元和 7 亿美元，其中钻机装备与工具专业市场同比增长 56.7%，是增幅最大的专业市场；完井装备与工具、物探、软件与数字化专业市场规模较小，分别为 3 亿美元、1 亿美元、1 亿美元。

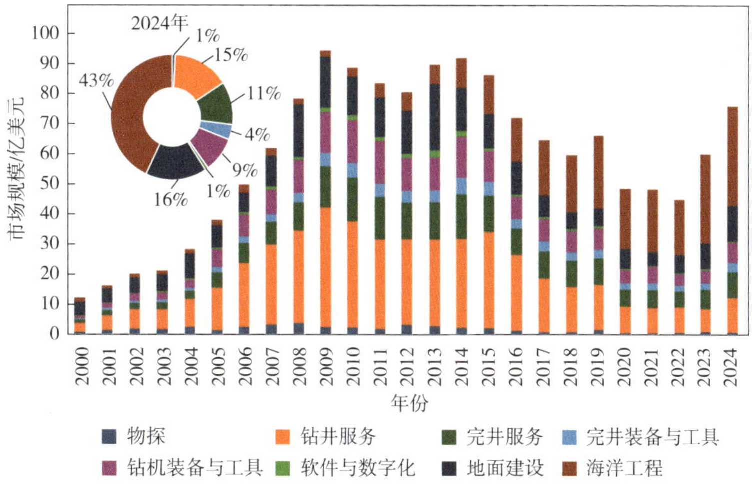

图 2-54　尼日利亚油气工程专业市场规模变化

5）市场展望

预计 2025 年非洲总体资本支出与 2024 年基本持平，深海与浅海大陆架资本支出预计有 2 亿 ~4 亿美元的小规模上涨，海上与陆上市场均将保持 3% 左右的稳定增长。尼日利亚油气工程市场规模进一步扩大，2025 年预计增长 15%，领先优势不断凸显，安哥拉、阿尔及利亚、埃及的市场规模将有 8%~12% 的缩减，利比亚有较大增长潜力，有望提升 20% 赶超埃及。各专业市场中，除海洋工程市场规模可能会有 1% 的缩减外，其他专业市场均将保持小幅增长态势，其中物探专业市场预计增长最快，增幅将超过 20%。

2.3.4 南美地区

1）市场现状及趋势

（1）油气储量与产量。

南美是全球主要的油气资源区，特别是深水资源较为丰富。目前南美石油储量全球占比为 19.1%，天然气储量全球占比为 4.5%；2024 年石油产量为 1080×10^4bbl/d，占全球总产量的 11.8%，天然气产量为 $4350\times10^8m^3$/d，占全球总产量的 3.9%。

（2）资本支出持续向深水倾斜，浅海大陆架投资金额最低。

南美洲油气出口需求的增长、内部市场对天然气需求的增加，推动了其油气上游资本的持续投入。2024 年南美油气上游总体资本支出稳步增长，深水占据绝对优势，浅海大陆架增幅最大（见图 2–55）。深水资本支出同比增长 13%，金额达到 322 亿美元，占南美总体资本支出的 56%；陆上常规资本支出同比小幅减少 3.3%，金额为 143 亿美元，占据了 1/4 的总体资本支出；非常规、浅海大陆架同比分别增长 6.8%、22.9%，资本支出金额分别为 78 亿美元、31 亿美元。

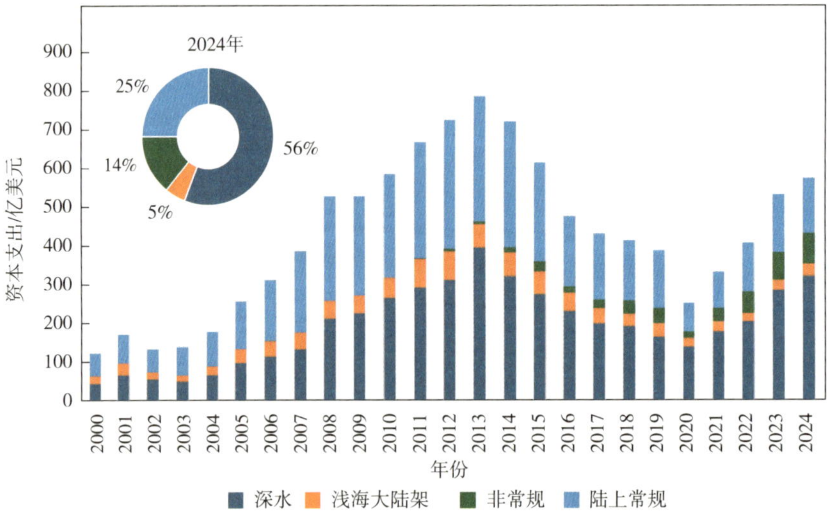

图 2–55 南美油气上游资本支出规模变化

（3）巴西、阿根廷、圭亚那领涨南美各国油气工程市场。

南美油气工程市场在地域分布上较为集中，2024 年市场规模排名前 3 的巴西、阿根廷、圭亚那占据了 82% 的市场（见图 2–56）。巴西以 49% 的市场份额位居榜首，且在 2024 年继续保持 16.5% 的高速增长，以 214 亿美元的市场规模锁定领先优势；阿根廷拥有全球第二大页岩气田 Vaca Muerta，2024 年市场份额同比增长 7.2%，市场规模为 82 亿美元，占比 19%；圭亚那 Stabroek 区块开发加速带动了圭亚那油气工程市场增长，2024 年增幅达到 46%，规模快速增长至 60 亿美元；哥伦比亚、委内瑞拉同比分别增长 2.6%、15.8%，市场规模分别为 21 亿美元、17 亿美元；其余国家市场规模均不足 10 亿美元。

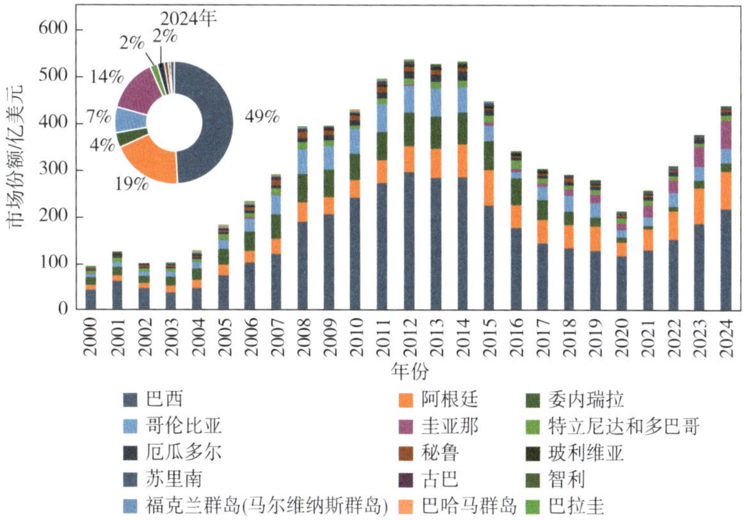

图 2–56　南美主要国家油气工程市场规模变化

（4）以海上市场为主，海洋工程与钻井服务市场增长较快。

南美油气工程市场以海上市场为主，2024 年海陆差距进一步扩大（见图 2–57）。海上油气工程市场规模同比增长 17.5%，达到 285 亿美元，总体占比进一步提升至 66.7%；陆上油气工程市场规模同比增长 7.1% 至 142 亿美元，但总体占比较 2023 年减少了 2.0 个百分点，仅为 33.3%。

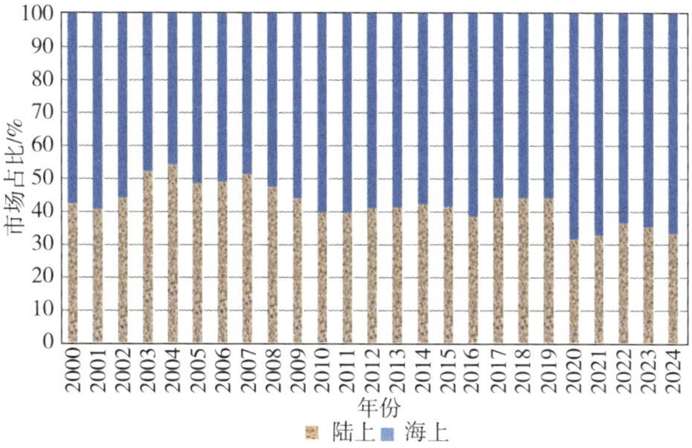

图 2–57　南美海陆油气工程市场规模变化

得益于 2021 年以来资本支出的逐年递增，2024 年南美油气工程专业市场总体规模保持增长态势，海洋工程与钻井服务专业市场增幅最多（见图 2–58）。海洋工程专业市场同比增长 19.4%，市场规模为 154 亿美元，占比为 39%；钻井服务专业市场同比增长 24.6%，市场规模为 93 亿美元，占比为 23%；完井服务市场同比增长 2%，市场规模为 57 亿美元，占比为 14%；钻机装备与工具、地面建设专业市场同比分别增长 0.8%、10.2%，市场规模相近，分别为 35 亿美元、32 亿美元；完井装备与工具、物探、软件与数字化专业市场规模较小，分别为 16 亿美元、8 亿美元、3 亿美元，其中软件与数字化专业市场 2024 年缩减 19.5%，降幅最大。

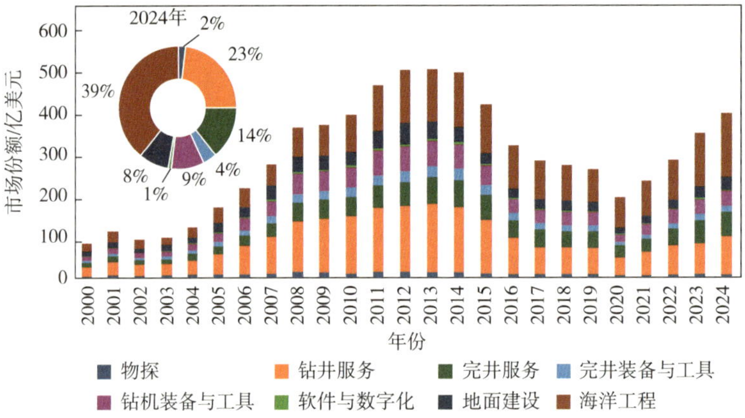

图 2–58 南美油气工程专业市场规模变化

2）竞争态势

（1）头部公司服务支出增长趋势逐渐分化，巴西石油依旧占据需求主导地位。

南美油气工程市场需求集中度进一步提升（见图 2–59）。2024 年非洲油气工程市场需求端 CR4 为 62.3%，比 2023 年上升 3.6 个百分点；CR8 为 73.1%，比 2023 年上升 1.5 个百分点。市场主要购买方为南美各国国家石油公司与国际石油公司，其中南美各国国家石油公司占据主导地位。巴西石油是南美市场最大购买商，2024 年巴西石油服务支出增长 21.6%，市场规模接近 160 亿美元，领先优势明显；埃克森美孚主导 Stabroek 区块开发加速，2024 年增长势头强劲，同比增长 51.4%，服务支出突破 60 亿美元；YPF 服务支出同比增长 7.5%，市场规模为 34 亿美元；其他企业服务支出均在 20 亿美元以下。

（2）大型油服公司市场占比较高，收入增长趋势明显。

南美油气工程市场供应集中度略有下降（见图 2–60）。2024 年，非洲油气工程市场供应端 CR4 为 35.6%，比 2023 年减少 1.8 个百分点；CR8 为 52.2%，比 2023 年减少 2.1 个百分点。国际大型油服公司占据领先地位，斯伦贝谢市场收入居于首位，2024 年为 45 亿美元，与 2023 年基本持平；哈里伯顿、TechnipFMC、贝克休斯市场收入稳步提升，2024 年同比分别增长 3.8%、10.1%、2.5%，规模分别达到 28 亿美元、24 亿美元、20 亿美元，排

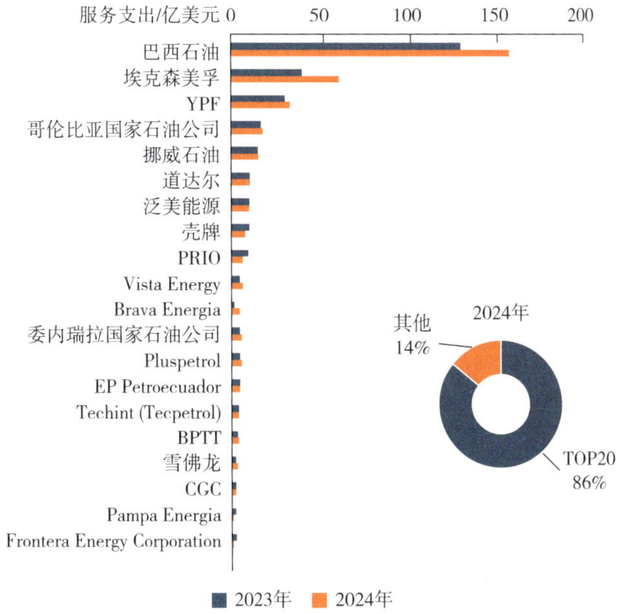

图 2-59　南美主要油公司油气工程市场需求份额

在斯伦贝谢之后；泰纳瑞斯市场收入由 18 亿美元下降到 16 亿美元，缩减 11.1%，排名第 5；SBM Offshore 实现同比增长 39%，市场收入突破 15 亿美元，排名第 6；Subsea7、诺布尔增长步伐一致，双双同比增长 18%，市场收入均为 12 亿美元，并列第 7；其余企业市场收入均低于 10 亿美元。

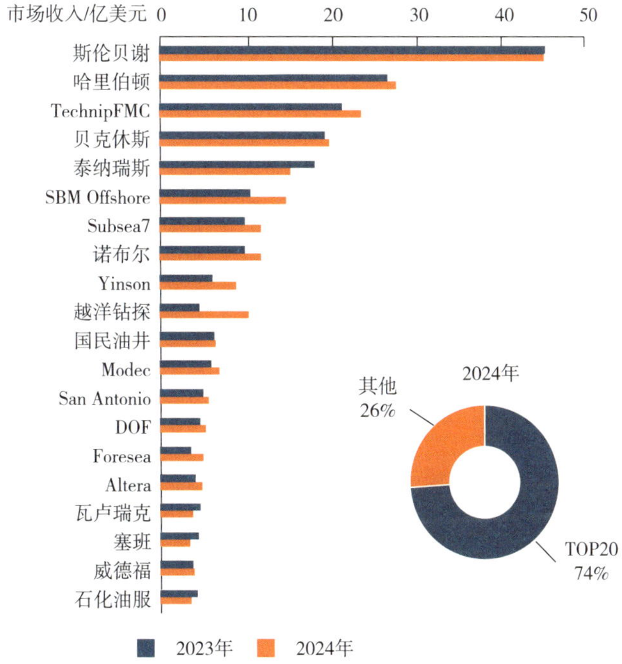

图 2-60　南美油气工程主要服务商市场份额

3）市场特征

（1）市场较为开放，合作意愿较为强烈。多数南美产油国财政对油气形成一定程度的依赖，在经济不景气时，积极开放国内油气资源，改善投资环境，吸引国外石油公司投资，目前大型石油公司大都参与南美油气勘探开发投资活动。

（2）油气基础设施薄弱，引进外资力度较大。因经济不景气，南美部分资源国国内投资力量不足，油气基础设施薄弱，制约了油气生产活动的大幅增加。政府对发展油气产业态度积极，为吸引国外投资商，多数国家出台了一系列有吸引力的财税条款，积极推进对外招标。

（3）市场经营面临较多风险因素。阿根廷等部分国家实施外汇自由汇兑，汇率波动幅度较大；南美地区工会和环保组织力量强大，罢工时常发生，在增加企业额外的环境和劳工支出的同时，也会影响正常生产经营活动。委内瑞拉等国内经济脆弱问题突出，物价飙升，社会稳定性较差。厄瓜多尔等国国内政治局势动荡，政策变动较大，社会安全局势堪忧。

4）巴西市场

（1）上游资本支出小幅增长，深水板块占绝对优势。

2024 年巴西盐下岩油田开发进入平稳期，上游资本支出整体增长趋势放缓，资本支出主要集中在深水板块，浅海大陆架资本支出增速较快（见图 2–61）。巴西拥有的盐下层大型油田是全球重要的深水油气资源区，2024 年深水板块吸收了 92% 的上游资本支出，支出金额同比增长 11.3% 达到 209 亿美元；陆上常规资本支出同比增长 13.1%，金额为 14 亿美元；浅海大陆架资本支出同比增长 44.3%，金额为 5 亿美元。

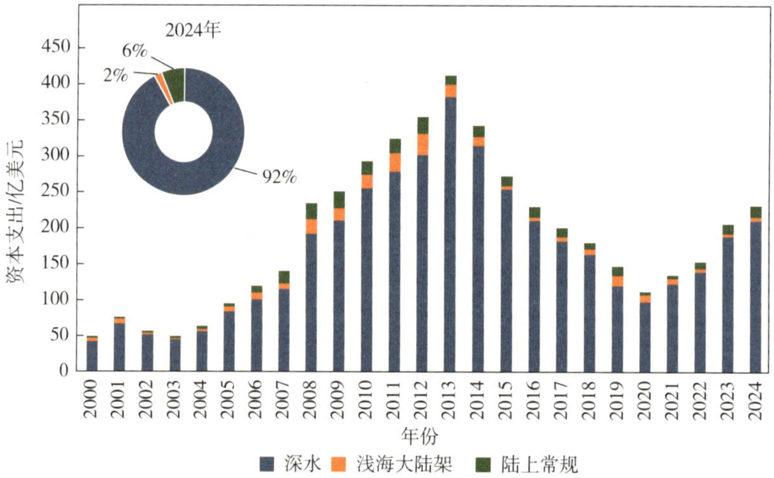

图 2–61　巴西油气上游资本支出规模变化

（2）海洋工程与钻井服务市场持续增长，领先优势越发明显。

巴西油气工程市场以海洋工程、钻井服务专业市场为主导，2024 年整体保持增长态势（见图 2–62）。海洋工程市场同比增长 9.4%，市场规模为 117 亿美元，占比 63%；钻井服务市场同比增长 65.5%，市场规模为 41 亿美元，占比 22%；其他专业市场规模均在 10 亿美元以下，同比下降 3%~30%。

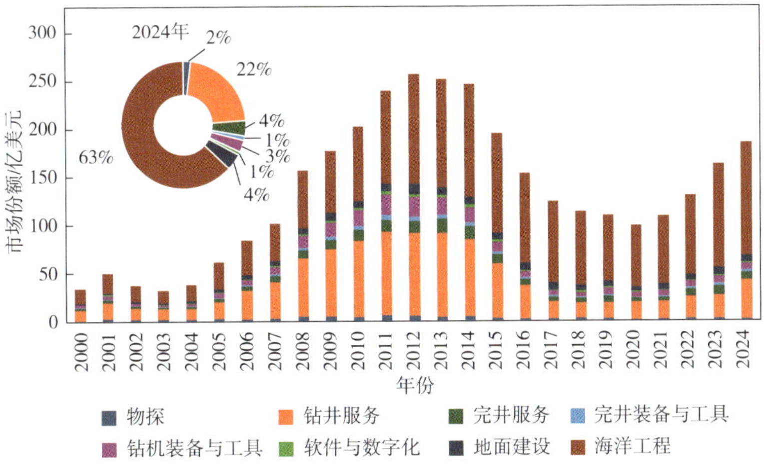

图 2-62 巴西油气工程专业市场规模变化

5）市场展望

预计 2025 年，南美油气上游总体资本支出将小幅下调，深水与陆上常规板块的资本支出受影响较大，均将面临 4% 的缩减，浅海大陆架与非常规领域资本支出将继续保持增长，预计同比增长 5%~20%。海洋工程、钻井服务专业市场规模增长逐渐放缓，预计只有 3% 的增长，完井服务、软件与数字化、钻机装备与工具专业市场将迎来新的增长契机，增幅预计为 13%~20%，而地面建设专业市场规模将出现 16.5% 的缩减。南美重点国家市场中，阿根廷、委内瑞拉增长潜力较大，有望实现 14%~30% 的涨幅，巴西、哥伦比亚、圭亚那油气市场结束增长，预计将出现 2%~15% 的降幅。

参 考 文 献

[1] Rystad Energy. Global Service Report Oil and Gas：January 2025 [R]. Oslo：Rystad Energy，2025.

[2] 陆如泉，余功铭，李晓光，等. 2024 年全球油气行业勘探开发评述 [J]. 世界石油工业，2025，33（1）：1-14.

[3] Rystad Energy. Global Service Report-oil and Gas：January 2024 [R]. Oslo：Rystad Energy，2024.

[4] Rystad Energy. Middle East Service Report：Oil and Gas-1Q 2024 [R]. Oslo：Rystad Energy，2024.

［5］Rystad Energy. Africa Service Report：Oil and Gas–1Q 2024［R］. Oslo：Rystad Energy，2024.
［6］Rystad Energy. South America Service Report：Oil and Gas–1Q 2024［R］. Oslo：Rystad Energy，2024.
［7］Rystad Energy. Southeast Asia Service Report：Oil and Gas–1Q 2024［R］. Oslo：Rystad Energy，2024.
［8］李小松 . 全球深水油气行业呈现蓬勃发展态势［N］. 中国石油报，2024–05–14（7）.
［9］Rystad Energy. Middle East Regional Trends Report September 2024［R］. Oslo：Rystad Energy，2024.
［10］Rystad Energy. Southeast Asia E&P Report–1Q 2024［R］. Oslo：Rystad Energy，2024.
［11］Rystad Energy. Africa Spending Report：Oil and Gas–4Q 2024［R］. Oslo：Rystad Energy，2024.

第3章

全球油服公司发展动向

3.1 国际大型综合油服公司发展动向

3.1.1 总体经营情况

2024 年，国际综合油服公司经营业绩延续了 2023 年的辉煌，斯伦贝谢、贝克休斯、威德福的营业收入、营业利润、净利润均实现同比增长，哈里伯顿营业收入与 2023 年基本持平，营业利润和净利润同比小幅下降（见图 3–1~ 图 3–3）。其中：斯伦贝谢实现营收 362.89 亿美元，同比增长 9.5%，营业利润 73.21 亿美元，同比增长 12.2%；哈里伯顿实现营收 229.44 亿美元，与 2023 年基本持平，营业利润 38.22 亿美元，同比下降 6.4%；贝克休斯实现营收 278.29 亿美元，同比增长 9.1%，营业利润 30.81 亿美元，同比增长 33.0%；威德福实现营收 55.13 亿美元，同比增长 7.4%，营业利润 9.38 亿美元，同比增长 14.4%。

大型综合油服公司近 3 年自由现金流强劲（见图 3–4），保证了稳定的资本支出，同时利用现金流减少债务，积极回报股东（见图 3–5）。斯伦贝谢总资本支出为 19 亿美元，主要投资领域为数字集成、生产系统和储层性能等。哈里伯顿总资本支出为 14 亿美元，重点投资先进的钻井解决方案。贝克休斯总资本支出为 13 亿美元，主要投资领域为天然气基础设施、LNG 项目和工业技术等。在股息和股票回购方面，斯伦贝谢支出 32 亿美元，同比增长 60%。哈里伯顿支出 16 亿美元，同比增长 14%。贝克休斯支出 13 亿美元，与 2023 年基本持平。

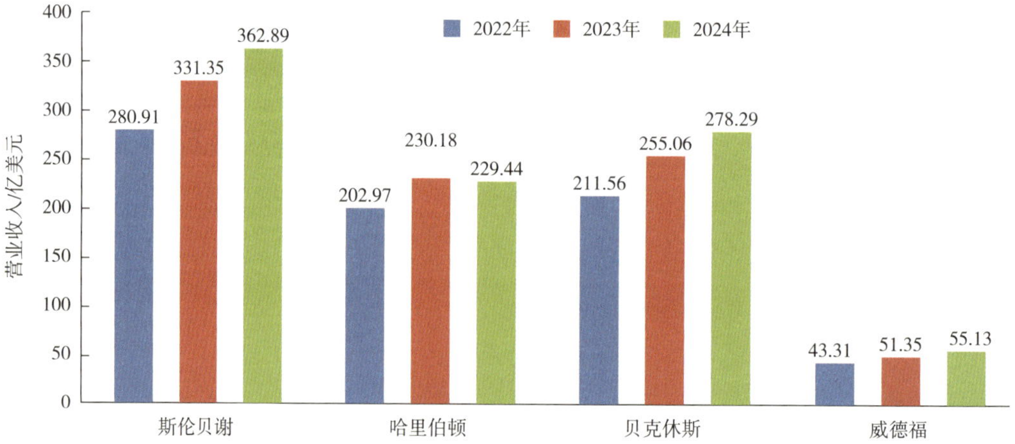

图 3–1 大型综合油服公司近 3 年营业收入

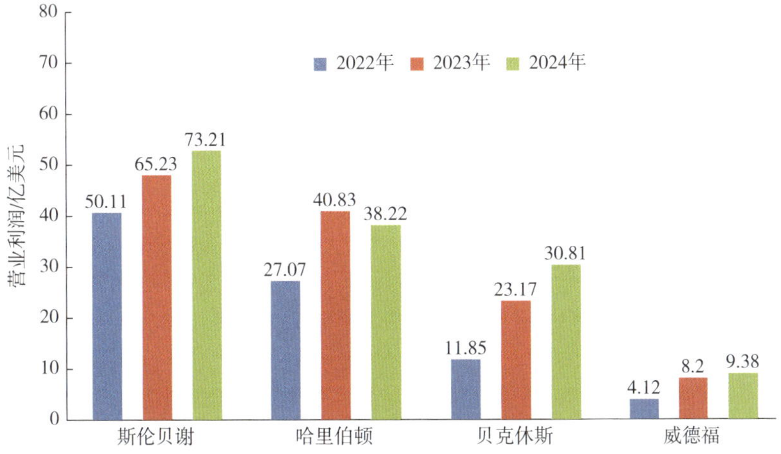

图 3-2　大型综合油服公司近 3 年营业利润

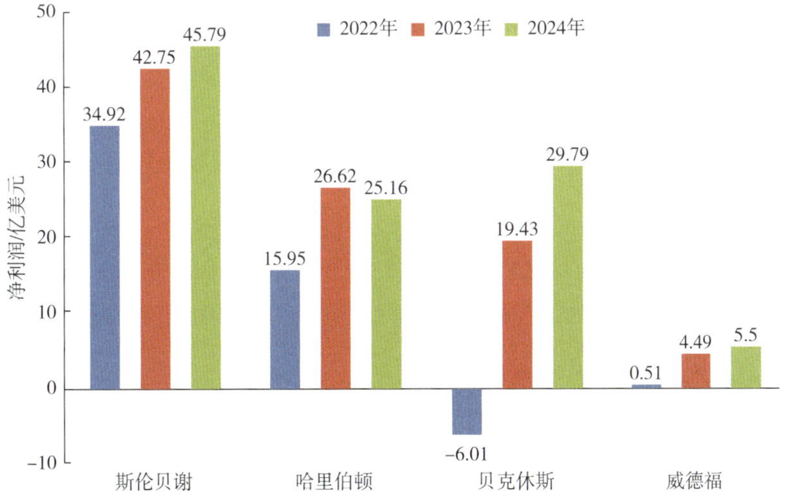

图 3-3　大型综合油服公司近 3 年净利润

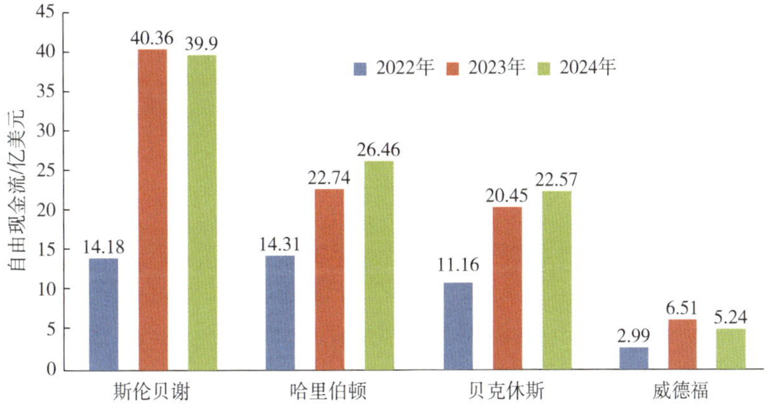

图 3-4　大型综合油服公司近 3 年自由现金流

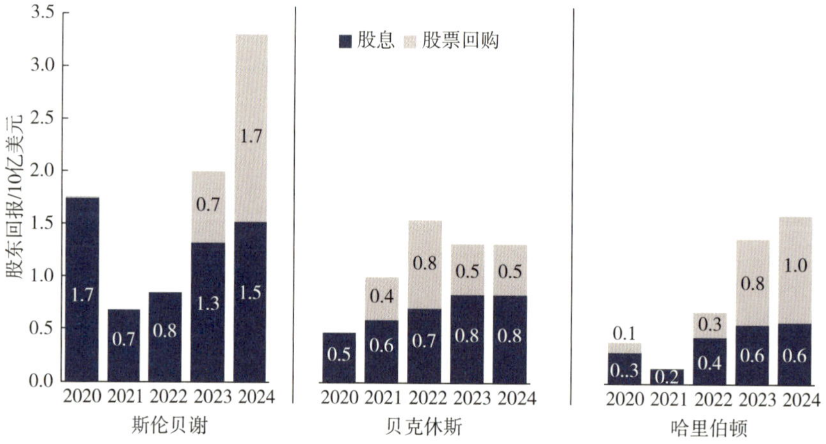

图 3–5　大型综合油服公司近 5 年股东回报

3.1.2 发展动向

1）“借力 + 共享 + 互通”，开启油田服务智能化时代

三大综合油服公司（斯伦贝谢、贝克休斯、哈里伯顿）将数字化、智能化发展纳入公司战略规划，持续推进数字化发展生态建设，整合大数据、物联网、人工智能（AI）等技术，不断丰富智能化服务内涵，改造了油气行业工作流程、工作模式，形成了收入增长的新引擎。

（1）深化数字合作生态融合，提升智能化服务能力。斯伦贝谢深化与 NVIDIA（英伟达）合作，将 NVIDIA AI Enterprise 软件平台的 NVIDIA NeMo，扩展用于地下勘探、生产作业和数据管理的生成式 AI 模型，为能源行业量身定制人工智能解决方案，方案集成在 Delfi 和 Lumi 平台上，可在数据中心、云或边缘环境中运行；与亚马逊网络服务公司扩大了合作范围，将 Delfi 数字平台与亚马逊网络服务集成在一起，为能源应用提供基于云的 Petrel 和 Techlog 软件访问。哈里伯顿与人工智能方案提供商 AIQ 达成合作，AIQ 的自主井控解决方案通过哈里伯顿的 iEnergy 混合云提供。贝克休斯与亚马逊云科技共同投资 1.8 亿美元，建设能源行业专属云，部署了 1500 个虚拟孪生体。

（2）建立行业大语言模型，形成“平台 +AI+ 软件 + 工具装备”一体化的成果输出模式。斯伦贝谢采用多模态处理架构，以 500 万份钻井报告、30 万口井的测井曲线、2.3 万篇 SPE 数据库论文、API 标准文档为基础数据源，结合 4.8 万条能源专用术语，嵌入专业理论方程，引入参数合理性的约束机制，基于 QLoRA 持续学习，形成油气领域专用大模型，并进行了地质力学、储层工程、岩石物理、复杂岩性识别、多源数据关联、井筒建设、生产优化、地质解释等应用场景的交叉验证和测试。在北海钻井项目中，通过 SLB AI 平台实现实时岩心数据与钻井参数联动分析，决策响应速度提升 60%。斯伦贝谢的 Lumi™ 数据和人工智能平台、哈里伯顿的 Intelevate™ 数字平台，均提供以数据科学为基础的新型服务。与人工智能技术的融合，推动油服公司服务能力不断提升，贝克休斯 Bently Nevada 平台升级，新增预测性维护 AI 模型，减少非计划停机 30%；哈里伯顿 iCruise 智能导向系统新增自动化防卡钻功能，2024 年在二叠纪盆地应用后钻速提升 20%。哈里伯顿 4.0 平台新增供应链优化模块，库存成本降低 10%。

（3）智能化服务深入油公司数字化转型底层，形成稳固合作关系。数据是智能化作业落地的关键，为了充分发挥人工智能的潜力，斯伦贝谢推出数据即服务业务、贝克休斯推出数据管理框架，为油公司提供数据管理服务，深入油田数字化转型底层。哈里伯顿开发混合云，将勘探开发云应用部署、集成到 OSDU™ 数据平台，支撑应用程序之间互操作，帮助客户构建无数据孤岛、可安全访问且支持协作的云就绪环境，实现向云端的过渡。三大综合油服公司通过长期合作伙伴关系，绑定了壳牌、碧辟、沙特阿美、道达尔、ANDOC 等公司的数字化服务。斯伦贝谢和道达尔合作开发地下数字解决方案，以提高油气产量并减少排放；与阿克碧辟建立了长期合作伙伴关系，把阿克碧辟的应用程序转移到云端，利用人工智能和机器学习（ML）来提高勘探和生产效率；和沙特阿美公司共同开发可减少温室气体排放的数字化可持续发展解决方案。贝克休斯和雷普索尔合作，利用 Leucipa 自动化油田生产解决方案推进人工智能驱动的自动化工作流程，以提高效率、提高产量和减少排放。

（4）数字化运维中心向全球扩展。贝克休斯 iCenter 智能运维网络扩展至 12 国，新增元宇宙虚拟工厂及网络安全系统，将进一步扩大客户范围。贝克休斯 WellLink 360 平台连接全球 2800 台钻机设备，其自适应控制系统在北海项目中实现连续 86h 无人值守钻井，机械钻速提升 22%；运用声波共振分析技术开发的 Bently Nevada 系统，可提前 1200h 预警压缩机故障，准确率达 92%，结合虚拟现实远程指导系统，使设备维修响应时间缩短至 4h 内，该系统已接入全球 430 个油气处理设施。

（5）提升员工 AI 技能，推动 AI 技术的研发与应用。斯伦贝谢发起 AI 技能提升和再培训计划，开发了可全球访问的基于云的学习管理系统，针对数字化、可持续性、数据分析、机器学习、深度学习、编程等主题策划了丰富内容，提供视频、电子学习模块、网络研讨会和互动会议等多种形式的学习内容；根据培训对象设置不同的学习内容和路径，将领域专家转变为数据科学从业者。

2）全面提升碳管理能力，降低油气行业碳排放

为了推动油气行业可持续发展，三大综合油服公司围绕设计方案优化、缩短作业时间、提升作业质量、降低作业风险等影响油气投资回报和碳排放量的关键因素，研发高端技术装备，强化排放监测和优化，推出低碳排放技术产品。依托油气行业服务经验，快速形成 CCUS 服务技术组合。

（1）研发高精尖技术装备推动石油工程高效、低成本、低碳运行。斯伦贝谢量子计算驱动的算法使油藏模拟速度提升 40 倍，成功预测巴西盐下油田砂堵风险，避免了巨额损失。贝克休斯推出的 Cordant™ 集成解决方案，支持工业资产绩效管理和流程优化。哈

里伯顿推出 Spartan HT 高温高压钻井液系统，在墨西哥湾深水区块实现井筒稳定性提升 30%。为了推动石油工程降本增效，斯伦贝谢强化“适合盆地”技术研究，持续提升运营效率，哈里伯顿研究“着陆带”路径以降低物流成本，贝克休斯推进改进流程和节约成本的“卓越运营”计划。

（2）通过电气化和能耗智能管理减少自身碳排放。斯伦贝谢部署了带有辅助动力装置（apu）的数字车队管理平台，将 GPS 跟踪技术和 apu 相结合，减少空转（空转燃料占物流燃料总量的 20% 以上），将燃油里程提高了 35% 以上。测试了 PumpIRIS™ 减排解决方案，通过在多级作业中自动关闭和重新启动泵，减少闲置时间，在试点项目中减少了 3000 多 t 的二氧化碳当量排放；引入了电动固井滑橇系统，在智能电源管理系统中对陆地钻机实施了负载依赖启停技术，通过自动调整发电机组的使用以匹配电力需求，减排 8%~12%。2024 年，斯伦贝谢实现了在 2019 年的基础上将第 1 类和第 2 类绝对排放量减少 30% 的减排目标。贝克休斯与 Avports 合作，共同开发、实施和运营机场现场微电网项目。哈里伯顿的 ZEUS 电动压裂设备不断推广，大幅降低压裂作业的碳排放。

（3）研发低排放技术，降低环境影响。斯伦贝谢研发的 OpenPath Reach（OPR）使用单相缓速酸体系，可将增产液体积减少 30%~50%，与乳化酸体系或未改性盐酸相比，效果相似或更好。2024 年，OPR 使客户减少了超过 41000t 的二氧化碳排放量。研发的 EcoShield（地聚合物无水泥系统）能有效降低碳排放，2024 年应用国家从 1 个扩展到 7 个，客户从 1 个扩展到 15 个。

（4）强化碳监测和管理。斯伦贝谢开发脱碳解决方案平台，帮助企业跟踪碳排放状况，制定减排方案。哈里伯顿所有新产品的研发都遵循全生命周期原则，将产品应用对可持续发展的影响量化，并优化至最小；将 Envana™ 排放数据管理软件集成到工作流程和设备传感器中，生成详细、可靠的排放数据，与客户合作确定减少排放的措施。贝克休斯通过其专有的快速全生命周期碳排放评估工具，为客户提供其产品和服务的环境足迹量化评价信息，推出 Carbon Edge 数字化解决方案，提供 CCUS 从碳捕集、压缩、管道运输到封存全流程基础设施中二氧化碳流量的实时数据和警报。

（5）通过收并购、风险投资等方式，快速形成了 CCS（二氧化碳捕集和封存）技术服务组合。斯伦贝谢和哈里伯顿形成了较为完备的 CCS 技术服务组合，贯穿场址优选、场址建设、注入测量、监测和验证、成本优化等流程。斯伦贝谢与阿克碳捕集公司（Aker Carbon Capture）成立了合资企业 SLB Capturi，提供模块化、可扩展的碳捕集解决方案。贝克休斯与加州大学伯克利分校合作建立了脱碳材料研究所，合作研究用于 CCUS、氢气和清洁发电的下一代材料，推出 NovaTech 碳捕集平台，已应用于美国 15 个工业站点。

3）石油公司、油服公司联盟推动科技和商业模式创新

一般来说，服务公司通常签订绩效合同，钻井承包商则签订日费制合同。人工智能、自动化技术的推广应用，推动油公司和油服公司探索分担风险和回报的新工作方式。在投

资谨慎和提高效率的背景下，具体情况具体分析、注重沟通的合作方式脱颖而出。

阿克碧辟在北海地区油田开发中建立了 7 个联盟——2 个平台建设联盟，1 个海底基础设施和管道建设联盟，1 个作业和完整性管理联盟，1 个井筒干预联盟，2 个钻井和油井建设联盟。这些联盟以“三个一”将成员捆绑为利益共同体：一份长期合同，油公司提供连续性合同，制订服务和钻机容量的长期规划，推动油服公司投资适用新技术；一项激励计划，分享高绩效奖励，通过灵活的谈判使激励模式为所有合作伙伴接受；“一个团队”协同的工作方法，联盟伙伴间信息交换更透明，专注于共同利益，带来更有效的技术和商业模式。通过联盟方式，阿克碧辟获得了优于平均水平的钻井绩效，油田在预算范围内投产，比预期提前了约 4 个月。目前这些联盟已执行到第 2 期，将持续到 2028 年。

4）以优势技术移植连接新能源，开辟多元化发展路径

在能源转型背景下，大型综合油服公司主动开辟低碳能源市场。在地热资源开发中，升级现有技术、拓展市场，与各国能源管理机构或国有油气企业合作推动资源开发。不断探索氢能生产和利用的技术路线。

（1）地热服务领域，依托政府的力量，将油气服务经验向地热拓展。斯伦贝谢在菲律宾 Leyte 地热开发中采用无钻机连续油管干预措施，在超过 500℉的温度下，成功解决了 5 口井的除垢问题，其定制工具和工作流程，成为菲律宾地热发电作业的标准。斯伦贝谢和巴基斯坦国家石油公司达成合作，共同开发巴基斯坦 25 个油田的地热潜力。贝克休斯在印度尼西亚能源部主导下，与印度尼西亚国有地热开发商组建联合体，开发苏门答腊岛的地热资源；与阿布扎比国家石油公司合资成立地热技术中心；与哥伦比亚国家石油公司、Grupo EPM 共同开启 Nereidas 山谷地热发电项目可行性研究。哈里伯顿推出了专门为地热能源开发量身定制的潜水泵技术，在冰岛启动地热井钻探服务。

（2）氢能领域，持续探索技术路线。贝克休斯为欧洲绿氢项目提供电解槽与压缩设备，在德国莱茵河地区建设氢能枢纽，整合贝克休斯压缩机技术和西门子 PEM 电解技术，目标是 2026 年实现绿氢产能 300t/d。贝克休斯与阿布扎比国家石油公司合作，测试和开发大规模生产低成本绿色氢气的解决方案；与西门子能源合作，共同开发 100MW 级电解槽系统；联合美国管道运营商 Kinder Morgan，启动 1200km 天然气管道改造项目。斯伦贝谢与沙特阿美成立合资公司，开发蓝氢生产设施。

（3）锂资源领域，斯伦贝谢锂提取技术取得突破。斯伦贝谢采用直接锂提取与先进的浓缩和转化技术来生产锂，从地下卤水中提取碳酸盐，采收率达到 96%，显著高于常规卤水生产方法。推出了锂盐资源管理解决方案，进入示范阶段。还推出了锂盐资源管理的新解决方案，通过静态和动态建模，帮助客户优化开采和回注策略，最大限度地提高可持续性和经济效益。

5）资本运作助推战略聚焦

大型综合油服公司把资本运作看作实现战略的重要手段，合资合作在技术融合、加速

技术发展、快速提升服务和市场拓展能力等方面发挥了重要作用。

（1）从资产剥离来看，综合油服公司的资产剥离集中在传统油气服务领域，斯伦贝谢出售北美陆上常规压裂业务给 NexTier，贝克休斯出售部分管道检测业务，回流资金用来支持新能源与数字化业务。

（2）从资产收并购来看，集中在数字化、CCS 及新能源领域。斯伦贝谢并购碳捕集技术公司 Aker Carbon Capture，强化 CCUS 全链条服务能力；收购人工智能公司 Elemental Analytics，强化 Delfi 平台地质解释 AI 模块。哈里伯顿入股地热开发商 Geothermal Power，将油气井高温高压技术迁移至地热领域。贝克休斯收购电解槽制造商 NEL Hydrogen，补齐制氢设备短板；并购碳核算软件公司 SustainMetrics，增强碳足迹追踪能力；收购边缘计算企业 FogWorks，强化 Bently Nevada 的预测性维护功能。油气领域的并购较少，斯伦贝谢收购 ChampionX 公司，强化化学解决方案、人工举升系统实力，比较受关注。

（3）从科技风险投资领域来看，从广泛涉猎走向深度挖掘。斯伦贝谢收缩风险投资范围，投资重点集中在锂资源开发领域，领投了直接锂提取技术公司 Iliad Technologies。贝克休斯投资地热能源开发和运营公司 Baseload Capital。哈里伯顿实验室广泛接触了储能、碳捕集、氢能等领域的创新公司，2024 年投资了 38 个创业公司，投资重点集中在 CCS、储能和氢能领域，以及少量油气工程技术。

6）自身目标与区域目标相结合，通过本土化稳固市场前沿

综合油服公司在资源丰富地区建立分支机构，以达到优化供应链、建立良好的政企关系、巩固和扩大市场规模的目的。在运营过程中，积极参与当地社会经济活动，为当地发展贡献力量。

（1）成立合资公司，推动区域业务发展。如斯伦贝谢与阿布扎比国家石油公司钻探公司、Patterson-UTI 成立合资企业，专注于阿联酋的非常规油气开发。

（2）建立制造和研发区域中心。哈里伯顿在纳米比亚建设新设施，提供钻井、完井、电缆和射孔服务及固井作业。贝克休斯在阿布扎比新建地面压力控制总部及制造中心，主要制造适用于高压环境和非常规井口系统、地面采油树，以及配套的阀门和井口配件等。斯伦贝谢在安哥拉罗安达设立非洲中心，为安哥拉和非洲地区石油天然气以及新能源发展提供创新解决方案。

（3）执行本地化策略，融入当地经济社会发展。斯伦贝谢通过本地化团队主导的社会责任项目为当地的社会发展做贡献，如加拿大橡胶回收计划，将泵用废弃橡胶捐赠给当地居民创办的企业，转化为工业制品，年减少 28.8 万 lb（1lb=0.45kg）填埋垃圾；加拿大饮用水净化项目，通过数字孪生技术与培训支持，帮助长期受水质困扰的社区实现稳定供水；阿拉斯加劳动力发展计划，为当地居民提供实地培训，提升其就业竞争力。贝克休斯积极参与阿联酋的国家价值和本地制造计划，致力于提升该地区人民的知识和技能，计划将沙特公司的本地化率提升到 70%。

3.2　国际专业承包商发展动向

3.2.1　物探专业承包商

1）总体经营情况

2024 年，全球主要大型物探承包商经营业绩如图 3-6、图 3-7 所示。Viridien、TGS 等实现营业收入增长，涨幅分别达到 12.5%、66.0%，同时，净利润也实现大幅增长。而 Shearwater 受到海洋地震采集低于预期的影响，营业收入和净利润大幅下降。

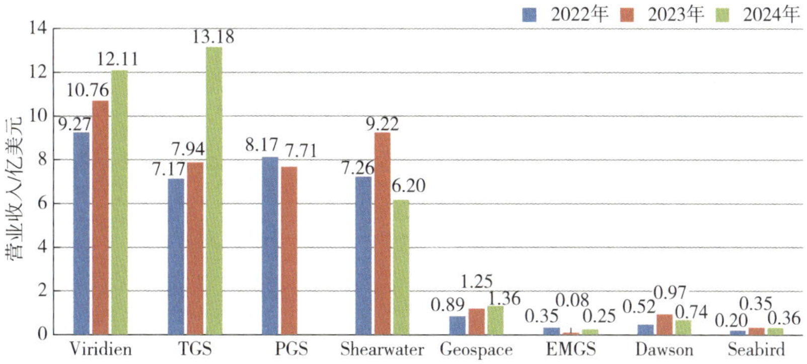

图 3-6　主要物探承包商营业收入

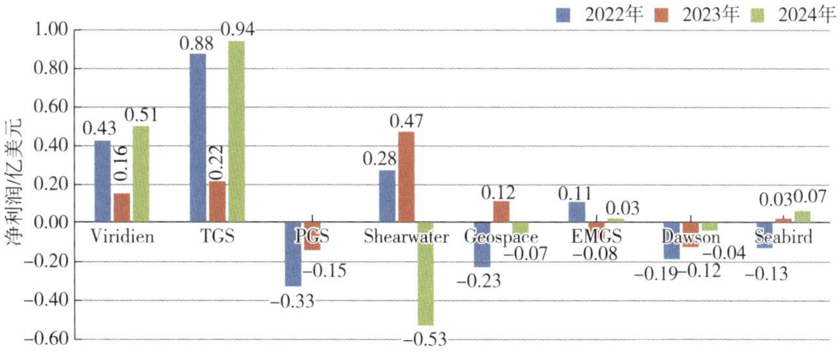

图 3-7　主要物探承包商净利润

2）发展动向

（1）大型物探公司整合业务布局，构建行业竞争新格局。

物探公司通过战略性业务扩张与并购整合，加速行业集中化，物探市场份额逐渐集中在头部企业手中。陆上业务方面，以 BGP 为代表的国内大型物探公司，通过强化本地深耕和全球化技术输出，巩固市场份额，陆上业务收入连续 22 年保持全球物探行业首位。海上业务方面，竞争逐渐趋于集中。以 TGS 公司为代表的国外大型物探公司，通过战略收购，快速补齐技术短板，抢占新兴市场，形成全链条服务能力。TGS 逐渐占据在三维拖缆、OBN、多用户数据、成像和新能源 5 个关键业务领域的领先地位（见图 3–8）。2024 年，TGS 与 PGS 完成合并，整合拖缆与海底节点技术，构建海上地震数据“采集－处理－销售”一体化平台，成为海上物探市场全价值链的领导者。

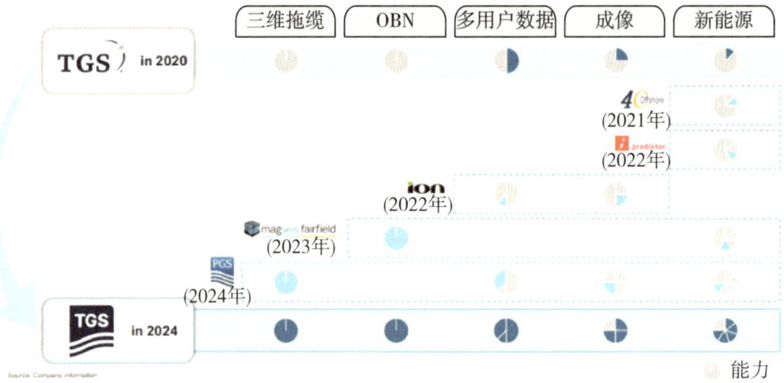

图 3–8　TGS 根据市场趋势业务布局调整路线图（据 TGS）

（2）少数物探公司运营物探船只，船只利用率和日费有望提升。

为适应当前物探市场收缩趋势，物探船只供应趋于集中。随着 Viridien、斯伦贝谢等退出地震采集市场，目前物探船只所有权主要掌握在 Shearwater、TGS、PXGEO 和国内油服公司手中。Shearwater 公司在 2016 年成立时仅配备 4 艘拖缆船只，通过战略调整和购买，目前拥有 23 艘船只，成为行业内最大的拖缆和海底采集船只公司。受市场回暖和供应收缩的影响，地震采集船只利用率和日费逐步回升。目前 OBN 日费为 5 万 ~6 万美元，低于 2013 年巅峰时期的 8.5 万美元，预计 2025 年有望回升至 7 万美元（见图 3–9）。物探公司占据市场份额之后，进一步专注于提升业务盈利能力，预计将导致市场竞争加剧。

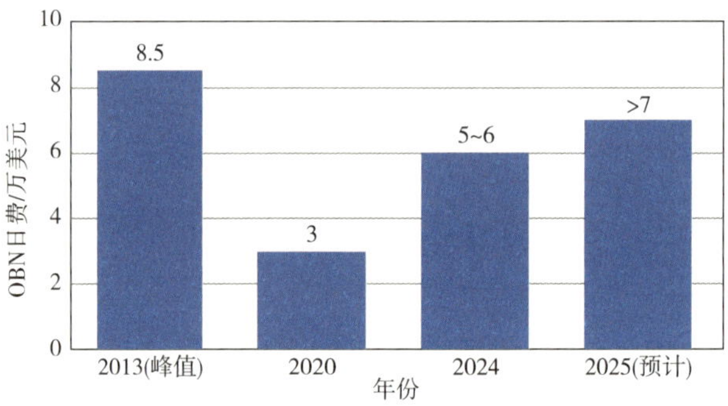

图 3–9　OBN 历史日费（据 Seabird）

（3）保持技术创新，仍然是物探公司提升市场竞争力的核心战略。

以 OBN 和全波形反演（FWI）为代表的先进技术为满足高端市场需求带来机会，技术创新仍然是物探公司实现传统业务收入持续增长的核心竞争力。Geospace 坚持投资产品研发，其新一代分别用于浅水和深水部署的海底节点 Mariner™ 和 Aquanaut™，成为其油气板块收入的主要来源，助力 Geospace 在趋于集中的地震采集节点市场中占据一席之地。Viridien 推出新型 TPS™ 低频震源、StagSeis™ 全方位拖缆数据和先进的地下成像技术，以高度的差异化技术保持其在业内全方位的领先地位。此外，Viridien 开发了一套先进的基于云的高性能计算（HPC）工作流程和数据转换服务的专业解决方案，涵盖了相关的硬件平台、中间设备和软件服务（见图 3–10），支撑高端成像技术的迭代升级，以保持在数字技术方面的长期领导地位。此外，斯伦贝谢、TGS 等多家物探公司均推出了差异化的全波形反演技术解决方案，成为高端成像市场的有力竞争者。

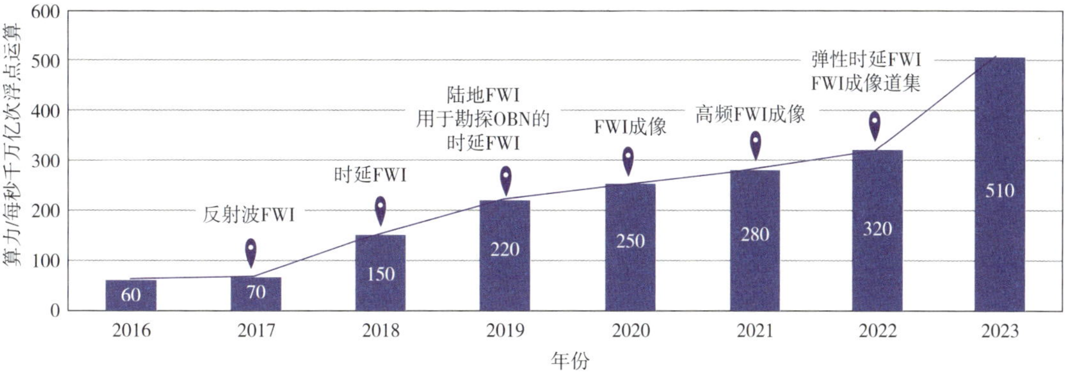

图 3–10　Viridien 高性能算力部署支撑高端成像（据 Viridien）

（4）服务领域扩展，能源转型催生物探公司业务增长点。

随着可再生能源和 CCUS 的相关产业强劲增长，行业对能源转型下数据和解决方案的需求日益迫切，希望能做出更好的能源决策。大型物探公司纷纷调整企业发展战略，拓展服务领域，以更高韧性的业务范畴适应能源转型需求。通过发挥技术优势，推出新能源解决方案，在 CCUS、地热、环境科学、矿产与采矿等领域的服务和技术，为物探公司带来了多样的收入来源。TGS 公司基于其行业领先的井数据和地震数据库，提供从盆地选址评估、潜力分析到监测验证的 CCS 全周期解决方案（见图 3–11）。2024 年，CGG 公司宣布更名为 Viridien，标志着其作为先进技术、数字和地球数据公司的战略增长进入下一阶段。公司自剥离其地震采集业务以来，致力于地球科学、地球数据和传感与监测等核心业务的差异化增长，同时涉足矿产与采矿、碳存储等低碳市场，更是将其高性能计算、基础设施监测等扩展到能源以外的市场。Viridien 的非核心业务发展速度超过预期，目前已经完成亚利桑那州东南部的应用于采矿的多物理场项目，与贝克休斯签署 CCS 解决方案联合协议，新业务带来的收入预计增长 30% 以上。

图 3-11　TGS 公司推出 CCS 产品线（据 TGS）

3.2.2 钻完井专业承包商

1）总体经营情况

2022—2024 年钻完井专业承包商营业收入、净利润情况如图 3-12、图 3-13 所示。2024 年，全球主要钻完井专业承包商业绩参差不齐，塞班、越洋钻探、TechnipFMC 和国民油井营业收入实现同比增长，纳伯斯工业、H&P、Seadrill 和泰纳瑞斯营业收入同比有所下降。2024 年，纳伯斯工业、越洋钻探分别亏损 0.88 亿美元、5.12 亿美元，H&P、泰纳瑞斯净利润同比有所下降，塞班、TechnipFMC、Seadrill 和国民油井净利润实现同比增长，其中，涨幅最大的为 TechnipFMC。

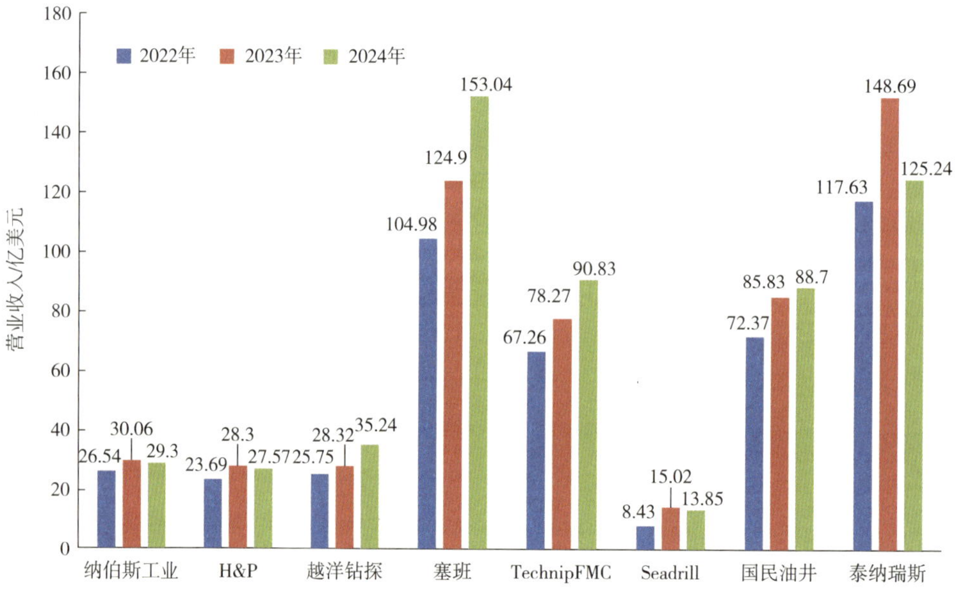

图 3-12　2022—2024 年钻完井承包商营业收入情况

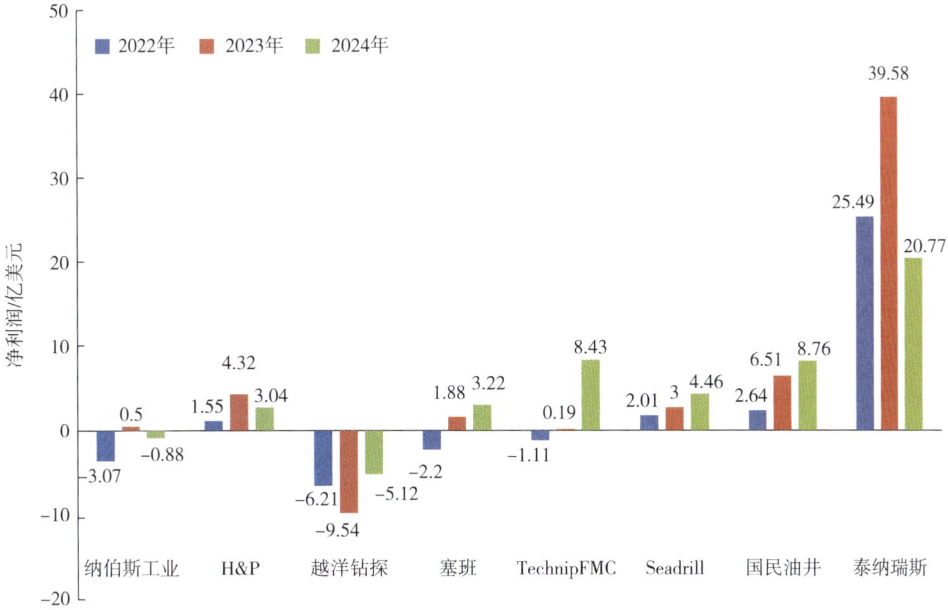

图 3-13　2022—2024 年钻完井承包商净利润情况

2）发展动向

（1）以推动油气高效低碳开发为目标，持续推进钻井自动化。

主要钻井承包商以提高预测能力、提升反应效率、提高决策质量、减少钻台人数为目标，通过与数字化、智能化技术的融合，不断推动钻井自动化水平提升。

①强化自动化钻井技术研发。GA Drilling 与巴西石油合作开发自主钻井系统，包括钻井自动化和控制系统，以及与地面实时电缆通信，以优化井下钻井过程。eDrilling 启动了“人工智能钻井代理”智能体的研发，将人工智能、机器学习和基于物理的建模解决方案整合在一起，实现完全自主钻井，比传统的 AI 模型更具独立性和适应性，具有学习、推理、制定策略和选择行动的潜力，几乎可以在没有人工指导的动态环境中实现复杂目标。国民油井强化其 NOVOS™、Multi Machine Control 等钻井和管柱处理自动化技术。塞班和工业软件开发商 AVEVA 签署协议，围绕优化 3D 建模和项目规划、简化材料采购和项目供应链等领域，共同开发基于人工智能和机器学习的解决方案，以支持能源和基础设施的工程设计和建设。

②强化系统协同，推动自动化钻井技术应用。纳伯斯工业和 ProDirectional 达成战略合作，ProDirectional 将利用纳伯斯工业自动定向解决方案，提供远程定向服务。国民油井和 Keystone 公司宣布建立战略合作伙伴关系，通过国民油井的 Max™ 数据平台分销 Keystone 的 OPEN™ 和 RMS™ 应用程序。国民油井和 Seismos 建立战略合作伙伴关系，通过 Max Completions 数据平台提供 Seismos 声波摩擦分析服务，Seismos 专利技术只需一个

地面传感器，即可输出实时射孔效率和整体流量分布数据，国民油井的 Max 完井系统将不同的数据源整合到统一的数据流中，用于实时访问、分析和报告。

③作业中心与自动机器人结合，推动远程自动作业。远程支持中心将全过程自动化、数据集成和分析与强大的支撑结构相结合，为钻井承包商、服务商和运营商提供透明的协作环境，推动钻井作业的绩效提升。国民油井远程绩效中心通过数据分析提供远程支持和建议，进行钻井和管柱处理作业；目前正在尝试将司钻舱从钻机的钻台上移除，测试无人钻台的可行性。纳伯斯工业采用 AI 程序接管距离遥远的钻井平台，操作人员通过屏幕观察 AI 机器人控制油田钻井平台，在钻井过程中节省大约 5000 个指令，并将钻井速度提高至少 30%。塞班的水下干预无人机 Hydrone-R 在艾奎诺的油田开发项目中已经持续运行了近 6 个月，在陆上控制中心的监督控制下执行远程操作和自主任务。

（2）强化作业减排路线论证，追求成本、排放和效率之间的平衡。

主要钻井承包商综合考量技术可行性和商业可行性，探索油气勘探开发工程作业的减排路径，以增强油气行业的可持续性。

①强化用能选择。塞班与英国 Newcleo 合作，探索在海上油气作业中使用核技术，使用 Newcleo 的小型模块化铅冷快堆技术开发浮动核动力原型，为海上设施生产零排放的电力。H&P 通过评估天然气发动机、高架（电网）动力、电池和混合燃料发动机等方案对温室气体排放和钻机电力成本的影响，比较各种用能方案的钻机功耗曲线，优选双燃料发动机来减少排放，与传统发电机相比，天然气和柴油的双燃料发动机可以减少 50% 的钻机排放，是最经济的减排方案。

②强化用能规划。Canrig 开发并制造了一种公用电源模块，支持在任何钻机上使用本地电网供电。在电网电力充足的情况下，以安全和经济的方式转换为钻机可用的电压，平均每天可减少 20t 的二氧化碳排放；在某些地区，可以降低 70% 的能源成本，且使作业声音保持平均 75dB，显著降低噪声水平。纳伯斯工业收购了综合电力解决方案提供商 e2 公司，为钻井作业中选用各种电力能源提供技术支持。e2 技术可实现电网和多源本地电力（柴油、天然气、太阳能、风能、地热、氢或核能）之间的瞬时负荷转化，从而优化成本，为电网的稳定性和可持续性提供变革性的解决方案。

③加速装备电气化。国民油井开发了理想电压裂设备，结合智能电气架构和简化的传动系统，提高了功率密度和灵活性，简化电气化过程和装配物流，最大限度地减少了碳排放和噪声。塞班和 Curtiss-Wright 公司完成了全电动海底屏障无流体泵的鉴定，该技术可以用控制电缆取代传统的液压脐带缆，从而降低成本。

（3）利用收并购，推动行业整合。

主流钻井承包商利用收并购的方式提升主业市场地位，增强客户覆盖范围，进一步促进行业整合集中。

美国诺布尔和戴蒙德两大海上钻探公司宣布合并，诺布尔以股票加现金的方式收购戴蒙德海上钻探公司，交易总金额约16亿美元，进一步强化了诺布尔在海上钻井市场的竞争力。塞班和Subsea7公布了拟议合并的关键条款，合并后公司的服务范围将全方位覆盖海上和陆上服务，提升了油田全生命周期的服务能力。纳伯斯工业以480万股普通股收购了Parker的所有股票，强化了管材租赁和维修服务业务。国民油井收购了MAATS Tech，加强了国民油井提供综合电缆敷设系统的能力。H&P完成对KCA Deutag的收购，大幅增加了中东业务份额，加速公司的国际化进程。

（4）合作推动适用技术研发，开拓CCUS及新能源服务市场。

主流钻井承包商针对新能源新领域的要求研发测试新技术装备。

① CCUS服务领域。Technip Energies与Cory、壳牌催化剂技术公司合作，推进Cory在伦敦东南部的碳捕集与封存项目，Technip Energies提供工程和项目管理支持；与LanzaTech公司合作，从美国能源部获得了2亿美元的资金，将排放的二氧化碳转化为乙醇和乙烯，从而使乙烯生产脱碳。诺布尔与挪威船级社、碧辟合作开发了CCS平台，用于在二氧化碳含量高的环境中进行钻井和修井作业；对Noble Interceptor自升式平台进行了测试，以观察二氧化碳对材料及其环境的影响；参与路易斯安那州立大学研究井的钻探，监测二氧化碳相变，以及当它从超临界状态相变到气体状态时的温度分布；继续与Greensand项目合作推进CCS相关技术研发，预计在2026年对钻井套件进行原型测试，在2025—2027年完成1~2口注入井的钻探，2027—2030年再增加8口注入井。

②地热领域。纳伯斯工业持续参与GA Drilling、Ignis Energy、Fervo Energy等多家地热资源勘探开发初创公司的投资，推动技术进步。国民油井在休斯敦建设了一个地热装备实验区，钻了一口11500ft（1ft≈0.30m）深的闭环地热测试井，井筒温度达到了278℃，在南北两个平台上有70口井，可以进行连续油管测试作业，并进行地热循环测试。

③海上风能领域。国民油井利用海上作业的工程技术、制造和项目管理专业知识，为固定和浮动风力发电装置提供设计、安装和维护服务，目前，北海2/3的风力涡轮机安装了国民油井设计的自升式平台。塞班公司推出了海上浮式风力发电装置Star1，与Divento签署了在西西里岛风电项目中进行现场测试的战略协议。TechnipFMC和Prysmian合作推进浮动式海上风电技术开发。Technip Energies和SBM Offshore成立合资企业Ekwil，专注于开发浮式海上风电技术。塞班展示了恶劣天气海上浮动太阳能的尖端模块化解决方案XolarSurf的全尺寸原型，为混合项目提供了最佳解决方案，即使在恶劣的环境条件下，也可以安装在沿海或海上。

④氢能领域。塞班和挪威的Nel推出了可扩展的100MW绿色氢解决方案IVHY 100，Nel提供电解槽技术和技术服务，塞班负责项目氢设施的相关采购和工程建设。Technip Energies获得了英国H2Teesside项目的FEED合同，目标是将H2Teesside建设成为英国最大的低碳氢气生产设施之一，设计产能是1.2GW的氢气产量，并整合碳捕获技术。

3.3 三大国有油服公司发展动向

3.3.1 总体经营状况

中油技服聚焦“自立自强的战略支持”定位，扎实推进“四三方略”，国内外累计完成钻井进尺 2446.3 万 m，5 类重点井钻井提速 16.5%，井身质量合格率达 99.5%，“两利五率”稳定向好，多项指标创历史最好水平，国内集团外部市场和海外市场营业收入同比分别增长 20% 和 42%。石化油服积极把握油田服务行业景气上行周期，持续优化生产运行和市场布局，量质并举拓市创效，进一步扩大优质规模市场，提高海外市场高端业务占比，新签合同额、营业收入、利润总额、净利润等主要生产经营指标实现较好增长。2024 年，实现营业收入 810.96 亿元，同比增长 1.4%，实现营业利润 10.37 亿元，同比增长 15.22%，净利润为 6.32 亿元，同比增长 7.30%。全年累计新签合同额 912 亿元，同比增长 10.7%，创历史最好水平。中海油服深入践行“技术驱动、成本领先、一体化、国际化、区域发展”五大发展战略，2024 年实现营业收入 483.02 亿元，同比增长 9.68%，营业利润 48.36 亿元，同比增长 13.47%，实现净利润 33.99 亿元，同比增长 3.53%（见图 3-14~ 图 3-16）。

3.3.2 发展动向

1）聚焦主责主业，增强核心功能，持续提升战略支持能力

三大国有油服公司聚焦服务油气勘探开发、推动落实油气增储上产的职责，不断优化经营模式，加快建立匹配中高端、适应新质生产力发展要求的管理模式和组织架构，深度提升精益管理价值创造能力，以推动石油工程“四提一降”，打造一批标志性工程。

（1）改革组织结构，优化组织体系运行机制。中油技服以组织体系优化作为提升竞争力的发力点，通过完善设置规范、优化机构设置、提高效率效能，构建结构合理、运转协调、动态优化的新型高效组织体系，促进服务保障能力提升。稳步推进事业部制改革，压缩管理层级，实现扁平化管理。试点阿米巴经营模式，将企业划分为多个独立经营的阿米巴组织，每个阿米巴组织都直面市场和客户需求，自主承担风险和收益。将每口井、每个井队划分为最小单元，将钻井提速、控降成本融入考核激励制度中，实行“一巴一策”，通过放权赋能、优化经营核算体系、严格考核兑现等措施，提升基层单元创效能力。着力推动实现技术、装备、人员和经验共享，打通各钻探企业之间采购结果、维保修、材料和

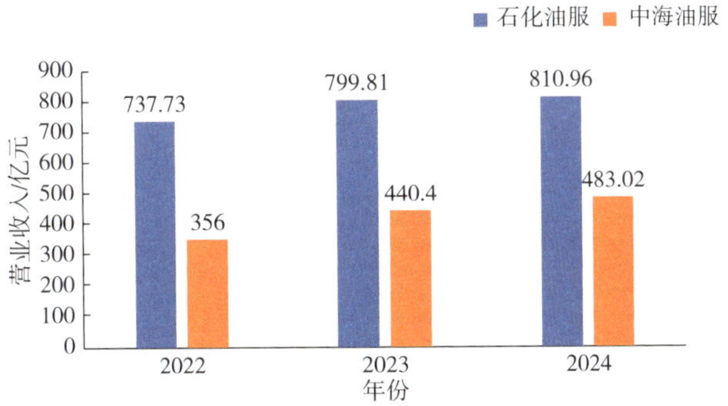

图 3-14　2022—2024 年石化油服和中海油服营业收入

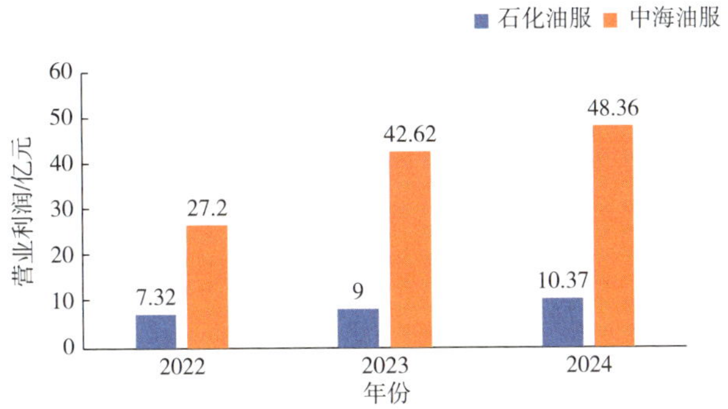

图 3-15　2022—2024 年石化油服和中海油服营业利润

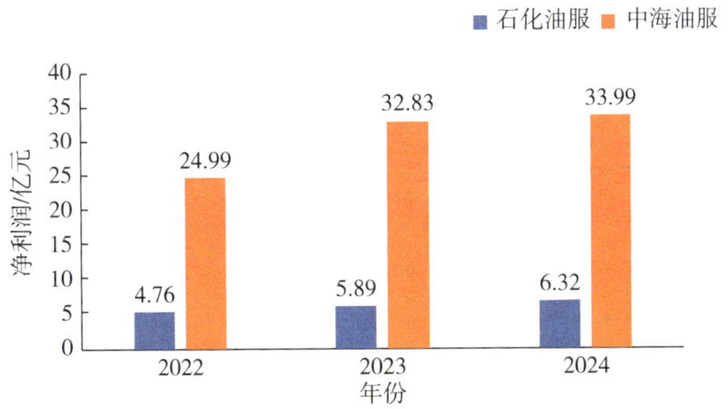

图 3-16　2022—2024 年石化油服和中海油服净利润

仓储共用共享通道，建立区域钻压设备、旋转导向等工具共享和维保修机制，打造中油技服特色现代化作业新生态，提升重点区域的资源应急保障能力。中油测井 5 个区域人力资源共享中心的 688 名员工实现集中管理、按需流动、统筹配置，充分盘活人力资源。中海油服以提升客户体验为目标，实施创新的“四单核算”管理，推进“结构性、系统性、长效性”降本向深拓展，提升基层作业单元自主管理能力，推行负责人记分制、履职画像及船长分级等一系列创新考核举措。石化油服将通过数智化推动自动化升级，以争取实现现场无人、少人目标，提高管理效能，简化管理流程，节省时间和降低运营成本。

（2）创新服务模式，提升一体化支撑能力，全产业链支撑提效。中油技服西部钻探公司实施井工程“项目＋专业化”管理，推行“职责＋流程＋模板＋清单”工作模式，细化工序施工模板，实现生产组织由“接力式”向“互融式”转变。聚焦“日进英里”提速目标，做实管理、人员、服务、保障“四靠前”，连续3年实现“两升一降”。探索边缘探井、风险探井日费制等管理机制，由以年计到以日计，推动甲乙双方风险共担、效益共享，最终实现甲乙双方“互利共赢”。石化油服以业主需求为主导，抓实方案优化、强化技术提升、动态跟踪过程及创新管理；提供不同形式的大包、总包服务，带动高附加值业务发展；结合油田特点，开发难动用油藏、非常规油气资源，实现一体化协同；整合资源平台，建立适用技术和先进装备交流机制。中海油服国内一体化多元模式进一步巩固，勘探开发一体化助力油田开发稳产超产，弃置一体化延展业务链条，完善油田全生命周期解决方案，修井一体化聚焦油田产能挖潜，优化低产低渗油田综合治理。海外服务中，美洲区域自研工具借助一体化服务实现新突破，非洲区域推动乌干达一体化业务本地化提升。

（3）完成一批标志性重大工程，有力支撑油气勘探开发。中油技服全力推进两口深地科探预探工程等重大项目施工，标志着我国自主突破了万米级深井钻探技术瓶颈，钻探能力及配套技术跻身国际先进行列。深地塔科1井在10910m成功完钻，先后创造了全球尾管固井“最深”、全球电缆成像测井“最深”、全球陆上钻井突破万米“最快”、亚洲直井钻探“最深”、亚洲陆上取心“最深”等5项工程纪录。中海油服整体技术覆盖度提升到80%以上，核心技术应用“工效”与“功效”指标不断提升，超高温高压、稠油热采等国内领先的完井技术装备在“深海一号”等重大工程成功应用。石化油服超高温高压电缆测井和高温存储式测井仪器系列有效支撑深地勘探开发，以一体协同的作业能力，助力中国石化探明国内首个超万亿立方米页岩气田，油气产量当量创历史新高。

2）聚焦科技创新，推动核心技术自主化突破，提升核心竞争力

在全球油气产业布局加速调整的复杂时代背景下，三大国有油服公司以高水平科技自立自强为目标，瞄准国家重大需求，强化科技规划。不断优化科研体制机制，强化科技攻关，推进关键核心技术突破。

（1）强化科研顶层设计和资源整合，加快关键核心技术攻关。三大国有油服公司积极参加国家重点研发计划、科技重大专项、战略先导科技专项，做实做好新一轮国家重大科技专项立项，全力推进“1025二期”攻关。注重技术发展的顶层设计和基层基础双促进，注重以学科建设促进科研合作、以科研项目反哺学科建设，不断提升专业完整性和产业链完整性，推动产业全面升级和生产力整体跃升，奋力打造工程技术创新高地。

（2）构建协同创新体制机制，推动技术加速转化。中油技服优化科技创新决策机制，打造“研发组织、条件平台、科技攻关、科技保障”四大体系，实施分级授权，加快形成研发线、产品线、服务线“三线合一”的科研攻关体系，推进“平台＋项目”管理，建立对产品负责的科研管理机制，构建现场应用问题反馈渠道，加快成果转化。中海油服构建

并推行“I4R（Integration，Iteration，Investment，Industrialization，Research）”即工程化、一体化、持续迭代升级、投资决策导向型的科技创新体系。搭建“五院 +N 中心”科研组织架构，以“主流技术全面、主体技术突出、特色技术出挑”为目标，增强成果转化全链条技术能力，以“技术、产品、知识产权和数字化”4 个图谱为抓手，系统构建面向需求的技术和产品谱系，打造业务线及核心技术体系集群。注重创新文化建设，形成“战略科研有保障、客户需求有回应、基层创新有活力”创新格局。

（3）攻克一批关键核心技术，从根本上厚植发展壮大的驱动力。中油技服自主研发的旋转导向系统实测导向精度达到 0.15° /30m，优于斯伦贝谢 PowerDrive Xceed，机械钻速均值 4.2m/h，比进口设备高 18%。加快工业软件国产化替代，从经验分析向数据和模型分析转变。GeoEast、CIFLog 等物探、测井软件迭代升级到 4.0 版本，基本实现商业化应用；打造了 AnyCem 固井设计仿真、FrSmart 压裂等软件，已经开展了规模化现场测试应用，在提速提效、保障作业安全方面效果显著。中海油服深水 / 高温高压钻井技术方案可应对最深达 2619m 水深和 9432m 井深的勘探任务，作业温度范围宽，为 2.3~210℃；测井、定向井、钻井液、固井等技术迈入全球第一阵营，“璇玑”“海经”“海脉”等先进产品跻身世界一流行列，“海弘”系列油气开采工具在“智慧工厂”的加持下实现海内外规模化应用；首次牵头制修订 2 项国际标准。石化油服自研旋转导向系统累计应用 286 口井、进尺 35 万 m，满足了胜利页岩油国家示范区和西南工区高温页岩气井的需求。

3）系统推进数智融合赋能，推动全产业链数字化升级

（1）强化数字化发展谋划。中油技服聚焦数智转型，强化数据治理，提升价值创造能力。一体谋划、系统推进工程技术系统信息化补强、数字化赋能、智能化发展，完成具有中国石油特色的智能钻井和智能压裂顶层设计，建立标准规范，促进装备技术、队伍操作和生产组织方式转型。中海油服谋划“1+1+6+*N*”软件规划蓝图，推动公司服务从完善的有形产品到生态式无形产品的加速转变，即 1 个技术底层平台统筹经营管理和作业生产，1 个数据平台实现集中管理、内外统筹和协同一体，支撑经营管理平台、地震处理平台、钻井软件平台等 6 个业务平台，以及各平台 *N* 个应用场景。

（2）快速推进数字基建。中油技服推进数据治理，完善数据“立法”，健全标准数据管理规范，实现数据自动采集，严明数据审查责任，建立各专业数据库，完成“业务 + 数字化”的系统性改造；建设中国石油工程作业智能支持中心（EISC），推进以 EISC 为核心的三级工程作业智能支持体系建设，加快工程技术与信息化融合，在工程技术全产业链实现数据互联、资源共享、业务协同，全面提升工程作业风险管控水平、工程质量、运行效率。石化油服打造石油工程数智资源中心，搭建专业数智化场景，北斗运营服务平台投入运营，推广应用地质工程一体化、井场数据智汇盒、远程决策一体化、装备 MRO 物联网系统、压裂智能预警分析系统等专业软件，加快实现数智化发展。

（3）数字赋能推动作业模式转变。中油技服在 EISC 系统等集团统建平台和数据湖运行

及开发方面，为专业人员分析、研究、决策“插上翅膀”，打造形成系列工业软件；推动整个作业过程的智能化自动控制，现场装备和井下工具能够在 AI 大模型控制下，根据实时工况自动调整、自动优化，最终实现智能作业。全面构建数字化条件下的作业模式，建成物探、钻井、井下作业、测井数字化队伍 474 支。川庆钻探打造的首支数字化压裂示范队，实现资料减负 80%，辅助决策效果提升 80%。数字化支撑井控管理模式和流程作业监管模式创新，作业现场不安全行为从“事后处罚”转向“主动提醒”，一线安全防控水平大幅提高。中海油服与华为联合开发的 AI 钻井优化系统在南海东部番禺 10–2 平台实现商业化应用，通过接入 1.2PB 历史钻井数据训练强化学习模型，实时调控钻压、转速、排量等 12 项参数，在惠州 26–6 区块复杂地层中将非生产时间从 18% 压缩至 14.3%，机械钻速提升 27%；开发基于量子退火算法的井眼轨迹优化模型，在莺歌海盆地复杂地层中将钻井效率提升 31%；在“海洋石油 982”平台构建虚拟模型，实时预测设备故障；建成中国海上最大完井工具“海弘”研发制造智能工厂，实现系列技术产品年交付上万套的配套能力。石化油服聚焦石油工程技术、装备、安全等核心业务开展人工智能大模型探索攻关，在技术支撑、装备保障、安全管控等方面逐步研发转化了系列产品，正加快智能钻完井、智能压裂、井场智慧管控等领域的技术创新。在胜利油田部署的 5G 远程压裂系统通过超低时延控制 12 台压裂车组，实现“一人控多机”操作模式，使现场人员减少 37%，作业响应速度提升 40%；构建的供应链溯源系统覆盖 1850 家供应商，关键设备采购周期缩短 22d，历史数据上链率达 93%。

4）强化国际化发展规划，推动收入结构不断优化

中油技服细化海外业务发展规划，编制五大海外油气合作区 18 个重点国家的市场分析报告，制定相应的发展策略和工作措施，优化业务结构，推进国际业务加快日费向总包、常规向非常规、陆地向海洋、传统能源向新能源“四个转变”。持续深化与国际油服公司的合作，成功通过科威特国家石油公司钻井液、固井、定向井、录井、测井、射孔、测试、一体化总包等业务资审，成为科威特市场产业链最完整的油田技术服务商之一。出台“首创获利制”，有效提升了市场中标率。中油测井 CNPC–IDS 智能导向系统首次销往海外，为推动公司转入创新轨道赢得主动。海外业务全年新签 5000 万美元以上项目 21 个，收入同比提高 42%。中海油服业务区域持续扩容，技术、装备协同实现区域规模化发展。亚太区域装备、技术、一体化全业务链实现布局；中东区域优化资源配置，形成“服务 + 销售”双循环模式；欧洲区域全部平台均锁定长周期、高价值合同；非洲区域技术、产品服务向中高端迈进，与尼日利亚签订深水钻井协议，首次对外输出“海洋石油 982”半潜式平台管理经验，目标在 3000m 水深区块实现国产装备作业。自主高端技术稳步开拓海外市场，提升市场占有率，云计算平台 + 高清多边界探测技术涉足亚太区域钻井服务，超高温高压水基钻完井液技术开拓东南亚、北美等市场，延迟破胶技术 DZ–Breaker 加快中东、非洲等市场突破。石化油服海外市场主要包括中东、美洲和非洲市场，2024 年海外市场新签合同额创历史最好水平，多个业务实现行业重大突破。成功中标科威特南

部钻井大包项目 212 口井工作量，打破了国际知名油服公司在中东高端业务的垄断地位。

5）践行绿色发展理念，推进减碳负碳工程

3 家企业均加入 TCFD（气候相关财务披露工作组），2024 年实现碳足迹全生命周期核算。中油技服持续大力推进节能减排工作，积极探索现场发电、大功率储能等新模式，提升供电质量，更好地节约用电成本，电动化设备尽力做到应配尽配、应用尽用。石化油服高度重视日常运营过程中的节能减耗，持续推进能效转型，加快推进网电钻井、网电压裂、燃气动力、太阳能等清洁能源项目实施，以替换高耗能高排放设备设施。石化油服在 CCUS 领域拥有全链条技术优势，承担了多个 CCUS 示范工程。中海油服将 ESG（环境、社会、治理）融入发展战略、重大决策与生产经营，积极推动海上石油勘探生产等重点领域能效提升，强调节能减排对实现可持续发展的重要性，扎实推行一系列节能减排措施，加大甲醇、氢、氨绿色燃料在 OSV 船（近海支持船）应用中的研究；推进了 25 个设备节能改造项目，年可节能量约合 1097t 标准煤，减少碳排放量约 2375t；加强探索 CCUS 等减排技术应用，二氧化碳回注方案具备百万吨级海上碳封存能力，可实现大规模的降碳减排。

6）探索低碳能源服务，助力现代能源体系建设

中油技服加快培育新能源新业务，地热 / 干热岩、压缩空气储能等业务规模迅速扩大，新签合同额和产值同比分别增长 61% 和 13.7%。在雄安地热项目中应用 280℃耐高温钻机完成 4 口 4500m 深井施工，平均钻井周期 28d，较传统设备缩短 32%；改造 12 口废弃井用于地热供暖，采用增强型地热系统技术，单井供热能力达 8 万 m^2，地热水回灌率突破 95%。在克拉玛依利用枯竭气库开展压缩空气储能试验，储能效率达 72%。石化油服研发的 CO_2 驱油智能分配系统在鄂尔多斯 CCUS-EOR 项目中应用，注入效率提升 28%。研发的 1000Nm^3/h 碱性电解槽在中石化库车绿氢项目投运，制氢纯度达 99.999%，设备国产化率超 90%。石化油服渤海“油气 + 风电”一体化项目安装 12 台 8MW 风机，为平台供电占比达 45%。在广东试点“海上风电 + 制氢”平台，整合 10MW 风机与质子交换膜电解槽，日产绿氢 4.2t，通过海底管道直供炼化基地。

3.4　国内主要民营油服公司发展动向

3.4.1　总体经营状况

2024 年，主要民营油服公司经营业绩参差不齐，安东石油、仁智股份、宏华集团和中曼石油营业收入实现同比增长。其中，仁智股份营业收入同比增长 53.36%，涨幅最

大；安东石油、杰瑞股份和宏华集团净利润实现同比增长，宏华集团扭亏为盈，同比增长101.19%，涨幅最大（见表 3-1）。

表 3-1　2024 年民营油服公司经营情况

序号	公司	营业收入		净利润	
		收入额 / 亿元	同比变化	利润额 / 亿元	同比变化
1	安东石油	47.54	7.19%	2.58	16.74%
2	贝肯能源	9.51	−3.05%	0.04	−91.7%
3	仁智股份	31.93	53.36%	−0.06	由盈转亏，2023 年净利润 4.86 万元
4	杰瑞股份	133.55	−4.00%	26.86	7.74%
5	洲际油气	25.48	−6.52%	5.20	−59.46%
6	宏华集团	56.33	2.92%	0.05	101.19%
7	海默科技	6.00	−19.35%	−2.25	由盈转亏，2023 年盈利 0.33 亿元
8	中曼石油	41.35	10.79%	7.41	−9.85%

3.4.2 发展动向

1）国际化区域深耕，全球化能力不断提升

杰瑞在北美设立研发中心，中标美国页岩气项目，2024 年北美市场收入占比超 15%；获得了阿布扎比国家石油公司（ADNOC）陆上公司井场数字化改造 EPC（设计、采购、施工）项目的正式授标，项目金额高达 9.2 亿美元，创下了杰瑞集团成立以来单笔项目金额的最高纪录，该项目规模庞大，涉及超过 2000 个油气生产井口设施以及 40 余种不同类型的井场，预计于 2027 年完成，届时将成为 ADNOC 历史上规模最大的油气井数字化升级改造项目。中曼石油国际化水平和层次不断提高，上游板块布局形成梯次排列、滚动开发的发展格局。安东与伊拉克国家石油公司成立合资公司，总部设在中东，2024 年在中东市场营收突破 20 亿元；全球市场以迪拜为管理中心，辐射海外其他市场，在阿联酋、沙特阿拉伯、科威特等地获得突破，在中亚、非洲、东南亚等多个市场发现新机会。惠博普依托"一带一路"拓展哈萨克斯坦、阿尔及利亚市场，承接油田地面工程总包项目，海外订单占比达 60%。通源石油在北美推广射孔新技术获得客户认可，新锦动力集团通过了阿布扎比国家石油公司供应商准入审核。

2）技术升级 + 服务模式创新，推动可持续发展

安东石油依托机器学习和人工智能算法创新服务内容和服务模式，开发的"油气开发全场景大模型"获工信部 AI 大模型工业应用能力评估认证，开发的"油气产业人工智能

联合研发平台”入选工信部人工智能赋能新型工业化典型应用案例；打造的钻井管理监督服务新模式，成功中标中储国能 300MW 空气储能项目，实现储能领域突破；天然气净化处理成功实践租赁业务 BOT（建设、运营、移交）模式。贝肯能源获得压裂服务资质，从单一技术提供商向综合型能源服务企业转型。杰瑞股份针对页岩油气开发痛点推出模块化钻井装备，全球首套电驱压裂成套装备实现商业化，较传统柴油驱动降低能耗 30%，减少噪声 50%，契合北美及中国页岩气开发环保需求。潜能恒信与中国海油、沙特阿美签订技术授权协议，技术授权收入同比增长 67%。

3）技术研发 + 资本运作，推动业务向新领域拓展

杰瑞股份布局氢能压缩机、锂电池负极材料装备，延伸业务领域，向新能源装备制造商转型。安东石油依托控股股东在技术、产业链建设和商业模式上的优势，推动风电产品的升级和业务拓展。贝肯能源入股并增资新星惠尔绿色科技有限公司，进入煤化工领域。新锦动力控股的子公司锦州新锦化机械制造公司中标零碳氢氨项目合成氨装置新鲜气压缩机组、循环气压缩机组项目；联合中海油服开发 CCUS 技术，在渤海油田开展二氧化碳驱油试验。惠博普环保业务拉动第二增长曲线，中标伊拉克鲁迈拉油田含油污泥处理项目，采用热解吸技术实现废弃物资源化利用率超 95%。宏华集团开拓了华润、申能、大唐等新客户，推进深远海风电产品研发，压裂服务全面进军煤层气开发产业，完成大吉深层煤层气国家示范区全电驱大规模压裂施工。

参 考 文 献

［1］Rystad Energy. Energy Transition Contract Update-July 2024［R］. 2024.

［2］Rystad Energy. Energy Transition Contract Update-August 2024［R］. 2024.

［3］Rystad Energy. Energy Transition Contract Update-September 2024［R］. 2024.

［4］Rystad Energy. Energy Transition Contract Update-October 2024［R］. 2024.

［5］Rystad Energy. Energy Transition Contract Update-November 2024［R］. 2024.

［6］Rystad Energy. Energy Transition Contract Update-January 2025［R］. 2025.

［7］Atiq Ur Rehman，et al. The New Age of Subsurface Data and Application Management with OSDU［C］// International Petroleum Technology Conference，2025.

［8］Rystad Energy. Oilfield Service M&A Report-1Q 2024［R］. 2024.

［9］Rystad Energy. Oilfield Service M&A Report-2Q 2024［R］. 2024.

［10］Viridien. Annual Report 2024［EB/OL］. https：//www.viridiengroup.com/sites/default/files/2025-03/viridien_urd_2024_en.pdf.

［11］CGG. Annual Report 2023［EB/OL］. https：//www.viridiengroup.com/sites/default/

files/2024-03/cgg_urd_2023_en.pdf.
[12] TGS. Annual Report 2024 [EB/OL] . https : //www.tgs.com/hubfs/Investor%20Relations.pdf.
[13] TGS. Annual Report 2023 [EB/OL] . https : //www.tgs.com/hubfs/Financial%20Reports/Annual%20Reports/2023%20Annual%20Report/2023%20TGS%20Annual%20Report%20and%20Sustainability%20Report_final.pdf.
[14] Shearwater. Year-end Report Q4 2024 [EB/OL] . https : //storage.mfn.se/6430817b-716b-46cf-9090-d1f11c7d69ec/2024-q4-shearwater-geoservices-as-group.pdf.
[15] Shearwater. Annual Report 2023 [EB/OL] . https : //www.tgs.com/hubfs/Financial%20Reports/Annual%20Reports/2023%20Annual%20Report/2023%20TGS%20Annual%20Report%20and%20Sustainability%20Report_final.pdf.
[16] Seabird. 2024 Q4 Presentation [EB/OL] . https : //www.geospace.com/news/reports-fourth-quarter-fiscal-year-2024-results/.
[17] Geospace. Fiscal Year 2024 Results [EB/OL] . https : //www.geospace.com/news/reports-fourth-quarter-fiscal-year-2024-results/.
[18] Rystad Energy. Oilfield Service M&A Report-3Q 2024 [R] . 2024.
[19] Rystad Energy. Oilfield Service M&A Report-4Q 2024 [R] . 2024.
[20] Baker Hughes. Corporate Sustainability Report 2024 [R] . 2024.
[21] SLB. Corporate Sustainability Report 2024 [R] . 2024.
[22] Halliburton. Corporate Sustainability Report 2024 [R] . 2024.
[23] Saipem. Corporate Sustainability Report 2024 [R] . 2024.
[24] NOV. Corporate Sustainability Report 2024 [R] . 2024.
[25] Nabors. Corporate Sustainability Report 2024 [R] . 2024.
[26] 中海油田服务股份有限公司 . 中海油服：打造中国特色世界一流能源服务公司 [J] . 企业管理，2024（9）：104-107.
[27] 王晓虹 . 基于“四单”成本精益管理的油服高质量发展研究：以中海油田服务股份有限公司为例 [J] . 商业 2.0，2024（28）123-125.
[28] 孙丙向，成海，毕研涛 . 石油工程“四提”技术进展与攻关方向 [J] . 石油科技论坛，2024，43（3）：85-94.
[29] 高健，王海阁，宋世贵，等 . 中国石油工程作业智能支持中心模式改革与初探 [J] . 钻采工艺，2025，48（1）：37-45.

第4章

油气工程科技创新动向

4.1 物探

4.1.1 宏观动向

1）海洋地震勘探装备不断突破，推动全球深水勘探市场发展

RYSTAD ENERGY 发布预测，2024 年至 2028 年，海上地震采集市场规模近 47% 是在大陆架（125m 以下），深水 – 超深水占 53%。全球海上地震勘探行业竞争激烈，主要参与者的海上地震勘探装备和技术不断突破，形成各自的竞争优势。中海油服自主研发的我国首套拖缆模式地震勘探成套采集装备——“海经”系统，最大作业水深达到 3500m，勘探目的层最大埋深 5600m，打破了我国海洋三维地震勘探作业最大水深纪录。2023 年 10 月，“海经”系统首次完成超深水海域地震勘探作业，发布了中国首张超深水三维地质勘探图。2024 年，“海经”系统在印度尼西亚完成首次海外地震勘探技术服务作业，获得海外市场的认可。2024 年 5 月，韩国首艘自产地球物理勘探船“探海 3”号（Tamhae 3）交付使用，该船具有抗冰能力，配备高分辨率三维地震数据采集系统，可拖带 8 条长 6000m 的地震拖缆，能够在包括极地在内的全球海域进行地球物理勘探。海域 OBN 节点快速发展，Geospace、TGS、Sercel、SmartSolo 等公司推出多款 OBN 产品，Sercel 公司的新型 MicrOBSNT 节点的最大水深为 6000m。

2）可控震源地震技术推广应用，助力陆上地震勘探实现高效与环保

中国石油在全球陆上地震勘探占据绝对领导地位。东方物探公司（BGP）推动可控震源替代井炮，拓展可控震源应用范围，提高黄土塬、山地等复杂地表作业能力。2024 年，可控震源采集量在总工作量中占比超 50%，有助于加快转变生产方式、提高采集效率和资料质量，在全面推进规模勘探、绿色勘探中发挥了重要作用。东方物探公司致力技术更新迭代，适应中东油气勘探开发特点，形成了东方物探特色的可控震源超高效混叠采集和低频扫描等领先技术。2024 年 11 月，东方物探公司成功中标阿联酋阿布扎比国家石油公司油田高精度勘探合同，合同额达 4.9 亿美元，创全球最大单体陆地地震采集合同新纪录。中国石化可控震源地震技术在准噶尔盆地近 3 年实现了炸药震源全替代，同时向鄂尔多斯黄土塬、东部城区等区域推广应用。

3）地震地质工程一体化技术快速发展，支撑页岩油气效益开发

地震地质工程一体化技术是页岩油气勘探开发评价的重要方法，也是物探参与油田开发、油藏评价的重要途径。近年来，随着油气资源接续需求由常规向非常规持续转移，

地震地质工程一体化技术取得了快速的发展，地震技术向工程领域延伸是新的发展方向。2024 年东方物探研究院创建了针对页岩气“四个好”的地震地质工程一体化技术支撑方案，实现了地震在“地质 + 工程”产能建设全生命周期的应用，提高了页岩气单井产能，实现效益开发。针对“选好区”，应用“甜点”预测及综合评价技术，落实浙江探区页岩气 I 类“甜点”面积近 2000km²；针对“定好井”，利用高效水平井部署技术，支撑昭通和大安区块页岩气水平井部署优化 800 余口；针对“打好井”，利用地震地质导向技术，通过地震地质逐点引导钻进靶体目标，水平井箱体钻遇率保持在 90% 以上。通过静态和动态调整，有效推进页岩气产能建设和效益开发。2024 年，中国石化聚焦页岩油“布好井、打好井、压好井、管好井”现场需求，建立地质工程一体化作战中心，基于物联网全域数据实时采集，强化地质、地震、钻井、测井、录井、压裂、监测、生产等业务数据资源的多信息融合，形成以地震地质一体化、建模数模一体化、地质钻井一体化、地质压裂一体化、科研生产一体化为核心的“五个一体化”技术体系，支撑国家级示范区高质量建设。

4）物探行业数智化转型加速推进，引领传统工作模式革新

国际物探行业数智化转型起步较早，目前已进入生态构建阶段。OSDU（Open Subsurface Data Universe）技术标准旨在解决能源行业数据孤岛问题，促进数据共享和互操作性。2024 年是 OSDU 技术标准快速发展的一年，其在能源行业的应用不断深化，同时通过与 AI 技术的结合和开源生态的壮大，进一步扩展了其影响力和应用范围。国内外石油公司和物探公司在人工智能、大数据分析、云计算等领域持续加大研发投入，持续推进数智化转型。斯伦贝谢推出了 Lumi™ 数据和 AI 平台，该平台将先进的人工智能功能（包括生成式 AI）与整个能源价值链的工作流程相结合。斯伦贝谢的 Delfi 数字平台通过利用 Lumi 平台的数据基础，机器学习能力得到增强，使储层建模、地震和井筒解释、定向钻井和地质导向工作流程更加强大和灵活。中国石油东方物探公司发布了“智能化地震作业系统 2024”，该系统融合了最新的云计算、大数据处理、人工智能等技术，实现了从数据采集到分析决策的全流程智能化管理；其建设的物探智算云，以新质算力驱动处理解释业务效能跃升，满足物探高强度算力需求；2024 年 8 月，成功发布 50 亿个参数的地震解释大模型。中国石化加速推广智能化地震队，智能节点采集系统有效解决了当前地震全节点采集生产中的实时数据传输难题，填补了油气勘探野外施工无控盲采的技术空白，推动了新一代无线通信技术在地震采集行业中的发展。

4.1.2 新技术进展

1）陆上有线仪器系统

陆上有线仪器朝着降低成本、适合大规模高密度采集方向发展。Sercel 公司推出新一代 528™ 陆上采集系统和 VE564™ 可控震源管理系统（见图 4-1），旨在通过减少停工时

间，提高效率。528^{TM} 是当今最先进的陆上有线地震采集系统，旨在更好地满足高密度和高效地震采集的要求，秉承了 508^{XT} 技术优势，功能得到新的拓展，如重量最轻、功耗最低，可以采用太阳能供电。由于该系统架构具有极大的灵活性，无论是超级地震勘探项目还是小型项目，都具有高效作业的特点。VE564^{TM} 是新一代可控震源管理系统，通过中心化和连续的系统配置，确保所采集的地震数据满足技术指标要求。VE564^{TM} 电控箱体技术可嵌入 528^{TM} 平台中，并轻松配置于高效作业的 WiNG 无线系统。

图 4-1　Sercel 公司新一代陆上有线仪器采集系统

528^{TM} 系统与 VE564^{TM} 结合的技术优势体现在：①野外作业：高效、成本低，具有灵活性、可靠性及综合性；②地球物理：行业标准的数据集成及 QC ；③环境与安全：采用环保技术，拥有高安全性，等等。为未来陆上连续地震采集在自适应 QC 流程、混采、提高数据流程效率及地震数据去混叠方面提供先进的技术平台。

2）陆上节点仪器系统

陆上节点系统成为陆上采集的主流仪器，有取代有线设备的趋势。面对高密度、大道数地震勘探的作业需求，节点仪器总体向着轻型化、长续航、强质控、智能化、高精度发展。近年来，各家公司产品不断升级换代，持续提高仪器性能。Sercel、INOVA、SmartSolo、GTI 等公司都推出了各自的节点地震仪，能够支持 30~50d 的连续使用，不正常工作率控制在 5‰以下。在万道采购量的情况下，目前单节点费用在 100 美元左右。

2024 年 9 月，STRYDE 公司推出最新的“STRYDE Mini System”地震系统（见图 4-2），非常适合小规模地震调查和研究项目。目前，STRYDE 陆地节点系统已在全球范围内部署，向市场交付了超过 76 万个节点，支持 50 多个国家的 260 多个项目。GTI 公司推出 Nuseis 系列节点产品和 NuSuite 软件系统来管理监控节点，产品除了具有轻便、长待机特点，还开发了多种尾椎、注重外观和具备外接检波器的功能。GTI 公司节点自动布设装置显著提升野外工作效率，节省了人力。SmartSolo 公司推出新一代单通道节点仪 SmarSolo WIP-3D，32 位高分辨率 ADC，1ms 采样，可以在 4G 网络和 Wi-Fi 之间快速切换。

国内方面，中国石油自主研制的首套国产陆上节点采集系统 eSeis 系列产品，具备稳定性高、适应性强、操作简单、价格低廉等特点，已在中国石油探区规模化应用，节点仪器应用占比逐年提升。中国石化陆续完成 I-Nodal 一代、二代节点的研制，I-Nodal 2.0 质量由 1500g 变为 900g，更加小型化、轻便化、智能化，已实现规模化制造和推广应用；成功研发全球首款 5G 智能节点 SmartPoint 及配套系统，量产节点 2 万道，在中国石化多个工区应用，实现了节点数据的实时传输和质控。

图 4-2　STRYDE 公司迷你地震系统

3）海上 OBN 节点系统

海上采集装备从拖缆、海底电缆（OBC）发展到 OBN，OBN 已成为海上的主流采集设备。近年来，多家公司推出多款 OBN 产品。美国 Geospace 公司最新推出超薄浅水海底节点 Mariner™，外形比行业标准更薄，节省了地震勘测船的空间，最大工作水深 750m，4C 无缆自主记录，连续记录长达 70d。新型深水海底节点 Aquanaut™ 是一种连续、无电缆、四通道的自主深水海底记录仪，专为延长海底地震数据采集时间而设计的新一代节点产品，提供了业界首个深海海底节点 10Hz 全方位检波器，工作水深超过 3048m，连续记录长达 150d。挪威 TGS 公司通过一系列的收购、整合，拥有 Z100、Z700、ZXPLR、MASS 等 OBN 系列产品，2024 IMAGE 年会上展出了最新的 MASS Ⅲ OBN 产品，23 位 AD，128G 内存，最大工作水深 3000m，最大续航时间 150d，系统稳定，质量轻，拆卸方便。Sercel 公司（2024）最新开发了创新的自沉 / 浮式海底节点 MicrOBS^{NT}［见图 4-3（a）]，每个节点配备一个高能见度的闪烁灯，船舶导航系统与 MicrOBS^{NT} 管理软件和声波释放模块相结合，可以自动触发上浮指令；当海底节点接收到来自海面船只发出的特定声学信号时，就会与配重块脱离并自浮，一旦节点浮出海面，通过无线电定位，船只就会靠近节点，然后通过导向器将其引至自动机械升降系统，并安全地传送到甲板上［见图 4-3（b）]，回收率达 99.22%，布设和回收效率相比之前提高了 2~3 倍。最新版的 MicrOBS 三分量检波器被 Sercel 公司最新的第三代 MEMS 传感器（Quietseis）所取代，最大工作水深为 6000m，尺寸减少 30%，更利于甲板操作和存储。使用可充电电池续航时间为 45d，使用非充电电池续航时间为 6 个月。

国内方面，BGP 研发出国内首套“3000m oSeis 海洋节点仪器”，性能达到国际先进水平，支撑超深层地震采集装备自主可控。中国海油自主研发“海脉”海底节点物探采集成套装备，在渤海完成首个大面积工区作业。中国石化物探公司的 I-OBN 105 台样机，在埕岛油田完成了水下采集试验。

(a)MicrOBS^{NT}

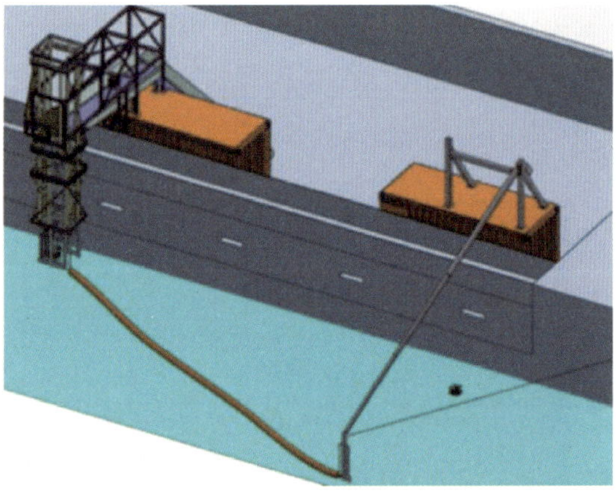
(b)MicrOBS^{NT} 回收系统

图 4-3 MicrOBS^{NT} 及其回收系统

4）陆上“两宽两高节点”地震采集技术

陆上地震采集技术向着“两宽两高节点”方向发展，宽频、宽方位、高密度、高效、节点采集有效提升地震资料品质。

（1）陆地可控震源低频采集技术。

INOVA（2024）设计并测试了新一代低频可控震源（TITAN），可产生 1~4Hz 低频范围内的可恢复地震数据，满驱 80000lb，60000lb 低频达 3.4Hz，80000lb 低频达 4.5Hz，频率范围为 1~130Hz，双倍低频出力。将新型低频可控震源和 80000lb 的传统可控震源（AHV-IV 380）与中东沙漠地区的一系列现场 2D 测试进行比较，结果表明，新型低频可控震源向地面传递的低频出力能量比 80000lb 传统可控震源强很多。此外，新一代低频可控震源产生的可测量噪声比 80000lb 传统可控震源低 13dB。对比结果显示，新一代低频可控震源数据的反射和连续性更清晰。

（2）利用机器人推进自主节点地震数据采集。

沙特阿美（2024）提出一种最新开发的无人机技术（ASAD 和 SAGR），以推进自主地震数据采集。该技术利用 AI/ 机器学习实现地表特征的自主分类和识别，以优化地震勘测设计，实现高效的地震数据采集。

科研人员对该全自动部署地震检波器进行了测试，首先运行 SAGR 无人机对目标区进行勘测，生成高分辨率地图和数字高程模型，在机器学习的帮助下，数字高程模型被转换为 ASAD 的通行 / 禁止区域地图。随后，一群 ASAD 无人机跟随调整后的预先计划采集点记录地震数据。试验结果如图 4-4（a）中，自动检测到棕榈树和陡坡危险区域；图 4-4（b）中，对预先计划的记录点进行调整；图 4-4（c）中，一群 ASAD 无人机安全着陆，远离危险障碍物进行数据采集。

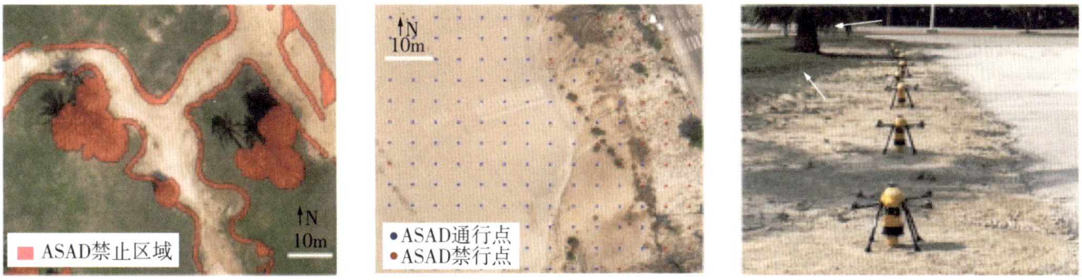

(a)基于SAGR高分辨率图像的调查区域分类　(b)随后调整的自动ASAD记录点　(c)根据调整后的记录点，ASAD在地面上排成一行，远离障碍物和陡坡（白色箭头指示）

图 4-4　基于 SAGR 高分辨率图像调整 ASAD 记录点

5）海上 OBN 采集技术

海上采集技术从拖缆采集、海底电缆采集发展到 OBN 采集，OBN 采集现已成为海上的主流采集技术。OBN 采集技术以其优越的数据质量越来越受到欢迎，但其仍然是一种昂贵的地震采集方式。

稀疏炮点和检波点采集是降低施工成本、使 OBN 作为传统拖缆采集替代方案的一种方法。道达尔（2024）提出评估深水环境下三维 OBN 炮点 / 检波点抽稀对地震反演的影响。选择最优化的炮点和检波点组合，在完全采样和抽稀数据集上进行三维弹性反演。虽然抽稀后的数据质量下降，但地震反演过程能够处理额外的噪声，并以与井标定质量相似的方式保留储层的地质解释。由于炮点和检波点联合抽稀可以节省整个测量过程高达 30% 的采集成本，可用于未来类似环境下的 OBN 采集。此外，拖缆 + 稀疏 OBN 联合采集近年来逐渐成为国外实施 OBN 地震采集的主流技术，可以显著降低 OBN 采集成本，提高成像质量。该方法利用 OBN 采集的长偏移距数据进行 FWI 高精度速度建模，利用拖缆数据进行高分辨率成像，联合应用具有较好的规模化经济前景。BGP（2024）在挪威 Quad 35 区块进行了拖缆和海底节点混合采集，获得了保留两种数据优势的高质量混合成像（见图 4–5）。

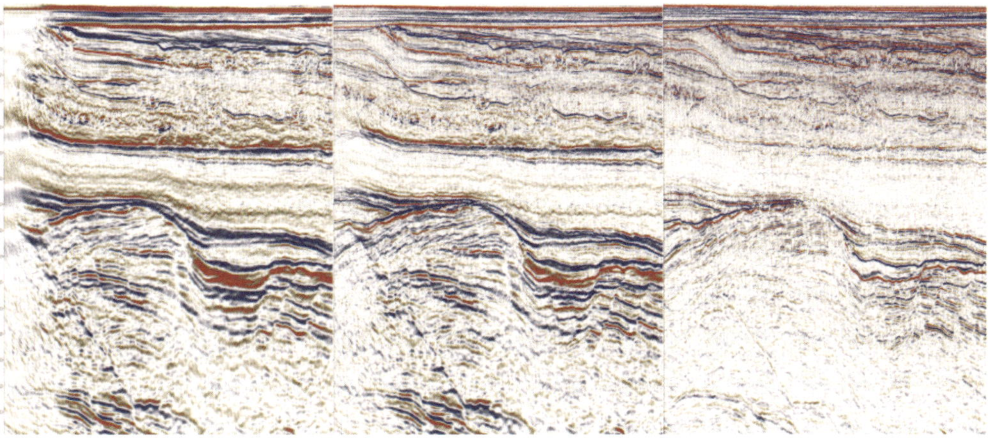

(a)OBN全频段成像　(b)拖揽与稀疏OBN联合成像　(c)拖缆宽频PSDM成像

图 4–5　拖缆与稀疏 OBN 联合成像结果

国内方面，BGP的OBN市场份额连续5年保持全球第一，通过实施多个国际OBN项目，实现向OBN战略转型，参与国际高端市场竞争。中国海油成功实施国内首个作业水深整体超百米的南海东部惠州26-6区OBN地震采集项目，高精度海底地震技术实现跨越。中国石化埕岛OBN项目是中国石化首次自主实施、自主处理解释的浅海OBN高密度三维项目，创建了中国石化浅海OBN采集技术和施工工艺，形成了配套的装备、软件；涠西OBN三维重采集是中国石化首个OBN地震项目，研发了OBN采集、处理相关软件模块，初步形成中国石化自主的OBN技术能力，支撑了海3斜井的部署。

6）OBN资料处理技术

近年来OBN地震勘探技术逐渐成为全球海洋地震勘探领域发展最快的一项变革性新技术，OBN地震勘探市场占海上地震市场份额近30%，为海洋油气勘探开发提供了高品质三维地震资料支撑，未来仍具有较大的发展应用前景；但海洋OBN地震采集独特的观测系统对传统的地震处理技术提出了很大的挑战，很多常规的处理技术不再适用，国外如斯伦贝谢、Viridien等国际知名地球物理公司均建立了较为成熟的OBN地震资料处理技术系列，中国石油东方地球物理公司通过自主攻关，创新形成了OBN纵波全流程处理技术，在国内外多个OBN地震数据处理项目中成功应用。

在墨西哥湾绿谷地区，斯伦贝谢针对大型同时源稀疏OBN采集数据，采用迭代多级稀疏促进解混策略、线性化走时反演、曲波域横波噪声压制、tau-px-py域波场分离等流程解决了与同时震源激发、采集扰动和横波噪声相关的问题，最后使用全波形反演速度模型对数据进行成像，使盐下成像得到改善。在设得兰群岛西部的Rosebank油田，斯伦贝谢基于深水稀疏海底节点采集数据，采用反演方法解决与采集相关的扰动，对上行和下行波场应用3D波场反褶积方法去鬼波和去多次波，实施包括全波形反演和共成像点层析成像的速度建模工作流程，提高了该区的成像质量。为了解决中国近海地区常规拖缆地震资料成像模糊的问题，Viridien公司采用OBN地震资料，结合常规处理技术与基于水模型的编码预测、上下行波联合反褶积多次波压制、张量分解高维数据正则化、初至波层析速度建模、基于单/双平方根的延拓和双基准面镜像偏移等关键OBN处理技术，建立OBN处理流程，模糊区域的成像和信噪比得到了显著改善（见图4-6）。

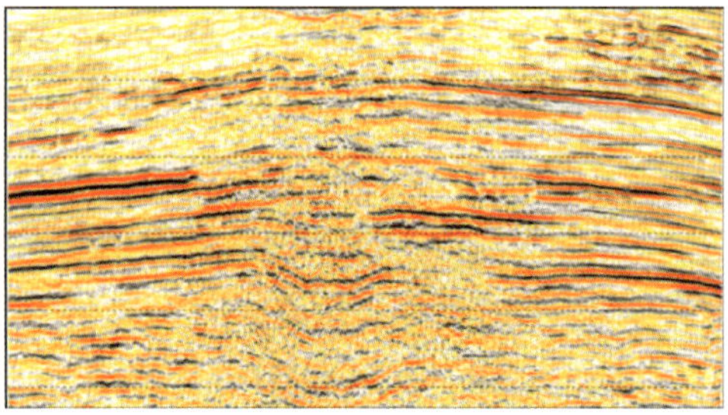

(a)拖缆数据

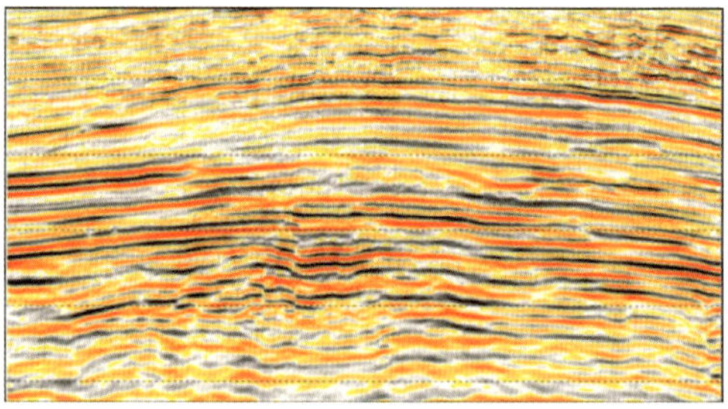

(b)OBN数据

图4-6 基于拖缆数据和OBN数据及相关关键技术的成像结果

7）多波联合速度建模技术

近地表复杂的地质特征给陆地地震成像带来挑战，在速度建模过程中准确捕捉浅层速度对浅层和深层目标成像以及最大限度地减少成像失真和偏移假象都是十分必要的。基于纵波初至波的折射层析反演方法是建立近地表速度模型的标准方法。而由于潜波水平传播，折射波初至层析难以捕捉浅层垂向上小而快速的速度倒转，因此浅层分辨率低。为了克服这一问题，面波反演成为一种替代解决方案。面波对横向和纵向速度变化非常敏感，尤其是在近地表的浅层部分。面波反演提供的 S 波速度（v_S）信息可以转换成 v_P 速度场，以进行深度成像。

Viridien 公司利用多波反演（MWI）技术建立近地表速度模型，联合利用纵波初至、面波频散曲线和垂直双程旅行进行反演，得到横向和垂向速度变化。联合反演的优势在于合并不同的信息，从而降低反演的不确定性，得到更可靠的解，但这项技术有两个缺点：面波输入数据拾取既麻烦又耗时，以及在主动源地震频率下面波的穿透深度有限，如对于最低可靠频率约为 2Hz 的传统地震数据，多波反演速度模型的深度仅限于几百米。为了克服这些问题，首先采用一种自动机器学习频谱曲线拾取流程，以提高低频和高频的拾取可靠性。其次使用混合连续记录数据通过干涉测量重建频率低于主动源频率的超低频被动源面波（0.5~1.5Hz），利用这些超低频面波进行多波反演，可获得更深的近地表 P 波和 S 波速度模型。将近地表模型集成到速度建模的工作流程大大改进了阿曼苏丹国两个工区从浅层到深层结构的深度成像质量（见图 4–7）。该方法有利于后续更深层速度模型的更新，且获得的近地表 P 波和 S 波速度模型也可以用作弹性 FWI 的浅层模型输入。

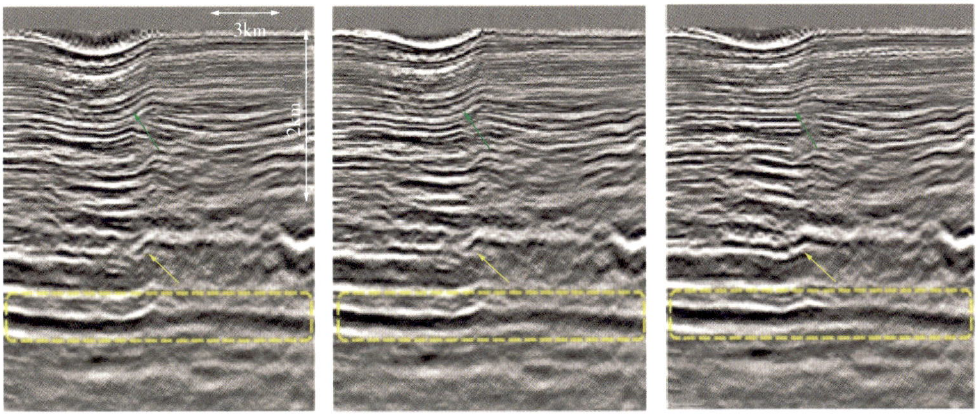

(a)基于传统速度模型的成像结果　(b)传统模型与MWI模型合并成像结果　(c)传统模型与改进的MWI模型合并成像结果

图 4–7　改进后的 MWI 成像效果与传统方法对比

8）波动方程旅行时 Kirchhoff 偏移技术

克希霍夫（Kirchhoff）偏移方法是地震数据处理的重要工具，特别是在生成表面偏移成像道集（Surface-Offset-binned common imaging Gathers，SOGs）方面表现灵活高效；但传统 Kirchhoff 偏移依赖射线追踪计算走时，在复杂速度模型（如含有大速度对比和复杂结构的盐下区域）下会造成成像不准确甚至失败。因此，工业界开始探索使用波动方程来计算旅行时。Ehinger 等（1996）首次提出使用波场外推方法计算格林函数，并将其应用于频率依赖的 Kirchhoff 偏移中，以改善走时计算的准确性。随着计算机能力的增强，碧辟的 Jin 和 Etgen（2020）等进一步发展了基于波动方程最大振幅走时的克希霍夫偏移（WETK）方法，通过有限差分波场传播计算走时，提高了复杂速度模型中的成像质量。

随着 FWI 技术的普及，需要更高效和准确的偏移方法来验证 FWI 生成的高分辨率速度模型。针对墨西哥湾盐体和盐下地质背景下 FWI 获得的高分辨率速度模型的质量控制（QC）问题，碧辟（2023）采用波动方程旅行时 WETK 方法，通过仅传播低频波场来计算旅行时，直接使用 FWI 获得的高分辨率速度模型（不需要平滑），生成了更加精确的偏移成像结果（见图 4-8）。WETK 相比传统的 Kirchhoff 偏移产生了更精确的炮检距道集，比逆时偏移（RTM）需要更少的计算时间，同时保留了生成偏移道集的能力。TGS（2023）将波动方程 Kirchhoff 偏移（Wave KDM）应用于巴西近海 3D NAZ 数据，并将结果与使用传统射线追踪 Kirchhoff 成像（Ray KDM）产生的结果进行了比较。结果表明，在振幅、相干性和事件连续性方面，使用 Wave KDM 方法可以更好地成像盐翼、盐体之间的小盆地和盐下事件。

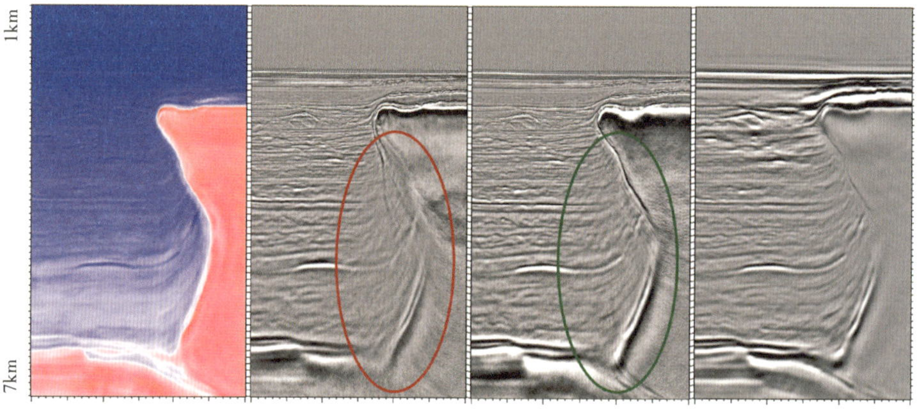

(a)墨西哥湾26Hz FWI速度模型的2D切片　(b)常规Kirchhoff叠加成像　(c)传播20Hz波的WETK叠加成像　(d)RTM叠加成像

图 4-8　偏移成像结果

9）智能化解释技术

智能化解释仍是目前物探技术研究热点，新技术进展提高了地震构造解释和储层表征的精度。针对深度神经网络在地球物理应用中仍存在的可解释性弱、物理不一致和通用性差等问题，中国科学技术大学伍新明教授等（2023）提出了 3 种对 DNN 施加领域知识约束的策略解决这些挑战。第一种策略是将先验知识整合到数据中，包括带有嵌入式知识的输入数据及通过地质学和地球物理学信息的正向建模模拟的合成训练数据。第二种策略是直接对网络施加约束，包括定义有地质和地球物理意义的层以及对网络中的特征图进行预处理。第三种策略是定义基于知识的损失函数来训练网络。在人工解释的地层约束的情况下，基于 DNN 的相对地质时间（RGT）估计和层位提取结果更准确（见图 4–9）。

斯伦贝谢在 2024 年研究提出了一种使用 3D 网格方法进行无监督机器学习来分类地震相的新方法，该方法能够精确地在 3D 网格中实现地震相定位和采样，提高预测结果的准确性。Viridien 公司（2024）开发了一种利用地震属性、RGB 混合技术及 DNN 算法联合开展侵入砂体展布描述技术，该技术有助于精细刻画侵入砂体的空间展布，更加有效地支撑了研究区侵入砂体油气藏的勘探和开发。以 ChatGPT 为代表的 AI 大模型的快速发展开启了工业化 AI 应用新模式，为油气勘探开发技术的进步提供了新的机遇。中国石油和华为联合研发团队利用海量地震数据，通过深度神经网络算法，训练形成了具有构造解释、缝洞体预测、岩性识别等地震智能解释功能的 AI 大模型，模型参数达到 50 亿个。基于大模型开发了走滑断裂识别、缝洞体预测、生物礁滩相识别、河道识别、火山岩识别 5 个应用场景，在油气田勘探实践中取得了显著进展。大模型通过少量标注和微调直接产生预测结果，地震解释效率提高 9~12 倍，显著减少了对数据标注的依赖，具有良好的泛化性，降低了人工智能应用门槛。

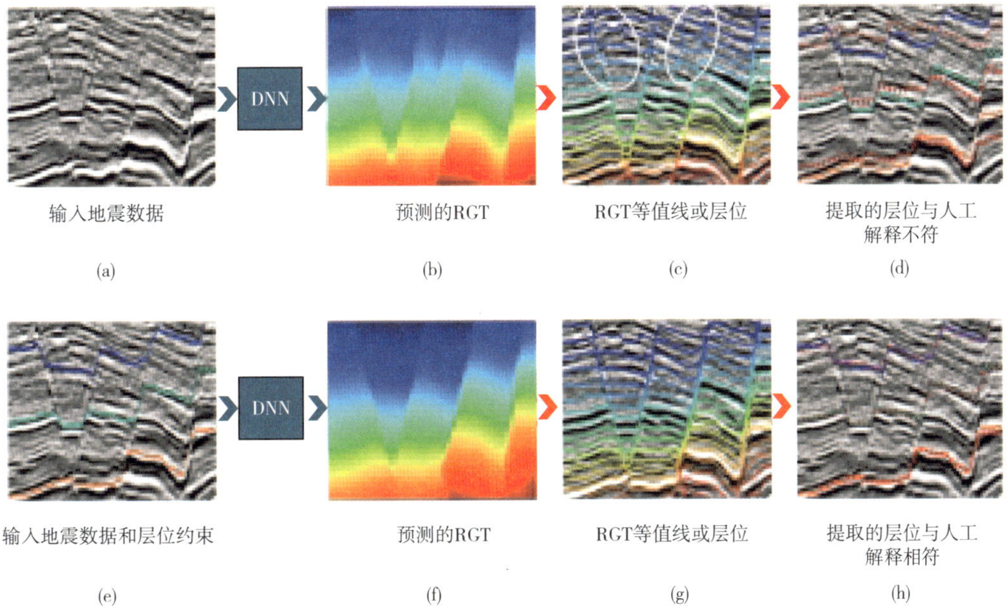

图 4–9　无［（a）~（d）］和有［（e）~（h）］人工解释地层约束下的深度神经网络（DNN）RGT 估计和地层提取

在无人工解释层位约束输入的情况下，从估计的 RGT 结果中提取的层位不能准确地跟随地震反射，特别是在（c）中白色椭圆突出显示的区域（据伍新明等，2023）

10）叠前地震反演技术

国内外叠前地震反演技术在反演策略、优化算法、反演方程选择等方面不断创新。在反演策略上，通过多参数同步反演策略、直接反演策略和逐级反演策略提高反演稳定性和精度。KAUST 大学（阿卜杜拉国王科技大学）（2023）首次将基于数据驱动的叠前地震数据直接岩石物理反演（RockAVO）方法成功应用于实际数据体——Volve 数据体，反演结果证实了该反演方法的稳健性。在反演优化算法上，通过正则化、概率化和智能化等手段增强反演合理性。在反演方程选择上，从波动方程、精确 Zoeppritz 方程、高阶方程和纵横波联合方程等多个角度开展叠前地震反演方法研究。Delft 大学（代尔夫特理工大学）反演研究团队提出的基于波动方程的 AVO 反演（WEB-AVO）方法已成功应用于全球不同地质背景下 50 多个工区。该方法通过全波场信息提供更高反演分辨率，层间多次波、透射波和转换波（常规反演中通常被视为噪声）成为 WEB-AVO 反演中重要的有效信号，其反演参数为可压缩性和剪切柔量，对储层预测更有效；计算成本略高于线性 AVO 反演，但明显低于全弹性 FWI 的计算成本。北科威特侏罗系白云岩化油气储层表征结果表明，WEB-AVO 提供了比传统线性反演更高的分辨率和准确性，成功预测了 10~15m 的薄白云岩储层（见图 4-10）。中国石化物探院（2024）针对实际复杂储层及低信噪比地震资料条件下基于精确 Zoeppritz 方程的叠前反演问题，提出了一种改进的 MCMC 弹性参数反演方法，低信噪比模拟数据和实际数据的测试表明，提出的方法能够获得更加准确、稳定的弹性参数反演结果，并且能够对反演结果给出可信、定量的不确定性估计。BGP（2023）基于有效应力原理，引入横波速度减少孔隙流体影响，重新推导了岩石有效应力计算公式，建立了由纵波速度、横波速度、密度构成的新的地层压力预测模型，其中纵波速度、横波速度、密度可通过地震叠前反演获得。该方法有效提高了地层压力预测精度，实现了页岩地层压力定量预测。叠前地震反演技术取得新进展，为定量化储层预测提供了更为精确和可靠的方法。

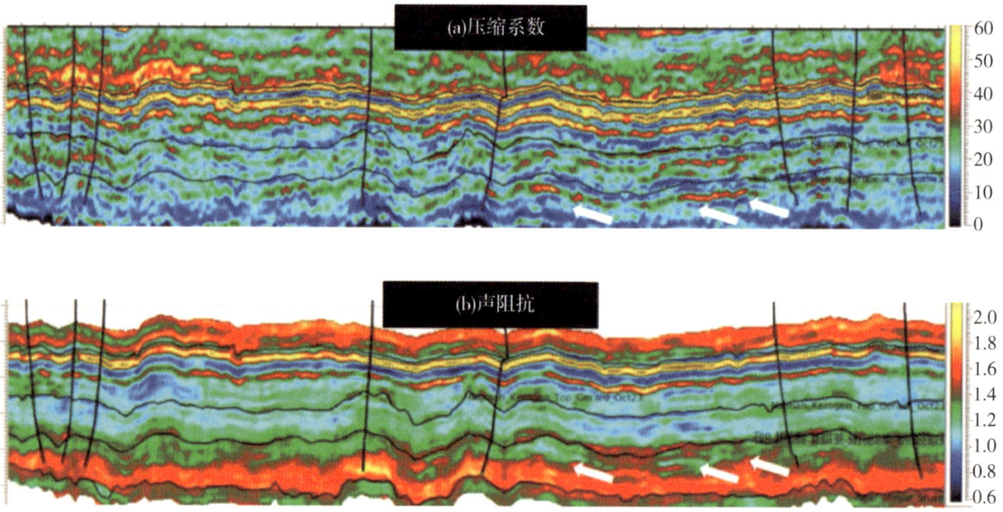

图 4-10　WEB-AVO 反演的压缩系数（a）和线性确定性反演的声阻抗（b）对比
（据 Rao Narhari 等，2024）

11）分布式声波传感（DAS）技术

分布式声波传感系统灵敏度、分辨率、监测距离提升。Silixa 公司的旗舰产品——Carina® 的最新版本在性能上实现了突破，灵敏度从早期的 1 纳应变提升至 0.1 纳应变，能够检测更微弱的声波信号，适用于更复杂的地质环境，空间分辨率从 10m 提升至 1m，能够更精确地定位裂缝、泄漏等事件，相比标准光纤信噪比提高了 100 倍，成为行业内的技术标杆。Optasense 公司解调仪系列的最新产品 ATLAS 可实现 190km 长覆盖范围测量，较之前 QuantX 解调仪 100km 的测量距离再次提升，适用于永久监测。

DAS 技术新进展是地面分布式声波传感（S-DAS）技术逐步应用。S-DAS 技术具有显著降低数据采集成本、密集空间采样以及对 PP 和 PS 反射进行成像的能力，近年来受到广泛关注。斯伦贝谢在北海 2D 实例中采用 S-DAS 数据构造速度模型进行压力和转换波成像。S-DAS 数据的长偏移距可以更新深层速度模型，在反演中包含导波可以填补近偏移距 P 波的照明空白（见图 4-11）。

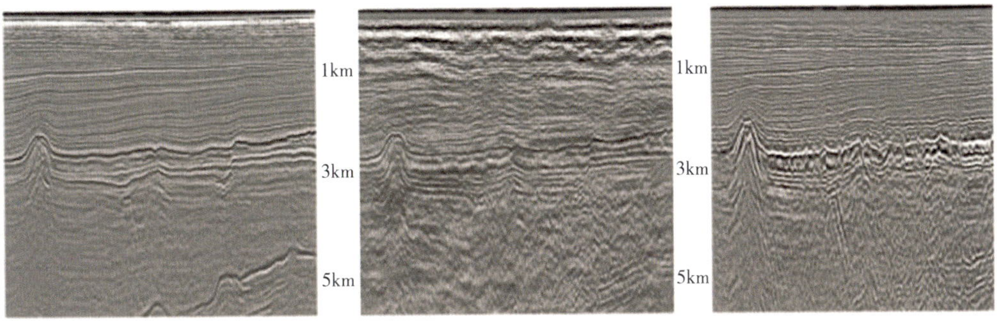

(a)拖缆原始克希霍夫深度偏移成像 (b)S-DAS数据PP克希霍夫深度偏移成像 (c)S-DAS数据PS克希霍夫深度偏移成像

图 4-11 S-DAS 数据 PP 和 PS 成像结果（据斯伦贝谢，2024）

随着 DAS 技术成熟度的提升，能够实时监测井筒和油藏动态，提供高分辨率数据，广泛应用于井中地震勘探、多井井地联合勘探、微地震监测。中油奥博研发了基于光纤的地震地质工程一体化技术和平台（GeoEast-SGE），有效提高了压前裂预测、压裂施工现场决策和后期评价的综合性、科学性和及时性。BGP 在中东为 ANDOC 采集处理了业界最大的 3D DAS-VSP 和 OBN 数据，生成高精度和高分辨率的 3D 构造成像，进而优化加密井和水平井轨迹设计。

DAS 技术仍面临数据量大、井地联合成像等数据处理分析难度大等挑战。随着油气勘探开发向“两深一非一老”发展，DAS 技术的市场需求将持续增长。DAS 设备国产化、灵敏度和分辨率提升、DAS 数据处理分析能力提升等，将进一步降低成本、提高精度，DAS 技术应用前景广阔。

12）时延地震技术

时延地震可准确监测油气藏开发过程中的流体运移和压力变化等动态，从而更好地指导油藏管理。2024 年，时延地震技术的显著特点是弹性波 FWI 成像（FWI-Imaging），联合 FWI 等新技术在时延地震处理和成像中的应用，有效降低背景噪声，提升 4D 信号。碧辟、Viridien、斯伦贝谢等知名公司分别展示了在巴西、墨西哥湾海上油田时延地震的应用实例。

巴西桑托斯盆地盐下油田时延地震监测联合全波形反演实例。巴西盐下油田一直由窄方位拖缆（NATS）数据成像，最近，OBN 采集已被用于对已经生产的油田进行成像和监测。4D 地震监测的基准数据为窄方位拖缆 NATS 数据，监测数据为 OBN 采集，这种 4D 监测技术可重复性低。在盐下碳酸盐岩储层中提取细微的 4D 变化具有挑战性。Viridien 公司提出了一种联合 4D FWI 技术，以克服不同地震勘探之间的可重复性低的情况。巴西桑托斯盆地的实际数据集展示了较好的结果，其中可以识别真实的 4D 异常。在 FWI 成像 4D 差异和 LS-RTM 4D 差异图中，都可以在井轨迹周围看到盐下深度的潜在 4D 异常（见图 4-12）。与 LS-RTM 结果相比，FWI 成像结果中发现的异常相对于背景 4D 噪声更为明显，在盐顶部和盐层内的这些不应有真实的 4D 差异的区域噪声不太显著，联合 4DFWI 的 4D 响应更真实。

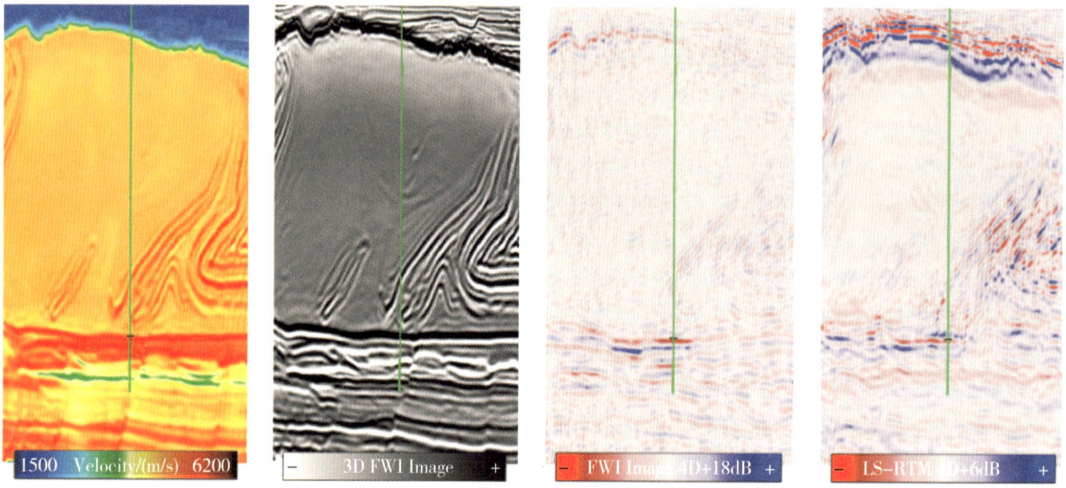

(a)基准速度模型 (b)基准3D FWI成像 (c)FWI成像4D差异 (d)LS-RTM 4D差异

图 4-12 联合 4D 全波形反演（FWI）应用于 4D 差异信号提取

绿线为井轨迹显示

墨西哥湾 Atlantis 油田 4D 弹性 FWI 成像识别难以发现的盐下 4D 信号实例。在复杂的盐冠下获取 4D 信号极具挑战性，除了基准和监测测量之间的非一致性因素，盐下区域的弱照明和不均衡照明也是一个重大瓶颈，通常会导致 3D 成像不佳从而导致 4D 成像更差。近年来 FWI 成像尤其是弹性 FWI 成像可大幅改进盐下成像的照明、信噪比和聚焦性。因此，Viridien 公司（2024）将 FWI 成像的应用从 3D 扩展到 4D 盐下成像，首次尝试在亚特兰蒂斯 4D 数据集上应用弹性时滞 FWI 成像，结果揭示了更清晰的盐下 4D 信号，4DS/N 显著改善，4D 响应更准确，钻井发现和生产历史均证实了 4D 响应的真实性。

4.1.3 发展展望

随着地球物理技术的持续进步及其与新兴技术的融合创新，未来物探技术的发展将主要呈现四大趋势。

1）向全波场立体勘探发展

随着陆地节点、海域 OBN 规模化应用，及 DAS 技术的发展，高精度三维地震勘探技术将持续升级，向全波场、立体勘探迈进。全方位、全频带、全分量、高保真的全波场地震勘探方法通过采集和处理反射波、绕射波、散射波等多种地震波信号，突破纵波勘探能力瓶颈，构建更精确的地下介质模型，从根本上解决复杂构造成像、储层物性和流体定量刻画等难题。井地联合立体采集通过在地面和地下井中进行同步采集，实现对地下构造和储层的更精确描述。未来，通过全波场、立体勘探进一步推动地震勘探向更高精度发展。

2）向多物理场信息融合发展

地球物理勘探正经历从单一物理场向多物理场协同探测的范式转变。传统地震勘探、电磁探测、重力勘探等技术各自为战的时代正在终结，多物理场联合反演技术将地球物理勘探推向了“全息成像”的新高度。在深层油气勘探中，单一地震数据难以准确识别复杂构造中的油气储层。中国石油东方物探公司研发的电磁－地震联合反演技术，将电磁数据的高分辨率电性参数与地震数据的精细构造信息深度融合，使储层识别准确率提升 40%。未来，充分利用重、磁、电、震、测井等不同探测方法的优势，进行数据深度融合处理和解释，突破地震勘探能力瓶颈，降低单物理场探测的多解性，大幅提升深层目标预测精度，实现油气藏高精度评价与动态监测。

3）向绿色低碳发展

随着全球能源转型加速，物探技术需兼顾环保与低碳要求，强调减少勘探过程中的环境扰动和碳排放。地震数据采集装备的轻量化设计与低功耗传感器可降低野外作业的生态影响。海洋可控震源可降低海洋环境的影响，是未来海洋油气勘探装备的重要发展方向，例如，碧辟研发的超低频海洋可控震源 Wolfspar® 已在墨西哥湾成功试验。以降低地球物理计算量为目标的正演、成像和反演快速算法，以及高效能、低能耗的绿色计算中心，是未来地球物理计算绿色发展的重要组成部分。物探技术应用领域逐步向绿色低碳领域拓展。为实现全球碳中和目标，油气地球物理技术积极探索在 CCS 和可再生能源领域的应用，如利用地球物理技术评估和监测二氧化碳地质封存，以及超高分辨率三维地震用于海上风电场近地表勘探。

4）向数智化发展

未来，物探采集、处理和解释业务更加数字化、智能化。采集装备将具备更强的自主导航能力，能够自主规划路径，避开障碍物和危险区域；新一代无人机和水下机器人装备布设更加灵活，确保采集作业的高效安全进行。量子计算技术则可以用于处理复杂数据，提高数据处理的速度和精度，斯伦贝谢探索基于量子计算的叠后地震波阻抗反演。大数据技术将对海量勘探数据进行深度挖掘和分析，揭示地下地质结构的规律和特征。高精度数字地震仪和智能化地震数据处理解释软件将被广泛应用，实现地震数据的实时采集、高效处理和准确解释。智能勘探系统将集成多种技术手段，自动化、智能化地完成地震数据采集、处理、解释和决策全过程，显著提高勘探效率和成功率。

参 考 文 献

[1] Wu Y，He Z，Wu D，et al. Ultra-deep Jurassic acquisition technology and its application in dual-complex low SN ratio area，Qaidam Basin [C]. International Meeting for Applied Geoscience & Energy，2023.

[2] Lewis A，Mackay T，Latchman J，et al. An assessment of compressive seismic reconstruction in the Delaware Basin，Lea County，New Mexico [C]. International Meeting for Applied Geoscience & Energy，2024.

[3] Alfataierge E，Golikov P，Ramdani A，et al. Advancing autonomous seismic data acquisition with robotic solutions [C]. International Meeting for Applied Geoscience & Energy，2024.

[4] Wei Z. Advances on land vibroseis source technology towards low frequencies [C]. International Meeting for Applied Geoscience & Energy，2024.

[5] Trulsvik M，Burnie I，Bertrand A. Acquisition of a Complex OBN survey in the Balder-Ringhorne area of the North Sea [C]. 85th EAGE Annual Conference & Exhibition，2024.

[6] Pagliccia B，Le Magoarou C，Brunelli è re J，et al. OBN Acquisition cost optimization and its impact on reservoir characterization：A deep water case study [C]. 85th EAGE Annual Conference & Exhibition，2024.

[7] 赵邦六，董世泰．“两宽两高”地震勘探技术及应用成效 [J]．世界石油工业，2024，31（4）：24-34.

[8] Walker C，Zhou Z，Li X. Hybrid streamer/sparse OBN imaging offshore Norway [C]. International Meeting for Applied Geoscience & Energy，2023.

[9] Sokolowski F，Ahmed H，Cooke A，et al. Revisiting rosebank OBN | contemporary processing and imaging techniques enable new insights from heritage data [C]. 84th EAGE Annual Conference & Exhibition，2023.

[10] Wang J，Wang Y D，Yuan Q S，et al. Key techniques of OBN data processing and

applications in China's offshore [C]. 84th EAGE Annual Conference & Exhibition, 2023.

[11] Salgadoe M, Seymour N, Li H, et al. Overcoming signal processing challenges on a deep-water sparse OBN survey: a case study from the Gulf of Mexico [C]. International Meeting for Applied Geoscience & Energy, 2022.

[12] Jin H, Bashkardin V, Jilek P, et al. Wave equation Traveltime Kirchhoff with real data applications [C]. International Meeting for Applied Geoscience & Energy, 2023.

[13] Wu X, Ma J, Si X, et al. Sensing prior constraints in deep neural networks for solving exploration geophysical problems [J]. PNAS, 2023, 120 (23): 1-12.

[14] Di H, Zhao T, Abubakar A. Introducing stochasticity into CNN-based property estimation from angle-stack seismic [C]. International Meeting for Applied Geoscience & Energy, 2024.

[15] Rumyantseva A, Mann-Kalil J, Mitchell S, et al. Detailed mapping of sand injectites integrating seismic attributes and machine learning in the Norwegian North Sea [C]. 85th EAGE Annual Conference & Exhibition, 2024.

[16] Corrales M, Hoteit H, Ravasi M. A field data application of rock AVO: data-driven, direct petrophysical inversion of pre-stack seismic data [C]. International Meeting for Applied Geoscience & Energy Expanded Abstracts, 2023.

[17] Lew C L, MacBeth C D, ElSheikh A. Direct Petrophysical Inversion from pre-stack seismic data using deep learning [C]. 84th EAGE Annual Conference & Exhibition, 2023.

[18] Ma Q, Li M, Duan T. Novel inversion approach for extraction of fluid term [C]. 85th EAGE Annual Conference & Exhibition, 2024.

[19] Amiri B S, Smaiel T, Benitez P, et al. Working with inverted elastic attributes to de-risk low saturation gas [C]. 84th EAGE Annual Conference & Exhibition, 2023.

[20] Narhari R, Al-Sabari A, Al-Ajmi A, et al. Wave-equation based inversion for carbonate reservoir characterization in Kuwait [C]. International Meeting for Applied Geoscience & Energy, 2024.

[21] Gonzalez H, Benguigui A, Benitez P, et al. De-risking frontier exploration using WEB-AVO inversion: An application to the ER236 block, offshore South Africa [C]. 85th EAGE Annual Conference & Exhibition, 2024.

[22] Bachrach R, Wilk-Lopes M, Brager D, et al. Data processing experience with PP and PS imaging on SB-DAS: A North Sea case study [C]. International Meeting for Applied Geoscience & Energy, 2024.

[23] Cambois G, Mason J, Cowell J, et al. Seismic monitoring of CO_2 injections in a carbonate saline aquifer onshore Abu Dhabi [C]. International Meeting for Applied Geoscience &

Energy，2024.
[24] Bachrach R，Sayed A，Murineddu A，et al. AVA on communication cables：Principles and Examples from the North Sea [C]. International Meeting for Applied Geoscience & Energy，2024.
[25] Yu G，Liu H，Zhang Y，et al. Image processing of jointly acquired 3D DAS-VSP data with an OBN survey in the Middle East [C]. International Meeting for Applied Geoscience & Energy，2024.
[26] ElAttar，Malak M，Alex H，et al. Velocity model building for pressure and converted wave imaging using surface-DAS data：A North Sea case study [C]. International Meeting for Applied Geoscience & Energy，2024.
[27] Rudrigues F，Brando G，Albuquerque D，et al. Pre-salt time-lapse seismic monitoring with joint 4D FWI [C]. International Meeting for Applied Geoscience & Energy，2024.
[28] Egbue O，Jiang L，Chen C，et al. Capturing elusive subsalt 4D signals in Atlantis field with 4D elastic FWI imaging [C]. International Meeting for Applied Geoscience & Energy，2024.
[29] Albertz M，Durussel V，Li T J，et al. Insights on time-lapse changes from 4D joint full waveform inversion in Mississippi Canyon，Gulf of Mexico [C]. International Meeting for Applied Geoscience & Energy，2024.

4.2 钻井

4.2.1 宏观动向

1）全球首次在地下万米发现油气显示

2025 年 2 月 20 日，中国首口超万米科探井——深地塔科 1 井，在地下 10910m 胜利完钻，成为亚洲第一、世界第二垂深井，并先后创造了全球尾管固井“最深”、全球电缆成像测井“最深”、全球陆上钻井突破万米“最快”、亚洲直井钻探“最深”、亚洲陆上取心“最深”等五大工程纪录，是我国继“深空”“深海”之后在“深地”领域取得的又一重大进展。深地塔科 1 井于 2023 年 5 月 30 日开钻，历时 279d 钻至万米深度，依托该项目成功研发了全球首台 12000m 特深井自动化钻机和全球首套万米特深层测井装备，成功从万米以下钻取了我国首份岩心标本，全球首次在陆地万米深层钻探发现油气显示，填补了万米地质理论认识空白，首次取得万米测井数据等地质资料，绘制出亚洲首套万米深层古地质图，为探索深地油气战略发现（突破）提供了依据。

2）海洋油气勘探开发成为全球钻井行业的核心增长点

技术进步与资源需求驱动深海项目投资激增。Wood Mackenzie 预测，到 2030 年，深水日产量将达 1700 万 bbl 油当量，远超 2022 年的 1040 万 bbl。到 2030 年，深水石油和天然气产量将增加 60%，占全球上游总产量的 8%，其中超深水产量占比将超过 50%，在巴西、西非、墨西哥湾和中国南海等地区尤为突出。道达尔和壳牌等国际石油公司正在非洲海域推进大规模深水勘探项目，预计 2025 年全球深水领域的资本支出将创历史新高。尽管深水开发成本高，但其高回报率吸引了大量资本。此外，中国和印度等国家为降低油气依存度，积极投资海洋油气钻井业务。中国海油 2024 年海上钻井总数首次突破 1000 口，其中恩平 21-4-A1H 井以井斜深 9508m、垂直深度 1962m、水平位移 8689m、水垂比（水平位移与垂直深度的比值）达 4.43 等关键指标刷新了中国大位移井纪录。技术方面，动态定位系统、遥控潜水器和海底永久性生产系统的应用提升了深海作业的安全性和经济性。

3）非常规油气资源开发持续扩张，页岩与致密油高效钻井成新焦点

页岩油、致密油等非常规资源开发加速，推动全球钻井活动向非传统区域扩展。美国页岩革命的成功经验被复制至阿根廷、中国等地。例如：阿根廷 Vaca Muerta 页岩区 2024 年产量创历史新高，2025 年预计将进一步增长；中国在四川盆地和鄂尔多斯盆地推进页岩气商业化开发，实现了天然气产量的增储上产。预计致密油井的份额从 2020 年的 20% 升至 2025 年的 29%，加拿大和中国的致密油项目成为主要增长点。多级压裂、水平井钻探和纳米级裂缝监测技术提升了油气采收率。美国能源信息署（EIA）数据显示，页岩油单井产量较 10 年前提高 50%；但是非常规开发面临环保与成本挑战。中低油价周期中，页岩企业需通过技术优化维持盈亏平衡。未来，非常规资源的开发将更多依赖政策支持与绿色技术创新，如燃料电池钻机、钻完井液的循环利用等。

4）智能化与数字化技术全面渗透钻井产业链，驱动效率革命

人工智能、物联网和自动化技术重塑钻井作业模式，显著提升勘探效率和成本控制能力。通过人工智能分析地震数据优化井位设计、机器学习预测设备故障、物联网实时监控钻井参数，企业实现了从勘探到生产的全链条效率提升。美国页岩油企业通过长水平段水平井技术和智能完井系统，单井成本降低 30%。中国在智能钻井领域进展显著，归因于数字化管理系统的普及，2024 年海上钻井故障时间创历史新低。此外，远程操控和无人化钻井平台逐步推广，挪威 Odfjell Drilling 等公司利用动态定位系统减少人为操作风险，而 AI 驱动的钻井机器人可在高压高温环境下作业。研究表明，智能化技术可使页岩油生产成本降低 30%，同时延长油田生命周期。未来，技术竞争将聚焦于数据整合能力与跨平台协同，推动行业从劳动密集型向技术密集型转型。

5）收并购成为提升行业竞争力的有效手段

油气公司的收并购活动对于企业的长期发展、市场竞争力的提升以及行业结构的优化都具有重要的战略意义。一是可以迅速扩大自身规模，增强市场竞争力；二是有助于整合行业内资源，实现资源优化配置；三是有助于提高行业的市场集中度，对规范市场秩序、提高行业整体水平具有积极作用；四是通过收并购，可以实现管理、技术、市场、品牌等方面的协同效应，降低成本，提高效益；五是有助于快速获取先进的技术和优秀人才，提升创新能力。2024 年 9 月 4 日，美国 Noble 公司宣布完成对 Diamond Offshore Drilling 公司的收购。此次交易巩固了 Noble 作为领先海上钻井承包商的地位，打造了业内最大的第七代双 BOP 钻井船队，并增加了约 20 亿美元的订单。合并后，Noble 公司成为全球第四大钻井平台承包商，拥有 44 座钻井平台、手持合同价值达 67 亿美元。2024 年 10 月，Transocean 与 Seadrill 正在讨论潜在的合并事宜。它们曾是全球最大的两家海上钻井承包商，但由于行业低迷，许多承包商破产，这一合并可能有助于提升行业竞争力。

4.2.2 新技术进展

1）高效破岩与提速工具

（1）钻头。

为适应复杂钻井环境，贝克休斯采用新型设计思路和切削材料，推出新一代混合式钻头 Kymera™ Mach6（见图 4–13），延长了钻头寿命，提高了钻井效率。该钻头结合了最大限度的 ShadowCut™ 切削齿覆盖范围和 3 刀翼中心设计，增强了肩部和芯部的耐磨性；采用 3D Tetrahedron™ 钻头钻进模拟软件分析双重切削机制，使钻头可在任何应用场景下使用；采用更高级的碳化钨齿，提高了耐磨性和断裂韧性；通过优化设计，增强了巴掌和肩部强度，巴掌应力降低 30%；利用有限元分析模型，预测切削齿齿窝可靠性负载，确保 ShadowCut™ 切削齿齿窝坚固。

图 4–13　Kymera™ Mach6 钻头

哈里伯顿 HyperSteer 定向钻头核心技术在于创新的刀翼设计和 Geometrix 4D PDC 金刚石复合片的应用。其刀翼设计（见图 4–14）可以实时调整方向，保障井眼轨迹的连续性与精准性。Geometrix 4D PDC 金刚石复合片具有独特的几何形状（见图 4–15），可最大化切削刃与岩石接触面的接触应力，提高破岩效率，同时利于岩屑排出，避免重复破碎，减少金刚石复合片切削刃表面摩擦损耗和热损耗，提高钻头的耐用性，保持切削刃锋利程度，提高钻头寿命及钻井效率，减少钻井时间。该钻头入井测试中，一趟钻钻井周期从原来的 23.27d 缩短为 18.06d，钻井效率提高 22.4%。

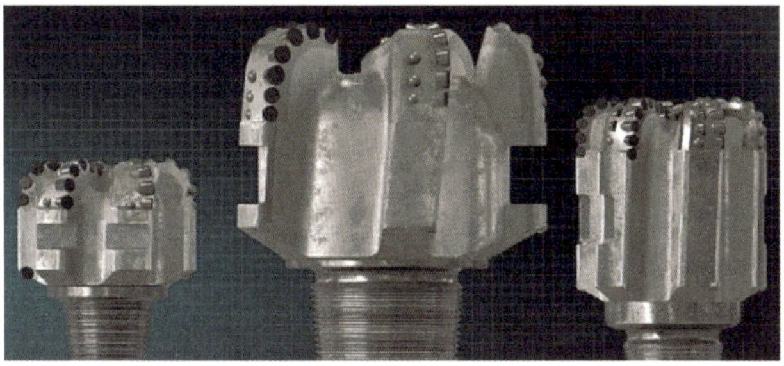

图 4-14 HyperSteer 定向钻头刀翼设计

图 4-15 Geometrix 4D PDC 金刚石复合片异形结构

Dragon Oil Company 和国民油井合作开发了新型燧石地层 PDC 钻头，主要尺寸有 Φ215.9mm 和 Φ152.4mm 两种。该钻头在锥部、鼻部和肩部布置安装了凿形切削齿，满足硬脆性地层的破岩需求，显著提高破岩过程中的点载荷；在钻头设计过程中，优化了水力参数及保径掌的几何形状和长度，增设了备用齿和扭矩控制齿等（见图 4-16）。备用齿不会影响其前方主切削齿的正常工作，可在主切削齿损坏的情况下，代替主切削齿继续工作，减少起下钻次数，有效防止钻头底部磨出环形槽；该钻头含有两种钻头喷嘴，使用计算流体动力学，进行位置优化和效果验证。该钻头已在埃及的苏伊士湾进行了 12 次下井试验，一只 Φ152.4mm 钻头成功钻穿了 1026.87m 井段（含 116.13m 的砾岩地层），与采用 3 只钻头的邻井相同井段相比，机械钻速提高了 50%~85%，钻井成本降低了 24%~75%。

（2）辅助破岩工具。

Ulterra 公司研发的高频扭转冲击阻尼工具 Mitigator™（见图 4-17），通过快速换向技术使钻具及时从高频扭振状态恢复至正常工作状态，在不影响切削齿吃入深度的前提下有效消除底部钻具的扭转冲击。采用 Vylon™ 扭转减振技术，核心减振元件为高抗扭 Vylon™ 聚合物弹性体，完全密封于工具体内并与钻井液隔离。工具可配置两个高频冲击传感器，持续监测井下扭转冲击状态及工具的减振效果，其中冲击采样频率达 1200Hz，振动采样频率为 100Hz，传感器使用寿命超过 100h。该工具在美国俄亥

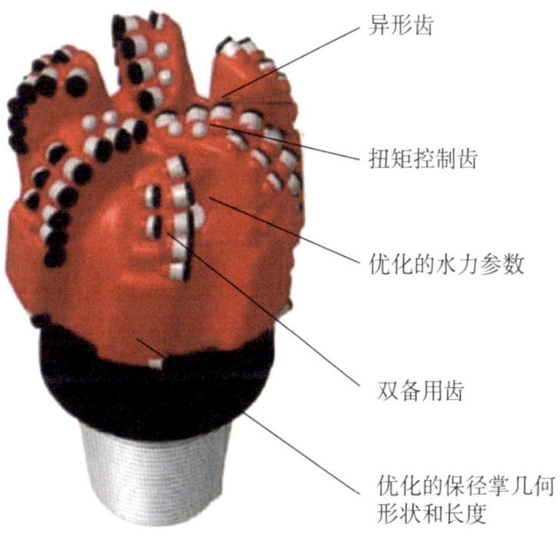

图 4-16 新型燧石地层 PDC 钻头

俄州 Carroll County 某井 Φ222.25mm 直井段的 9 趟钻进中应用，钻头磨损等级由 5.75 降至 3.2，平均进尺从 1232.92m 提升至 1279.86m。

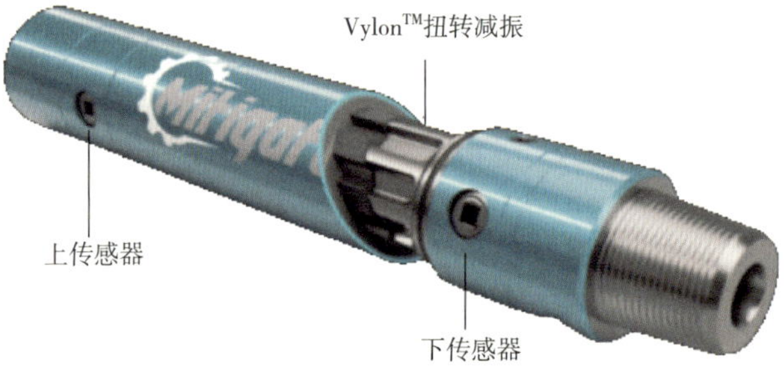

图 4-17　高频扭转冲击阻尼工具 Mitigator™

贝克休斯 X-treme™ Windowmaster™ 斜向器（见图 4-18）融合铣削技术和多晶金刚石切削齿，可适应各类岩层及套管等级，无须后续扩眼作业即可形成大鼠洞窗口。实时采集井下数据，优化磨铣参数，通过载荷监测精准判断钻具脱离斜面的时机。采用连接器替代传统螺栓设计，彻底解决低钻速、启停延迟、旋转卡阻及管柱断裂等问题。该工具精简了活动部件并内置冗余机械激活装置，锚定器支持多向设置、重定向及重置。作业时可通过环空加压激活锚定器，坐封后自动剪切脱离铣削组件。挪威近海现场应用数据显示，该系统起下钻速度达常规系统的 1.6 倍，窗口磨铣耗时 6.25h，低于 10h 目标。

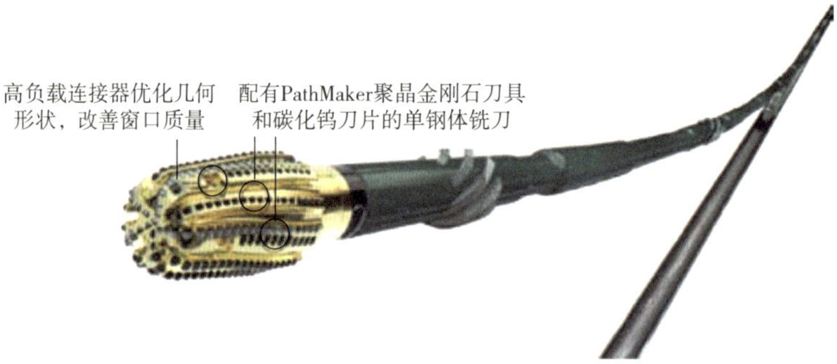

图 4-18　X-treme™ Windowmaster™ 斜向器系统

（3）高效完井工具。

哈里伯顿公司 SuperFill Ⅱ分流器通过独特的玻璃球座设计及流体分流与压力管理机制，显著优化了钻井液压力控制，提升了下套管作业效率。该工具通常安装于套管或衬管上，在套管下入过程中，内部钻井液通过分流器的宽大端口直接流入环空，大幅缩短和减少了钻井液的流动路径和摩擦接触面积，有效降低流体摩擦压力。当套管抵达目标深度后，从井口投入专用作业球，随钻井液泵送至分流器内部。作业球坐封于玻璃球座后，持续增压使球座剪切机构断开，触发滑套关闭套管内外部连通通道。压力继续升高至 12.76MPa，玻璃球座碎裂成细沙状颗粒，与作业球一同被流体带出工具，确保套管内全径畅通。最终作业球落入分流器底部的关闭确认接头，验证端口完全关闭后即可启动固井作业。与传统分流器相比，该技术通过调整作业球尺寸，结合球座碎裂设计，避免了工具内径限制问题，兼容各类井下工具。该工具在 9 次固井作业中实现高效区域隔离，平均节省 20% 钻机时间，同时减少 25% 的套管下入钻井液损耗。

美国井下技术公司 GEODynamics 研发的 EPIC 射孔系统（见图 4–19）包括 Precision 和 Flex 两种顶装式射孔系统，Precision 系统集成了装料、硬件和遥测等模块，Flex 系统提供不同模块的自由组合模式，两种系统将可寻址开关和雷管集成到控制模块，根据地面控制器发出的数字地址和指示器内容，控制可寻址开关组件激活正常雷管，跳过故障雷管，优化射孔作业，减少非生产时间。同时，该开关利用大面积电触点，形成低阻抗、持久的电路，辅助实现井下减振。系统还配备了测试仪和射孔控制面板，在射孔作业运行前通过测试仪监测雷管和开关。射孔控制面板连接电缆和测井系统，以精准控制功率启动点火器或雷管。该系统为非常规油藏提供即插即用、电缆输送的射孔服务，可适应恶劣的作业条件，实现更高的安全性和运营效率。

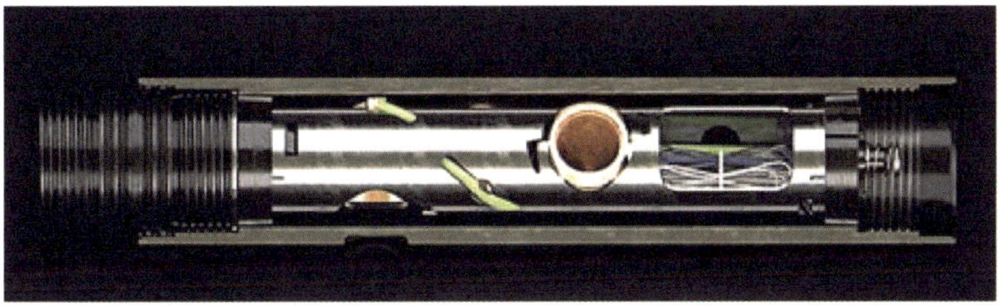

图 4–19　EPIC 射孔系统

丹麦 Welltec 公司的 welltec Puncher 218 射孔工具，外径仅为 53.975mm，可通过 Φ139.7mm 油管，是目前市场上外径最小的非爆炸式射孔工具，也是通过电子线路传输的非爆炸式压力平衡射孔工具，能够在单次作业中完成多次精确均匀射孔，可下入井内任意深度，可与其他工具联合使用，尤其适用于大斜度井或水平井的射孔作业。该技术在丹麦近海的 P&A 作业中应用，成功在 Φ114.3mm 的 28Cr 合金油管上单趟实施并完成了所有射孔作业，射孔间隔为 0.91m。

沙特 TAQA（阿布扎比国家能源公司）旗下 Tendeka 公司研发的新型 Filtrex 防砂工具采用多层多孔基体聚合物（OCMP）作为核心过滤材料，孔隙率达 85%、渗透率为 43.7μm^2。安装时通过连续油管或钢丝绳下入，利用压缩套筒保护 OCMP，可配合锚固系统或可回收封隔器使用。到达目标深度后移除套筒，OCMP 既能通过狭窄完井段，膨胀后又可充分填充大尺寸套管 / 筛网环空，实现全井段防砂。其自扶正特性适用于大斜度井况，且无须额外筛网、砾石充填及后续干预，可替代机械筛管，有效解决筛网开孔不当和均匀性系数过高导致的砂堵问题。该工具在印度尼西亚 Mahakam 油田 Ax–1 井成功应用，日产油量提升至 95.4m^3 且持续 5 个月无砂生产，采收率增长 155%。

3）随钻测控技术

（1）旋转导向技术。

斯伦贝谢 2024 年 12 月推出 Neuro™ 自主地质导向技术，通过实时数据集成与解释模块，利用云计算和边缘计算技术，实时处理井下传感器的伽马射线、电阻率和声波等数据，为分析储层地质特征，判断钻头是否处于最优层位提供依据；通过自主决策与路径优化模块，基于机器学习算法进行自主决策，动态调整井眼轨迹；利用高精度井下测量模块，实现高保真的井下测量，精确定位储层边界，减少因井眼偏离目标层位带来的资源浪费和额外成本；通过无缝协同与自动化操作，将地质、测量和钻井控制系统无缝整合，减少了传统地质导向中需要人工干预的步骤，大幅提高了操作效率。该技术在厄瓜多尔 1 口水平段长度为 729m 的井中完成了 25 次自主轨迹调整，显著提高了该井的钻井作业效率。

哈里伯顿公司 2024 年 10 月推出 iCruise® Force 智能旋转导向系统（见图 4-20）。该系统由高性能螺杆钻具驱动，通过与 LOGIX™ 自动化及远程操作平台协同工作，优化导向精度和作业效率，减少非生产时间并简化流程，提升复杂地层的钻井深度，实现更高钻速、更低成本及更精准的井眼定位。设计确保井下钻具组合（BHA）与多组随钻测井（LWD）工具稳定运行，同时维持数据质量。系统配备的创新流量限制器与高性能螺杆钻具扩展了作业范围，并精准控制液压功率输出。系统可在复杂环境中实现旋转导向系统与 BHA 的高效通信，支持长时间作业。

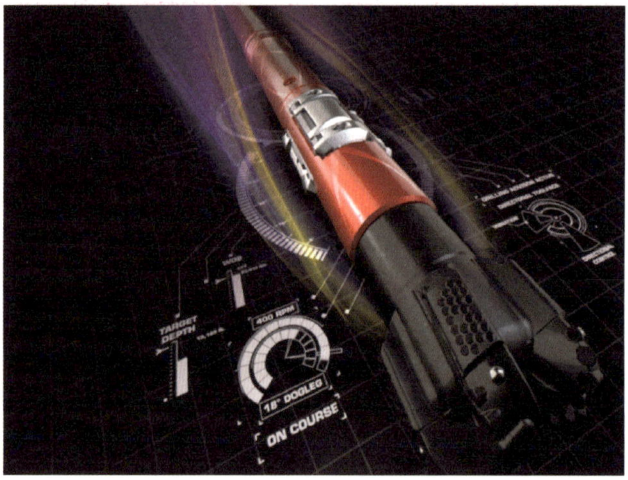

图 4-20　iCruise®Force 智能旋转导向系统

（2）随钻测量 / 测井技术。

贝克休斯 TRU-ARMS 高级油藏测量技术通过增强测量灵敏度，可有效识别井底垂深 32m 以下的地层边界。通过将远端油藏底部测量数据整合至地质模型，显著提升对油藏的认知水平。基于超深方位电阻率测量与反演技术，能够清晰识别油藏分层结构，具备更深层探测能力以精准绘制岩性与流体边界。该技术在某井应用过程中，单趟钻完成 691m 进尺，平均机械钻速达17m/h，井眼轨迹被精确控制在油藏顶部以下0~1.6m范围内，完全满足预设的2m目标区间要求。

Gordon Technologies公司推出GT-HEAT SEEKER™200℃高性能MWD系统，可在200℃高温下稳定运行，确保在极端钻井环境中持续提供精确数据，适用于高温水平井、深井等复杂作业场景。该技术采用HT Shock Miser™悬挂系统与组件封装设计，显著降低振动与冲击对设备的影响；搭载专有200℃伽马模块，实现实时伽马射线测量与地层分析，辅助快速井眼定位与作业决策；配备脉冲器及钻井液脉冲传输系统，提供行业领先的脉冲幅度，支持高密度数据快速传输，满足深井与复杂地层需求；配置200℃电池组，高温环境下稳定供电，续航能力达500h。

Altitude Energy Partners公司推出新一代Peak MWD，外径为47.6mm，耐温175℃、耐压137.9MPa。该技术基于10年工具开发经验及数百万小时井下作业验证，提升了MWD的性能与可靠性；通过快速伺服阀激活提升脉冲响应速度，金刚石对金刚石阀门结构增强耐用性，同时减少故障点；脉冲器、驱动器和伽马模块均采用自主研发设计，确保与系统兼容性；支持多种旋转导向系统（RSS）及第三方模块，配备用户友好型界面及多通道解码器，简化了操作流程。

斯伦贝谢公司研发了Stream™高速智能传输系统，用高带宽技术实现传统钻井液脉冲系统传输速率的跨越式提升，支持深井/超深井复杂实时测量数据的流畅传输；内嵌专属人工智能算法，实时优化传输路径并抑制噪声干扰，在极端工况下仍能保持高保真连续传输；与TruLink™动态测量随钻服务协同工作，提供井下环境全景视图，支持轨迹调整与地层评价；高度适配现有钻井设备，可灵活部署于各类场景，显著提升作业效率与经济性。该技术已在14个国家完成370余次作业，累计进尺超45×10^4m。其中，在中东15240m超深井段获取高质量数据，创海上钻井最长井段纪录。

（3）高性能钻井液。

斯伦贝谢公司超高温高压钻井液利用新型加重材料、耐高温有机黏土以及耐高温降滤失剂，形成抗温315℃的油基钻井液体系。该钻井液在300℃动态热老化24h后，仍具有非常好的流变稳定性和电稳定性，保持较低读数和稳定的流变特性与较低的滤失量。新型钻井液体系在315℃、276MPa的超高温高压条件下，流变剖面仍保持稳定。目前，该钻井液在泰国湾许多高温井中进行了现场试验，其中两口井的井下静止温度分别达到210℃、199℃，在钻井过程中保持了最佳的井眼清洁效果，未发现重晶石沉降问题。

Newpark Drilling Fluids公司开发了新型淡水基钻井液体系，通过一种聚合物添加剂（NPA），提供比单价钠离子（Na^+）和二价钙离子（Ca^{2+}）更加稳定的阳离子层，也是其可作为高效页岩抑制剂的关键。NPA沿聚合物骨架分布的阳离子胺基团带正电，可与蒙脱石和伊利石等黏土矿物表面及其层间空间的负电荷相互作用，结合页岩抑制剂和流体损失控制剂的功能，能够有效控制页岩的膨胀和滤失量。该体系已在蒙特内哥罗深水勘探井中成功应用，与传统水基钻井液相比，卡钻事件减少了50%，钻井速度提高了30%~40%，并且未发生井眼不稳定情况，不仅降低了页岩的膨胀和钻井风险，还提高了钻井效率。

沙特阿美研发了无有机黏土反相乳化钻井液，其核心创新在于采用Croda Chemicals公司开发的流型调节剂RM1（C36脂肪二聚二酸）与RM2（C36脂肪二聚二胺），通过酯化和烷基化反应制备，其分子结构兼具亲水与疏水基团，能在油－水界面形成稳定乳化层，降低界面张力并构建微观网络结构，从而显著提升钻井液屈服点（YP）和低剪切屈服值（LSYP），同时维持低塑性黏度（PV），有效增强井眼清洁与重晶石悬浮能力。该配方在极端条件（177℃、82.7MPa）下仍保持优异性能，1.92g/cm^{3}密度钻井液的YP和LSYP提升超140%，沉降因子稳定在0.50~0.53。该钻井液已在墨西哥湾HPHT井及中东碳酸盐地层成功应用，展现出高流变稳定性与低滤失特性，有效预防井塌、重晶石沉降及井漏。

（4）钻井堵漏技术。

哈里伯顿公司研发的BaraFLC® Nano-1井眼密封剂是一种基于纳米复合材料悬浮液的技术解决方案，其核心机理是利用单个纳米颗粒填充地层及滤饼中的微观孔隙，在防止滤液侵入、密封页岩微裂缝和稳定地层结构方面展现显著优势。该技术对钻井液流变性能影响极小，且能在5~120μm渗透率范围内实现超低滤失，综合性能超越常规密封剂产品。该技术已在页岩、砂/砂岩、石灰岩及活性黏土等复杂地层取得显著应用成效，其中在阿曼高温（井下温度>150℃）作业替代合成降滤失剂实现22d持续控滤，哥伦比亚区块钻速提升40%并达到关键控滤指标。全球应用数据显示，10口试验井全部实现零非生产时间，其中5口大斜度井与5口直井均获成功，起下钻速度较常规抑制性聚合物钻井液分别提升360%和387%，且有效避免黏土粘附振动筛。

哈里伯顿公司研发的新型反应型多组分体系（MCRS）堵漏技术，可与水基钻井液反应生成凝固态可塑性物质，既能封堵井壁漏失通道，又可避免损害储层渗透性区域。该体系由油基混合液、基础组分、添加剂及反应产物构成，其非颗粒性特性显著优于传统LCM，用量少、桥接速度快，可在裂缝内形成抗抽汲压力的有效封堵，并通过裂缝扩展时的自我成型实现持续密封。实验室测试表明，MCRS与钻井液混合后能迅速形成不可泵送的凝固物，在高温高压井下环境中仍保持稳定性能。该技术在提马诺－佩乔拉地区现场漏失层位成功应用，助力完成Φ220.7mm井段钻进、Φ178mm套管下入及固井作业，与同区域4口井对比，采用MCRS技术节省约20%作业时间。

哈里伯顿公司开发的SentinelCem™ Pro新型堵漏水泥，在SentinelCem™基础上，通过改进配方，专为解决恶性钻井液漏失问题而设计，能够有效应对严重或完全失返的漏失工况。可兼容多种水泥类型，支持钻井平台预存储并实现快速混配，无须进行浆液预水化或使用高纯度水源，显著提升作业响应速度。该材料的高酸溶特性有利于保护敏感产层，注入漏失层后能快速凝胶化并形成早期抗压强度，从而有效封堵裂缝和孔洞。实验数据表明，该产品在43.3~98.8℃的温度区间内，均可精确调控凝胶强度、稠化时间及早期抗压强度。在马来西亚某深水油井作业中，针对平均 159m^3/h 的严重漏失、常规堵漏剂失效，应用该技术后成功实现完全堵漏，不仅保障了套管下入和固井作业，更为海上平台节省了 3d 作业时间及约 55 万美元成本。

贝克休斯研发了 InvictaSet™ 再生水泥体系，通过嵌入特殊材料实现自修复功能。当裂缝产生时，材料接触流体（水或碳氢化合物）即触发晶体生长机制，快速填充并密封水泥环中的裂缝与流动通道，有效阻止流体穿透水泥基质及微环隙，从而恢复并强化井筒完整性（见图 4–21）。不同于一次性修复方案，InvictaSet™ 具备多次再生能力，可在复杂工况下持续维护水泥环密封性能。对比实验显示，常规 G 级水泥（密度 1.89g/cm^3、82℃ /21MPa 固化）在淡水环境暴露 15d 未现自愈迹象。而含 InvictaSet™ 的 G 级水泥（密度 1.62g/cm^3、38℃ /21MPa 固化）在盐水和油相环境中均实现多次裂缝修复，验证了该系统不仅具备快速激活特性，更能长期保障油井完整性与层间封隔效果。

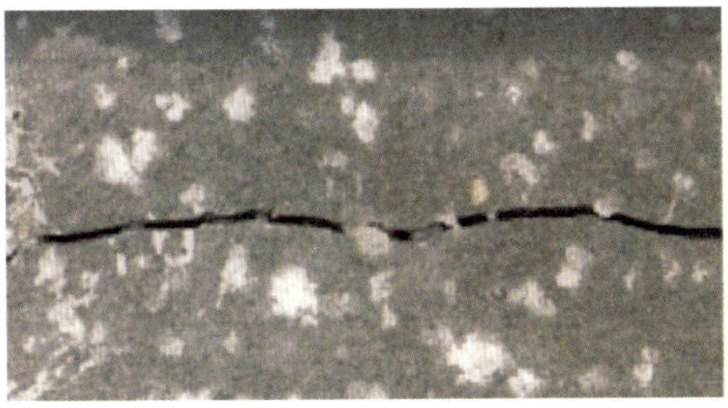

(a)生长前

(b)生长后

图 4–21　InvictaSet™ 再生水泥系统触发晶体生长前后对比

斯伦贝谢公司研发了可有效清除井壁钻井液的新型固井水泥体系（MSCS），专门解决难以清除的井壁钻井液残留问题，通过与井筒中残留的非水基流体（NAF）相互作用，显著提升固井胶结质量。该体系包含一种可以在高温高压条件下与残留非水基钻井液发生反应的聚合物材料，在水泥浆中以干混形式加入，当水泥浆到位后，聚合物与非水基钻井液发生反应，显著提高了非水基钻井液的屈服值，从而增强井筒的封固效果。实验室测试表明，该体系的流变性能、静凝胶强度、抗压强度等关键参数均达到了设计要求，在高温高压条件下，抗压强度在 24h 内可达到 7.79MPa，静凝胶强度在 14min 内可达到 240Pa。该体系在一口井深为 1575m 的复杂海上水平井中应用，使用 Φ114.3mm 套管，电测结果显示了出色的水泥胶结质量，与其他使用传统固井水泥的邻井相比，固井质量明显更好。

4.2.3 发展展望

1）高效破岩与钻井提速工具仍将是钻井工程技术研发的重点

高效破岩与钻井提速工具一直是油气公司追逐的目标，随着超（特）深层、非常规等复杂油气藏勘探开发力度的加大，油气钻探行业一直将高效破岩与钻井提速工具作为重点支持的研发方向。通过揭示强研磨地层岩石抗钻特性及破碎机理，从技术创新、材料升级和个性化设计等诸多方面进行高效破岩钻头的研制，旨在应对复杂地层钻井的挑战，提高钻进效率和钻头寿命。同时研发创新型钻井提速工具，为有效缓解轴向冲击、扭转冲击和黏滑运动，实现高机械钻速提供有效的技术支撑。

2）随钻测控技术朝着耐高温、高精度、自动化、智能化方向发展

多年来，随钻测控技术的快速发展推动了定向钻井从几何导向到地质导向、智能导向的跨越，大幅提高了钻井效率，降低了钻井和油气开发综合成本，为油气高效勘探和经济开发提供了重要利器。在随钻测量技术方面，仪器的抗温抗压能力、大容量数据传输速率的显著提升及各种传输方式的应用可显著提高随钻测量技术的应用范围。在随钻测井技术方面，随钻高精度成像、随钻远探测前探测、组合化集成化是未来发展的主要方向。在旋转导向技术方面，有望在工具可靠性、智能化程度、自动化导向等方面取得更多进展。

3）井筒工作液朝着提升钻井效率、安全性和环保性方向发展

为提高井筒工作液的理论和技术水平，新材料和新技术的研发是关键，包括使用先进的聚合物和复合材料作为井筒工作液及其添加剂，以应对储层压力和温度的极端条件。在水泥浆体系方面，添加特种树脂的高性能耐腐蚀水泥浆将为 CCUS 项目提供有力支持，借助聚合物的高效体系则能显著提升固井质量。在钻井液方面，纳米颗粒的性能优化及井壁封堵技术的精进将持续推进，同时无黏土相反相乳化钻井液的研发也会不断深入。在堵漏技术方面，配方的创新优化将进一步提升堵漏作业的效率与可靠性，为钻井作业的安全高效开展保驾护航。

4）全维度感知与自主决策推动钻井智能化

下一代感知系统将集成量子传感、分布式光纤等新型探测手段，实现地层物性、流体界面和井筒力学状态的精准监测，并基于波导和量子通信的超高速传输技术突破传统钻井液脉冲的带宽限制，实现井下全景数据毫秒级回传。打通地层 – 井筒 – 地面数据高速联通链，实现井下、地面、远程的物联和智能互联。大数据、人工智能等分析方法深度应用，实现机器智能判断和自动执行。钻机装备、井下工具的自动化智能化程度不断提高，实现钻井作业的精准控制。这些技术的协同将构建“感知 – 决策 – 执行”闭环，使钻井系统具备自主应对未知地质风险的能力，大幅提升超深井和复杂结构井的作业成功率。

参 考 文 献

[1] Baker Hughes. Kymera Mach 6 hybrid drill bit [EB/OL] . (2023-12-01) [2025-04-29] . https：//www.bakerhughes.com/vi/Mach6.

[2] Halliburton. HyperSteer™ directional drill bits [EB/OL] . (2023-11-15) [2025-04-29] .

https：//www.halliburton.com/en/products/hypersteer-directional-drill-bits.

[3] Mohamed A，Ahmed I，Ahmed S. Breaking new ground：enhancing Polycrystalline Diamond Compact（PDC）bit performance in chert formations through Use of shaped cutter technology [R]. SPE 214145，2023.

[4] Baker Hughes. DuraMax high-performance motors [EB/OL].（2024-01-10）[2025-04-29]. https：//www.bakerhughes.com/drilling/directional-drilling-services/drilling-motor-services/duramax-highperformance-motors.

[5] Ulterra. MITIGATOR™ [EB/OL].（2024-02-20）[2025-04-29]. https：//ulterra.com/products/mitigator/.

[6] Taqa. Thruster™ [EB/OL].（2024-03-05）[2025-04-29]. https：//www.tq.com/solutions/drilling-solutions/downhole-tools/performance-enhancement/thruster/.

[7] Baker Hughes. X-treme Window Master whipstock system [EB/OL].（2024-01-25）[2025-04-29]. https：//www.bakerhughes.com/well-intervention/fishing-services/casing-exit-whipstock-systems/xtreme-windowmaster-whipstock-system.

[8] Halliburton. SuperFill™ Ⅱ Diverter [EB/OL].（2024-02-15）[2025-04-29]. https：//www.halliburton.com/en/products/superfill-ii-diverter.

[9] TAQA. Filtrex [EB/OL].（2024-03-10）[2025-04-29]. https：//www.tq.com/solutions/completions/sand-control/remedial-rigless-application/filtrex/.

[10] GEODynamics. EPIC™ Precision Perforating System [EB/OL].（2024-01-30）[2025-04-29]. https：//www.perf.com/epicprecision.html.

[11] Welltec. ‘Slim’ Welltec® Puncher 218 creates multiple perforations in high-strength alloy 28Cr tubing [EB/OL].（2024-02-28）[2025-04-29]. https：//www.welltec.com/insights/cases/jdkce225383-slim-welltec-puncher-218-creates-multiple-perforations-in-high-strength-alloy-28cr-tubing.

[12] Schlumberger. Neuro Autonomous Solutions [EB/OL].（2024-03-01）[2025-04-29]. https：//www.slb.com/slb-solutions/slb-performance-assurance/neuro-autonomous-solutions.

[13] Halliburton. iCruise® Force intelligent high-performance rotary steerable system [EB/OL].（2024-02-10）[2025-04-29]. https：//www.halliburton.com/en/products/icruise-force-intelligent-rotary-steerable-system.

[14] Baker Hughes. TRU-ARMS advanced reservoir mapping services [EB/OL].（2024-01-20）[2025-04-29]. https：//www.bakerhughes.com/gaffneycline-energy-advisory/geoscience/reservoir-navigation-and-mapping-services/truarms-advanced-reservoir-mapping-services.

[15] Halliburton. GuideStar™ continuous definitive survey measurement service [EB/OL].

（2024-02-05）[2025-04-29]. https://www.halliburton.com/en/products/guidestar-survey-measurement-service.

[16] Schlumberger. Schlumberger launches definitive dynamic survey-while-drilling service [EB/OL].（2020-10-28）[2025-04-29]. https://www.slb.com/news-and-insights/newsroom/press-release/2020/pr-2020-1028-trulink.

[17] Gordon Technologies. GT-HEAT SEEKER™ 200℃ MWD [EB/OL].（2024-07-15）[2025-04-29]. https://gordontechnologiesllc.com/wp-content/uploads/2024/07/Heat-Seeker-Booklet.pdf.

[18] Altitude Energy Partners. Peak MWD [EB/OL].（2024-11-10）[2025-04-29]. https://altitude-ep.com/wp-content/uploads/2024/11/PEAK-MWD-Spec-Sheet-FINAL.pdf.

[19] Schlumberger. SLB launches Stream high-speed intelligent telemetry for drilling complex wells [EB/OL].（2024-03-12）[2025-04-29]. https://finnhub.io/api/news?id=ba1f9af01d74986c3fecc2e5cc1d3bc2d6c6d6d45f7c7b01ad385b352570b4fd.

[20] Stamatakis E. Meeting the ultrahigh-temperature ultrahigh-pressure fluid challenge [J]. SPE Drill & Compl，2013，28（1）：86-92.

[21] Mohammed B G. A Sustainable Approach to Drilling in Shale Formations with Fresh Water-Based Mud System [R]. IPTC 24069，2024.

[22] Wagle V. Designing invert emulsion drilling fluids for high temperature and high-pressure conditions [J]. Sci Rep，2024，14：27748. DOI：10.1038/s41598-024-78723-6.

[23] Halliburton. Halliburton introduces BaraFLC® Nano-1 wellbore stability sealant to boost wellbore stability [EB/OL].（2024-01-15）[2025-04-29]. https://www.halliburton.com/en/about-us/press-release/halliburton-introduces-baraflc-nano-1-wellbore-sealant-to-boost-wellbore-stability.

[24] Nechaikin A. Efficiency application of a reactive multi-component system for mud loss control in the timano-pechora region [R]. SPE 201872，2020.

[25] Halliburton. SentinelCem™ Pro cement system [EB/OL].（2024-02-25）[2025-04-29]. https://www.halliburton.com/en/products/sentinelcem-pro-cement-system.

[26] Halliburton. CorrosaLock™ cement system [EB/OL].（2024-03-08）[2025-04-29]. https://www.halliburton.com/en/products/corrosalock-cement-system.

[27] Baker Hughes. Baker Hughes launches invictaSet，an industry-first regenerative cement system technology [EB/OL].（2024-02-18）[2025-04-29]. https://www.bakerhughes.com/company/news/baker-hughes-launches-invictaset-industryfirst-regenerative-cement-system-technology.

[28] Degaul N N，Johnson C R，Boulou M A，et al. Mud-sealing cement system delivers

notable cement bond log result in a challenging offshore horizontal $4^1/_2$-in liner : a new technology case study［R］. SPE 202200，2021.

4.3　压裂

4.3.1　宏观动向

1）北美页岩油气压裂作业效率不断突破极限

随着北美多个页岩盆地的开发陆续进入成熟阶段，增产难度不断增大。同时，能源转型所带来的开发成本也不断增加。为了有效开发各类储层，作业者越来越重视油气开发过程中的降本增效和节能减排，从占据单井成本绝大部分比例的完井压裂过程入手成为各个作业者的优先选择。随着水平段的加长和高砂量高密度压裂设计在北美页岩油气开发的普遍推广，完井压裂成本已经占到单井成本的 65%~90%。除了砂、水和化学品等原材料成本，压裂完井费用主要取决于压裂机组运行功率和时间，加上连续油管钻塞周期和费用。作业者不断完善各种能够迅速提高压裂射孔效率、降低压裂服务成本的工艺和技术，不断突破历史作业效率极限。与 2012 年相比，虽然单位英尺水平段长度有效压裂施工时间增加了 75%，但单位水平段内所注入的压裂砂量、液量，所动用的泵功率小时都增长到最初的 3~4 倍。压裂降本提效技术主要集中在压裂优化设计、单机组多井同步压裂、跨平台远程压裂、高效单点滑套压裂系统、电驱压裂、自动化电缆射孔等方面。

2）压裂绿色低碳化技术亮点突出

绿色低碳压裂工程技术已展现出诸多亮点，从多维度推动行业向可持续发展。北美地区压裂设备电动化趋势明显，2023 年北美柴油驱压裂设备的市场渗透率约为 41%，同比下降 13 个百分点，电动化压裂设备（纯电动和混合电动技术）的市场渗透率增至 56%，其中纯电动技术的渗透率约为 13%，同比提升 5 个百分点。与传统柴油驱压裂相比，电驱压裂每完成一次相同规模的压裂作业，可减少二氧化碳排放 50~80t。采用压裂返排液重复配制压裂液进行施工既可解决压裂用水需求、节约成本，又能减少环保压力。2024 年大庆油田井下作业分公司采用 100% 返排液处理水配制瓜胶压裂液已现场试验 5 口井，累计使用返排液处理水 180000m^3，既减少了环境污染又间接实现了低碳减排。哈里伯顿、斯伦贝谢等油服公司加大了天然气泡沫压裂工艺试验研究力度，以期降低 80% 的用水量。

3）一体化集成平台加速推动压裂技术精细化发展

随着压裂技术与数字化技术快速融合，一体化集成监测及控制平台成为压裂过程精细化发展的主要抓手。各大油服公司聚焦压裂过程参数实时优化控制、风险智能预警、裂缝智能监测等方面开展研究，融合多种优化算法、预测方法、决策策略及监测手段，已形成一批可自我感知的智能决策一体化集成平台。哈里伯顿推出的 Prodigi 智能压裂服务平台，可在压裂过程中通过实时分析压裂曲线变化、建立砂堵预警模型、自主调整泵送排量，极大提升了作业效率。2024 年中国石油建立国内首套具有完全自主知识产权的大型地质工程一体化压裂优化设计软件平台 FrSmart，集成了地质力学建模、压前分析、压裂测试、压裂模拟、产能模拟、经济评价、实时决策和数据库 8 个功能模块，实现了流固耦合求解的算法优化和重构，速度提升 3~10 倍。

4.3.2 新技术进展

1）压裂装备与工具

（1）全自动水力压裂装备。

哈里伯顿旗下的 Coterra Energy 公司 2024 年 11 月在北美推出全自动水力压裂装备（见图 4–22），该平台包括 Octiv 智能压裂平台服务，通过“一键式操作”实现阶段性施工的全自动执行。该平台功能包括：①全自动化执行：自动化执行阶段交付，无须人工干预，仅需按钮操作即可完成整个压裂阶段的流程，系统可根据压裂设计需求灵活调整参数，确保执行精确到设计规范，适应不同井况和地质条件；②实时数据监控与反馈：集成了 Sensori™ 压裂监测服务，实时采集、分析压裂阶段的关键数据（如压力、流速和裂缝扩展等），并提供即时反馈；③智能化分析与调整：ZEUS 平台提供机器学习算法，能够基于历史数据和实时监测结果优化未来阶段的执行策略；④电动泵系统与效率提升：配备领先的电动泵装置，不仅能降低设备的能耗和排放，还能实现更稳定的压力输出。该技术的应用使压裂效率提高了 17%。

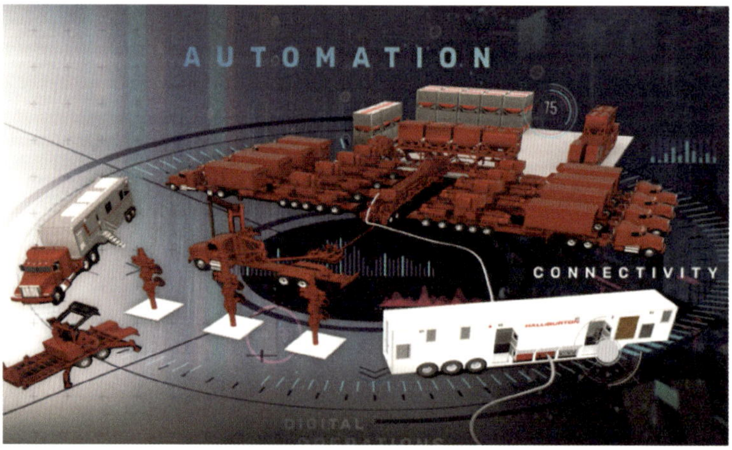

图 4–22　哈里伯顿全自动水力压裂装备

（2）电动和混合动力压裂装备。

针对绿色低碳转型发展要求，Liberty Energy 公司推出电动和混合动力 DigiTechnologies 压裂系统，主要由 Digiprime 和 Digifrac 两个关键模块化系统构成（见图 4–23），可以提供持续能源供应，同时提供压裂过程中不同需求的快速响应，降低了燃料成本，提高了作业成本，降低了噪声污染，改进了作业速率控制，每千瓦・时排放可达到最低。

(a)Digiprime

(b)Digifrac

图 4–23　DigiTechnologies 压裂系统关键模块

Digiprime 作为世界首个天然气混合压裂泵组，主要用于在压裂过程中提供稳定的水马力。该泵组采用热效率 45% 的 Royce 引擎，机械效率较传统电动机组损耗小，可减少 29% 的燃料消耗。该系统作为全电动辅助系统，可为全井场的搅拌、电缆、支撑剂等作业供电，100kW・h 的整装电池系统可辅助供能切换，同时为设备冷却、泵组润滑、自动开启等过程供电。该机组单个机组可提供 3000HHP（1HHP=0.7457kW）的持续功率，并将噪声水平降低超过 67%，降幅在 20dB 以上。Digifrac 作为最新一代压裂系统，通过 10 个电动马达实现压裂全过程的速率和压力精细调控，可以通过遥感模块实现远程控制。在系统作业过程中，需要利用 DigiWire 和 DigiPower 技术进行供能。DigiWire 作为一种供电电缆，可以适配 DigiFleet 的所有需求，为整个系统提供精准的电力控制，可以通过远程可视系统辅助预测及远程作业。DigiPower 采用便携式功能机组模块，通过燃烧压缩天然气（CNG）或管道运输天然气供能，具有动态的能量阈值范围，可以适应多种作业情况。

（3）可回收桥塞。

哈里伯顿 Evo RED® 桥塞提供了一种高效的下入和回收方法，独特之处在于内置一个计算机控制的球阀，该球阀在无须任何控制管线或者修井情况下即可实现多次远程开启和关闭。Evo RED® 桥塞入井时，其内部的球阀处于正常打开状态，桥塞上的卡瓦及胶筒处于松弛状态。该桥塞装配了电子控制井下动力装置，当到达井下设计位置时，桥塞通过机械方式坐封，该阶段桥塞内部球阀保持打开状态，井内液体流动不受限制。可随时使用预编程的触发机制关闭球阀，球阀关闭后，该工具成为可测试的井下屏障，可以承受来自其上方或下方 52MPa 的压力；也可随时通过另一个预编程的触发机制来再次打开球阀，以此平衡井内压力，在单次作业过程中可重复打开和关闭操作 30 次，具备操作灵活性。

使用标准的回收工具和一个转换接头，只需一次作业即可取出桥塞。回收工具的插销可以插入并锁定桥塞的顶部，同时激活桥塞内部的平衡机构，该平衡机构可以帮助回收，并作为电子设备出现故障时的备份。在卡瓦及胶筒回缩后，通过防复位机构固定在原来位置上。图 4–24 球阀上的大过流端口和旁通机构可以允许大量的流体通过该装置，进而为工具的回收提供帮助。此外，缩小的外径有助于防止回收过程中与其他工具发生卡阻。

图 4–24　球阀过流端口

（4）气密全膨胀桥塞。

传统的井隔离方法磨铣作业成本昂贵且耗时，现有的可回收桥塞无法与大重量、非标准油管兼容。斯伦贝谢公司研发了 SIMextra 可回收桥塞，以实现无故障输送和可靠回收。SIMextra 可回收桥塞是一种气密全膨胀桥塞，具有独特的密封元件和卡瓦设计。该技术采用分段环密封技术，可以安装在任何需要 V0 级封隔器的完井作业中，无须使用短节，可使用常规坐封工具坐封；其分段环密封元件在不发生任何弹性或塑性变形的情况下膨胀，形成完全膨胀的耐碎屑和耐损伤密封；全周接触卡瓦设计，可以提供高锚固力，并显著降低油管应力，可适用于高压差或薄壁油管，可以承受来自上下 68.95MPa 的压力。在回收过程中，密封元件的积极回缩机制将单个密封段从油管上脱离，并紧贴在工具底盘上，紧密地嵌套在测量直径下，以便回收出井。该桥塞初始状态和工作状态见图 4–25。

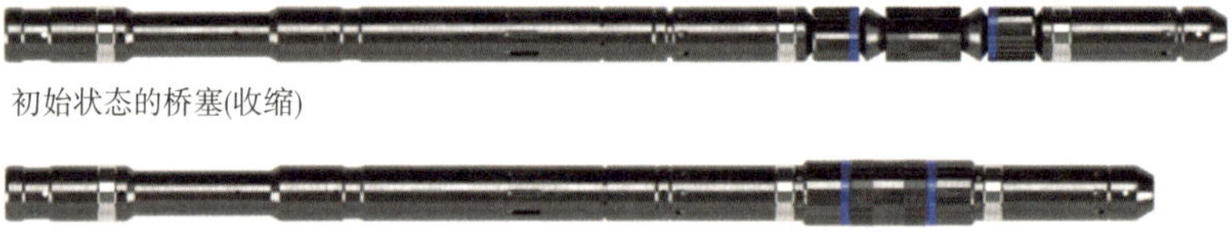

图 4–25　SIMextra 桥塞初始状态和工作状态

该技术在中东一口高压致密气井中成功应用，该井在水力压裂处理后，回收桥塞仅用不到 2h，与之前使用可钻桥塞的作业相比，最多节省了 4d 作业时间，同时避免了复杂的磨铣作业。

2）压裂工艺

（1）裂缝微支撑技术。

在页岩气压裂过程中始终会遇到两个问题：较高的施工压力和急剧下降的单井产量。其中，施工压力与裂缝复杂性密切相关。虽然提高裂缝复杂性有利于生产，但会增加压裂液进缝摩阻；此外，施工过程中由于多缝的存在会产生压力依赖性滤失（PDL），这也会导致过高的施工压力和增加早期砂堵风险。而引起产量下降的潜在因素是地层中存在的次级裂缝网络（包括原生的和压裂期间产生的）未被充分打开和未得到有效支撑。

哈里伯顿公司针对上述改造难点和特殊性，推出了裂缝微支撑技术——MicroScout®。该技术关键在于：通过采用水基线性压裂液和交联流体进行全悬浮携砂压裂，支撑剂选用具有较高抗压强度的 200 目或更小粒径的微细支撑剂，在前置液造缝阶段就超前加入微细粒径支撑剂，减小 PDL 和进缝摩阻，进而降低施工压力；同时，辅助超低砂浓度支撑剂部分单层铺置工艺设计，对压裂过程中产生的次级裂缝和微小缝进行填充，阻止微裂缝闭合，从而实现复杂裂缝网络与主干裂缝的相互连通。通过该技术的实施，可有效提高缝网的连通度及压后返排率，有利于减缓产量递减和提高单井可采储量。

MicroScout® 压裂工艺与常规压裂工艺相比（见图 4–26），通过提高支撑剂悬浮性和小粒径超低浓度超前加砂，除了降低早期造缝阶段滤失引起的压力损耗和进缝摩阻外，支撑剂更容易进入裂缝深部和微小裂缝系统中，远井地层微小缝受填充憋压而有利于分支裂缝的进一步扩展，从而激发更多的次生缝，增大了微缝与储层的接触面积；同时，次生缝得到有效填充而有利于提高整体缝网导流能力。

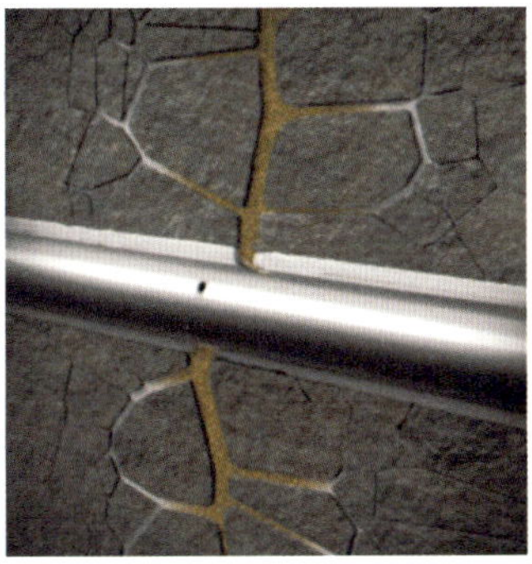

(a)常规压裂支撑剂材料无法激发和填充次生裂缝，导致SRV减小

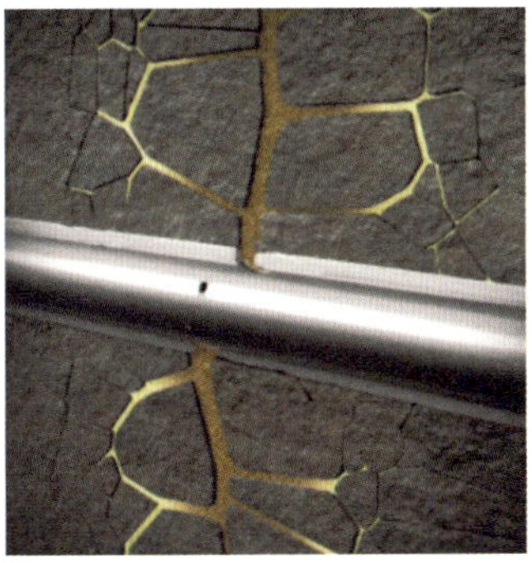

(b)MicroScout®微支撑技术会激发并保持次生裂缝张开

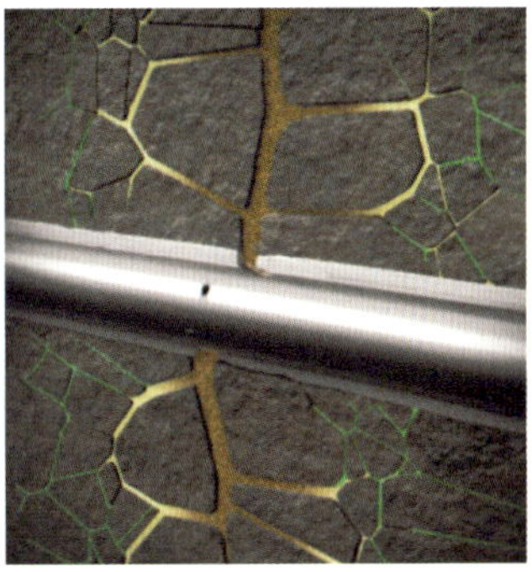

(c)尺度更小的MicroScout® Plus微支撑技术实现支撑剂深部运移和提高复杂缝网导流能力

图 4–26　MicroScout® 微支撑技术与常规压裂工艺比较

为了进一步对比微支撑技术与常规压裂工艺技术的效果，哈里伯顿公司在伍德福德页岩区 3 个平台 12 口井上进行了对比验证。A、B、C 共 3 个平台，分别由 6 口井、4 口井和 2 口井组成。每个平台各有 1 口井设计采用裂缝微支撑技术，其余井采用常规压裂技术。另外，其中两个平台，采用更高的液量设计以及使用多 40% 以上加砂量设计。结果表明，在生产的第一年，采用新型裂缝微支撑技术显著提高了凝析油和天然气的产量，相较于邻井采用常规压裂方式的单井产量提升 10%~13%（见图 4–27）。此外，与多 40% 以上加砂量设计的单井产量相比，使用微支撑技术压裂后单井产量递减变缓，预测最终采收率（EUR）较邻井提升 15%~30%。此外，使用微支撑技术还持续减小了 PDL 引起的进缝摩阻，施工压力平均降低了 3.45~6.89MPa，压裂效率进一步提升。

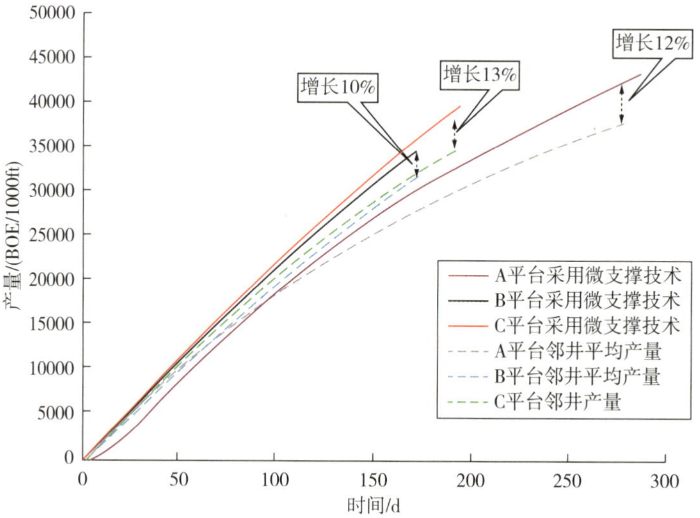

图 4-27 使用 MicroScout® 微支撑技术的单井产量与邻井产量对比

（2）碳酸盐岩压裂工艺优化方法。

基于减小微裂缝闭合度、增大裂缝开度的思路，沙特阿美提出了一种碳酸盐岩储层改进型水力压裂增产方法。其核心是在水力压裂施工过程中，使用小粒径支撑剂和延迟产酸材料的混合物，小粒径支撑剂支撑自然裂缝或新诱导裂缝，延迟产酸材料在高温下可发生降解并与方解石发生相互作用，用于扩大裂缝内的流动通道。本书为分析该改进型水力压裂增产方法的可行性和有效性，进行了系列室内试验。

第一组试验，研究了不同处理液流速和不同温度下延迟产酸材料在岩样断口处产生的孔洞深度。试验在岩心塞组件上进行，岩心塞组件由半岩心（Eagle Ford 露头岩样）、半岩心哈氏合金岩心塞和固体延迟产酸材料 PGA 的混合物以及夹在两个半岩心中间的支撑剂组成（见图 4-28）。利用表面轮廓仪对岩心驱替试验前后表面的腐蚀情况进行定量分析。试验结果表明，PGA 在高温下发生了降解，生成的弱酸与富钙地层发生了化学反应，在岩心断裂面上形成了孔洞和韧窝，孔洞的深度与温度、流体的流速有关。

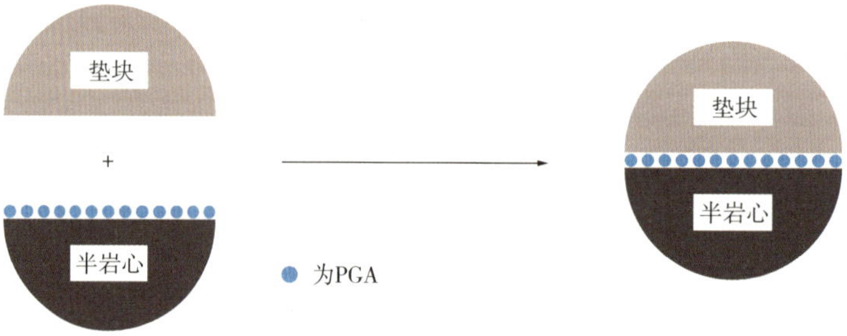

图 4-28 岩心驱替试验中半岩心、垫块和 PGA 的组配示意

第二组试验，假设流体均匀流过岩心，以达西定律为基础，量化研究小粒径支撑剂混合砂和固体延迟产酸材料 PGA 处理后岩心渗透率的改善情况。在试验过程中，建立了数

值模型，采用格子玻尔兹曼 / 离散单元耦合方法，重点模拟分析了 3 种方案下的渗透率变化：①流体流过没有支撑剂的微裂缝；②流体流过有小粒径支撑剂的微裂缝；③流体流过有小粒径支撑剂支撑的微裂缝，并在裂缝壁上产生了孔洞。模拟发现，与方案①相比，采用小粒径支撑剂支撑（方案②）微裂缝渗透率可提高数十至数百倍，具体取决于支撑剂颗粒的间隙大小；小粒径支撑剂所支撑微裂缝（方案③）的渗透率由于生成的酸与方解石反应产生孔洞而进一步提高。由上述模拟结果并经进一步分析可知：裂缝导流能力不仅与支撑剂颗粒间隙大小、裂缝内材料的渗透率有关，还受裂缝开度影响；使用小粒径支撑剂支撑后，裂缝渗透率可大幅提高，而且酸蚀形成的孔隙可以进一步增强渗透性。

上述室内试验和模拟结果均说明，将固体延迟产酸材料同微小支撑剂或小粒径支撑剂应用于致密富有机质碳酸盐岩储层水力压裂中，可有效改善和维持裂缝（无论是自然裂缝还是人工裂缝）通畅，提高渗透率。该方法尚未进行现场试验和应用，实际效果还有待进一步验证。

3）压裂液体系

（1）缓释酸液体系。

哈里伯顿 X-Tend™ 酸液体系是一种新型的低黏度无聚合物的缓释 HCl 酸液体系，主要用于油藏的酸化压裂。与传统的 HCl 酸液体系相比，X-Tend™ 酸液体系能够更深地渗透到地层当中并保持原有活性，从而增加压裂后与储层的接触面积。这种创新的酸液体系适用于碳酸盐岩地层的酸化、酸压及井筒清洁处理。

X-Tend™ 酸液与碳酸盐岩表面相结合，通过化学方式延缓 HCl 的反应速率，最大限度地减少与近井地带的反应，在完全消耗之前能够进入更深更远的区域，接触更多的储层岩石，最大限度增加改造的储层面积。与其他化学缓释酸（如乳化酸混合物）相比，该酸液体系低黏度（小于 2mPa · s）的属性可以使其在不产生高摩擦阻力的情况下获得更高的泵送速率，同时使用 HCl 作为方解石的溶解组分提供了最佳的溶解能力。当需要时该酸液体系可以使用高达 28% 的 HCl 溶液浓度进行配制。除了延迟酸化反应，该酸液体系还具有阻垢性能，可以降低井筒及地层堵塞的风险。

在不同温度及渗透率条件下对该体系进行了试验，结果显示，X-Tend™ 酸液体系的性能几乎不受泵送速率影响，在各种泵送速率条件下均可以控制与碳酸盐岩表面的反应速率。与 15%HCl 及乳化酸相比，X-Tend™ 酸液体系在维持低黏度无聚合物特性的同时，表现出了与乳化酸相似的延迟特性。在墨西哥海上一个高温高压、天然裂缝型碳酸盐岩地层的油井，完井深度 262.74m，井底温度 157.8℃。泵送 X-Tend™ 酸液进行酸化，经过处理后，该井在稳定条件下生产，产量增加了 213t/d。

（2）生物酶破胶剂。

由于压裂液黏度通常较高，在压裂改造完成后需要利用破胶剂使残留在裂缝及裂缝周围基质中的压裂液破胶降黏，从而提高压裂液返排效率，降低残留压裂液对裂缝及储层基质的伤害。常规氧化剂型破胶剂能够在高温下快速破胶，但安全和环保问题是其短板。为了满足日益增加的安全及环保需求，贝克休斯公司研发了可替代常规破胶剂的生物酶破胶剂——耐高温 β－甘露聚糖酶，并进行了室内及现场试验，证明了利用生物酶破胶剂替代常规破胶剂的可行性及有效性。

新型耐高温 β－甘露聚糖酶是通过从极端温度环境下分离出来的酶进行改性得到的，试验证明其可在 pH 值 7~12 及 80~120℃条件下实现胍胶交联压裂液体系高效破胶，黏度降低率最高可达 90%，胍胶交联分子量从 1472000 降到 6000，现场试验证明，β－甘露聚糖酶比常规氧化剂型破胶剂更加有效。通过分析返排液中的胍胶残留物分子发现，使用常规破胶剂的井胍胶残留物分子比使用 β－甘露聚糖酶的井大 3~25 倍。从压后生产效果来看，使用 β－甘露聚糖酶的井压后初产效果普遍优于使用常规破胶剂的井。

（3）纳米复合树脂。

沙特阿美开发了一种纳米复合树脂，以提高支撑剂涂层强度和化学稳定性。采用树脂涂层后，砂的 API 抗压应力提高了 200%，而支撑剂的 API 长期电导率比未涂层砂提高了 41%。含有纳米增强材料和润湿性改进剂组合的纳米复合树脂涂层与无涂层砂相比，将支撑剂的 API 导电性又进一步提高了 100%。涂层中使用的纳米材料包含具有极高长径比的高比表面积纳米纤维。不同纳米粒子的协同效应通过提供一个阻挡流体在涂层中渗透的屏障，从而提高了涂层的抗化学性，将强度提到更高的水平。

通过在树脂覆膜砂（RCS）中引入纳米增强纤维和润湿性改进剂来提高支撑剂充填体的导电性能。对于纳米增强体，RCS 和纳米 RCS 的电导率分别比等效的 30/50 目无涂层砂高 130% 和 244%。对于 40/70 目砂，RCS 和纳米 RCS 的电导率分别比无涂层砂高 41% 和 100%。通过改变表面润湿性，测量到 40/70 目的 API 长期导电性比同等的 40/70 目的无涂层砂提高了 80%。

4）压裂监测及优化

（1）SmartFleet 裂缝监测系统。

哈里伯顿 SmartFleet 裂缝监测系统将智能化和可视化与多口测井数据相结合，利用井下诊断、实时测量和 3D 可视化功能，评估压裂性能，辅助控制裂缝位置，提高完井作业效率。

SmartFleet 包含三个主要组件：一次性光纤 ExpressFiber（见图 4–29）、地面光纤（从井口到拖车）和小型箱式拖车。一次性光纤通过泵送方式下入，可捕获裂缝延伸过程中的关键数据；地面光纤将井下 ExpressFiber 光纤传输的信号从井口引出，连接至地面上的数据采集和处理系统；小型箱式拖车内部配备了数据采集和处理硬件，接收从井下 ExpressFiber 传输上来的信号，并通过先进的算法和可视化技术，实时处理和分析采集到的应变率、微地震事件（位置、时间和强度）等关键参数，可在拖车内实时观察到裂缝的方位、延伸速率和几何形态等。

图 4-29　一次性光纤 ExpressFiber 现场部署

SmartFleet 特别适用于同步压裂（simul-frac）作业，通过分布式应变传感（DSS）技术监测 ExpressFiber 在轴向拉伸和压缩时产生的微小相位变化来检测应变率变化，识别出裂缝与监测井的相互作用；通过 DAS 技术将捕捉到的微地震声波转换为可分析信号，进而精确定位微地震事件，并用于裂缝成像和源机制反演。该系统还运用机器学习模型量化作业性能，实时评估流体分布、裂缝延伸、簇均匀性等，可基于反馈数据迅速优化压裂设计，及时调整压裂段长、射孔方案等，减少支撑剂泵送时间，提升压裂效率。

在美国北达科他州二叠纪盆地应用，借助 8 根光纤监测到 2 万多个微地震事件，绘制了 600 多个裂缝相互作用事件，辅助了解裂缝延伸速率和远场复杂性，并对裂缝性能影响提出了决策建议。帮助运营商提升了 30% 的簇均匀性，降低了 25% 的完井成本，实现了 20% 的产量提升。

（2）多级压裂光纤监测技术。

针对传统井筒的压裂监测技术需要在井筒内安装压力传感器，受经济与技术方面的制约，考虑光纤技术空间分辨率尚待提升的问题，为进一步提升压力测量精度，美国戴文能源公司（Devon Energy）于 2024 年 1 月提出了一种基于光纤技术监测多级压裂剖面的新方法，通过对提升压裂过程中压力的高精度监测，从而辅助提升多级压裂效率。

该技术使用光纤和 Raleigh 频移分布应变传感（Raleigh Frequency Shift Distributed Strain Sensing，RFS-DSS），通过纠正光纤深度偏移和压缩，使用扩展基础相关性为生产阶段的受损区间创建合成总应变曲线，其中受损区间是指产生压降区域，即生产波及区域。应变变化较大区域显示出较大的压降，而应变变化较小区域显示出较小的压降。建立生产期间横向总应变变化与 6 个离散测压点在生产前 6d 的压力变化的相关性，根据应变变化估算整个水平井的压力分布。该技术可以将光纤应变测量与储层传感测压器配对，从而获得负应变响应与压力之间的关系，调整储层排水时间，从而支持填充、再压裂和增产决策，提高油气采收率。该技术还可精确测量生产井在压裂和生产过程中的应变变化，可以监测到比低频分布声学传感更细微的应变变化，相比封装光纤 2m 的分辨率，RFS-DSS 的空间分辨率高达 20cm，能够更准确地测量小幅度应变率的变化。

目前，该技术已经在得克萨斯州的补充生产井（12H 井和 13H 井）、生产井（2H 井、4H 井、6H 井和 8H 井）、压裂井（3H 井和 5H 井）以及观测井（14H 井）应用。在井中安装了两种永久性光纤，第一种是封装在不锈钢护套和吸氢凝胶内的一根单模光纤和两根多模光纤的标准光纤包（见图 4-30），可以顺利使用；第二种是用于测量压力的实验性分布式压力和温度传感光纤（DPATS），但因在安装过程中失败而无法应用。在 5H 井中，通过第一种光纤监测了压裂生产阶段的总应变变化与 6 个压力传感器测量的压力变化之间的关系。

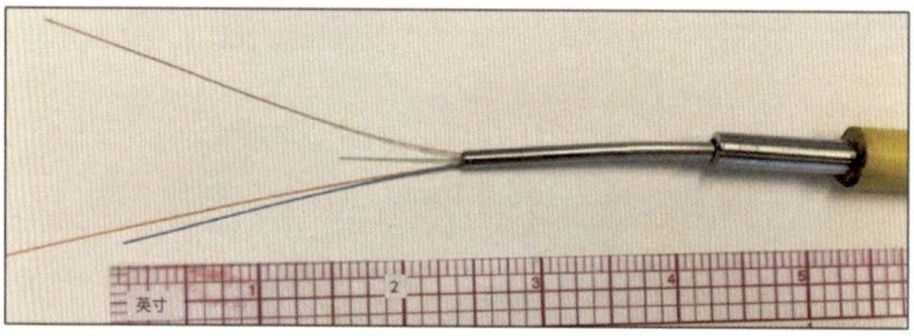

图 4-30　标准光纤包

4.3.3 发展展望

1）压裂装备与工具逐渐向模块化电驱化发展

压裂装备自动化与集成化日趋成熟，随着系列传感器配备，大幅提升了装备作业管控水平。近年来，在智能化技术发展驱动下，催生了大批电驱动、模块化压裂装备。继哈里伯顿全电动压裂系统推出后，Liberty Energy 公司又推出了可以融合电驱和混动的 DigiTechnologies 压裂系统，融合模块化撬装技术，不断通过配套设备、仪器及工具小型化、数字化，实现同功能模块的统一集成和无缝衔接，在实现高效协同作业的同时极大地降低作业成本、风险和能量损耗等，显著提升压裂作业的整体效能。未来，电驱及混合能源驱动压裂装备快速革新，同时不断强化高度自动化的砂液一体化设备集成设计、监测及控制，无线化、可视化、智能化将成为研究热点。

2）工艺技术及流体加速推动压裂向绿色高效和精细化发展

国际油服公司不断加大同步压裂、二氧化碳泡沫压裂、天然气泡沫压裂、微裂缝支撑技术等新型工艺的研发投入，在加速探索低排放工艺技术的同时，进一步通过技术创新精细化提升深层裂缝扩展能力、导流能力，从而极大地增加储层接触面积。新型聚合物、纳米材料等对压裂流体体系性能的改进创新，进一步提高了压裂效果。未来，全过程绿色低碳压裂技术和精细化压裂技术研发将成为研究热点，聚焦可降解环保压裂液体系、新型高效压裂工艺创新，全生命周期碳减排潜力研究及提高采收率技术研究力度逐渐加强。

3）压裂过程实时监测向智能决策快速推进

随着自动化、数字化技术的融合发展，压裂装备、工艺及作业过程的自动化监测逐渐发展成熟。伴随着具有先进传感、分析和决策能力的智能化技术的快速推进，压裂过程的实时监测及过程优化成为智能决策的关键。目前，哈里伯顿公司和美国戴文能源公司等基于光纤技术已形成可实现井下诊断、实时测量和 3D 可视化的裂缝监测及压裂效果评价系统，可实时辅助优化压裂作业过程。未来，将基于天然裂缝及应力场分布、缝网建造理论、裂缝均衡延伸调控等基础理论研究，探索新型高效测量、传输技术，基于人工智能算法，强化压裂作业参数优化算法研究，突破压裂效果精准动态监测及实时评估瓶颈，为智能决策提供有效支撑。

参考文献

[1] Liberty Energy. DigiTechnologies [EB/OL]. (2024-06-30). https://libertyenergy.com/technology/digitechnologies/.

[2] Liberty Energy. Prime [EB/OL]. (2024-06-30). https://libertyenergy.com/wp-content/uploads/2024/06/libertyEnergy-digiTechnologies-digiPrime.pdf.

[3] Liberty Energy. DigiTechnologies [EB/OL]. (2024-08-31). https://libertyenergy.com/wp-content/uploads/2024/08/libertyEnergy-digiTechnologies-digiFrac.pdf.

[4] Liberty Energy. DigiPower [EB/OL]. (2024-07-31). https://libertyenergy.com/wp-content/uploads/2024/07/digiPower-Liberty-Energy-LPI-Portable-Power-Generation.pdf.

[5] Liberty Energy. DigiWire [EB/OL]. (2024-06-30). https://libertyenergy.com/wp-content/uploads/2024/06/libertyEnergy-digiTechnologies-digiWire.pdf.

[6] Brandfolder. Smart CDN [EB/OL]. (2024-06-30). https://cdn.brandfolder.io/OUSGG99Q/as/hn4btcr7n9rvxmgcq4r5p5/Evo-RED_Bridge_Plug_-_H010742-DS.pdf.

[7] SLB. Simextra [EB/OL]. (2024-06-30). https://www.slb.com/ja-jp/resource-library/case-study-with-navigation/rpin/simextra-bahrain-cs.

[8] SLB. Retrievable bridge plug saves 4 days during wellhead changeout [EB/OL]. (2024-06-30). https://www.slb.com/ja-jp/resource.

[9] Halliburton. Stimulation [EB/OL]. (2024-06-30). https://www.halliburton.com/en/completions/stimulation.

[10] Jacobs T. New testing facility built to prove whether natural-gas foam is shale sector's next fracturing fluid [EB/OL]. (2024-06-30). https://jpt.spe.org/new-testing-facility-

built-to-prove-whether-natural-gas-foam-is-shale-sectors-next-fracturing-fluid.

[11] Halliburton. X-Tend® acid stimulation service increases production [EB/OL] .（2024-06-30）. https://www.halliburton.com/en/resources/x-tend-acid-stimulation-service-inceases-production.

[12] Owens K，Chittenden H. Using disposable fiber to monitor simul-frac stimulation fracture growth [J] . Journal of Petroleum Technology，2023，75（3）: 3850500. DOI : 10.2118/URTEC-3850500-MS.

[13] Carpenter C. Fiber-optics approach monitors drainage profile of multistage stimulation [J] . Journal of Petroleum Technology，2024，76（1）: 01240088. DOI : 10.2118/SPE-0124-0088-JPT.

[14] Galimov Y. A comprehensive workflow of friction pressure calibration improves decision making in critical fracturing operations in the Middle East [J] . SPE Journal，2023，28（4）: 223387. DOI : 10.2118/SPE-223387-MS.

[15] Dhulipala P. Environmentally preferable smart chemicals for the oil and gas industry [J] . IPTC Conference Proceedings，2022 : 20203. DOI : 10.2523/IPTC-20203-MS.

[16] Haque M H. Nano-composite resin coated proppant for hydraulic fracturing [J] . OTC Conference Proceedings，2023 : 29572. DOI : 10.4043/OTC-29572-MS.

4.4 新领域

4.4.1 宏观动向

1）国际石油公司低碳转型调整中坚定新能源业务布局

在当前多种能源并存的能源转型大背景下，油气能源必须在考虑经济性、可靠性、可持续性及安全性等情况下，考虑新能源融合。转型过程中，国际大型石油公司积极参与减碳与多元化能源结构调整，纷纷确定了油气业务和低碳新能源业务双向发展的战略，明确了 2050 年实现净零排放的目标，针对公司经营情况及能源结构发展态势，调整转型步伐。新能源业务从多元化探索逐步开始聚焦，以风、光发电为主，涉及生物质以及氢能、电动汽车充电桩等清洁能源供应与服务。壳牌《能源转型战略 2024》中指出，在维持其 2050 年净零目标的前提下，2023 年将下游业务与可再生能源和能源解决方案业务合并为下游和可再生能源部。Equinor 2015 年 5 月成立“新能源解决方案”部，将新能源业务正式提升到公司战略层面，2021 年更名为可再生能源部。TotalEnergies 2017 年成立天然气、可再生能源和电力部，2019 年组建 IGRP（综合天然气、可再生能源和电力一体化）部门，将天然气、可再生能源和电力部门，以及勘探与生产部门的上游天然气和液化天然气业务相结合。

2）储能成为从以化石能源为主向以清洁能源为主过渡的关键

碳中和能源系统中，储能作为能够平衡可再生能源波动性的关键角色，可提高能源利用效率，对于推动能源结构转型、实现碳中和目标具有重要意义。在我国储能产业发展方面，各省市全面提出了新建风光发电项目配储要求，山东按比例不低于 10%，时长不小于 2h 配建或租赁储能（制氢）设施；上海配置比例不低于 20%、时长在 4h 以上；浙江配置比例不低于 10%、时长在 2h 以上。油田企业的可再生能源发电装机容量也迅速增长，探索了在油气现有情况基础上，融合大型储能设备，以提高作业效率。2024 年，中国石油川庆钻探在陇东页岩油区块利用钻井遗留电网，配套大功率储能装置，开展了小容量电网 + 大功率储能组合供电电驱压裂的现场试验，在每段压裂间隙对压裂设备充电，保障在最短的停工时间内完成电驱压裂工作，保证了每天压裂 3 段的压裂施工效率；同年，中国石油川庆钻探开展了燃气发电 + 储能并网供电模式探索，压裂施工前燃气涡轮发电机组以最大功率给储能充电，电驱压裂时，燃气涡轮发电机组与储能并网供电，施工结束后，利用泵送桥塞间隙，燃气涡轮发电机组不停机持续给储能充电，发电效率提高 30%，极大地降低了综合用电成本。在燃气发电异常停电时，储能无缝切换持续给电驱压裂供电，防止电驱压裂设备全部停机，有效保障井筒安全。

3）节能减排与 CCUS 技术成为当前油气行业碳减排的主要手段

在碳中和背景下，通过装备工具及仪器的电气化、数字化发展，强化油气开发全过程的排放管控，双燃料钻机、网电钻机规模应用，锂电池混合动力系统、燃料电池、油气工程与新能源耦合技术等成为油气工程节能减排的重要手段。埃克森美孚通过电驱气体压缩机、电驱压裂机组等电气化作业，降低碳排放量，同时采用新能源电力为油田现场供电，2023 年为二叠盆地油气资产签订 475MW 长期绿电供电协议。国内油田也普遍采用以伴生气为主的用热结构和以外购电力为主的用电结构，降低碳排放量。同时在清洁能源的综合利用方面也逐步探索，主要通过地热高温井串接、换热工艺有效利用高温采出液。CCUS 技术在油气行业实现净零排放目标方面发挥重要作用。根据国际能源署（IEA）的预测，到 2050 年，CCUS 技术将贡献全球减排量的 15%，即约 2400 亿 tCO_2，主要应用于化石燃料相关的减排工作。截至 2024 年 7 月，全球范围内正在建设与实施的 CO_2–EOR 项目就有 100 个以上，总捕集能力达 4.2 亿 tCO_2/a，在建项目捕集能力相比 2023 年提高 57%。中国从 20 世纪 60 年代开始进行 CO_2–EOR 实验，累计驱油注入 CO_2 达 500 万 t，平均提高采收率的幅度约为 7.4%。截至 2023 年 9 月，中国 CCUS 示范项目 109 个，具备 600 万 t/a 的 CO_2 捕集能力和 400 万 t/a 的注入能力。预计到 2050 年，中国 CCUS 产业的产值将达到 3300 亿元。

4.4.2 新技术进展

1）地热工程技术

（1）传统油气工程移植技术。

美国国民油井华高公司（National Oilwell Varco，NOV）在地热资源开发领域应用传统成熟油气工程技术，探索极大降低钻井成本（目前约占项目开发成本的 50%）的配套工程技术。在井下温度控制技术方面，开发了隔热钻杆涂层 TK-340TC（见图 4-31），降低钻柱的传热速率，保持钻井液冷却，提高井下 BHA 及电子传感器的抗温能力。研发的 Tundra Max 闭环钻井液冷却系统，采用双板式热交换器和风冷技术，可对钻井液体连续冷却，在墨西哥高温储层一口 250℃测试井中应用，钻进了 5486m，钻井液温度低于 95℃。在井下工具方面，研发的 Vector 系列井下马达采用了新一代万向节，通过枢轴点的平面实现动力节的无缝扭矩传递，同时利用较短的钻头、高扭矩 / 高温动力节，实现更好的定向控制，提供高扭矩输出，延长了 BHA 使用寿命。Agitator ZP 系统结合了水力振荡器和扭转振荡工具，无须通过压力脉冲或额外的压降，在井下即可减小轴向摩擦力；PosiTrack 扭转振动缓解工具采用压力补偿伸缩结构，吸收由黏滑、高频扭转振荡、钻头过度啮合和钻压传递不一致引起的扭转振荡和振动，可以在控制 WOB 的同时吸收和减轻工具上下的扭转振动，额定工作温度 230℃；Phoenix 系列高性能 PDC 钻头（见图 4-32）针对地热井中常见的火成岩开发，配备了 ION+ 切削齿（见图 4-33），可承受高温环境，强化了切削深度控制，提高了井眼轨迹控制精度，降低了扭转振动的风险，在井底温度范围为 220~230℃的井中使用，钻进时间仅为 115.6h，较邻井缩短了 63%。

图 4-31　导热系数较低的 TK-340TC 钻杆涂层

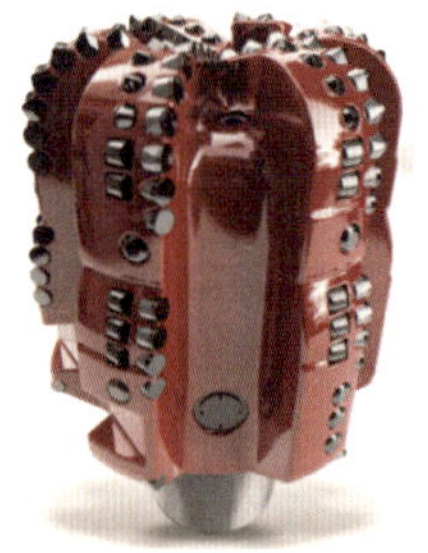

图 4-32　Phoenix PDC 钻头系列

图 4-33　ION+ 切削齿

斯伦贝谢基于地热资源开发特性研发了钻具、工作流体等系列钻井技术。在钻头方面，基于钻头与地层接触面的优化，形成了适用于高温环境的 ThermoBlade™ 系列钻头（见图 4–34），具有很强的热稳定性，延长了钻头的使用寿命，抗温可达 1000℃；StingBlade™ 系列钻头采用具有较厚金刚石切削面的 Stinger™ 锥形齿，强化点载荷，增强钻头攻击性，较标准 PDC 钻头钻速可提升 30%，进尺可增加 55%；Xplorer™ 系列牙轮钻头（见图 4–35）采用密封技术提升其抗高温性能，可在 277℃环境下，表现出优异的性能，一趟钻进尺可提升 33%。在钻井液方面，形成了环境友好型水基钻井液系列，包括 HydraGlayde、KLA-SHIELD、UltraDril Plushe、VeraTherm、UltraSorb Plus 页岩抑制剂等，应用过程中具有和油基钻井液同等性能。固井方面，为了确保地热井的长期稳定性，形成了 CemSTRESS™ 水泥应力分析软件，可同时形成 10 参数曲线，支持全面固井质量评估；FlexSTONE 固井技术基于 CemSTRESS™ 水泥应力分析软件，针对不同井定制化设计，强化水泥胶结，提高地热井全生命周期的稳定性；ThermaSTONE 热响应水泥浆体系，由波特兰水泥、硅颗粒、耐高温颗粒等制成，具有和套管一样的热膨胀特性，在蒸汽条件下具有很低的杨氏模量，可以采用标准的水泥浆设备施工。在 344℃下连续对比测试其压缩强度、拉升强度和杨氏模量 6 个月，与常规水泥强度的持续下降相比，该水泥浆体系没有发生变化。

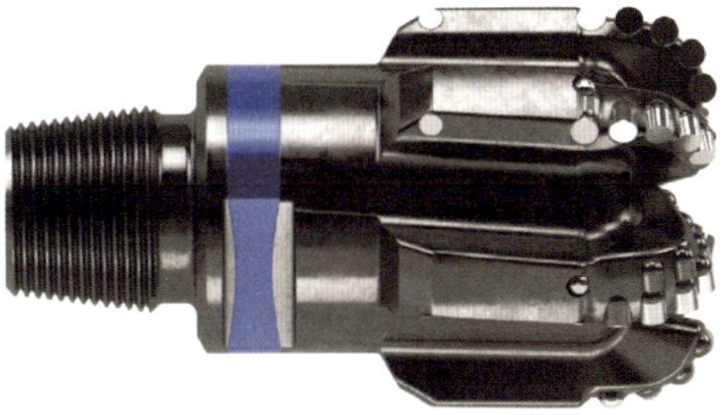

图 4–34　ThermoBlade™ 钻头

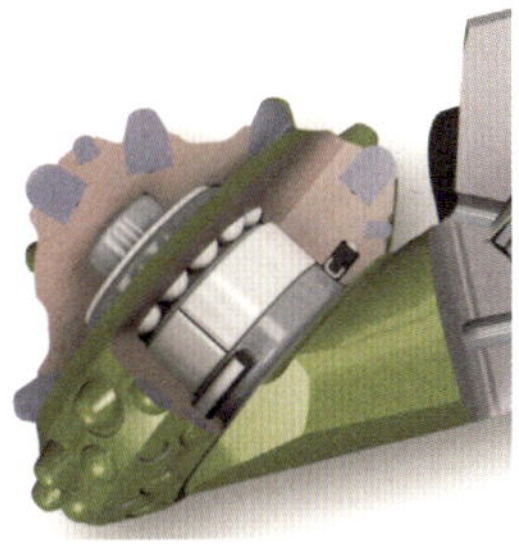

图 4–35　Xplorer™ 牙轮钻头高温密封结构

（2）XGS 能源公司混合地热系统。

美国 XGS 能源公司借鉴页岩分段压裂开发理念，提出了针对 250~300℃超热储层的混合地热系统（见图 4–36）。首先钻一口定向井，然后压裂形成水力裂缝，类似于树木的树根获取水分和养分。裂缝底部末端的地热储层温度高于井筒底部的温度，通过在水力裂缝中注入兼具高导热流体，流体通过对流将热量由裂缝输送到井筒，再通过双油管组成的热交换器将热能输送到地面。施工步骤如下。

钻井：在高温地热储层中钻 45° 稳斜段，目的是在井段上下形成温度差，使工作流体产生热虹吸效应，降低注入压力。

压裂：下入压裂管柱，进行裸眼压裂，采用传导性比花岗岩地层高 50 倍以上，但硬度又不高的金属支撑剂（如铝合金颗粒），形成相互连接的高传导性金属带，从裂缝末端一直延伸至井筒射孔眼。通过分布在缝网中的多条金属带为井筒传导供热，大幅增加井筒

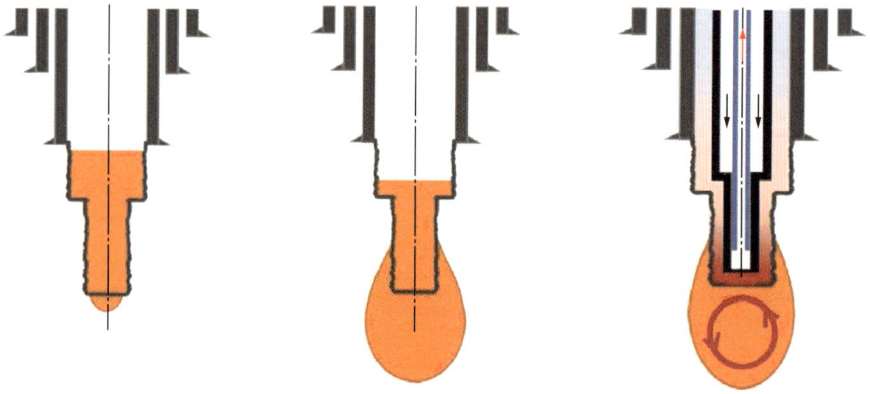

图 4–36　混合地热系统

与地层之间的热传导接触面积，提高热传导效率，实现高效传热。

固井：在稳斜段下入套管，采用高热传导性水泥顶替环空中的液体，进行套管固井，由于高传导性水泥环将来自金属带的热量传导至井筒。套管无须射孔，保证了井筒的完整性。

闭环注采：在稳斜段下入生产管柱，从井口由生产管柱 / 套管环空注入工作流体，在环空中加热后由生产管柱内部返回地面，生产管柱内外壁之间采用真空隔热材料，工作流体与地层并无任何流体交换。

XGS 能源公司目前已经完成融资，正在进行室内模拟导热材料在地热超高温下的传导试验，并将进行地下高温钻井原型试验。

2）储能工程技术

储能技术主体研发及应用集中于利用大型油气废弃设施及优质存储地质构造存储太阳能、风能等，从能源利用侧解决新能源并入电网的波动问题。

（1）大型废弃油气设施压缩空气储能技术。

挪威 Subsea 7 公司基于 Flasc 公司的液压气动储能（HPES）（见图 4–37），研究并开发了基于油气退役管道的能量存储系统 ROPES（见图 4–38），通过将加压海水与压缩空气相结合，把海水泵入封闭腔室中，对预充的固定体积惰性气体进行压缩，实现能量存储。该系统主要包括能量转换系统（ECU）、压力安全外壳（PCS）、水处理 / 过滤系统等。其中，ECU 则包括在充电期间将海水移入 PCS 的泵、在放电期间利用从 PCS 流出的加压海水发电的涡轮机、能量和存储管理的控制系统以及其他支持元件；PCS 主要利用现有的退役管道基础设施作为存储和产生能量所需的压力安全外壳；水处理 / 过滤系统主要利用紫外线辐射消除海水中可能导致 PCS 材料降解的有害颗粒。整个系统所需的支撑结构均可利用现有的海上平台。ROPES 系统可通过多种方式配置，并可根据现有基础设施布局进行优化。该系统在某油田利用两平台间 50km 长的管道，可实现海上风电强风和无风情况下的充放电自由切换，理论存储能量可达 36.5MW，节省了 1200 万美元系统安装成本，容量可扩展至 100MW · h 以上，使用寿命超过 30 年。

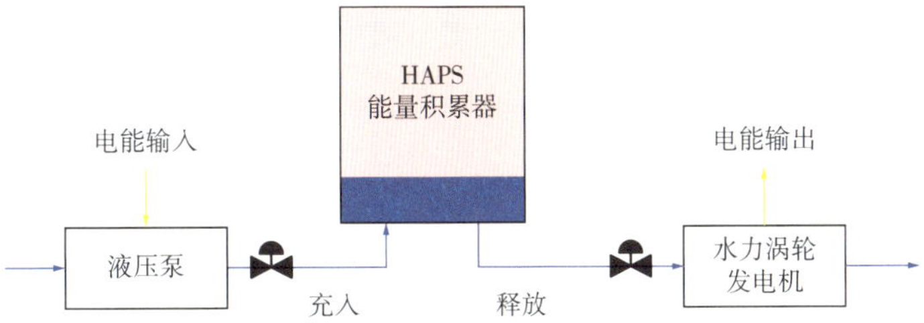

图 4-37 HPES 系统工作原理

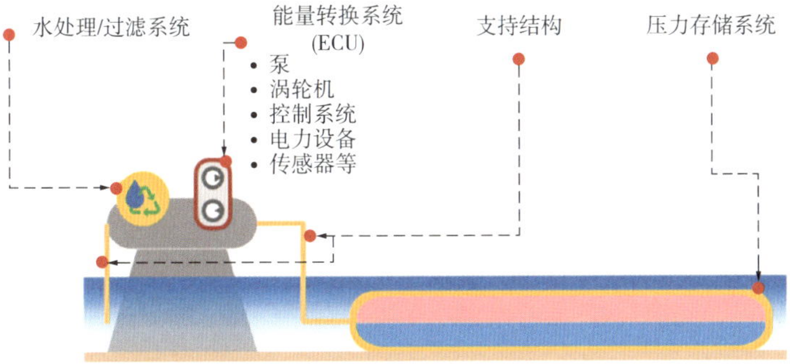

图 4-38 ROPES 的 HPES 系统配置

美国 Geo2Watts 公司提出废弃油气井热能存储系统，通过永久关停的废弃油气井，利用被封堵井现有的机械结构，填充相变材料或专有热交换器，构建热能存储装置，从而实现热能存储和提取，将油气井转变为热能存储系统（TES），构建井筒电池热能存储系统（图 4-39）。将太阳能集热器作为热源，将水加热至 175℃，然后将热水泵入闭环热交换器中，充注 TES，存储热能。在发电过程中，高压水循环流经 TES，循环收集热量，然后将其输送至有机朗肯循环（ORC）发电厂，从而通过热量驱动动力循环发电。目前，TES 及其热交换器的优化设计正在申请专利。当前设计套管直径为 177.8mm，首选具有优异的热物理性质（比热和传热系数）的水作为热量传输载体，将多层且厚的水泥环及地层作为有效隔热层，从而极大地降低热损耗，初步估计 10h 内的热损失仅为所存储热能的 1%。

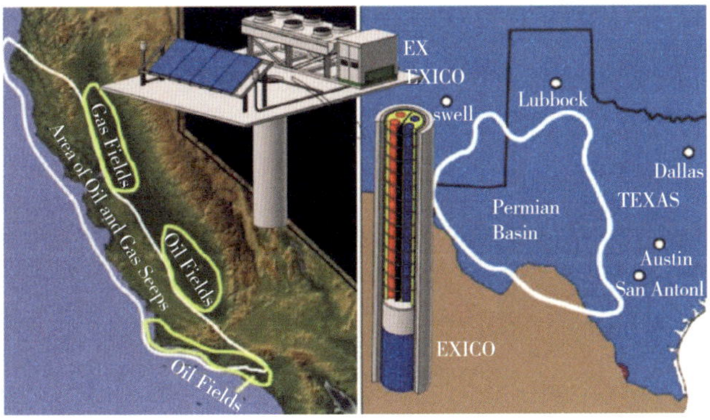

图 4-39 废弃油气井热能存储系统

（2）地质储能技术。

Sage Geosystems 公司提出地压地热系统（GGS），将太阳能、风能或其他形式的新能源转化为机械能，用于将水泵入专门建造的地下洞穴或储层加压储存。需要用电时，打开密封地下洞穴的阀门，将加压储存的水送回地面，驱动涡轮机发电。该系统通过建造地下洞穴或储层来储存水，实施过程类似于石油和天然气的水力压裂法，但规模和强度只有后者的 1/10。该系统不使用压缩机组，通过在地表以下数千米的岩石上建造垂直裂缝。然后利用太阳能、风能或地热发电厂多余的可再生能源，将水高压注入裂缝储存。该系统能以 75% 的效率将能量储存长达 10h，并能以 22.225kN 的压力喷射出直径为 228.6mm 的水流，使发电机涡轮转动。目前正在开展可能造成地下水污染和在地下形成“失控裂缝”等方面的风险研究。

加拿大 Hydrostor 公司提出了一种基于大型岩洞的压缩空气长时储能技术，利用压缩空气置换地下超过 300m 岩洞中的水并存储，用能时通过回注的地下水迫使空气上升，推动涡轮机发电（见图 4–40），该公司计划开发 2 个压缩空气储能项目，总装机容量达 0.9GW，占目前全球装机总容量的一半以上，系统设计寿命可达 50 年。

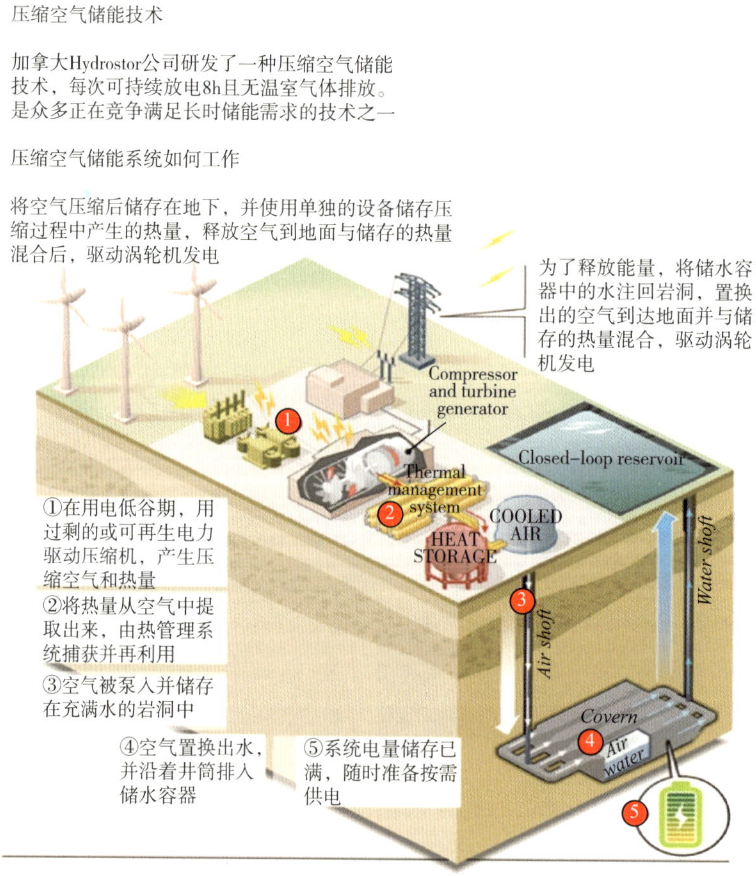

图 4–40　大型岩洞压缩空气储能系统工作流程

（3）多能融合技术。

伊朗伊斯兰自由大学研发了多能耦合压缩空气储能系统，主要由地热子系统、光热子系统、热泵子系统、发电子系统、储能子系统以及产氢子系统等 6 个子系统组成。系统运行过程中，先采用水作为换热工质从地下取热，至连通井口温度约为 45℃，再通过管式光伏集热器加热升温，集热器出口温度可达 150℃，再使高温高压饱和状态的水经热交换器将热量传递给朗肯循环进行发电，电力一部分用于电解水制氢，另一部分用于驱动压缩空气储能系统中的压缩机，以压缩空气的形式储存能量，用以调峰。用电时，压缩空气被输入燃气轮机，与电解水产生的氢气混合燃烧，推动燃气轮机发电，整个放气过程共可产生电量约 24.4MW・h。该系统经智能优化后的系统效率为 29.25%，单位运营时间的成本为 714.5 美元。目前，拟在中东光照较强的伊斯法罕、阿巴斯、马什哈德、塞姆南和赞扬等地区部署。

3）氢能开采与存储技术

利用油气地质构造中含有的剩余油气资源，通过高温催化裂化将甲烷转化为氢气的方法或通过地质构造空间存储制备氢气成为当前研发热点。

（1）页岩气藏微波辅助催化加热制氢技术。

美国得克萨斯理工大学在页岩气藏中使用微波辅助催化加热的方法，通过强化甲烷裂解转化为氢气，以碳化硅（SiC）作为微波受体，在输入功率 200W 时将页岩的温度快速升高到 700℃以上，通过铁和四氧化三铁催化，在 500℃和 600℃时，甲烷转化效率分别可达到 40.5% 和 100%。研究表明，页岩的存在更有利于甲烷在相对较低的温度下（低至 420℃）裂解，可将甲烷完全转化的温度降低 250℃。美国氢气资源公司基于不可开采的气藏转化为可用氢气的理念，以及甲烷转化氢气实验室研究结果得出，在 550℃流动反应器和燃烧管的实验条件下，甲烷的转化率达到了 40%。在 800℃条件下，甲烷的转化率升高到 70%，制氢成本仅为 0.1~0.5 美元 /kg。

（2）氢能地下存储技术。

Magnum Development（Magnum）、三菱动力（Mitsubishi Power）和 Haddington Ventures 合资创建的美国犹他州的巨型先进清洁能源储存项目 ACES，计划采用挪威公司 HydrogenPro 制造的 220MW 碱性电解槽装置，通过水和可再生能源每天生产多达 100t 的氢气，并储存在两个巨大的盐穴中，风能和太阳能发电量下降时稳定电网，储能容量达 300GW・h。同时，三菱公司研发了两台新型 M501JAC 燃气轮机，能够利用 30% 氢气和 70% 天然气的混合燃料发电，并逐步增加混合燃料的氢含量，有望在 2045 年实现 100% 的氢燃料发电，满足加利福尼亚州对无碳电力的要求。根据地质力学原理设计，每个盐穴的尺寸预计最大直径约为 66.88m，高度 364.8m。洞穴顶部的深度将在地表以下 1064~1246m，而洞穴底部的深度将在地表以下 1429~1611m。图 4-41 是 ACES 项目工厂和盐丘溶洞位置设计效果图。

ACES 项目的核心是氢能存储，按照 ACES 的评估，与不考虑氢长期储能的情况相比，电力成本可降低 20%。储氢周期性注采会导致气库内压力和应力变化，从而影响油井、储层、盖层和整个地下储存综合体的安全。为了最大限度地降低泄漏风险，必须做好储库压力和应力分析，优化注采作业，确保作业时储库内保留足够的缓冲气体。

图 4-41　ACES 项目工厂和盐丘溶洞位置设计效果图

4）CCUS 技术

（1）水平井 CO_2-EOR 技术。

CO_2-EOR 驱的关键在于对油藏内各种注采流体动态分布实现精准监测、跟踪和描述，从而采取相适应的注采井网动态调整优化措施。作业者通常采用直井布井方式以最大化立体多层系油藏的波及系数和采收率，随着水平井在常规和非常规油气田开发的广泛应用，在一些有条件的常规注水开发油田（多套薄层叠加、平面延展性好等），作业者从能量驱 / 水驱阶段即开始针对局部区块采用水平井开发，并一直延续到 CO_2-EOR 驱阶段。目前 CO_2-EOR 项目开发仍以直井为主，水平井用于局部补充挖潜，在部分地区也出现了 100% 水平注采井组。

Kinder Morgan 公司针对 SACROC 油田 Canyon 储层下部物性差而难以波及等难题，尝试布局水平注入井和水平生产井，采用多套膨胀式封隔器 + 可开关式滑套组成多个水平注入单元，实现沿 1500m 水平段注入剖面控制。通过滑套进行小规模酸压，采用 4.08t/min 排量、约 380m^3 15% HCl 胶凝酸液，形成沿水平井筒轴向扩展的多个垂直裂缝区，裂缝高度 15~30m，改善目标层位在多个注采井组的注入性和纵向波及系数。然后通过单个水平注入井同时对该深度的 4 个 5 点注采井组注入，取代多个直井注入。该注入井投产后的 4 个相关注采井组 3 年内在该层位实现日产油 136~272t、日产水 544~1224t。基于水平注入井的成功，该公司也在个别注采井组的边角区域试验了水平生产井，其水平段完井设计和理念与水平注入井一致，即通过水平井 + 高生产压差提高位于特定深度的高难度波及区的驱替效率。

针对加拿大 CO_2-EOR 开发的 Weyburn-Midale 油田礁滩相沉积环境，储层存在大量垂直天然裂缝、横向起伏交错分布，横向物性变化大等驱替管理问题，该油田开始采用水平井加密开发，采用上部储层水平井注 CO_2、下部储层直井注水的 CO_2+ 水驱同步分注的模式，逐渐将直井注入井转换为水气交替注入井。在水气交替注入阶段，将井组中央注水井弃井，用双水平分支水气交替注入井代替，在扩边新区块的外侧试验 100% 水平注采井组。同时利用数据采集动态管理油田 CO_2 注采，采用时移三维地震波成像、井筒光纤测温、产出液地球化学分析、岩心分析、油藏数值模拟等多种方法定量描述 CO_2 在储层内的分布和运移。截至 2023 年，全油田 1040 口井中超 50% 为水平井，累计产油 0.75×10^8t，采收率 36.6%，已实现 CO_2 埋存 4000×10^4t。

（2）CCS 技术。

艾奎诺正在与壳牌和道达尔合作，推进北极光 CCS 项目（见图 4-42），将从奥斯陆多个包括垃圾发电厂、水泥厂在内的工业气源捕集 CO_2，该项目 2019 年获得政府许可，目前船运接收码头等基础设施正在建设中，第一口 CO_2 注入井已于 2020 年完工，2022 年完成第二口注入井，两艘定制的液态 CO_2 专用运输船于 2024 年上半年交付，该项目计划于 2025 年投入运行，首批 CO_2 将从 Heidelberg Materials 公司位于 Brevik 的捕集设施中进行捕集、液化和临时储存。并将其运送到该项目的 Oygarden 陆上工厂，然后通过 110km 长的管道将其运送到北海海床下 2600m 处的海上封存点进行永久封存。运行后该项目将成为欧洲的旗舰 CCS 项目，年注入量 150×10^4t CO_2。根据挪威国家 CCS 研究机构 Gassnova 的计算，该项目预测碳足迹为 5%~10%，即项目本身将产生相当于 5%~10% 封存量的 CO_2。同时，Northern Light CCS 项目即将开展第二期扩建，将 CO_2 运输和封存能力从每年 150×10^4t 提高到每年 500×10^4t。

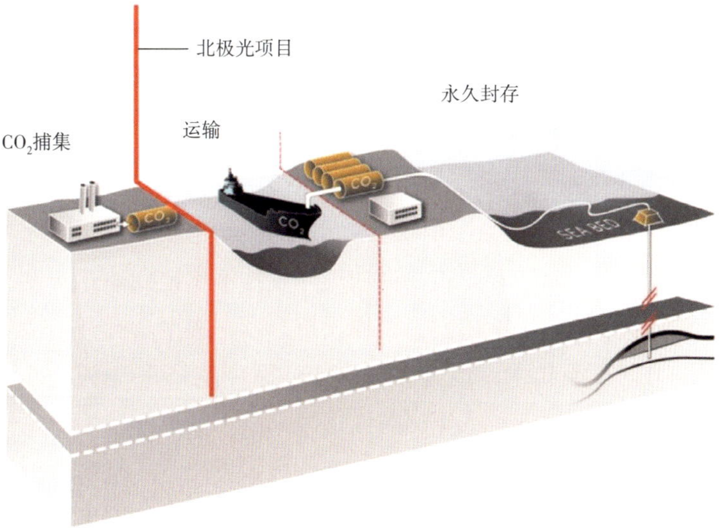

图 4-42　挪威北极光 CCS 项目

5）油气工程全过程节能减排技术

（1）钻井用电池储能技术。

美国石油天然气公司 Caterpillar 研发了混合储能解决方案 Cat，以帮助钻井商降低燃料消耗、降低成本，并减轻钻井作业过程对环境的影响。该技术利用电网稳定系统（PGS）与燃气发电机相结合，用智能发动机管理系统（EMS）远程监控钻机需求和发动机负载，根据钻机的电力需求，EMS 会自动打开或关闭引擎，并可兼容多种可再生能源（太阳能和风能），提供 1000~1260kW 的额定功率；利用双向储能逆变器（BDP）集成控制装置可控制储能系统的频率和电压，从而在高瞬态负载下实现高质量电能充电和放电；利用微电网主控制器（MMC）能够监测和控制光伏面板逆变器、储能和发电机组的整个电力基础设施。Cat 能利用重型电池承担钻机所需的高瞬态负载，使燃气发电机及时响应并稳定运行，实现超过柴油发电机的瞬态性能。Cat 的混合动力解决方案可以减少 30% 的天然气燃料成本、85% 的柴油燃料成本，降低 85% 的氮氧化物排放量。

（2）钻井装备电气化技术。

斯伦贝谢研发了电动防喷器，利用电力驱动机构替代传统的液压驱动系统，由电动执行机构、控制系统以及防喷器本体三部分构成。电动执行机构通过电机、齿轮箱及滚珠丝杠等部件，将旋转运动转换为直线运动，从而产生足够的剪切力和密封力。与液压防喷器的阀盖设计相比，电动防喷器更为简单，降低了系统的复杂性和故障率。控制系统负责接收指令、控制电机的启停和转速，以及监测防喷器的运行状态。防喷器本体则保留了传统防喷器的基本结构，包括剪切闸板、密封闸板等部件。本书在实验室环境中，对电动防喷器进行了不同转速下的剪切测试，并对比了初始特征曲线与循环和剪切测试后的曲线，结果表明，电动防喷器能够提供与传统液压防喷器相当的剪切力和密封性能，且响应时间更短，可大幅降低维护成本、缩短停机时间。

4.4.3 发展展望

1）干热岩地热开发工程技术创新仍然聚焦高效钻井及储层改造

干热岩和高温地热可否有所突破取决于高效钻井和储层改造技术能否取得实质性进展。在能源转型大背景下，油气行业正在将油气开发技术移植到地热开发，石油公司和油服公司纷纷加大了对多家地热开发初创公司的投资力度，多个具有开拓性的地热项目正在验证采用水平井 + 分段压裂技术，或者多分支闭环循环注采井筒等方式来形成地下热交换器的技术可行性，部分项目已经产生突破性进展。由于地热开发的特殊性，油气行业参与到下一代地热开发设计与实践中仍面临多方面的技术挑战。一是高热地热（150℃以上）对井下工具、套管和水泥固井质量、压裂液、复合桥塞密封件等提出了挑战。二是现有压裂技术要实现压裂的裂缝可控，同时能够形成足够大的裂缝体积，以增大工作流体与裂缝的接触面积。三是单井闭环循环地热开发系统对储层温度、工作液的热交换效率要求更高，需要开展数字模拟，并现场验证其可行性。

2）压缩空气长时储能技术推动油气新能源融合发展

压缩空气储能项目目前呈爆发式增长。我国已从 2022 年初投运的 182MW 迅速扩展至目前在建与规划装机容量 6115MW 的规模。根据各地的风光发电建设规划，自 2025 年起每年储能新开工总需求有望超过 10GW。长时储能技术成为能源领域能量存储的研究热点，能解决可再生能源波动性的问题，推动能源结构转型升级。目前储能技术集中于以压缩空气、水等作为主要储能介质，通过将各种波动能量（风能、太阳能、势能等）以压缩能的形式长时间存储于可承压设施 / 地质结构中，进而辅助调峰。压缩空气盐穴储能成为研发热点，其工程关键技术研发集中于高频注采工况下的盐腔稳定性密封性评价技术、适应大注采气量的井身结构优化技术、大口径压缩空气注采井关键配套装备、大口径盐层固井技术、盐层钻井液技术、盐穴沉渣层排卤扩容技术等。

3）大规模地下储氢配套技术将进入现场试验阶段

作为氢产业链的重要组成部分，地下储氢具有规模大、时效长、相对成本低等优点，单个储氢库能同时为多个终端市场提供能量 / 化工原料 / 燃料，可承担起地区级储能枢纽中心的任务。储氢周期性注采会导致气库内压力和应力变化，从而影响油井、储层、盖层和整个地下储存综合体的安全。为了最大限度地降低泄漏风险，必须做好储库压力和应力分析，优化注采作业，确保作业时储库内保留足够的缓冲气体。氢泄漏监测要综合实际需求和运营成本来建立全方位自动检测和预警系统。针对不同环境和测试需求，选用不同探测仪器。大规模地下氢储是能源转型和可再生能源有效应用不可或缺的一部分，为了更好更快建造大规模氢储设施，可以开展盐穴、地层、小规模封闭水层或废弃气田氢储试验和实践。

4）全产业链 CCS/CCUS 技术优化发展成为上游转型发展的重要方向

CCS/CCUS 项目成本高，执行难度大已成为推广 CCS/CCUS 项目的主要阻力，除了技术创新和改进，政府的支持力度对 CCS/CCUS 的推广至关重要。与油气开采技术相比，CCS/CCUS 技术仍处于早期阶段，需要在实践中不断优化。经过多年实践，以 CO_2–EOR 为代表的 CCUS 技术已经相对成熟。在碳减排运动驱动下，2020 年后全球新规划的碳减排项目以 CCS 为主要目标。CO_2 商业化应用的最大市场是提高油田采收率，目前北美 CO_2–EOR 开始探索在水平井中的应用，但仍然局限于特定场景，在有条件的地区，多与直井混合应用。水平井自身钻井和井筒生产控制技术相对复杂，再加上储层物性在水平方向的变化（渗透率、裂缝等），这些因素通常会导致水平井沿水平段注入或产出剖面的不一致性，给调驱管理带来新的挑战，因而水平井在注水和 CO_2–EOR 开发的应用也必须因地制宜，满足包括地质条件、工程技术掌握程度、施工条件、经济性等多种因素要求，在合适的条件下渐进推广。

参 考 文 献：

［1］Shell. Annual report and accounts［EB/OL］.［2025–03–01］. https：//www.shell.com.

［2］Equinor. Annual report 2024［EB/OL］.［2025–03–01］. https：//www.equinor.com.

［3］TotalEnergies. Sustainability & climate 2025 progress report［EB/OL］.［2025–03–01］. https：//totalenergies.com.

［4］全国电力设备管理网 . 全国 25 省（自治区、直辖市）新能源配置储能政策大汇总［EB/OL］.［2025–03–01］. http：//www.cpem.org.cn/list69/56545.html.

［5］张增年，刘东方，梁斌，等 . 储能系统在陇东页岩油电驱压裂中的探索与应用［J］. 中国设备工程，2025（2）：197–200.

［6］杨永钊，周进生，胡海文，等 . CCUS–EOR 产业的发展现状、经济效益与未来展望［J］. 中国矿业，2025，34（2）：190–203.

［7］NOV. Geothermal［EB/OL］.［2025–03–01］. https：//www.nov.com/–/media/nov/files/capabilities/geothermal–solutions/nov–geothermal–solutions–brochure.pdf.

［8］SLB. Thermoblade［EB/OL］.［2025–03–01］. https：//www.slb.com/–/media/feature/products/data–sheets/thermoblade_data_sheet.pdf.

［9］SLB. Milled tooth and TCI drill bits［EB/OL］.［2025–03–01］. https：//www.slb.com/–/media/files/smith/brochures/mt–tci–drill–bits–br.ashx.

［10］Wright B. ROPES offers an energy transition solution to pipeline decommissioning［J］. JPT，2024，74（8）：32–36.

［11］Wright B. Innovative approach Geo2Watts sees abandoned oil wells as future energy assets［J］. JPT，2024，76（8）：34–38.

［12］Baddour D. How a technology similar to fracking can store renewable energy underground without lithium batteries［EB/OL］.［2025–03–01］. https：//insideclimatenews.org/news/27082024/renewable–energy–underground–storage–technology.

［13］Yan K. Energy efficiency，techno–economic viability，and life cycle assessment of in–situ hydrogen production from natural gas reservoirs using electromagnetic heating［J］. SPE Journal，2024：210–292.

［14］Kinder Morgan. 2024 proxy statement［EB/OL］.［2025–03–01］. https：//s24.q4cdn.com/126708163/files/doc_financials/2023/ar/kinder–morgan–inc–notice–and–proxy–statement–for–2024.pdf.

［15］White Cap. 2023 sustainability report［EB/OL］.［2025–03–01］. https：//filecache.

investorroom.com/mr5ir_whitecap/1260/White%20Cap%20Sustainability%20Report%20 2023_Final.pdf.

[16] Equinor. Northern lights [EB/OL] . [2025-03-01] . https：//www.equinor.com/energy/northern-lights.

[17] World Oil. Caterpillar Oil & Gas announces new CCV system to reduce engine methane emissions up to 20% [EB/OL] . [2025-03-01] . https：//www.worldoil.com/news/2024/xx/xx/caterpillar-ccv-system.

[18] Presley J. High-pressure separation：new technology in the subsea toolbox [J] . JPT，2024，76（1）：30-35.

4.5　数智化

4.5.1　宏观动向

1）数字化转型助力降本增效

据睿咨得能源公司预测，2023—2030 年，数字化每年可为石油和天然气行业节省至少 1300 亿美元的总资本和运营支出。到 2030 年，上游支出预算预计达 1116.4 亿美元，行业通过加强数据分析、人工智能和物联网应用，可减少 160.6 亿美元开支。数字化已推进多年，新冠肺炎疫情加速了企业对新型数字化解决方案的采用，以维持运营。石油公司和油服公司宣布加大对数字技术的投资，提升业务表现、安全性、环保水平，并优化成本，保持竞争优势。数字化应用包括无人机巡检、钻井自动化、实时数据分析与机器学习优化钻井效率、预测性维护降低成本、远程钻井操作减少现场人员需求等，以达到提高作业效率、降低运营成本并提升效益的目的。

2）人工智能成为智能化转型的主要手段

随着企业寻求优化运营并在市场中保持竞争力，全球能源供应链的重组加速了先进技术的采用，据 Mordor Intelligence 市场研究公司预测，2025 年石油和天然气市场人工智能规模估计为 35.4 亿美元，预计到 2030 年将达到 64 亿美元，复合年增长率为 12.61%，企业正加快整合行业专业知识与 AI 技术，推动从传统操作模式向智能化转型，实现精准决策、最优生产和高效资源管理。阿布扎比国家石油公司通过部署 30 多种 AI 工具，创造 5 亿美元的价值，并减少约 100×10^4t 二氧化碳排放量。沙特阿美依托 7 万亿数据点训练 Aramco Metabrain AI 行业专属大模型，包含 2500 亿个参数，参与多项油气生产过程。C3

AI与壳牌合作，将预测性维护软件集成至可靠性管理系统，大幅增强设备运维能力，减少非计划停机。Corva LLC在Nabors Industries Ltd钻井平台部署AI程序，使人工操作指令减少5000条、钻井速度提高30%。

3）数字孪生技术促进效率提升与可持续发展

根据Astute Analytica市场研究公司的报告，全球石油和天然气行业的数字孪生市场规模预计将从2023年的1.096亿美元增长到2032年的9.121亿美元，年均增长率为26.54%。将人工智能和机器学习等先进技术与数字孪生相结合成为趋势，数字孪生通过实时数据收集、分析和模拟，创建动态反馈循环，利用预测分析来预防设备故障。新加坡Seatrium公司与新加坡海洋与近海技术中心（TCOMS）合作，使用数字孪生技术来提高FPSO平台的安全性和效率。这些平台计划在巴西Atapu和Sepia油田投入使用，目标是减少30%单位产量的温室气体排放。2024年9月，碧辟与美国软件公司Palantir Technologies合作将人工智能和数字孪生技术深度融入其运营体系，通过创建油气设施的数字孪生，实时监测和优化生产过程，提升决策效率和运营性能。壳牌公司创建现代化的连接生态系统，利用数字孪生技术加强从钻探和生产到财务和采购的全业务协作，通过提供共享的数据和平台打破信息孤岛，改善70个国家的14万名用户的决策过程。

4）边缘计算与云计算协同赋能高效运营

据Gminsights咨询公司预测，2024年全球石油和天然气云计算市场价值为27亿美元，预计2025—2034年的复合年增长率为7.3%。在全球石油和天然气领域，云计算主要由哈里伯顿、AVEVA和霍尼韦尔主导，占据了22%的市场份额。哈里伯顿公司推出了基于云的iEnergy®数字平台，通过边云协同技术优化石油和天然气的勘探和生产流程。AVEVA提供了融合边缘计算和云计算的工业软件解决方案AVEVA Edge，支持在边缘设备上进行数据采集和初步处理，然后将数据传输至云端进行深度分析和存储，实现了边云协同的架构，帮助企业优化运营和维护策略。2024年8月，斯伦贝谢与网络安全提供商Palo Alto Networks合作，加强石油和天然气行业的网络安全。双方将结合斯伦贝谢的云和边缘技术以及在能源行业的专业知识，与Palo Alto Networks的跨行业平台型网络安全解决方案相结合，以增强行业的安全性。

5）机器人与自动化技术方案提升运营与安全

据Gminsights咨询公司预测，2024年全球石油和天然气机器人市场规模为16亿美元，预计2025—2034年复合年增长率为9.9%，市场扩张受到运营安全、预测性维护以及自主解决方案等因素影响，将机器人市场分为遥控机器人（ROV）、无人机（UAV）、检查机器人、维护机器人等。2024年11月，ANYbotics与斯伦贝谢合作为行业提供尖端机器人解决方案，协助操作员进行检查、预测性维护和满足安全法规。斯伦贝谢在2024年6月推出了SLB Remote Inspection Robots——集成机器人技术、传感器和人工智能的软件系统——能够在油气平台和远程设施中进行自动化检查，提供实时数据分析并减少停机时间。

4.5.2 新技术进展

1）人工智能技术

（1）斯伦贝谢 Lumi™ 数据和 AI 平台。

AI 技术在石油工程中的应用不断加深，并在多个领域取得显著成效。斯伦贝谢推出了 Lumi™ 数据和 AI 平台，通过生成式 AI 与开放数据架构，解决了油气行业数据孤岛、协作效率低下的问题。Lumi™ 基于 Open Group 的 OSDU® 标准整合多源数据，实现跨地质、地球物理和工程领域的实时协作。其生成式 AI 技术基于大规模语言模型（LLMS）和深度学习算法，能够快速分析非结构化数据，生成高精度报告和优化建议，同时通过动态学习机制持续改进模型效果。Lumi™ 支持实时反馈和多种部署方式（云端和本地），为用户提供保护数据隐私的统一界面，从而实现智能决策支持（见图 4-43）。Lumi™ 主要包括数据基础模块、AI 生命周期管理模块、跨领域协作模块、开放生态系统模块、安全与合规模块。其中，数据基础模块提供高质量的数据基础设施，支持地下、地表、规划和运营等多领域的数据访问和管理，该模块基于最新的行业标准构建，确保数据的标准化和互操作性；AI 生命周期管理模块涵盖从模型构建、部署到实时监控的完整 AI 生命周期管理，该模块集成了斯伦贝谢的最新大型语言模型以及经过行业优化的专业模型，支持用户创建符合行业需求的 AI 驱动工作流程；跨领域协作模块促进不同领域团队之间的协作，确保数据在各应用中的一致性和可追溯性，支持数据的上下文处理，维护数据信息，提升团队协作效率；开放生态系统模块通过与合作伙伴的技术整合，提供多样化的模型和应用，满足用户的多元化需求，该模块采用开放架构，使用标准和开放协议（如 OSDU® 技术标准），实现数据的无缝集成和共享；安全与合规模块遵循美国国家标准与技术研究院（NIST）的网络安全标准以及新兴的 AI 标准和法规，确保数据和 AI 应用的安全性和合规性。斯伦贝谢 Lumi™ 数据和 AI 平台通过其强大的数据整合、清洗、维护功能，以及先进的 AI 工具和模型，能够显著提高数据的利用率。该平台已经在北海、北非、黑海、中东、亚洲等地区应用，在 TotalEnergies 项目中生成的储层分布模型能帮助科学家快速识别油气高潜力区域，显著减少勘探时间；在 SierraCol Energy 项目中构建统一数据平台并生成优化生产策略，提高了作业效率并缩短了决策周期。

（2）基于 AI 的数据分析系统。

随着数字化、智能化技术在油气行业的不断渗透，为了提升运营效率、保障作业安全，全球能源领域巨头 Repsol 开发了基于 AI 的数据分析系统 InWell.ai，通过整合实时数据、机器学习算法与高级分析技术，为油气井施工作业提供精准的性能预测、实时操作建议及持续优化策略。该系统主要针对钻井、洗井、扩眼、起下钻和连接等不同作业场景，利用不同的机器学习算法，通过竞争机制，对比模型预测结果与实际钻井数据，优选并推

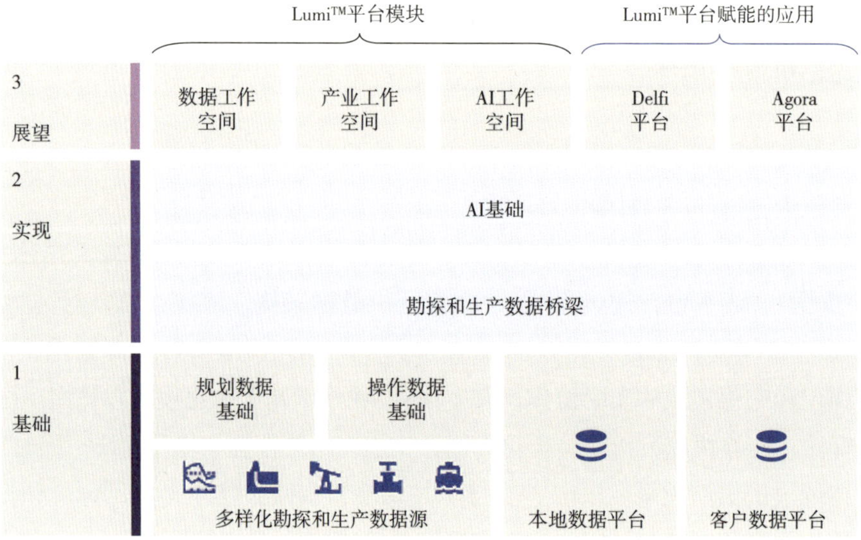

图 4-43 Lumi™ 平台的数据和人工智能选项

荐最佳参数组合，实现钻井参数优化，提高机械钻速（ROP）。其中，利用基于邻井的算法（Offset Well-Based Algorithm），训练当前地层中邻井的作业历史及性能数据，从已有成功案例中学习有效策略，以针对当前井筒条件下的最佳钻进参数进行预测与优化；层间算法（Inter-Formation Algorithm）则基于钻头刚钻进 100m 的数据进行模型训练，优化复杂地层切换过程中的钻井参数，从而实现平稳过渡和高效钻进；特定地层算法（Formation-Specific Algorithm）主要针对长水平段钻进过程，基于当前钻遇地层的岩石类型、硬度、孔隙度等数据，通过深入分析地层数据与钻井工程参数之间的关系，动态调整钻井作业参数，最大限度提高钻进效率，同时延长井下工具使用寿命。系统内集成的活动识别引擎（Activity Recognition Engine），通过条件逻辑分析，实时监测并解析现场的振动、扭矩、压力等数据流，识别钻进、起下钻、扩眼等当前钻井作业阶段，并自动激活相应的优化模块，从而保证各模块间的无缝衔接，针对特定作业场景提供实时定制化建议，整个过程仅需要 5s（从数据处理到定制化建议显示）。该系统还具有井下事故预警功能，通过 AI 技术可识别引发井下隐患的异常，并可对不同作业环境警报进行优先级排序，同时在触发警报时，提供具体的作业建议，确保所有操作均符合行业规范与企业标准。目前，该系统已在西班牙、秘鲁和巴西等地的陆上和海上作业中成功应用，应用钻进总深度已超过 1×10^6m，辅助 ROP 总体提升 10%~15%，有效缩短了因卡钻和井眼清洗等造成的非生产时间（NPT）。

（3）AI Cloud 钻机自动化平台。

AI Driller 成立于 2019 年，其开发的 AI Cloud 钻机自动化平台，配套了人工智能和机器学习的钻井数据处理技术以及实时自动化的传统自动钻机，将油井数据存储至云端，进行钻井活动分析和监控，同时为工程师提供历史数据，基于物理建模将钻井工程师的重复性工作自动化，确保精准作业决策。AI Cloud 自带的用于螺杆钻具的软件程序包括钻井泵管理程序 AI Motors、定向早期防碰风险预警 AI Alert、旋转和自动化辅助系统 AI Assistants，以及 2023 年启动的最新的涵盖定向设计、扭矩、水力模型等桌面软件 AI Spaces，基于可通过已钻井数据校准的物理模型，预测新钻井的最佳轨迹。

AI Spaces 提供集成式数据浏览器（Data Browser），支持多格式数据（EDM 文件）的导入与导出，实现历史定向数据、工程报告及钻井计划的统一管理，减少多平台间切换所带来的操作负担。内置的高级定向工具配备沉浸式 3D 可视化界面、自动轨迹投影及目标线管理功能，能够在地质变化发生时提供快速响应支持，提升轨迹设计的效率与精度。

在作业管理方面，“作业空间”（Job Space）模块集中处理钻井全过程中的报告生成与资产管理，涵盖井下钻具组合（BHA）、库存状态、运输记录等内容，有效简化报告流程，确保作业数据的完整性与可追溯性。“工程空间”（Engineering Space）模块集成多种基于物理建模的分析工具，可用于对钻井过程中的水力特性、扭矩与拖曳等力学行为进行预测与模拟，并结合历史井数据进行模型校准，提升模拟精度，为井眼轨迹规划与工程参数优化提供可靠支撑。

AI Spaces 已被加拿大某运营商用于优化复杂水平井的下套管作业，实时监测每口井的摩擦系数、钩载和扭矩，通过历史数据校准的摩擦模型，建议在下套管前将摩擦系数控制在 0.2 以下，可有效降低卡阻风险并提升作业成功率。

（4）Gen AI 技术。

虽然新一代技术仍处于概念验证阶段，但一些公司已开始推出一些商业系统，Lucidworks 自 2007 年以来已为多个行业提供机器学习模型，近期在其 Fusion AI 平台中添加了针对 Gen AI 和大型语言模型的集成功能，可实现对来自任何数据源记录的索引和存储，且仅使用了现有机器学习模型和工作流程，同时利用开源搜索引擎 Apache Solr 和开源分析引擎 Apache Spark，每秒可处理数千个并发用户的查询，已在金融、医疗保健和零售领域广泛应用，目前尚未在油气领域部署，还需要进一步确保准确、安全和私密等性能保障。

对于石油和天然气领域来说，Gen AI 可以帮助油气公司优化油田开发，如油藏识别和建模等。对于运营时间长达数十年的大型勘探开发公司来说，内部数据库通常高度分散、孤立且无组织，如数据访问时间过长、标记不统一、经验数据只有少部分专家掌握等，因此工程师们无法使用传统的搜索应用程序查找和访问正确的信息。Gen AI 平台可以提高该类型工作效率，实现快速准确的信息检索。Lucidworks 的 Fusion 平台在保障信息安全的前提下，可实现光学字符识别（将文本图像转换为机器可读格式的过程），并根据文档内容相关性进行分类，以最优的渠道查找地震数据、油井报告、工程报告等信息。由于大型语言模型的响应具有不确定性和多样性，可能无法实现期望结果，因此，Lucidworks 通过一种自然语言处理技术 Guardrails，构建了具有明确目的的链接提示库，向自然语言处理模型提供一系列提示，指导其产生所需的响应，辅助标准化用户场景，如询问某地区的地质情况，就可以设置问题回答的边界，确保信息的标准化输出。Gen AI 在不断引领技术创新，2023 年推出的 Amazon Bedrock，已有超过 10000 个组织应用该服务，可以更轻松地搜索历史和实时数据。该平台主要通过云服务使公司能够通过应用程序编程接口访问其他人工智能公司，进而安全地评估和应用其数据来构建自己的生成式人工智能应用程序；基础模型是大规模数据预训练的大型机器学习模型，Amazon Bedrock 使用检索增强生成，将基础模型连接至额外的知识库，实现精准响应。目前，该技术正在进入油气领域。

2）数字孪生技术

多家油气公司在数字孪生技术应用方面取得了重要突破。挪威 eDrilling AS 公司开发了一种基于数字孪生和人工智能技术的钻井自动化决策系统（见图 4–44），以实现钻井作业实时监控和钻井参数自动优化。该系统集成了水力、热动力和机械模型准确复制钻井过程，创建了全面的钻井数字孪生模型；为了确保模型精度，应用自主开发的自动校准方法，基于实时数据，微调数字孪生模型；采用基于人工智能的模型推理技术，对比数字孪生的理想与实时钻井数据，自动检测出早期潜在漏失、井眼清洁不良、卡钻等钻井风险，同时可主动干预降低风险。此外，该系统可实时优化流量、转速、机械钻速、起下钻速度等钻井参数，为钻井技术人员提供前瞻性建议。该技术在某井应用，钻井过程中斜向器进入 Φ244.5mm 尾管后，系统在井深 3642m 处监测到激动压力升高，尾管下入过程中测量到的立压与数字孪生模型模拟立压相比有所下降，到达 3678m 触发了自动警报，钻台人员检查发现节流短节发生泄漏，系统根据模型的当量循环密度降低了钻速，避免了严重漏失的发生。

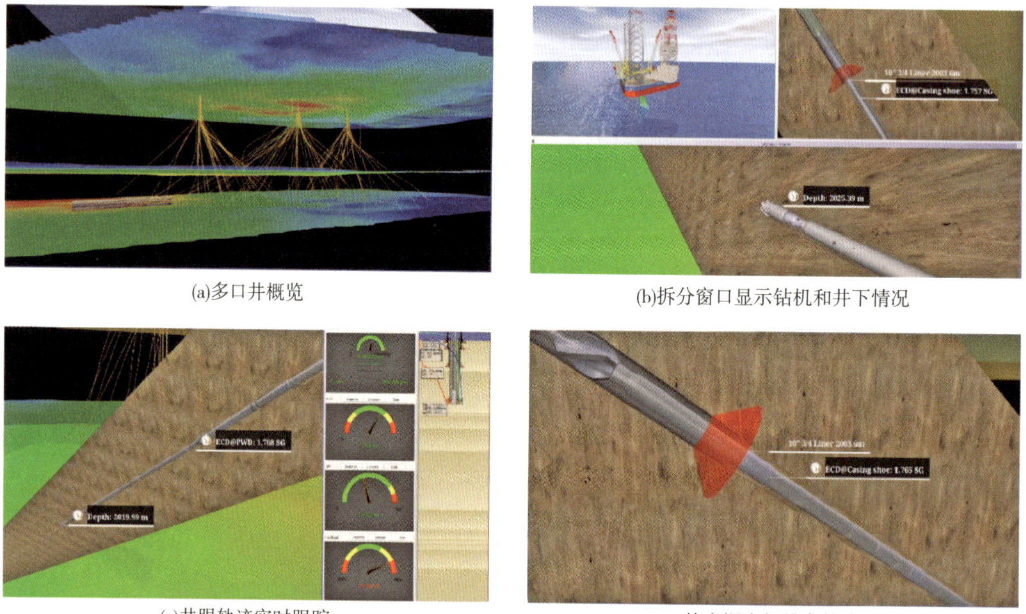

(a)多口井概览　(b)拆分窗口显示钻机和井下情况

(c)井眼轨迹实时跟踪　(d)特定深度相关参数检查

图 4–44　eDrilling AS 公司的钻井自动化决策系统 3D 可视化模块

WellsX 公司于 2017 年成立后研发了钻井作业数字化解决方案 ECO，将物理建模与物联网相结合，可实时预测井下风险，根据需求灵活配置系统，同时可以在监控模式或全自动模式下运行。2023 年 6 月，ECO 系统在陆上和海上成功实施后，获得了中东一家大型国家石油公司的部署批准。ECO 系统由钻井设计、数字孪生构建、数据分析 3 部分组成。其中，钻井设计部分涵盖井眼轨迹设计、钻头水力计算等，通过钻柱参数、摩擦系数、流变性、钻井液密度等参数，实现钻前所有作业的机械和液压负载预估，优化钻头配置，最大化钻进效率；井眼数字孪生构建部分包括数字孪生、实时分析、预测分析、自动报告等，利用地面和井下传感器实时测量钻柱参数、钻井液密度、流变性和温度、钻井液性能、摩擦系数、井眼剖面等信息，校准数字孪生井，实现参数单界面可视化，辅助作业人员优化实际操作；预测趋势偏差分析模块（见图 4–45）与流体力学分析相结合，可预测建井过程中的流体增加和损失、卡钻、修井等情况，提供潜在风险警报，辅助用户进行作业决策。2023 年，该技术在俄罗斯伏尔加乌拉尔地区的定向作业中应用，成功预测分析了井眼完整性，并对卡钻、扭曲、井径变大等井眼质量风险进行了预警，其定向井平均施工时间减少了 16%，侧钻井平均施工时间减少了 20%。

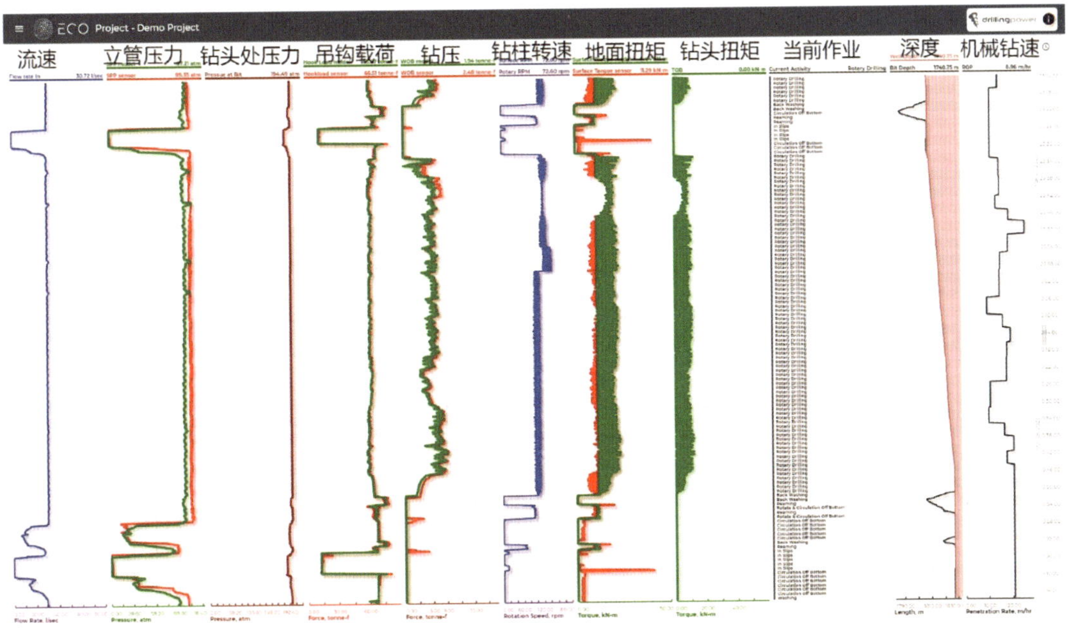

图 4–45　ECO 系统的预测趋势偏差分析模块中的井数据对比

Aker BP 与哈里伯顿公司合作开发了钻井井下数字孪生技术，以提升钻井效率。通过采用哈里伯顿公司的数字井程序，工程师可以从传统的电子表格数据分析转向 3D 可视化分析。该程序包括工厂模式和交互模式两种工作流程。前者通过自动模拟优化井眼轨迹和地质预测等，监测参数变化并发出提醒；后者则根据多种因素分析风险概率，优化实际施工中的钻压等参数，并提供参数变化的指示。Aker BP 研发了一款新的油田开发规划

（FDP）云应用程序，将手动整理油田数据的过程转为自动化的数字系统运行过程，从而优化井眼轨迹，最小化风险并实现生产目标。此外，Aker BP 还与多家公司合作构建了数据网格平台，该平台基于 OSDU 数据平台，可以实现石油和天然气运营中数据的标准化管理，使运营商和供应商无须重建代码就能轻松分析地下数据。

3）边缘计算与云计算协同技术

纳伯斯工业联合休斯敦软件开发公司 Corva 为钻井行业首创了闭环钻井自动化解决方案，采用基于人工智能的机械钻速（ROP）优化系统进行钻井预测，结合 SmartROS 钻机操作系统，通过云到云的无缝连接，远程控制钻井现场的自动司钻，而不需要任何额外的钻机设备。该方案利用机器学习分析邻井历史数据以确定最佳设定点，减少设备磨损和冲击振动；采用钻井深度动态变化数据监控实际钻井成本，可添加邻井和钻机，实时显示当前钻井深度及动态成本；通过屏幕跟踪技术实现钻井参数可视化，如日进尺、每米的成本等；利用闭环自动化每口井可减少 5000 次人机界面（HMI）交互。该方案还配套了智能钻井自动化产品、RigCLOUD 边缘基础设施、Corva 应用程序等，使现场和远程团队能够以新方式进行交互、分析和协作。该技术在威利斯顿盆地的 6 口井中应用，在设定的机械钻速目标范围内，优化钻压、转速和压差，实时分析钻井参数，并根据阈值推荐最优参数，通过与 SmartROS 集成，自动执行优化后的方案，从而实现连续优化控制。该技术在提高机械钻速的同时，延长了 6 口井的钻头寿命，平均机械钻速提高 61%。

4）机器人与自动化技术

石油和天然气行业在追求更快、更高效、更低成本钻井的同时，也在思考未来钻机的发展趋势。随着数字化技术的不断发展，云计算和数据分析软件不断优化钻井数据的收集与监控过程，自动化、数据决策等将会给未来钻机带来根本性改变。Nabors 公司推出了红区机器人（Red-Zone Robotics，RZR），应用机器人软件包、自动化控制和相关数据，利用云计算和数据分析软件，在钻机上执行钻井决策任务。RZR 钻台集成了多个关键部分，包括 iRacker® 三层管柱装卸系统、Torq-Matic（TM-100）扳手、Canrig Sigma 顶驱、自动动力猫道 3000、电动钻台臂以及自动化鼠洞卡瓦等（见图 4-46）。其中，iRacker® 负责管柱装卸，TM-100 扳手能够确保钻杆和其他关键部件的紧固并达到规定的扭矩标准；Sigma 顶驱直接为钻柱提供旋转扭矩和轴向拉力，同时完成钻柱的旋转、起下钻以及钻井液循环等多种功能；自动动力猫道 3000 具备精确的定位系统，能够迅速将钻杆等设备定位到指定位置，减少等待时间；电动钻台臂可以在钻井过程中执行搬运钻杆、钻铤等各种复杂的操作任务；自动化鼠洞卡瓦在鼠洞内自动支撑和固定钻杆或钻铤，减少人工操作风险。RZR 在作业过程中，主要依赖专有的 SmartROS 钻机操作系统，将不同软件模块化设计安装在现有钻机上，实现第三方设备控制，从而执行重复性任务，辅助提高作业效率；将传感器安装在井底钻具组合、钻柱及防喷器上，实现井下精准测量，利用先进机器学习算法，实现作业决策；采用电池储能系统存储天然气发电机产生的多余电量，利用微电网储存电力，实现钻机脱碳，从而减少现场碳排放。Nabors 公司利用 RZR 改装了现有的 X29 钻机，并在二叠纪盆地为埃克森美孚完成多口井的钻井作业。国际钻井承包商协会（IADC）数据显示，美国 48 个州通过安装 RZR，利用自动化避免了因猫道、管架、钻台或井架等造成的 64% 工伤事故的发生，避免人员进入红色区域。

图 4-46　Nabors 公司的 RZR 架构

4.5.3 发展展望

1）智能决策与全自动化技术加速推动产业无人化发展

智能决策和全自动化运营将成为油气行业未来发展的重要驱动力。未来，油气行业将通过 AI、大数据、物联网等先进技术的集成，实现生产全过程的智能化管理与自动化控制。智能决策系统将使油气开采过程中的资源调度、生产监控、设备管理等环节更加高效和精准，从而大幅降低生产成本并提升资源利用率。在此基础上，自动化设备和无人化作业平台将广泛应用于油气工程的各个环节，极大提升生产效率和安全性。通过远程控制与智能化调度，能够实现 24h 不间断的高效生产，避免人工干预带来的误差和风险，确保生产的稳定性与持续性。此外，结合自学习和智能优化算法，油气行业还将不断提升设备和生产流程的自动化水平，推动全行业向无人化、智能化、高效化发展。

2）虚拟训练及风险应急响应持续保障安全高效作业

虚拟训练与应急响应技术在提升安全管理和应急处理能力方面发挥着日益重要的作用。通过虚拟现实和仿真技术，油气企业可以为员工提供高度逼真的培训环境，使其在面对危险和突发事件时能够迅速做出反应。这种训练方式不仅减少了现场操作风险，还能模拟各种紧急情况，帮助员工熟悉应急操作流程并提高处理效率。与此同时，结合人工智能和大数据分析，虚拟应急响应系统能够实时监控生产过程中的潜在风险，并在发生异常时自动发出警报并提供应对方案。这些技术的结合不仅显著提高了应急处理的速度和准确性，也大幅提升了油气工程整体的安全管理水平。通过持续优化和完善虚拟训练与应急响应体系，油气工程将在保障生产安全、应对突发事件方面取得更高的效率与成效。

3）全过程智能运行监测与优化将大幅降低设备运维成本并缩短停机时间

油气生产规模的扩大和设备复杂性的提升，促使智能检测与自主修复技术升级，以降低油气设备运维成本并缩短停机时间。未来，油气设备将通过嵌入式传感器和实时监控系统实现全天候、自动化的健康状态监测。通过人工智能和大数据分析，设备的潜在故障将被提前预测，并通过远程诊断系统提供优化修复方案。这种智能化的检测和修复技术能够显著减少人工巡检和维修工作，提高维护效率。智能检测系统可以实时收集设备的运行数据，如温度、压力、振动等，利用机器学习算法进行数据分析，及时识别异常情况并预测可能出现的故障。自主修复技术将使设备能够在故障初期进行自主修复或调整，从而避免长时间的停机等待。通过智能检测与自主修复技术，设备的整体运行效率得到提升，同时运维成本也得以大幅降低。智能检测与自主修复的结合将推动油气生产向更加高效、持续和智能化发展，确保设备在最佳状态下长期稳定运行。

4）AI4S 聚焦精准作业决策，资源配置优化

人工智能与深度学习技术在科学研究中的应用正日益深化，推动多个领域迈向智能化与高效化。AI4S 作为新兴交叉学科，正在成为促进科学研究和技术创新的重要驱动力。在油气行业，AI 技术在油气工程各个环节展现出巨大潜力，为传统流程赋能，提高决策精准度，优化资源配置。AI 通过集成物理模型和数据驱动模型，提供更精确的产量预测和井位优化策略。强化学习可用于动态调整注水开发方案，提高采收率；机器学习算法可分析历史生产数据，预测设备故障，实现预测性维护，减少非计划性停机时间。智能优化算法能够在多变量约束下优化钻井参数，减少钻井事故，提高钻井效率。在油气资产管理和风险控制方面，AI 结合大数据分析，可对项目的经济性进行实时评估，优化投资决策，减少不确定性。自动化分析系统可减少人为介入，提高运营效率，同时降低环境和安全风险。AI 还可在 CCUS 技术中发挥作用，优化碳排放监测和存储策略，助力行业向低碳发展转型。

参 考 文 献

[1] Carpenter，C. AI-based system automates textual classification of daily drilling reports [J]. Journal of Petroleum Technology，2024，76（02）：55-57.

[2] Cao J，Nabavi J，Oedegaard S I. drilling advisory automation with digital twin and AI technologies [C]. SPE/IADC Drilling Conference and Exhibition，2024.

[3] 刘合，任义丽，李欣，等 . 油气行业人工智能大模型应用研究现状及展望 [J]. 石油勘探与开发，2024，51（4）：910-923.

[4] 宋先知，李根生，祝兆鹏，等 . 钻井数字孪生技术研究现状及发展趋势 [J]. 石油钻探技术，2024，52（5）：10-19.

[5] 曾义金，王敏生，光新军，等 . 中国石化智能钻井技术进展与展望 [J]. 石油钻探技术，2024，52（5）：1-9.

[6] AI Driller. AI spaces product page [EB/OL] .https：//aidriller.com/products/ai-spaces.

[7] AI Driller. Canadian operator uses calibrated torque and drag to optimize casing runs [EB/OL]. https：//aidriller.com/case-study/canadian-operator-uses-calibrated-torque-and-drag-to-optimize-casing-runs.

[8] Whitfield S. AI and emerging gen AI technologies set to unlock new frontiers in drilling [J]. Drilling Contractor，2024，（7/8）.

[9] Global Market Insights. Cloud computing in oil and gas market size & forecast [EB/OL]. https：//www.gminsights.com/industry-analysis/cloud-computing-in-oil-and-gas-market.

[10] Global Market Insights. oil and gas robotics market size，growth and forecast [EB/OL]. https：//www.gminsights.com/industry-analysis/oil-and-gas-robotics-market.

[11] Astute Analytica. Digital twin in oil and gas market-industry outlook & forecast [EB/OL]. https：//www.astuteanalytica.com/industry-report/digital-twin-in-oil-and-gas-market.

[12] Mordor Intelligence. AI market in oil and gas-growth，trends，forecasts（2024－2029）[EB/OL] .https：//www.mordorintelligence.com/industry-reports/ai-market-in-oil-and-gas.

[13] Nabors Industries. SmartROS® rig operating system [EB/OL] .https：//www.nabors.com/drilling-automation/smartros/.

[14] SLB. Lumi data and AI platform [EB/OL] .https：//www.slb.com/products-and-services/delivering-digital-at-scale/software/lumi.

[15] Nabors Industries. RZR™ rig floor automation module [EB/OL]. https：//www.nabors.com/

for–contractors–ofs/canrig–robotics/red–zone–robotics–rzr–rig–floor/.

[16] Corva. Nabors partner to integrate key digital, automation solutions [EB/OL]. https://drillingcontractor.org/corva–nabors–partner–to–integrate–key–digital–automation–solutions–65146.

第5章

专题研究

5.1 石油工程领域新质生产力发展路径思考

我国能源安全特别是油气安全形势依然严峻，2024 年原油和天然气对外依存度分别超过 70% 和 40%。习近平总书记多次强调能源安全事关经济社会发展全局，油气资源保障已成为我国能源安全的核心问题之一，也是我国石油工程发展的核心目标。当前国内油气勘探开发已进入“深水深层”阶段，新投入开发的油气资源以低渗透、低品位为主，稳产增产难度日益增大；天然气开发处于勘探大发现和开发快速上产期，未来非常规天然气占比将达到 50%，天然气稳产增产难度也日益增大。在此背景下，通过推动油气增储上产保障油气供应安全对石油工程技术创新提出了更高要求。目前，国内石油工程技术发展还存在诸多挑战和难题，技术创新对油气高质量发展的引领保障作用还未充分发挥，需要加快培育和发展新质生产力，大力推动石油工程科技进步，促进油气生产降本提质增效，进而助力油气高质量发展。

发展新质生产力是推动高质量发展的内在要求和重要着力点，形成石油工程领域新质生产力是实现石油工程高质量发展的根本途径，也是保障能源安全的重要助力。

5.1.1 新质生产力的内涵及发展目标

1）新质生产力的内涵

新质生产力是创新起主导作用，具有高科技、高效能、高质量特征，符合新发展理念的先进生产力质态，是由技术革命性突破、生产要素创新性配置、产业深度转型升级而催生，以劳动者、劳动资料、劳动对象及其优化组合的跃升为基本内涵（见图 5-1）。在石油工程领域，高科技特征体现在石油工程关键技术的创新和应用上，通过加强核心技术攻关，人工智能、大数据、云计算等数智技术赋能和交叉融合创新，实现生产方式的革命性改变，提高勘探开发效率和质量，降低油气生产成本。高效能特征体现在石油工程施工效率和资源利用水平上，通过优化施工流程，提高石油工程装备、工具、仪器的利用率，提升人员的技能水平等措施，实现施工效率的提升，降低施工成本。高质量特征体现在石油工程服务质量上，通过应用先进的技术装备，创新管理模式，优化工程设计和施工流程，不断提升地震资料采集处理和解释、钻完井及石油工程建设等工程和服务的质量水平，满足油气勘探开发需要。这些是石油工程提升竞争力和实现高质量发展的关键，也是推动油气勘探开发高质量发展的重要保障。

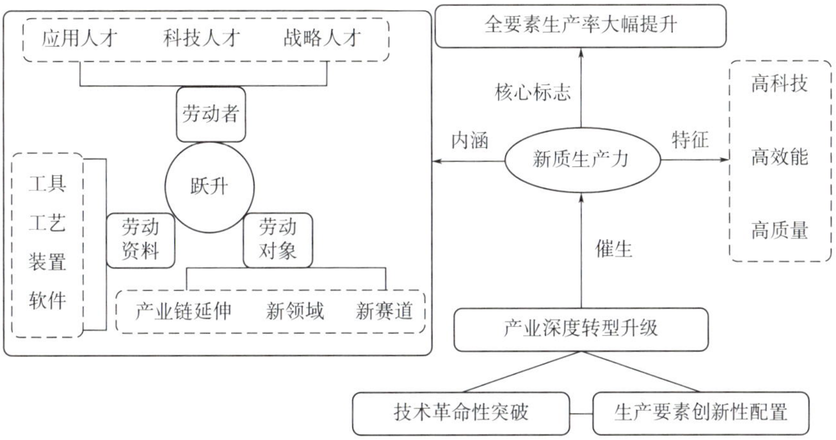

图 5-1　新质生产力内涵框架

科技是推动生产力发展的重要动力，而技术革命性突破是新质生产力发展的关键因素之一。石油工程技术突破特别是颠覆性技术突破，能够带来石油工程施工和服务方式、装备工具及组织方式的革命性改变，从而提高效率、优化资源配置、拓展发展空间。生产要素创新性配置方面，劳动力、资本、土地、知识、技术、数据等生产要素的创新性配置，意味着石油工程生产活动将更加高效地统筹利用各类要素资源，提高资源利用效率，降低施工服务成本，从而实现水平和质量的提升。产业深度转型升级方面，作为传统油气产业的重要支撑服务部分，石油工程转型升级随着油气产业结构的调整而不断优化，油气及新能源勘探开发为石油工程业务结构调整提供了应用场景，整个能源行业的低碳化和智能化发展也将带来革命性影响，石油工程组织方式、产品和服务结构及市场定位将全面升级，从而实现产业的高质量发展和新质生产力的提升。技术革命性突破、生产要素创新性配置和产业深度转型升级是推动石油工程领域新质生产力发展的三大因素，只有这三大因素持续突破，实现劳动者、劳动资料、劳动对象及其优化组合的跃升，才能够实现石油工程业务结构的优化升级，推动油气勘探开发实现高质量发展。

2）发展目标

全要素生产率大幅提升是新质生产力的核心标志，创新是其显著特点。全要素生产率的提升意味着生产效率提高和产业竞争力提升，而创新无疑是实现这一目的的核心途径，也是企业可持续发展的根本动力，是保持市场核心竞争优势的关键。这给石油工程领域新质生产力发展提出了目标、指明了方向，即引领传统业务转型升级和新业务跨越式发展。

（1）以科技创新引领传统业务转型升级。聚焦石油工程高端技术服务业务发展，以需求、市场和问题为导向，突破制约油气勘探开发高质量发展的关键核心技术，促进全业务链高端化发展。聚焦石油工程数智化转型，统筹内外部资源，广泛开展跨学科交叉融合创新，加快研发石油工程数字化、智能化融合技术，提高施工和服务的生产效率和管理水平，助力油气勘探开发降本增效、提质升级。聚焦石油工程绿色低碳转型，加快低碳环保技术研发，降低施工过程中碳和污染物的排放量，加大污染物处理技术的创新投入，提升“三废”（废气、废水、固体废弃物）处理能力，推动传统业务绿色低碳发展。

（2）以科技创新引领新业务跨越式发展。围绕油公司新业务拓展的需求，以科技创新提升新能源工程、低碳工程、数智化服务等业务的能力。优化研发布局，加大新能源技术、低碳技术、数智化技术的研发投入，加大人才引进与培养力度，创新技术攻关模式，通过联合创新、技术收并购等方式快速掌握核心技术，在新业务领域建立核心竞争优势，实现跨越式发展。

5.1.2 石油工程行业高质量发展存在的问题

我国油气勘探开发取得了举世瞩目的成就，原油年产量保持在 2×10^{8}t，天然气产量实现了快速增长，石油工程技术创新为此做出了突出贡献。目前，我国油气勘探开发已全面进入深层、深水、非常规领域，面临着巨大的挑战，油气勘探开发稳产上产形势严峻，石油工程行业高质量发展面临诸多问题和挑战。

1）高端技术有差距，高质量技术供给不足

目前，我国石油工程部分专业的科技创新能力不强，高质量技术供给能力受制约，部分关键产品和技术，高精尖装备、工具和仪器，深海勘探技术装备等自主创新能力较差，新技术装备的原始创新能力不足。高造斜率旋转导向钻井技术，恶性井漏控制技术，超高温高压井下工具、仪器与工作液等的技术瓶颈制约了我国油气勘探开发高质量发展；国产钻头及提速工具在深部难钻地层的应用效果不佳，与高水平进口钻头及工具差距较大；缺乏自主成熟的随钻远探测与前探成像、随钻井下流体在线分析、井间电磁与声波成像和特高温高压（260℃、200MPa 以上）高端测井技术与装备；深水作业的关键机具、关键材料和零部件主要依赖进口，高端压裂装备缺乏，深水高温高压钻井技术处于空白，深水浮式生产平台的研发能力薄弱，缺少深水浮式生产平台开发模式的油气田设计、建造、安装、运营维保经验。

2）智能化水平有差距，低碳技术创新进展慢

油气行业数字化转型和智能化发展的最前沿是大数据和人工智能在油气勘探开发全业务链上的广泛应用，国内外油公司、油服公司积极推动数字化、智能化和绿色低碳转型。我国石油工程数字化、智能化转型尚处于起步阶段。数字化方面，存在数据零散与标准不统一、多源异构数据与非结构化数据的处理和标注等系列基础性难题，数字化融合创新还比较缓慢；智能钻井方面，与世界先进水平相比还有较大差距，地面作业系统、井下控制工具和决策系统的智能化程度低，各装备、工具、系统间的融合程度低，随钻资料获取、井下与地面的信息高速传输、钻井大数据集成分析等核心技术有待集成突破；智能压裂方面，对压裂参数智能优化与控制、智能压裂流体及材料、智能压裂设备及工具、压裂风险

智能预警系统、压裂裂缝智能监测技术进行了探索研究，没有形成完整的智能压裂技术体系，与智能精准压裂还有较大距离。

“双碳”目标背景下，我国油气行业低碳发展的任务艰巨，挑战较多，油气勘探开发的低碳发展离不开石油工程低碳技术的支撑。当前国内石油工程低碳转型正在进行，大力推进碳减排技术的研发与推广应用，在装备电气化改造、节能技术应用及提速提效技术的研发与应用等方面取得了较大进展，但与助力油气行业实现“双碳”目标还有一定差距，支撑油气减排技术的积累还有不足，需要拓展业务领域，加强新能源、储能、储碳等领域的创新投入，为油气行业低碳转型提供更多的技术手段。

3）面向未来的技术储备不足，应对未来油气勘探开发挑战的能力不够

虽然我国目前已形成深层、深水、非常规系列关键技术体系，但与国际先进水平相比，差距还比较明显，还不能很好地满足我国深水、深层、非常规、低渗透等复杂油气藏高效勘探开发的需求，特别是缺少适用于极高温高压、极低温、高含 H_2S、恶劣地形等复杂工况和地质环境的关键核心技术。在页岩油原位转换、超级“井工厂”、智能精准压裂、极地海洋油气装备、海底智能机器人、数字孪生井筒、智能钻完井、智慧油藏、绿色低碳钻井等方面还需持续加大投入，为支撑油气高质量勘探开发储备更多高水平的工程技术。

4）科技创新体制机制有待完善，科技人才队伍建设有待加强

我国石油企业已建立了相对完善的科技体制，形成了较为完备的科技创新管理制度体系，但科技创新体制机制的整体效能还未发挥，企业研究机构总体布局和管理未能实现科研资源的有效统筹，各级研究院大多是独立作战，缺乏有效协同，重复性研究现象依然存在。研究院科技成果转化与应用企业的协同机制不健全，产学研用一体化机制还有很大提升空间。科研组织模式还局限于传统方式，不能适应快速研发的需求，特别是在重大科技任务攻关方面，科研创新模式的应用还较少。激励约束机制还不完善，不能有效激发科研人员的主观能动性。目前，虽然形成了一支庞大的科技人才队伍，但人才需求的结构性矛盾仍较为突出。科研人才创新能力有待提升，高层次领军人才缺乏、后备人才接替不足、技术人才流失等问题显著。

5.1.3 发展新质生产力的关键路径

新质生产力已经在实践中展示出对高质量发展的强劲推动力、支撑力，解决高质量发展面临的问题可以从培育和发展新质生产力着手，技术的革命性突破是形成新质生产力的关键。石油工程领域形成新质生产力就要加强石油工程科技创新，以科技创新驱动传统领域转型升级，同时引领新领域新业务快速发展，充分应用数智技术、低碳减排技术，加快融合，创新推动业务数智化、绿色低碳化发展，加快科技成果转化为现实生产力的速度，实现以科技创新推动产业创新。

1）创新驱动传统领域转型升级

（1）勘探开发工程一体化发展。推进勘探开发工程一体化发展，首先要具有一体化的理念，以石油工程推动勘探开发，以勘探开发指导石油工程，以提高采收率和单井产能为共同目标，促进部署、产能和工作量的多重优化。其次要搭建一体化协同平台，消除数据孤岛，促进一体化数据融合。在一体化管理机制和技术融合的基础上，建立不同专业系统化、集成化、标准化、可视化的互动式一体化协同决策支持平台。最后要发挥石油工程"主力军"的作用，建立起勘探开发与石油工程一体部署、协同解题、交叉促进的运行机制，促进地震与地质、地质与钻井、地质与完井的一体化深度融合。

（2）深层－超深层油气。深层油气藏地质条件更加复杂，地层流体、压力等基本地质特征不明确，地层裂缝发育，地层温度、压力更高，钻井过程中井下故障多发，井控风险高。目前，我国已初步形成具有自主知识产权的深层－超深层油气工程技术体系，但需进一步加强技术迭代升级工作，加快核心技术的突破，为深层－超深层油气高质量发展提供技术保障。需要重点开展超深井井身结构优化、防漏钻井液技术、裂缝性储层安全钻井技术攻关，研制高温高压井下仪器、新型抗高温油田化学材料和工作液体系，低密度高强度金属材料（如钛合金）等，持续缩短工程作业时间，降低施工成本，提升安全环保水平。

（3）深水油气。深水油气勘探开发作业环境复杂，对钻完井技术、海洋工程技术、工程装备及水下生产系统要求较高。我国深水油气勘探开发技术总体处于起步阶段，大部分产品的核心部件需要进口，深水工程技术的概念设计与基本设计仍是空白，急需加大科技创新力度，促进我国深水油气工程提质升级。需要重点布局海洋宽频地震勘探、海洋电磁勘探、丛式井钻完井、先进溢流监测与识别、海上快速救援响应、智能完井等核心技术，研制深水智能钻井平台、新型智能浮式生产平台、高效智能水下生产控制系统、水下机器人等，研发新型水下产品，积极推动智能化、数字化、电气化转型，加快核心技术与装备的国产化，助力深海油气高质量发展。

（4）非常规油气。我国非常规油气资源较为丰富，对保障油气供应安全十分重要。受北美"页岩革命"的影响，我国非常规油气勘探开发取得了良好进展和成效，但工程技术和经济指标与国际先进水平还有着较大差距，还需进一步开展地质－工程一体化设计、集约化"井工厂"作业模式研究，持续提高大位移水平井延伸极限和安全控制技术水平，推动"一趟钻"关键技术迭代升级，加快超长水平段水平井钻井关键技术、页岩地层防塌钻井液技术、高性能水基钻井液体系研发，优选抑制、润滑、封堵等高性能材料，提升韧性水泥浆体系的性能，形成地质－压裂一体化技术体系，进一步节省土地资源，缩短作业时间，降低施工成本，提升安全环保水平、作业效率和开发效益。同时开展页岩油差异化压裂优化设计，攻关智能精准压裂技术和少水压裂技术，开展重油、油砂、页岩油、油页岩等非常规石油井下电加热开采技术研究，提升非常规资源的高效绿色开发水平。

（5）老油气田。目前，我国超过 70% 的石油探明储量和产量均来自高含水老油气田，但大都面临高含水、高采出程度条件下的持续稳产难题。提高采收率是老油气田持续稳产的核心手段和途径，需要开展大幅提高采收率技术研究，特别是高含水砂岩油藏提高采收率、复杂天然气田提高采收率、低渗透 – 致密油藏提高采收率、稠油油藏提高采收率、复杂碳酸盐岩油藏提高采收率等技术，以支撑主力老油气田长期稳产、低渗透 – 致密油藏和稠油油藏快速提产、常规和非常规天然气提产稳产、深层 – 超深层油藏提产稳产。同时，需要加大开发技术协同研究力度，以持续提高采收率，加强低渗透油藏压驱 – 注水协同开发、缝洞型油藏气 – 水 – 井网协同提高采收率、老油田油藏 – 井筒 – 地面一体化开采及页岩气井复合排水采气等技术协同发展，助力老油气田持续稳产。

2）创新引领新领域发展

（1）推进石油工程与新能源工程融合创新。国家推动油气与新能源融合发展为石油工程与新能源工程融合创新带来了良好的发展机遇，并提供了丰富的应用场景。海上风电领域，深入开展石油工程先进技术与海上风电施工的融合创新与应用，加强高分辨率物探地震采集在海上风电建设方面的适应性研究，包括海上风电场选址的海底评估、施工地质评估等；加强传统海洋工程技术与海上风电施工，浮式平台运营与安全监测，锚泊系统、动态海缆铺设与管理等领域融合创新。氢能领域，积极探索地下空间改造与利用，开展钻完井技术与井筒储氢融合，利用地球物理技术促进氢气长期储存与监测技术突破。地热与干热岩领域，充分融合应用石油工程技术，加快推进地质选址、高温地热钻完井、高温测井、耐高温钻井液、干热岩储层改造等工程技术进步，探索开展地下热能储存、超临界地热技术等前沿技术布局。伴生资源领域，加快推进油气伴生资源综合利用，加强工艺流程优化创新，实现在油气田采出流体中低成本提取锂、氦等伴生资源。

（2）引领油气业务低碳发展。在实现碳中和背景下，油气供应安全和绿色低碳发展需要统筹推进，建立清洁、低碳、安全、高效的能源体系是能源行业的核心要务。坚持油气与新能源协同融合发展，加快形成绿色低碳生产方式，已成为油气高质量发展的重要课题。油气业务低碳发展一方面要加强与新能源协同融合，打造综合能源供应体系，充分利用地下空间，布局地下储氢、储能技术，持续攻关储层选址与评价、注采参数优化设计、储层保护及固井、运行风险预警及管控等关键技术，降低储氢成本，提升存储安全；开展深层干热岩开发利用技术研究，重点攻关高温硬地层钻井提速技术、高温测井、耐高温钻井液、井筒降温冷却技术等；持续开展低成本高效开发利用浅层、中层水热型地热能的技术研究，提升地热能竞争优势。另一方面要充分利用地下储层空间，通过储碳、储能为减排提供更多路径选择。CCUS 作为支撑实现碳中和目标的“兜底”技术之一，是目前实现化石能源大规模低碳利用的主要途径。通过布局 CO_2 强化页岩气开采技术、枯竭油气田封存技术、深部咸水层封存技术等，特别是加强储层精细勘查与表征技术、地质特征和封存特性、甲烷脱附与 CO_2 吸附的机理及配套技术、封存监测与安全风险管控、项目全生命周期经济评价等关键技术攻关，构建低成本、低能耗、安全可靠的碳封存与利用技术体系，实现创新引领油气行业 CCUS 发展。同时，加大地下储能工程技术创新力度，推进高质量钻完井技术、精准布腔技术、快速定制化溶腔技术等压缩空气储能核心技术迭代升级；探索深水恒压压缩空气储能技术，助力油气行业打造综合能源体系。

3）加强赋能技术融合创新

（1）数智赋能。①数字经济与石油工程行业深度融合。加强数字技术和数据要素的创新供给、深化数字经济与实体经济的融合是推动新质生产力发展的关键。利用数字技术对石油工程产业进行全方位、全链条的改造，可以有效提高全要素生产率。加强石油工程数字化转型顶层设计，搭建统一的数据管理平台，完善数据内外部流通共享机制，积极参与油气行业数字化技术的标准制定，加大石油工程数字孪生技术攻关力度，推进石油工程装备制造业数字化转型，推动智慧供应链、智能车间、智能工厂等建设，加快发展智能制造。②加强数字化、智能化技术在石油工程科技领域的融合创新。加快数字技术、智能技术与传统领域技术融合创新是实现数智赋能的主要手段。在石油工程领域，数字化、智能化技术应用持续推进，数字化自动化钻机逐渐成为主流，智能钻井、智能压裂技术突飞猛进，这些都显著提升了施工效率和安全，同时也大幅降低了作业成本。未来随着数智技术创新和石油工程数字化转型推进，围绕油气业务数字化转型需求，需进一步加快先进数字化、智能化技术在石油工程领域的融合应用，加大与石油工程技术交叉融合创新力度，加快在石油工程数字孪生、智能钻机、智能建井、智慧油气藏、生产智能化监测和维护等方面的突破。充分利用油气勘探开发领域的钻完井、生产大数据，提升数据治理能力，加强算法和算力合作，推进数字化服务能力建设。针对石油工程人工智能技术应用场景，构建系统化、流程化、平台化的人工智能技术发展生态系统，搭建石油工程领域人工智能应用软件平台，将人工智能技术应用于地震资料处理解释、井眼轨道优化、风险预警、钻速优化、完井优化、油气藏数值模拟和产能预测等应用场景中。

（2）低碳转型。①低碳减排技术仍是石油工程实现“双碳”目标的基础。石油工程作为油气上游碳排放的主要来源，直接影响了油气行业“双碳”目标的实现。在能源体系和结构实现全面转型、深度零碳和负碳技术全面成熟应用之前，应继续加强传统石油工程碳减排技术的研发与应用，充分发挥碳减排技术的基础性作用。持续提升现有石油工程技术水平，优先布局钻井提速提效技术（包括钻头、钻具设计与制造）、钻完井工艺优化设计、流体研发等，提高作业效率，进而实现节能减排。积极推广应用节能低碳技术装备，快速推进装备、设备电动化改造，推广应用钻井液、压裂液可循环利用技术，降低碳排放量。②优化石油工程管理模式，保障碳减排目标顺利实现。北美“页岩革命”表明，采用先进的石油工程管理模式可有效实现提质、提速、提效、提产和降本，但国外石油工程管理模式并不一定适合中国国情。因此，应本着“因地制宜、试点先行”的原则，进一步解放思想、坚定信心，加快探索和实施地质－工程一体化、“井工厂”钻井模式、日费制等先进的管理制度，保障资源高效利用、施工高效进行、装备高效运转和信息高效利用，实现

"打成井、打好井、打快井"的目标，不断提高作业效率，以保证碳减排目标的顺利实现。

4）加速成果转化

（1）建立规范的石油工程技术产品中试平台体系及中试标准体系。中试基地和检验检测是科技成果向现实生产力转化的重要基础，是科技与产业之间的桥梁。国内三大石油公司、石油院校、中国科学院等企业和研究机构已经建立了一批专业性较强的石油工程中试基地，具备了部分领域技术、工具、仪器和装备的中试功能，但总体上分布较散，缺乏统一中试标准和认证管理体系。加快建立规范的石油工程技术产品中试平台体系对促进成果转化具有重要意义，需要统筹石油工程中试资源，发挥各自的优势和特色，因地制宜地建立石油工程专业中试基地，形成统一的石油工程技术产品中试标准体系，建立石油工程中试全流程标准体系，统一技术产品成熟度定级、中试试验评价和认证。同时，探索建立重点技术成果检验检测服务联盟，推进结果互认与信息共享。

（2）促进科技成果市场化定价与交易。科技成果的客观准确定价是其成功转化的基础，建立市场化的定价评估机制是促进石油工程科技成果转化的重要前提。首先要建立健全统一的科技项目成果技术成熟度评价标准，对待转化成果进行客观的成熟度定级。其次要健全协议定价、挂牌交易、拍卖等交易定价方式，客观准确地评估科技成果价值。再次要打造一站式石油工程技术交易市场平台，提供专业化的科技成果确权、确价服务。最后要建立健全科技成果转化相关机制，包括健全科技成果高效转化的激励约束机制，创新职务科技成果转化机制，强化科技成果转化绩效考核，健全科技成果转化服务保障体系。

5.1.4 新质生产力发展的支撑策略

发展新质生产力，需要形成与之相适应的新型生产关系，关键是建立与新质生产力相适应的创新体制机制并集聚高层次人才。需要创新石油工程领域要素配置方式，探索新方法和新模式，加快建立有利于石油工程科技创新的新体制机制，同时加强石油工程科技人才队伍建设，丰富创新资源，多措并举助力石油工程领域新质生产力的形成与发展。

1）加快石油工程领域创新链、产业链、资金链和人才链的融合

创新链、产业链、资金链和人才链"四链"融合契合了新质生产力的内在逻辑，为加快形成和发展新质生产力提供了强劲动力。做好"四链"融合的顶层设计，加强创新、产业、资金、人才专业规划协同，完善"四链"融合机制，以重大科技创新工程、"卡脖子"技术和颠覆性技术攻关、新领域融合创新为纽带，推动"四链"一致的问题导向、目标导向和需求导向。

（1）围绕产业链部署创新链。围绕油气勘探开发和新能源发展的技术难题，加强油气和能源工程技术领域基础研究、技术攻关、产品开发、成果转化等全链条创新，推动石油工程产业链延链、补链、强链，助力石油工程产业高质量发展。

（2）围绕技术链布局产业链。加快石油工程技术成果转化，核心是推进产学研用一体化，加强孵化器平台建设。探索产学研用深度融合新模式，建立完善基于价值共享的产学研用一体化协同机制，建立健全协调一致的价值评判、风险把控、考核评价和成果共享机制。建设石油工程领域特色孵化器平台，提升平台专业化服务能力，健全平台商业模式，拓宽平台的投资融资渠道，完善平台与在孵企业之间的利益共享机制，利用孵化器推进科技成果快速成功转化。

（3）聚焦创新链、产业链融合发展，精准匹配资金链。资金链是“四链”成功融合的重要保障，石油工程应用基础研究、应用技术开发、中试、技术成果转化等环节都需要资金投入，借助资本力量，加强技术收并购，丰富技术获取工具箱；持续拓展研发资金来源，优化研发资金供给结构，发展多元化股权融资，形成创新链和产业链融合的稳定资金链保障。

（4）形成“四链”融合的人才支撑力量。人才链是“四链”融合的主体力量，要依托各类平台集聚人才，形成多元化、多层次人才链，为“四链”融合发展发挥人才支撑作用。围绕创新链打造，引进、培育石油工程领域战略科学家、高水平科技领军人才和创新团队；围绕产业链发展，引进、培育优秀企业家、卓越工程师、高水平技术工人；围绕资金链完善，引进、培育高水平金融人才。

2）打造高水平石油工程创新联合体，促进跨领域交叉融合创新

（1）联合打造国家战略科技力量，共建共性技术平台。推进石油工程领域原创技术策源地建设，健全策源地建设运行管理体系，完善政策保障，加强考核评价；加强国家战略科技任务攻关，联合组织国家级科研项目攻关，持续加大全国重点实验室、工程研究中心等国家级研发平台联合建设力度，健全实验室主任负责制和探索实体化运行模式；坚持目标导向和需求导向，聚焦石油工程领域共性技术，依托重点实验室，统筹行业内创新资源，建立联合创新平台；加强交叉融合创新，统筹行业内外部资源，联合打造石油工程智能化、大数据服务支撑、低碳减排、安全环保等新型共性技术平台，成立智能技术等新型共性技术研究院，布局产业发展的共用基础技术；搭建共性技术资源库，开展核心技术攻关、核心产品研制、典型场景验证、标准制定与检测，打造技术创新和应用创新双循环的发展生态；提供测试、验证、推广等一体化共性技术基础服务，参与产品性能完善与迭代；实行实体化运营，建立多元参与的治理机制和市场化运作机制，坚持对外开放和合作共建。

（2）加大跨领域交叉融合创新，共建开放共享创新平台。在石油工程领域推进多学科交叉融合、技术一体化集成，助力油气勘探开发大幅度降本提效。以“随钻远探测 + 前探成像 + 旋转导向”集成系统为核心的“一趟钻”技术、水平井 + 多级压裂技术、油藏三维可视化技术等都是多学科交叉融合、技术一体化集成的代表。需要依托石油工程技术创新联合体，构建交叉融合创新平台，成立虚拟网络组织。在创新联合体的框架内，建立交叉

融合创新平台，以成立虚拟网络组织的形式，推进与国内外相关企业、高校和研究机构等的战略合作，开展广泛的跨学科、跨专业、跨领域交叉融合创新活动。

3）深化石油工程领域科技体制改革，加快形成适应新质生产力的新型生产关系

（1）创新科研组织模式。科研组织模式作为一种多层次、多要素的复杂系统，在科研工作中起着非常重要的协调、组织作用。先进的科研组织模式，能够有效整合、利用各种科研资源，提高科学研究和技术开发的整体效益，加快人才队伍培养。因此，需要探索新型链条式科研组织模式和科研管理机制，建立高效的关键核心技术攻关科研管理体系。一是建立重大科技任务任务长负责制，完善科技评价机制并充分发挥科技评价在激励约束机制中的作用。二是完善“揭榜挂帅”“大兵团”“赛马”等机制，推动从基础研究到工业转化的贯通式创新，充分发挥“市场引领科研，科研指导生产，生产满足需求”的产学研用一体化协同创新机制、竞争机制和市场机制的作用。

（2）完善激励约束机制。科技激励约束机制，对优化创新环境、激发创新活力、促进科技创新有重要的保障作用。因此，需要建立更加正向、科学、公平、公正的创新评价体系，实施以知识价值为导向的创新收益分配政策，激发科技人员的创新创造活力，加快形成一流的创新生态环境。一是按照基础研究、应用研究、技术开发和产业化等要素界定不同成果类型，形成符合科学规律的多元化分类评价机制。二是加强对做出重大贡献人员和团队的物质和精神奖励，健全长期稳定支持科技人员潜心研究的保障机制。三是拓宽中长期激励途径，探索引入股票期权制来完善激励约束机制。

4）打造石油工程领域高层次创新队伍，筑牢新质生产力发展的人才根基

（1）打造一批高水平创新团队。聚焦基础研究领域、关键核心技术、颠覆性技术等方向，集聚各方面优秀人才，整合科技资源，搭建创新平台，打造一批高层次创新团队。不定期开展团队评估，优选高水平示范团队，在人才引进、经费投入、项目申请等方面给予优先支持，促进团队快速成长，创造高水平、高影响力的成果，扩大行业影响力。

（2）建强高层次人才队伍。一是实施高层次科技人才计划，创新高层次人才自主培养机制，构建跨学科、多元化的人才培养模式。二是加大高端科技人才引进使用力度，建立与创新成果挂钩的人才激励措施、动态调整和退出机制。三是完善国际化人才选育用留机制，建立多样化人才引进模式，实施领军人才及团队引进项目和核心人才柔性引进项目，建立国际化人才评价和薪酬体系，建设一站式服务平台，做好保障服务。四是注重创建灵活开放的人才环境，营造识才、爱才、敬才和用才的良好氛围。

5.1.5 结论

加快培育和发展新质生产力，强化科技创新支撑引领，是石油工程实现高质量发展的内在要求和重要着力点。在石油工程领域因地制宜地发展新质生产力，需要牢牢牵住科技

创新这个“牛鼻子”。无论是实现技术的革命性突破、生产要素的创新性配置还是产业深度转型升级，都需要加强创新。同时，发展新质生产力还要遵循科技向生产力转化的基本规律，要注重基础研究，加大核心技术攻关投入力度，加强成果转化应用。另外，需要打造石油工程高层次创新队伍，高效推动石油工程领域新质生产力的形成与发展，以有效保障我国能源安全，为经济社会高质量发展提供高水平支撑。

参 考 文 献

[1] 杨丽丽. 新质生产力理念下中国油气高质量发展战略思考[J]. 中国矿业，2024，33（5）：32-38.

[2] 贾承造. 全国油气勘探开发形势与发展前景[J]. 中国石油石化，2022（20）：14-17.

[3] 胡莹，刘铿. 新质生产力推动经济高质量发展的内在机制研究：基于马克思生产力理论的视角[J]. 经济学家，2024（5）：5-14.

[4] 习近平. 发展新质生产力是推动高质量发展的内在要求和重要着力点[J/OL]. 求是，2024（11）：4-8.[2024-05-31]. http：//www.qstheory.cn/dukan/qs/2024-05/31/c_1130154174.htm.

[5] 贾承造. 中国石油工业上游前景与未来理论技术五大挑战[J]. 石油学报，2024，45（1）：1-14.

[6] 贾承造. 中国石油工业上游发展面临的挑战与未来科技攻关方向[J]. 石油学报，2020，41（12）：1445-1464.

[7] 罗超，亢武臣，薛钊，等. 我国深海油气工程核心技术与装备国产化挑战及对策[J]. 舰船科学技术，2022，44（23）：74-79.

[8] 曾涛，袁园. 国际油服公司数字化转型和智能化发展策略分析[J]. 国际石油经济，2022，30（7）：36-43.

[9] 刘合. 油气勘探开发数字化转型 人工智能应用大势所趋[J]. 石油科技论坛，2023，42（3）：1-9，47.

[10] 王敏生，光新军. 智能钻井技术现状与发展方向[J]. 石油学报，2020，41（4）：505-512.

[11] 闫铁，许瑞，刘维凯，等. 中国智能化钻井技术研究发展[J]. 东北石油大学学报，2020，44（4）：15-21.

[12] 蒋廷学，周珺，廖璐璐. 国内外智能压裂技术现状及发展趋势[J]. 石油钻探技术，2022，50（3）：1-9.

[13] 孙丙向．石油工程企业科技创新管理与研发体系构建及实践[J]．石油科技论坛，2021，40（2）：61-67.
[14] 牛栓文．胜利油田低渗致密油藏地质工程一体化探索与实践[J]．中国石油勘探，2023，28（1）：14-25.
[15] 高德利．非常规油气井工程技术若干研究进展[J]．天然气工业，2021，41（8）：153-162.
[16] 孙焕泉，杨勇，方吉超，等．提高油气田采收率技术协同方法与应用[J]．石油与天然气地质，2024，45（3）：600-608.
[17] 洪银兴．新质生产力及其培育和发展[J]．经济学动态，2024（1）：3-11.
[18] 蒋海军，耿黎东，王晓慧，等．国外石油工程碳减排技术与作业管理发展现状及启示[J]．石油钻探技术，2022，50（5）：125-134.
[19] 侯小星，曾乐民，罗军，等．科技成果转化中试基地建设机制、路径及对策研究[J]．科技管理研究，2022，42（21）：112-119.
[20] 吴梦圈．科技成果评价政策演变研究：趋势、特征和脉络[J]．中国科技论坛，2023（8）：16-26.
[21] 任保平．生产力现代化转型形成新质生产力的逻辑[J]．经济研究，2024，59（3）：12-19.
[22] 张志鑫，郑晓明，钱晨．“四链”融合赋能新质生产力：内在逻辑和实践路径[J]．山东大学学报（哲学社会科学版），2024（4）：105-116.
[23] 习近平．论把握新发展阶段、贯彻新发展理念、构建新发展格局[M]．北京：中央文献出版社，2021.

5.2　能源转型背景下油气工程技术发展新方向

能源转型是面对全球气候变化和保护环境的重要举措，各国纷纷建立适应可持续发展的能源结构。油气作为传统化石能源，转型发展成为必然趋势。统计估算结果表明，与油气直接和间接相关的三个“范围”的碳排放量占总排放量的 40% 以上，油气公司背负了减碳的重大社会责任。近年来，多家大型国际油气公司宣布去除名称中的“油气”，重新定位为能源公司，扩展再生能源和清洁能源的业务，并且纷纷制定各自的“碳中和”目标。然而，再生能源的发展速度无法满足社会经济发展需要，对油气等能量密度高的能源的需求在未来短时间内只增无减。因此，油气行业的能源转型主要目标是在维持油气供给量的同时尽量减少对环境的影响，降低各个范围的温室气体排放。油气工程技术创新是实现油气产业可持续发展的重要手段，通过工程技术创新以更清洁的方式生产油气，以及通过技术带动新能源领域发展已成为油气公司的共同选择。本书在阐述能源转型的发展形势及对油气工程技术创新影响的基础上，分析了油气工程技术发展的新方向，结合我国油气行业发展面临的挑战，提出了油气工程技术创新发展建议，以期为我国油气工程高质量发展提供参考和借鉴。

5.2.1 能源转型及对油气工程技术创新的影响

1）能源转型的发展形势

（1）新能源投资热度持续上升，成本不断下降。

近年来，受新冠疫情和俄乌冲突影响，能源危机和能源安全成为各国核心议题。虽然受能源危机的影响，多国被迫重启煤电、延迟退出核电，但新能源作为平衡能源长期安全的最优选项，投资热度持续上升。据国际能源署发布的《2024 年世界能源投资报告》预测，2024 年全球能源投资总额首次超过 3 万亿美元，其中，清洁能源技术和基础设施领域投资约 2 万亿美元，而化石燃料投资为 1 万亿美元，非化石燃料投资已连续两年超过化石燃料，如图 5-2 所示。近年来，太阳能、风能等新能源的成本总体呈连续下降趋势，成为刺激清洁能源投资增长最关键的因素，而且随着工程技术的不断发展，未来新能源开发成本持续降低是必然趋势。

图 5-2 2015—2024 年全球清洁能源与化石燃料投资对比

（2）作为新能源的重要辅助系统，储能产业迅速发展。

可再生能源的新型电力系统是实现“碳中和”的核心因素，但是以风、光为主的可再生能源系统具有较大的波动性，靠传统的方式无法满足新能源并网的要求，这推动了储能业务的快速发展。据中国能源研究会储能专委会 / 中关村储能产业技术联盟发布的《储能产业研究白皮书 2025》显示，截至 2024 年底，全球已投运电力储能项目累计装机规模 272GW，抽水蓄能累计装机规模占比首次低于 60%，新型储能累计装机规模达 165.4GW，首次突破百吉瓦。中国连续三年保持新增装机第一。截至 2024 年底，中国电力储能项目累计装机规模 138GW，同比增长 59.9%，占全球市场的 37.1%。新型储能新增装机 43.7GW，同比增长 126.5%，占全球市场的 59.1%。

（3）氢能作为能源转型的重要载体成为全球共识。

氢能被称为“21 世纪的终极能源”，据国际氢能源委员会发布的《氢能源未来发展趋势调研报告》，2050 年全球氢能产业链产值将超过 2.5 万亿美元，在全球能源消费中的占比达到 18%。全球已有 20 多个国家和地区发布了氢能发展战略，从各自资源禀赋、产业基础、市场承载能力及财力等方面系统谋划，制定分阶段分领域发展战略。由于氢能与油气关联紧密，雪佛龙、道达尔、碧辟等国际能源巨头已经涉足氢能源技术和投资。道达尔宣布收购印度企业 Adani New Industries Limited（ANIL）25% 的股权，用来打造绿氢生态系统。沙特阿拉伯国家石油公司除了使用天然气生产蓝氢，还将探索利用国内丰富的风、光等可再生能源生产绿氢。中国石化旗下的新疆库车绿氢示范项目开建，是全球在建的最大光伏绿氢生产项目，投产后可年产绿氢 2×10^4t。

（4）油气与新能源融合，推动能源超级盆地成为油气转型的重要方向。

油气企业本身是能源消费大户，而且矿区面积广阔，具有发展新能源的基本条件，单纯发展风、光等可再生能源，油气企业并不擅长，但结合新能源的消纳利用，油气行业有天然优势。油气企业从自身资源特点出发，因地制宜发展地热、光伏、风电、CCS 等新业务，推动传统的石油天然气超级盆地演化为未来的能源超级盆地。能源超级盆地必须具备三要素：地下拥有丰富的油气资源和巨大的 CCS 埋碳潜力，地上拥有大量的低成本可再生能源资源。根据伍德麦肯评估，美国的墨西哥湾岸盆地和二叠盆地、中东的鲁卜哈利盆地，以及中国的渤海湾盆地、塔里木盆地、鄂尔多斯盆地和四川盆地，都具有成为能源超级盆地的潜力。

2）能源转型对工程技术创新的影响

全球主要能源智库都认为，虽然能源清洁低碳转型的方向得到广泛的认可，但在 2050 年前，石油与天然气作为主导能源的地位仍难以撼动。根据 DNV 对能源行业前景的展望，解决能源三重困境——提供安全、清洁和负担得起的能源——被能源行业视为一个长期目标，能源安全问题在全球能源公司的优先事项清单上超过了清洁和负担得起的能源，解决能源三重困境的首要任务是能源安全。2017—2022 年，尽管可再生能源产能迅速扩大，但可再生能源仅满足了全球新增能源需求的一半，并没有在减少化石燃料的现有需求方面有所影响。虽然全球投资可再生能源成为趋势，但也必须继续投资石油与天然气，包括减少钻井和生产排放的低碳技术。这意味着，为了实现净零排放的目标，必须通过低碳方式开发油气，并优先考虑低成本、低排放的油气开发。

油气工程投资约占油气上游投资的 60%，油气工程技术及装备的水平决定了可开采资源量及开采的经济性，也决定了油气及相关新能源的相对竞争力水平。在能源转型和“双碳”目标的要求下，以行业的转型发展为核心，油气工程技术创新有四大重要方向：一是以最低成本保证油气资源高效开发，提高油气在能源中的竞争力；二是通过数字化和节能减排技术降低油气生产过程中的碳排放量，实现绿色开发；三是融入新能源的发展，谋求在新能源体系中的地位；四是大力发展 CCUS/CCS 负碳技术，实现可持续发展的低碳系统。

5.2.2 油气工程技术发展新方向

1）油气降本增效技术

采用精益钻完井设计技术、钻完井提速提效技术和大幅提高油气采收率技术，用更少的井、更短的作业周期、更少的投资，获得更大的油气产量，实现吨油低成本低碳双重效果。据贝克休斯测算，如果油气作业效率提高 10%，每年将节省约 0.5Gt（$1Gt=1\times10^9t$）二氧化碳当量，相当于巴黎协定气候目标的减排目标每年贡献 5%。目前美国页岩油产量最高已达到 123.71×10^4t/d，其中二叠纪盆地是美国最大的页岩油田，具有丰富的油气储量，石油产量约占美国总产量的 40%、天然气产量约占美国总产量的 15%。二叠纪盆地含有多个厚层的页岩油气储层，多个储层叠加并存，通过利用多井丛多井组立体开发、同步压裂、提高压裂效果等新技术，使油气产量较快速地提升。2019—2021 年，埃克森美孚在二叠纪盆地的石油和天然气产量增加了 70%，并在 2022 年产量达到每天 7.64×10^4t。该公司还计划到 2030 年实现二叠纪盆地非常规作业的净零排放，并消除该地区的所有天然气火焰。为了大幅提高油气采出程度，降低作业过程碳排放，采用生物聚合物、生物表面活性剂、微生物驱油等技术。Locus 能源公司研发的生物表面活性剂在二叠盆地使用，单井平均日产油增加了 115%、日产气增加了 25%，与传统 50 级分段压裂相比，生物表面活性剂仅使用 0.1% 的柴油和 2% 的水，每次仅使用 0.01t 碳，实现吨油低成本低碳效果。

2）数字化技术

数字技术为油气行业带来的直接效益就是节省了资本支出和能源消耗，从而降低碳排放。智能油田就是采用数字技术来提高油气开采效率降低能源消耗的典型场景，主要包括利用数字传感系统实时监测发现运营过程中的异常状况，缩短非生产时间；利用物联网、数字孪生等技术实现远程诊断和监控，减少交通燃料消耗和碳排放量；利用大数据分析和人工智能技术优化资产配置，加快决策过程，提高能源使用效率。新冠疫情暴发期间，远程作业因其在减少员工接触和出差、减少碳足迹方面的优势，成为油服领域工作的新常态。2021 年，贝克休斯在 30 多个国家提供了远程服务，有 72% 的钻井工作、100% 的定向钻井和 MWD/LWD 由远程作业中心完成。斯伦贝谢公司研发的端对端排放解决方案 SEES，采用物联网、数字孪生、数据分析等数字化技术对碳排放进行监测，并提出应对策略。Precision 钻井公司研发了 Alpha 自动化技术，能够汇集钻井平台上传感器收集的数据，利用机器学习算法进行分析，从而指导钻井设计优化，在加拿大 Montney 页岩区进行了现场应用，显著提高了钻井作业时效。

3）节能减排技术

实施节能技术改造是降低能耗的重要途径，电气化改造、锂电池混合动力系统、燃料电池等是未来油气工程节能减排的重要手段。电动压裂泵在作业效率、控制精度、环保节能、安全稳定和节约费用等方面得到全面验证，目前的超大功率 HH6000 型电动泵压裂相比常规 2500 型压裂车，井场占地减少 30%，相同水马力下，可以节省 40%~50% 的设备成本，单井节省约 45% 的施工成本。美国 Ensign 钻机公司在陆上钻机上测试了锂电池储能模块 + 三台 1MW 功率的天然气内燃发电机组的混合动力模式。在智能化钻机动力管理系统的支持下，锂电池与钻机电网之间的充放电实现自动切换。借助锂电池动力提速快的优势，钻机克服了天然气内燃发电机组对电网负载瞬时峰值响应慢的缺陷。与同等功率的柴油机组相比，碳排放降低 10%，氮氧化物排放降低 50%。该技术需要开发智能化钻机动力管理系统将储能模块整合进钻机动力系统，发挥出其最大能量。斯伦贝谢公司正在与氢燃料电池制造商 Hyzon Motors 合作开发氢燃料电池储能系统，可以提供与北美高性能柴油钻机相同的动力且占地面积相同。与柴油钻机相比，氢燃料钻机可每年减少 1×10^4t 二氧化碳排放量。

4）高温地热能开发工程技术

传统高温地热发电主要是浅层水热型地热，需要满足地热资源埋藏深度浅、存在天然裂缝和地层含水等条件，由于地质条件苛刻，应用规模有限。美国是全球地热发电量最大的国家，2022 年地热发电装机容量为 3.79GW，仅占美国总发电量的 0.4%。在能源转型的大背景下，油气行业正在探索地热开发的转型路径，主要油公司和技术服务公司加大了对多家地热开发初创公司的投资力度，正在验证水平井钻井技术 + 分段压裂技术、多分支井闭环注采技术等的可行性，以开发广泛分布的高温沉积岩和干热岩，并取得了突破性进展。美国地热开发公司 Fervo 注采双井地热开发项目“Project Red”采用水平井钻井技术 + 分段压裂技术，注入井垂深 2347m，水平段长 991m，井底温度 191℃，采用 16 级分段压裂，30d 试采中取得了 5530m^3/d 的地热流量，实现了 3.5MW 电力输出，创造了增强型地热系统单井流量和功率输出世界纪录。加拿大 Eavor 公司开发了多分支井闭环注采技术，热交换流体通过密封的水平分支井筒实现热交换，流体不与地层接触，对储层地质条件要求较低，但为了增加热交换接触面积，需要较长的水平段和较多的分支井，以及采用井筒密封技术，如图 5–3 所示。

5）地下储能工程技术

油气井连同地下的地质构造可以改造成储能设施，解决风力和太阳能发电的波动性问题。与常规储能设施相比，地下储能可节省地表的土地资源，减少地表环境的破坏。发达国家对压缩空气储能、储氢等技术进行了大量研究，并已进入商业应用或示范阶段。2022 年 5 月，我国江苏金坛 60MW/300MW · h 盐穴压缩空气储能国家试验示范项目正式投产运行。国内外正在探索利用废弃油井进行压缩空气储能，美国再生能源实验室（NREL）的压缩气体储能设计方案采用天然气作为能量载体，未来技术成熟后还可以改用二氧化碳或者氮气等。NREL 建议使用水力压裂过的水平井，在非常规页岩和致密砂岩存储压缩气

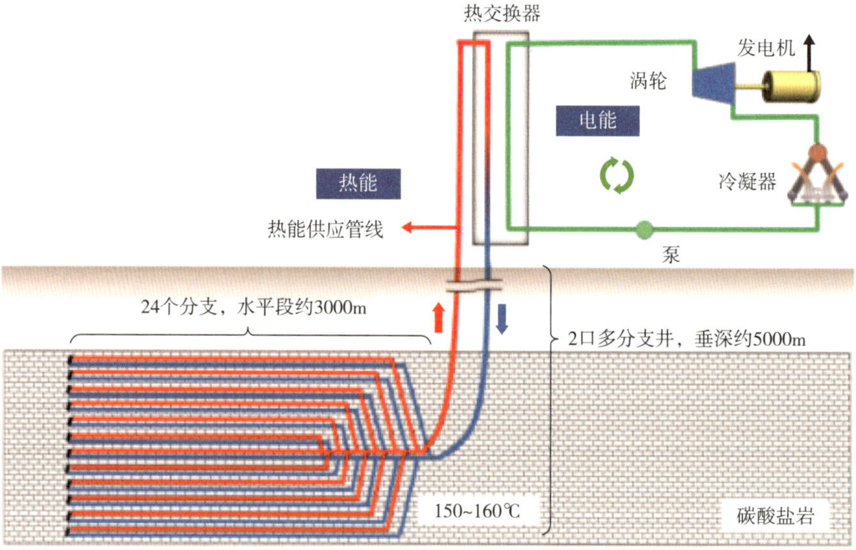

图 5-3　双井地热闭环循环系统

体，但目前还处在研究阶段。储氢是一种大规模长期储能方式，常规地面储罐无法满足大规模储氢的需求，为此，欧美国家开展了地下盐穴储氢研究，并建成多座地下盐穴储氢库，如表 5-1 所示。由于盐岩体的分布受地域限制，油气公司正在研究利用枯竭油气藏储氢。相比盐穴，枯竭油气藏储氢具有容积大、地质认识程度高、密封性好、地理分布比较广等优点。枯竭油气藏通常含有一定量的残余气，可用作垫底气，但氢气容易与残留天然气发生反应，不利于纯氢储存。阿根廷的 Hychico 公司于 2011—2015 年建设的 Patagonia 风电－氢能试验项目、奥地利 RAG 公司于 2014—2021 年的 Underground Sun Storage 试验项目成功在枯竭油气藏中储存 10% 的氢和 90% 的甲烷混合物。

表 5-1　欧美已投入使用的地下盐穴储氢库

项目	Clemens（US）	Moss Bluff（US）	Spindletop（US）	Teesside（UK）
地层	盐穴	盐穴	盐穴	盐穴
作业者	Conoco Phillips	Praxair	Air Liquid	Sabic Petroleum
年份	1983	2007	2014	1972
容量 /10^4m^3	58.0	56.6	90.6	21.0
深度 /m	850	850~1400	850~1400	370
压力范围 /MPa	7.0~13.5	5.5~15.2	15.0	4.5
净存能量 /（GW · h）	81	123	274	27

6）碳捕集、利用与封存技术

CCUS/CCS 作为一项潜力巨大的减排技术，是油气行业未来实现绿色发展的重要手段，埃克森美孚、雪佛龙和康菲等国际石油公司积极投资 CCUS/CCS 技术研发以推进低碳化，注入二氧化碳驱油提高采收率已经较为成熟，目前枯竭的油气藏和地下盐水层封存方案是研究的热点。该技术在油气开采完毕后，将现有的井筒和场地设备进行利用和改造，把捕集的二氧化碳注入地层中进行埋存，可以降低减碳项目的成本，延长现有资产的使用寿命。同时可以利用油气勘探开发中积累的储层性质实验结果，研究二氧化碳注入对储层压力扰动和应力变化的影响。目前枯竭油气藏封存二氧化碳的项目在欧洲、北美洲和大洋洲都在进行试点。美国休斯敦沿岸的巨型 CCS Hub 已正式启动，由埃克森美孚公司牵头，包括壳牌在内的 11 家油气公司参与，从墨西哥湾沿岸的化工厂收集二氧化碳，汇集后通过海底管道注入墨西哥湾的枯竭油气藏中，年注入量预计达到千万吨级。艾奎诺的 Sleipner 和 Snøhvit 是欧洲两个最悠久最成功的海上 CCS 项目，都是天然气田将分离出的二氧化碳回注至产层以上或以下的盐水砂岩层，Sleipner 项目 1996 年投产，每年通过水平井注入约 100×10^4t 二氧化碳；Snøhvit 气田从 2008 年投产后年设计注入量约 70×10^4t 二氧化碳。目前，艾奎诺正在与壳牌和道达尔合作，推进北极光 CCS 项目，年注入二氧化碳量为 150×10^4t。虽然 CCUS/CCS 面临着技术不成熟，技术推广难度大，应用成本高等难题，但可作为油气行业在完全转型为新能源之前的一种过渡方式。

5.2.3 我国油气工程技术发展对策建议

1）我国油气行业发展面临的挑战

（1）资源品质劣化条件下保障供给的挑战。

我国油气对外依存度较高，2024 年中国原油对外依存度为 71.2%，天然气对外依存度为 42.2%。国家高度重视能源安全，要把能源的饭碗牢牢端在自己手中，近年来加大了国内油气勘探开发力度，实施了“油气增储上产七年行动计划”，明确了国内石油年产量长期稳产 2×10^8t 以上、天然气年产量快速上升至 $3000 \times 10^8 m^3$ 并长期稳产的底线目标。但我国新增探明油气储量中，低渗透、低丰度、非常规等低品位储量占比持续走高，实现低品位资源规模效益开发，成为国内油气工业持续发展的重大现实问题。把低品位资源变成增储上产发展的重要领域，需要在地层评价、长水平井高效钻井、体积压裂等降本增效工程技术方面持续创新。

（2）“双碳”目标约束下绿色发展的挑战。

自 2020 年国家提出“3060”双碳目标，特别是 2021 年 9 月中共中央、国务院发布《关于完整准确全面贯彻新发展理念做好碳达峰碳中和工作的意见》以来，全国能源转型诸多顶层设计接连落地。在不到一年的时间内，国家发展改革委、生态环境部等十几个部委接连发布 60 多份重要文件，包含能源相关规划、新能源发展、节能降碳、协同治理、储能、氢能市场建设等诸多方面，初步形成了“1+N”政策体系。油气行业是碳排放的重要来源，全球气候治理对其未来发展构成巨大挑战。油气行业需增加减碳、用碳、存碳的

“碳实力”，争取未来更大的发展空间。

（3）系统性高风险带来的技术发展速度制约。

以工业革命 4.0 为代表的智慧油田、智能钻井、智能开发等颠覆性技术正在向纵深发展，给石油工业带来颠覆性变化，但由于油气生产过程系统性强、风险程度高，对高新智能化技术的应用落后于其他行业，随着深层深海开采比例的上升，以及油气企业对实时、安全、高效、一体化服务要求的提高，对传统油气业务进行智能化升级改造的难度也在提升，要深度融入工业革命的浪潮，需进一步开放创新，不断推动技术跨界融合，构建数字化发展生态环境，推动油气工程技术加速发展。

2）油气工程技术发展建议

我国油气工程技术形成了系列配套技术，基本满足了油气勘探开发的需要，但在保障国家能源安全和实现净零排放的双重要求下，油气工程技术既要实现整体经济效益的提升，也要走好低碳发展之路。

（1）技术研发由经济效益驱动向价值驱动转变。

为了适应低碳发展的需求，社会各界对企业的评价标准也发生了变化。德鲁克研究会最新的“世界一流”企业的评价指标体系中，权重最高的是“创新研发”和“社会责任”，分别占 23% 的权重。“社会责任”关注企业是否将社会责任的履行纳入战略发展体系中，以及在员工、环境、社区、供应链管理等方面的表现。油气工程技术创新要由经济效益驱动向价值驱动转变，在技术评价和筛选中加入环境、社会效益的因素，与经济效益综合考量，以更好地利用有限的研发资源创造更大的价值。如 Saipem 公司采用 TechInnoValue 模型评价技术价值，该模型对技术的经济效益、环境社会效益两方面进行量化评价，用来支撑技术的筛选和培育。

（2）持续加大降本增效技术研发推广力度。

将碳减排与油气工程施工效率的提升相结合，强化提速提效工程技术的推广应用，不断提高作业效率，缩短建井周期，以低碳方式实现快速建井来降低油气生产过程中碳排放强度。一是优化油公司与油服公司的合作模式，设计能调动双方积极性的方式，实现高效合作，为降本增效技术的推广应用提供有利条件。二是根据区域地层环境，科学选用合理的提速提效工程技术。三是强化建井全过程的成本和排放管控，实现低成本与低碳同步发展，提升油气在能源行业中的竞争力。四是强化安全生产理念，避免由于作业复杂问题带来的成本增加和环境损失。

（3）强化低碳油气工程技术的研发。

在“双碳”目标下，油气行业重点要做好工程技术领域的技术迭代升级，推动装备向自动化智能化、少人或无人化以及低能耗绿色发展，施工作业过程节能高效，井筒工作液减量、循环重复利用和绿色清洁。一是大力开展钻机和压裂车以电代油、燃料清洁低碳化，提高工程技术装备电气化率，为钻井、压裂改造和完井作业等领域提供基于绿色能源的低碳技术和全套能源解决方案。二是积极拥抱产业变革，顺应发展趋势，积极部署落实数字化转型，开展远程决策系统、自动化动力系统管理软件研发，大力发展自动化智能高端装备，助力节能减排。三是开展作业过程碳排放监测、绿色生产、节能节水循环利用等前沿技术研究。

（4）分类施策推动油气与新能源的深度融合。

借助油气勘探开发产业体系，将油气与地热、CCS、储氢、储能、风能等新能源业务深度融合，构建能源超级盆地。一是地热勘探开发与油气勘探开发在原理、研究对象、工程施工等方面十分相似，资源和技术具有可移植性，要开展高温地热能开发工程技术研发，积极培育地热业务。二是油气田具有二氧化碳驱油需求和枯竭油气藏先天优势，可以以二氧化碳驱油提高采收率为切入点储备 CCS 关键技术。三是氢能发展涉及生产、储运、燃料电池汽车及加氢站基础设施等，全产业链上都需要创新型技术作为支撑，油气工程研发机构可以与产业链上其他相关企业构建创新联合体，推动井筒储氢、地质储氢技术的创新发展。四是将废弃油气井改造成热储能系统，同步开展配套井下工具与工艺研究。五是充分利用海洋油气作业技术基础，快速进入海上风电领域，同时将海洋油气开发与海上风电、天然气发电、电解水制氢等进行一体化协同。

（5）注重技术创新管理模式的探索。

随着能源转型的深入推进，要加快组建新能源工程技术研发团队，瞄准新能源在未来可能出现的突破性拐点，保持持续稳定的投入，强化基础性研究，以期抢占在能源转型中的领先地位。与新能源领域的研究机构建立广泛的合作，推进技术研发进程，同时建立新能源技术孵化器，加快新技术的推广应用。如哈里伯顿在美国休斯敦的公司总部成立了哈里伯顿实验室，提供企业家、学者、投资者和工业实验室共同参与的开放协作环境，致力开发更清洁的新能源技术，目前已孵化 12 家清洁能源公司。在投入机制方面，探索设立能源转型风险投资基金，对具有技术应用优势的初创新能源企业给予风险投资，以尽快筛选和应用新能源技术。

5.2.4 结论

全球能源产业正面临全方位的深刻变革，能源转型是大势所趋。在未来较长一段时间内，新能源还不能满足日益增长的能源需要，为了保持全球能源的安全供给，油气还将保持能源主导地位。为了保证油气在能源行业的竞争力，油气公司必须通过低碳方式开发油气，实施“油气 + 低碳、负碳技术”的能源转型路径。油气工程作为油气与新能源高效开发的重要手段，要围绕能源转型构建油气工程新型技术创新与管理创新体系，加快推进绿色低碳技术的研发布局和攻关，加速技术现场应用示范，为油气行业高质量发展提供有力支撑。

参 考 文 献

［1］Chantal B，Sahar R，Occo R. The future is now：how oil and gas companies can decarbonize［EB/OL］.（2020-01-07）. https：//www.mckinsey.com/industries/oil-and-gas/our-insights/the-future-is-now-how-oil-and-gas-companies-can-decarbonize.

［2］王敏生．油气井钻完井作业碳减排发展方向与建议［J］．石油钻探技术，2022，50（6）：1-6.

［3］李阳，王敏生，薛兆杰，等．绿色低碳油气开发工程技术的发展思考［J］．石油钻探技术，2023，51（4）：11-19.

［4］IEA. The oil and gas industry in energy transitions［EB/OL］.［2024-01-13］. https：//iea.blob.core.windows.net/assets/4315f4ed-5cb2-4264-b0ee-2054fd34c118/The_Oil_and_Gas_Industry_in_Energy_Transitions.pdf.

［5］IEA. World Energy Investment 2022［EB/OL］.（2022-12-28）［2024-01-13］. http：//www.iea.org/t&c/.

［6］Wood Mackenzie. Energy super basins：where the renewable，CCS and upstream stars align［EB/OL］.［2024-01-13］. https：//www.woodmac.com/horizons/energy-super-basins-where-the-renewable-ccs-and-upstream-stars-align/.

［7］Couch M. DNV outlook：energy transition 'still in the starting blocks'［J］. JPT，2023，75（10）：32-37.

［8］Baker Hughes. The path to net-zero and a sustainable energy future［EB/OL］.（2021-01-01）［2024-01-13］. https：//www.bakerhughes.com/sites/bakerhughes/files/2021-01/Baker%20Hughes%20-%20The%20path%20to%20net-zero%20and%20a%20sustainable%20energy%20future_0.pdf.

［9］Dicman A，John M. Midland Basin Wolfcamp resource assessment using well spacing normalized recovery per section［C］//URTEC 3707494，2022.

［10］Courtier J，Wicker J，Jeffers T. Optimizing the development of a stacked continuous resource play in the Midland Basin［C］//SPE 2461811，2016.

［11］Shumway M. Building a better shale well with biosurfactants improves production and ROI［J］. World Oil，2022，243（1）：35-38.

［12］Baker Hughes. The path to net-zero and a sustainable energy future［EB/OL］.（2021-10-01）［2024-01-13］. https：//www.bakerhughes.com.

［13］Pomerantz A E，Eriksson S T. Tackling methane emissions：it's time to act［J］. World

Oil，2022，243（3）：22-26.
[14] Whitfield S. Precision leverages automation to take productivity to next level [J]. Drilling Contractor，2023，79（6）：48-49.
[15] Morrison J. The next generation of land drilling：hybrid-powered rig combined with energy storage [EB/OL]. [2024-01-13]. https：//www.worldoil.com/magazine/2021/march-2021/features/the-next-generation-of-land-drilling-hybrid-powered-rig-combined-with-energy-storage.
[16] Whitfield S. Zero-emission power-generation system in development for land rigs using hydrogen fuel cells [J]. Drilling Contractor，2022，78（4）：20-21.
[17] Fervo Energy. Fervo Energy's 'Project Red' results are a historic breakthrough for geothermal energy-what comes next [EB/OL]. [2024-01-13]. https：//www.resfrac.com/blog/fervo-energys-project-red-results-are-a-historic-breakthrough-for-geothermal-energy-what-comes-next.
[18] Kelly J，McDermott C. Numerical modelling of a deep closed-loop geothermal system：evaluating the Eavor-Loop [J]. AIMS Geosciences，2022，8（2）：175-212.
[19] Zivar D，Kumar S，Foroozesh J. Underground hydrogen storage：a comprehensive review [J]. International Journal of Hydrogen Energy，2020.
[20] 周庆凡，张俊法. 地下储氢技术研究综述 [J]. 油气与新能源，2022，34（4）：1-6.
[21] Whitfield S. CCS shows great promise，but scaling up requires collaboration，investment [J]. Drilling Contractor，2023，79（3）：10-11.

5.3　全波形反演技术进展及发展展望

5.3.1 概述

全波形反演是一种基于波动方程的高精度地球物理勘探技术，通过最小化实际观测地震数据与数值模拟生成的合成数据之间的差异，迭代优化地下介质的物理参数模型（如速度、密度、衰减因子）。它能充分利用地震波场的全部信息（包括振幅、相位、波形和走时），高精度反演地下介质的精细结构，是目前精度最高的一种速度建模技术。有利于提高复杂构造和复杂储层的成像精度，提升地震资料的信噪比、分辨率和保真度，为油气储层预测提供良好的资料保障，甚至实现岩性和物性参数直接的反演，直接服务于油气储层的定位和描述。

2017年碧辟在墨西哥湾深水 Atlantis 油田采用长偏移距（部分区域偏移距超过 20km）低频地震数据，利用 FWI 重新建立速度模型，用于地震资料的逆时偏移（RTM）成像，最终获得了 Atlantis 油田有史以来最好的盐下成像剖面，提高了深水储层钻井的可靠性和精确性，在该油田获得了 2×10^{8}bbl 的新储量。因此，开展全波形反演技术研究对油气勘探开发具有重要的意义。

5.3.2 全波形反演技术进展

近年来，全波形反演技术一直保持着较高的研究热度和关注度。当前，FWI 技术研究热度进一步升高，并从传统的 FWI 速度建模向 FWI 成像发展，仅从原始地震数据开始，不需要常规的预处理、建模和成像流程，FWI 成像技术流程即可生成高保真、高分辨率的地震图像。此外，高频 FWI、弹性波 FWI（EFWI）和 FWI 出叠前道集等也引起广泛关注。

国际上各大物探服务公司都有自己的特色 FWI 技术，FWI 技术在海域广泛应用，已成为地震处理常规技术流程及抢占市场的技术利器（见表 5–2）。Viridien（CGG）公司代表性的 FWI 技术有时延 FWI（TL–FWI）、PS–FWI、FWI 成像、弹性波 FWI 等；斯伦贝谢代表性的 FWI 技术有反射波 FWI、增强模板匹配 FWI（ET–FWI）等；BGP 公司着力攻关陆上 FWI 应用。

表 5–2 物探公司及研究机构 FWI 技术

公司	FWI 相关技术
Viridien（CGG）	LSFWI、ORT FWI、反射波 FWI、Q FWI、时延 FWI、PS–FWI、FWI 成像、弹性波 FWI、动态分辨率时延 FWI（DR–TL–FWI）
斯伦贝谢	LSFWI、自适应 FWI、多参数 FWI、反射波 FWI、高分辨率 FWI、增强模板匹配 FWI（ET–FWI）、弹性波 FWI、陆地 FWI、ML 自动决策 FWI
东方物探	伪谱法 FWI、TTI FWI、黏滞 FWI、初至 FWI、时延 FWI、反射波 FWI、多参数 FWI、FWI 成像
中国海油	透射波 FWI
中国石化	近地表早至波 FWI、反射波 FWI、各向异性介质多参数 FWI、面向储层的 FWI、起伏地表 FWI、基于构造约束的特征波 FWI、FWI 成像

代表性的 FWI 技术突破及应用包括：① Viridien 公司基于主动和被动节点监测数据及拖缆数据，使 FWI 最高反演频率达 200Hz；②在具有大阻抗对比和弹性效应的复杂地质区域，弹性波 FWI 技术应用增多；③ FWI 成像技术效果持续提升，基于高频 EFWI 的弹性波 FWI 成像有助于显示详细的构造和储层特征。

5.3.3 全波形反演技术应用实例

1）声波 FWI

传统的 FWI 技术通过最小化观测数据和模拟数据的波形匹配差来更新速度模型，会存在振幅差异和周期跳跃问题，Viridien 公司提出一种更加强健的 FWI 算法——TL–FWI，通过最小化观测数据和模拟数据的旅行时差异，可以有效缓解周期跳跃和振幅差异。TL-FWI 方法广泛应用于 Viridien 公司的 FWI 成像和弹性 FWI 方法中，应用成效显著。此外，通过波路径分解技术和相位编码策略（增强反射波信号信噪比），以及结构正则化（保持地层连续性）、总变差（TV）正则化（保留突变边界锐度）和动态权重分配（如反演初期侧重结构约束，后期强化 TV 约束），实现了动态分辨率 TL-FWI（DR-TL-FWI）技术，该技术有利于最大化反射波对全波形反演速度建模的贡献，从而改善深层目标的建模和成像。

中国南海莺歌海盆地受热流体形成的底辟、浅层气田和复杂断裂等复杂构造的影响，旧拖缆数据即使重处理也不能解决成像难题。中国海油和 Viridien 公司利用 2021 年采集的最大偏移距超过 16km 的 OBN 数据，应用黏声 TL-FWI、DR-TL-FWI 和散射成像等最新处理技术，得到更好的泥底辟构造成像，获得了高品质的成像结果（见图 5-4）。

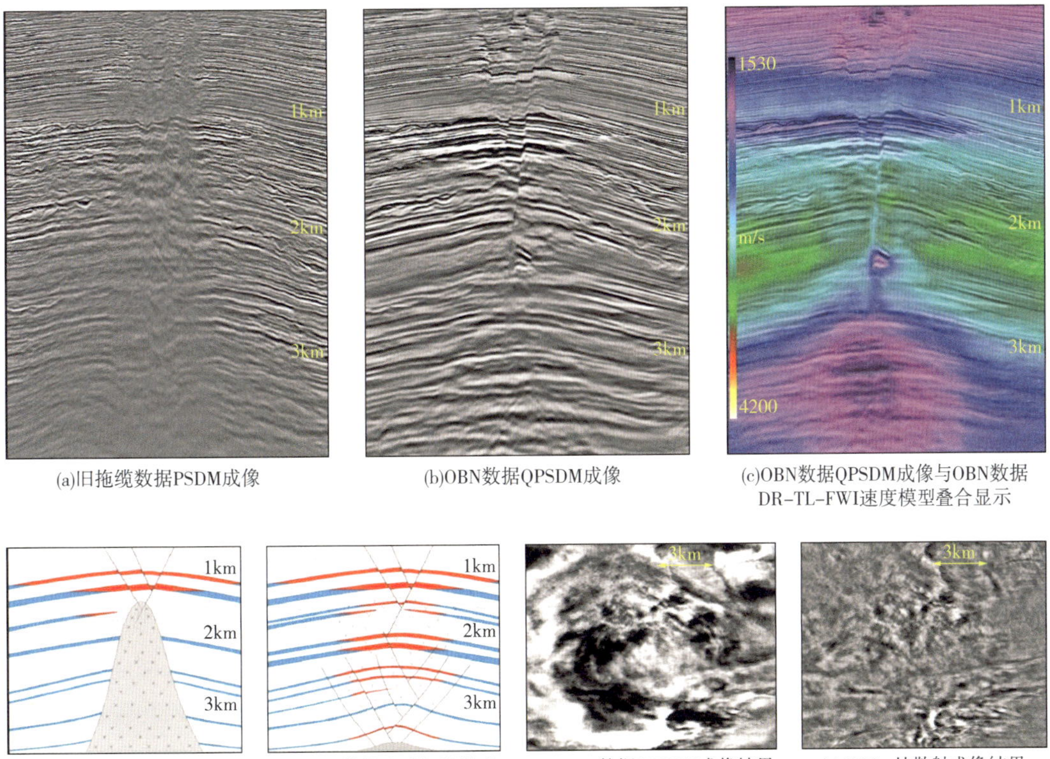

(a)旧拖缆数据PSDM成像　(b)OBN数据QPSDM成像　(c)OBN数据QPSDM成像与OBN数据DR-TL-FWI速度模型叠合显示

(d)旧数据地质解释模型　(e)OBN数据地质解释模型　(f)OBN数据QPSDM成像结果深度切片　(g)4200m处散射成像结果

图 5-4　基于 FWI 速度模型的莺歌海盆地 OBN 数据成像

斯伦贝谢提出了一种新的增强模板匹配全波形反演方法（ETM-FWI），通过模板匹配方法计算模型数据与实际数据之间的相似度和空间位移（见图 5-5），并将该方法拓展用于基于最小二乘的不匹配目标函数，克服了传统基于走时目标函数的局限性。在墨西哥湾深水复杂盐区数据上的应用显示（见图 5-6），即使在复杂的地质环境中，新的

ETM-FWI 方法也能很好地处理实际数据，使复杂盐构造的成像有了显著的变化。TGS 公司也提出了用于高分辨率速度模型更新的多通道动态匹配全波形反演（DM-FWI）方法，聚焦于解决输入数据和建模数据间的运动学不匹配。它利用在时间和空间的局部窗口中计算的数据残差，使用包括潜水波和反射波在内的数据中的总能量来提供高效的速度模型更新。

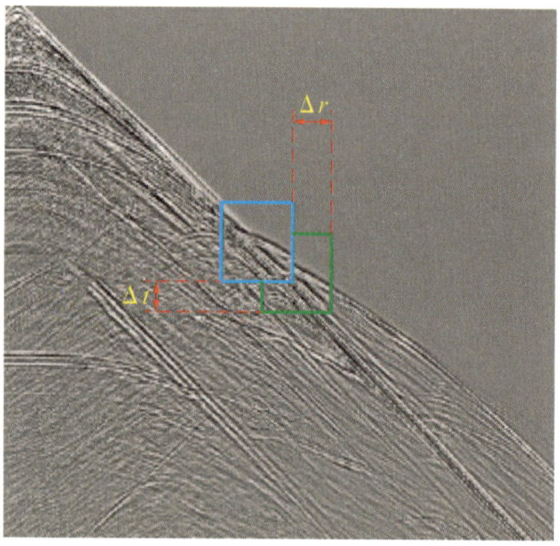

图 5-5　模板匹配目标函数计算时间和空间位移

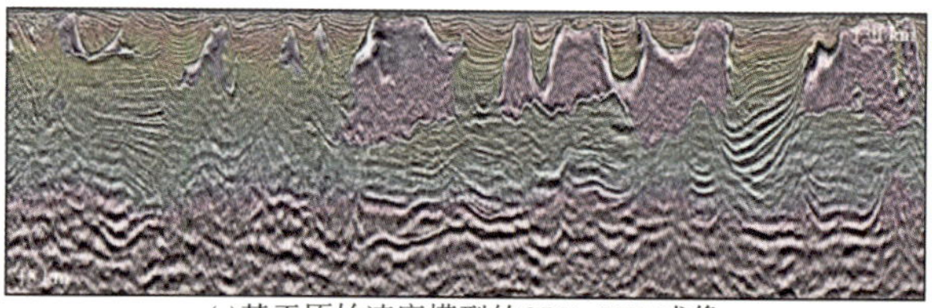

(a)基于原始速度模型的OBN-RTM成像

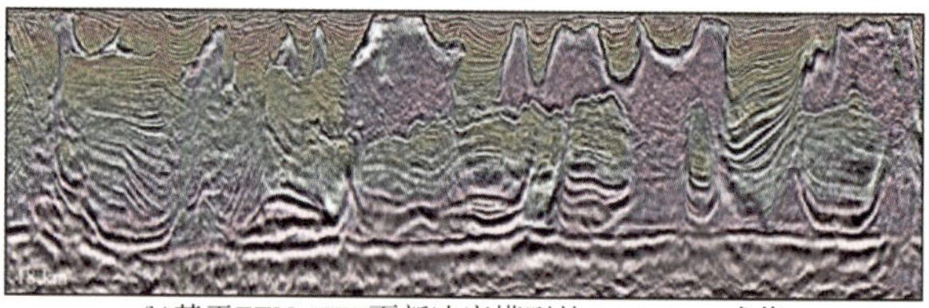

(b)基于ETM-FWI更新速度模型的OBN-RTM成像

图 5-6　ETM-FWI 更新速度模型成像与原始速度模型成像结果对比

2）高频和高分辨率 FWI

高频 FWI 通常用于建立高分辨率速度模型，从中导出高保真反射率图像（FWI 成像），作为 Kirchhoff、RTM 或 LSM 成像的补充甚至替代产品使用。

Viridien 公司联合利用稀疏 OBN 和密集拖缆数据，完全数据驱动 FWI 工作流程，实现了 200Hz FWI，优化了 Barents 海 Nordkapp 盆地的速度模型和盐体刻画。由于多源激发采集的主动节点数据去混叠后在低频范围内仍有残余噪声，因此首先利用记录周期为 3 个月的被动源和主动源节点数据，基于地震干涉法重建节点位置的虚源数据，重建数据偏移距达 50km，允许 6km 深度速度更新。由于节点数据稀疏影响高频的模型更新，因此运行频率最高至 3Hz。然后，基于主动节点数据进行 3~10Hz 的 FWI 更新，结果优于仅基于拖缆数据的 FWI。对于高频 FWI，具有密集空间采样和更近偏移距数据的拖缆数据集可以避免高频的空间混叠问题，因此基于拖缆数据利用全波场开展 FWI 更新至 40Hz，增加了目标砂体的细节信息，将该模型用于拖缆 RTM 生产，改进了目标同相轴的一致性。最后，将 FWI 推高至 200Hz，获得了分辨率明显高于 Kirchhoff 叠前深度偏移（K-PSDM）[见图 5-7（a）] 的 200Hz FWI 成像和 FWI 速度模型 [见图 5-7（b）和图 5-7（c）]。

TGS 公司在 Clair 油田超高密度节点数据上应用高频（50Hz）DM-FWI，重新建立了 P 波速度模型及 FWI 成像结果（见图 5-8）。

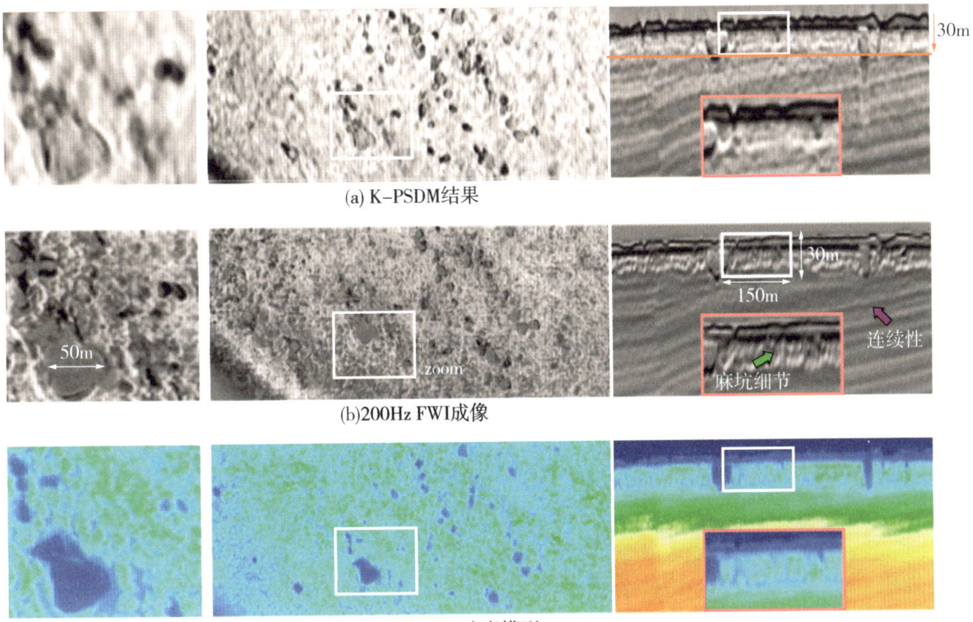

(a) K-PSDM结果

(b)200Hz FWI成像

(c)对应的200Hz FWI速度模型

图 5-7　200Hz FWI 获得的浅成像隆起

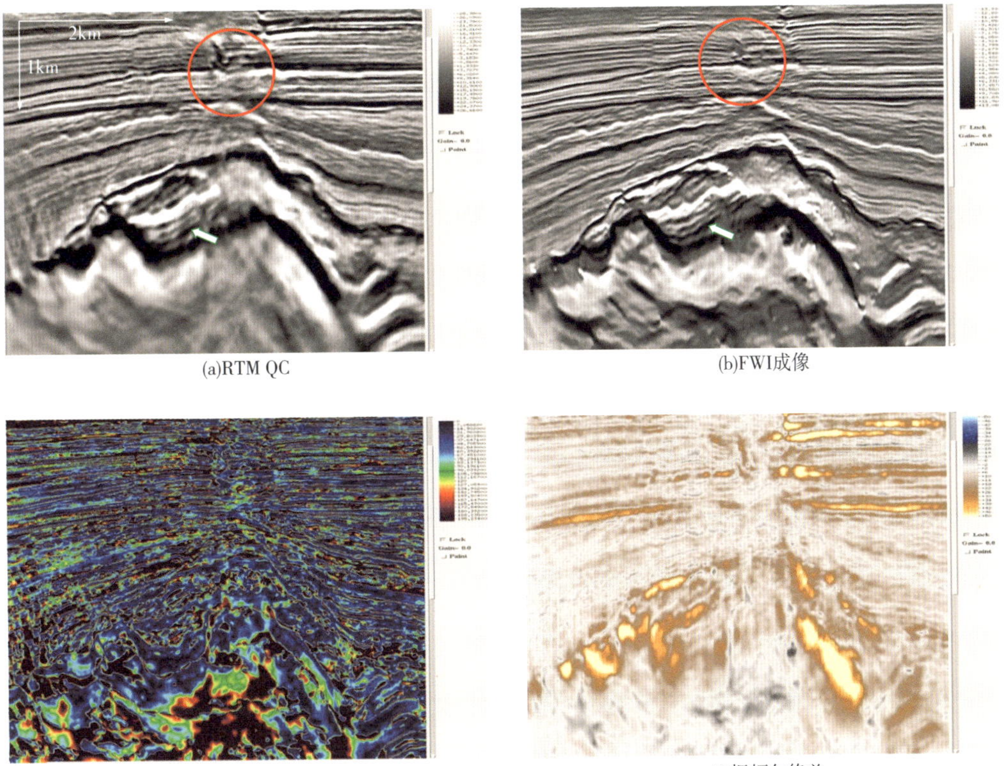

(a)RTM QC

(b)FWI成像

(c)NRMS

(d)振幅包络差

图 5-8　DM-FWI 最终结果

红色圆圈表示平台周围的成像有所改善，白色箭头表示储层的分辨率有所提高

3）FWI 成像

FWI 成像技术通过计算高频 FWI 的法向导数，直接生成 FWI 图像，它利用包含一次波和多次波在内的全波场数据，不需要传统的预处理、速度建模及成像工作流程，自动地同时获得速度和反射率，在减少项目周转时间的同时，可改善目标的照明、分辨率和成像，可以作为传统成像方法（如 Kirchhoff、RTM 或 LSM）的补充或替代方法（见图 5-9）。

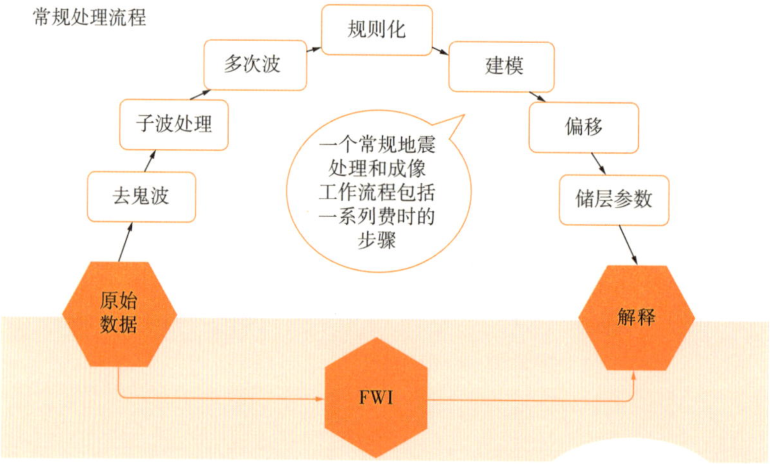

图 5-9　FWI 成像技术示意图

DUG Technology 公司提出同时估计地下速度模型和高分辨率反射率成像的多参数全波形反演（MP-FWI）成像方法，将其应用于在墨西哥湾水深近 2km 处采集的稀疏 OBN 数据集，改善了复杂盐结构边缘和下方的成像。对 MP-FWI 成像方法与传统处理成像工作流程常规的 Q-RTM、成像像域 LS-Q-RTM、数据域 LS-Q-RTM 等进行比较显示（见图 5-10），传统的 Q-RTM 在盐体的两侧显示出照明不良的清晰锥体（黄色箭头）。两个 LS-Q-RTM 输出在一定程度上解决了这一问题，但振幅仍明显弱于周围事件。MP-FWI 成像的反射率显示出这些区域大大改善了照明和更一致的振幅响应。橙色箭头突出显示事件成像较差。由于比传统流程能更好地处理多次波，在 MP-FWI 成像反射率体中，该事件和周围区域明显更清晰、更连续、更干净。

然而，生成高频 FWI 衍生的反射率（FDR）体的计算成本很高，限制了其在大型现场数据中的应用。为此，斯伦贝谢提出了一种新颖的最小二乘全波形反演衍生反射率（LS-FDR）方法，用于生成高保真、高分辨率的地震图像。该方法的主要思想是用 LS-FDR 代替传统成像第二步中使用的仅一次偏移或最小二乘偏移（见图 5-11），从而显著降低产生高频 FDR 体的计算成本，并提供与传统的 RTM 或最小二乘 RTM 方法相比更优质的地震图像。该方法的优越性源于最小二乘反演的迭代性质，能最大限度地减少模拟数据与观测数据之间的差异。通过两个数值案例和一个墨西哥湾的现场数据示例，展示了 LS-FDR 在生成高分辨率地震图像方面的能力和优势（见图 5-12）。

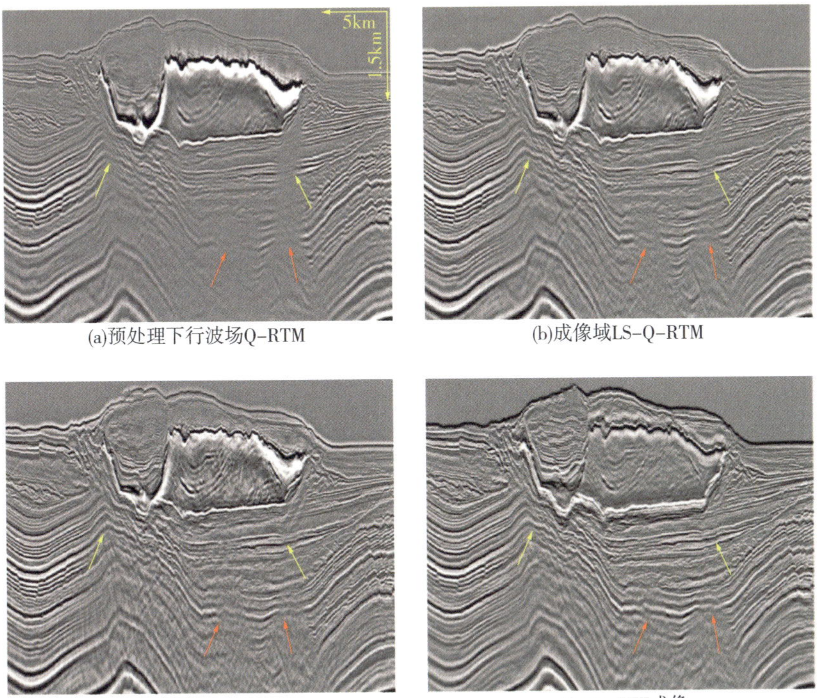

(a)预处理下行波场Q-RTM　(b)成像域LS-Q-RTM

(c)数据域LS-Q-RTM　(d)MP-FWI成像

图 5-10　MP-FWI 成像结果与其他方法成像结果对比

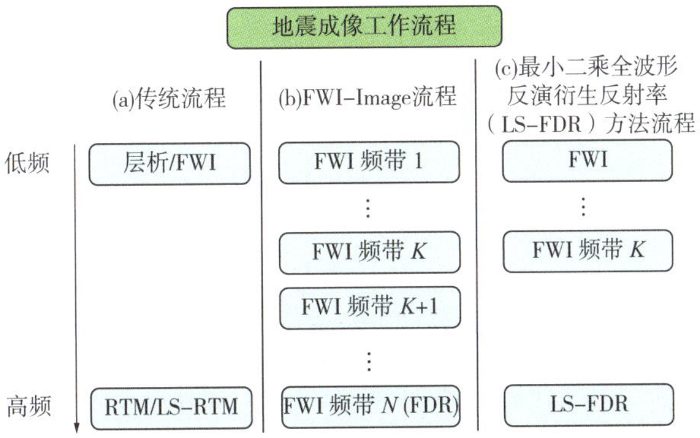

图 5-11　不同技术路线的 FWI 衍生反射率（FDR）方法对比

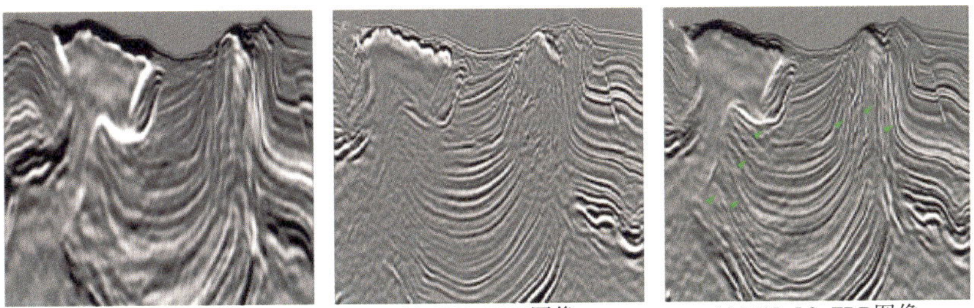

(a) 6Hz FDR图像　(b) 15Hz RTM图像　(c) 15Hz LS-FDR图像

图 5-12　LS-FDR 成像结果与其他方法成像结果对比

4）弹性波 FWI

弹性波 FWI 考虑波传播中的黏弹性效应，与声学 FWI（AFWI）相比，能更准确地进行数据建模，从而使 FWI 数据拟合产生更小的残差并改进收敛，适用于具有大阻抗对比和弹性效应的数据（如盐岩、火成岩、蒸发岩等），且可减少 FWI 方法应用所需要的数据条件。

对于复杂上覆下的盐下目标，NATS 数据成像通常因较差的照明而遭受强烈的失真。Viridien 公司基于巴西 Campos 盆地 NATS 数据集进行弹性波 FWI 成像，显著改善了照明失真、层间多次波污染和低信噪比区域的成像。该数据集最大偏移距为 10km，缺乏很长的偏移距和方位角覆盖，低频含量有限；目标位于潜水波穿透极限以下，而有限的低频破坏了 FWI 产生可靠的低波数更新的能力。而通过 EFWI 成像可以减少 NATS 数据对盐下成像的一些限制。

AFWI 速度模型［见图 5–13（c）、图 5–13（e）］显示了 AFWI 没有正确地建模盐体周围的强弹性效应导致的盐晕问题。EFWI 速度模型［见图 5–13（d）、图 5–13（f）］显示盐边界更清晰，减少了模糊。与 AFWI 成像［见图 5–13（a）］相比，EFWI 成像［见图 5–13（b）］具有更连续的盐底（BoS）；在剖面的深处，在最浅部的盐下方的深层断层结构处可以观察到隆起。EFWI 最终成像结果盐体形态和盐下沉积结构更清晰；浅层和深层事件的振幅更加平衡，信噪比有所提高（见图 5–14）。

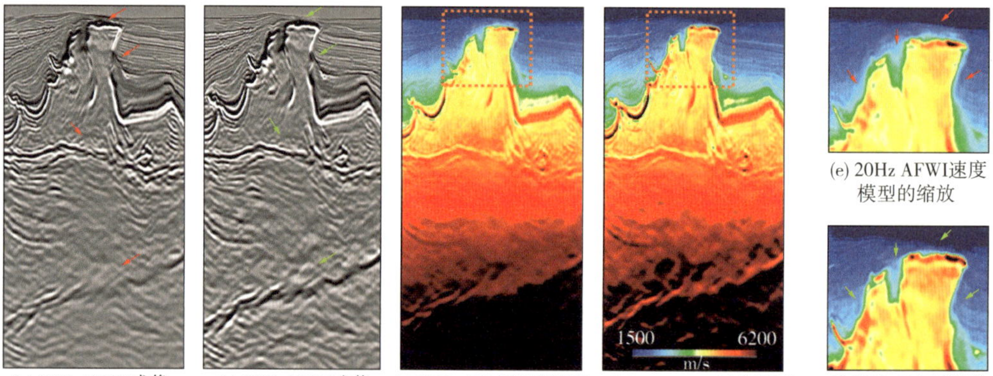

(a) 20Hz AFWI成像　(b) 20Hz EFWI成像　(c) 20Hz AFWI速度模型　(d) 20Hz EFWI速度模型　(e) 20Hz AFWI速度模型的缩放　(f) 20Hz EFWI速度模型的缩放

图 5–13　基于 AFWI 和 EFWI 方法的速度模型及成像结果对比

Viridien 公司在墨西哥湾 Atlantis 油田利用具有密集节点间距的 OBN 数据，采用高频弹性波 FWI 及弹性波 FWI 成像，进一步提高成像清晰度和信噪比（见图 5–15），显示了详细的储层特征。

5）FWI 叠前道集

通过 FWI 成像得到叠前道集，进而可进行 AVO/AVA 分析，成为最新热点研究方向，引起广泛关注。通过叠前道集的振幅随角度 / 偏移距变化分析，有助于定量解释，实现 FWI 处理成像与解释的直接对接。

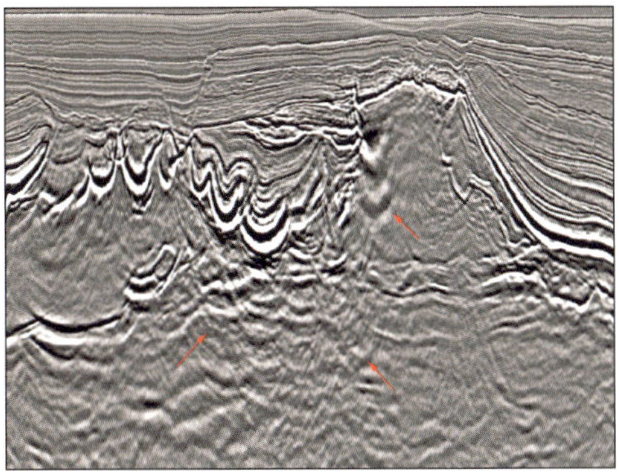

(a)老速度模型的45Hz RTM成像

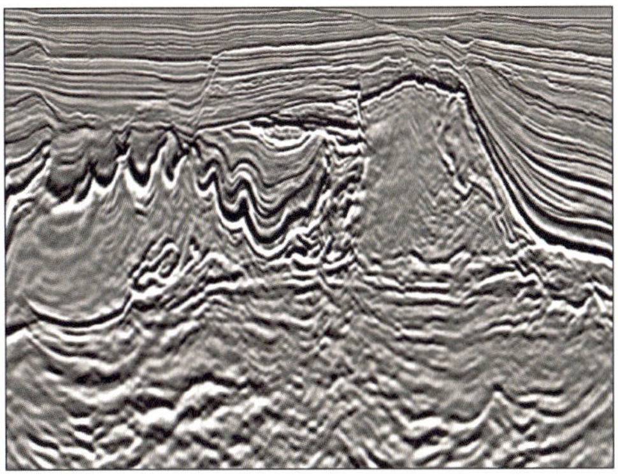

(b) 30Hz EFWI成像

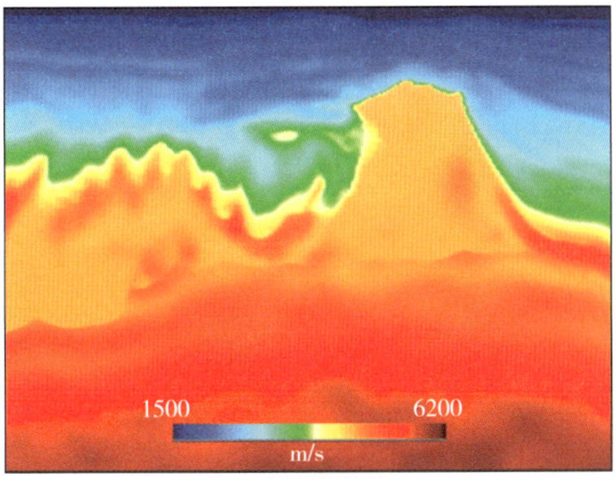

(c)老速度模型

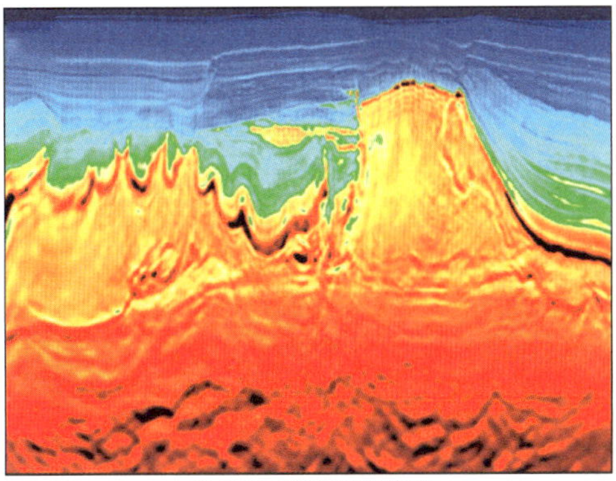

(d) 30Hz EFWI速度模型

图 5-14 老速度模型和 EFWI 速度模型成像结果对比

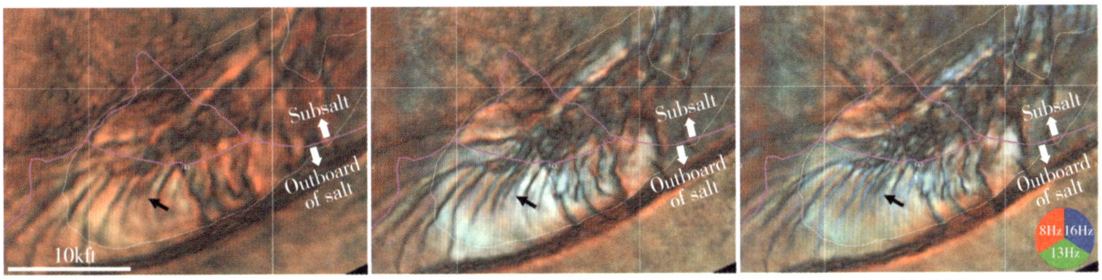

(a) 10Hz (b) 20Hz (c) 30Hz

图 5-15 10Hz、20Hz、30Hz EFWI 图像的 RGB 颜色混合，在高频图像上断层被更好地刻画和定位

Viridien 公司对使用全角度数据和全波场获得的 150Hz FWI 速度模型在 100Hz 下进行滤波，作为三个不同角度范围声学 FWI 反演的输入，与 Warner 等（2022）提出方法不同的是，角度受限 FWI 反演的是阻抗而不是速度，并通过计算具有角度补偿的阻抗导数，将从角度受限（angle-restricted）FWI 获得的阻抗转换为反射率。通过从 FWI 子图像中计算 AVA 属性如截距、梯度和叉积，以评估结果的质量。该方法在 Barents 海的应用结果表明，角度受限 FWI 工作流程的结果提供了与传统 QPSDM 方法获得的 AVA 产品相当的结果，但在具有复杂近地表地质的地区，信噪比得到了改善（见图 5-16、图 5-17）。

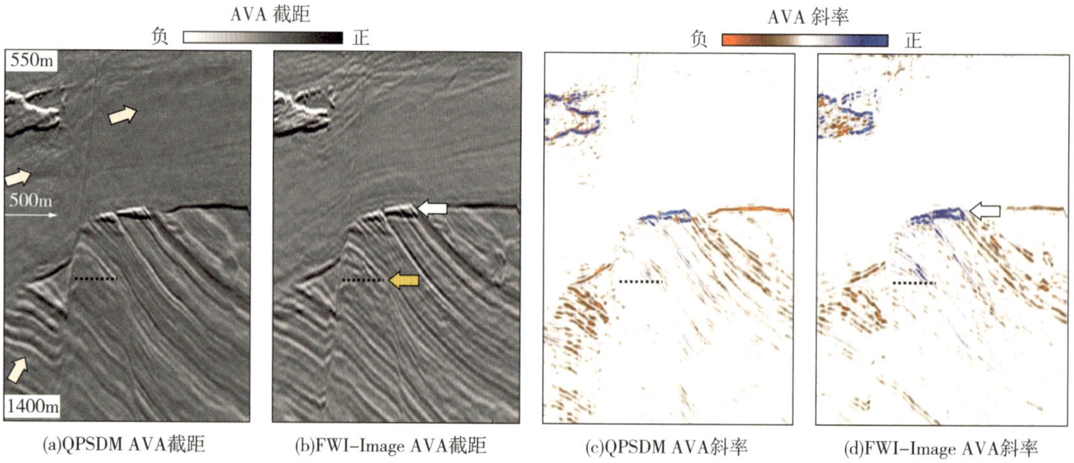

图 5-16　传统 QPSDM 方法和 FWI-Image 方法获得的 AVA 结果对比

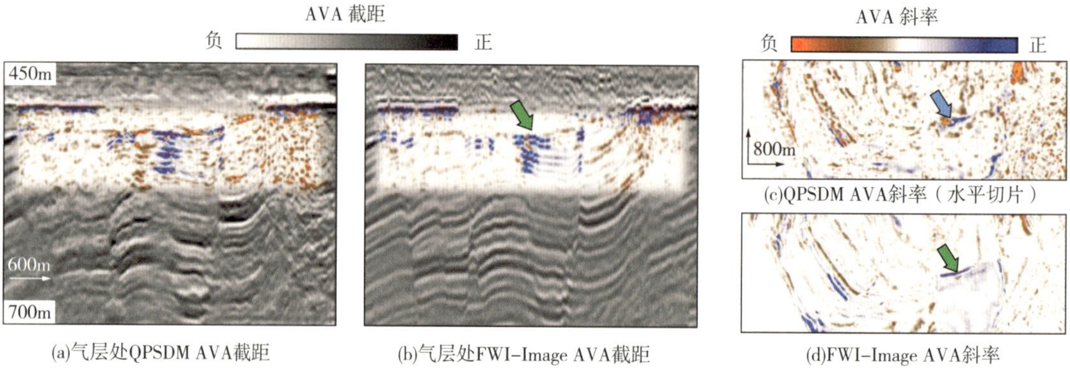

图 5-17　气层处 QPSDM 方法和 FWI-Image 方法获得的 AVA 结果对比

常规 FDR 角道集的计算方法是将输入数据分成子集，对每个子集分别应用 FWI，计算成本随着子集数量的增加而线性增加。碧辟提出了一种新的 FDR 角道集生成方法，该方法利用 RTM 稀疏角道集沿反射角和方位角生成角度梯度，然后使用单步长进行角度速度模型的更新，并取速度模型的导数获取 FDR 角道集，新方法的计算速度快于常规方法。在墨西哥湾的实际应用显示，FDR 角道集对选择性叠加以改善图像非常有用，与 RTM 或 Kirchhoff 偏移道集相比，在盐下区域显示出更清晰的振幅随角度变化（AVA）响应（见图 5-18）。

5.3.4 结论及展望

（1）FWI 技术从传统的速度建模向 FWI 成像发展，通过计算高频 FWI 的法向导数，可以直接生成 FWI 图像。

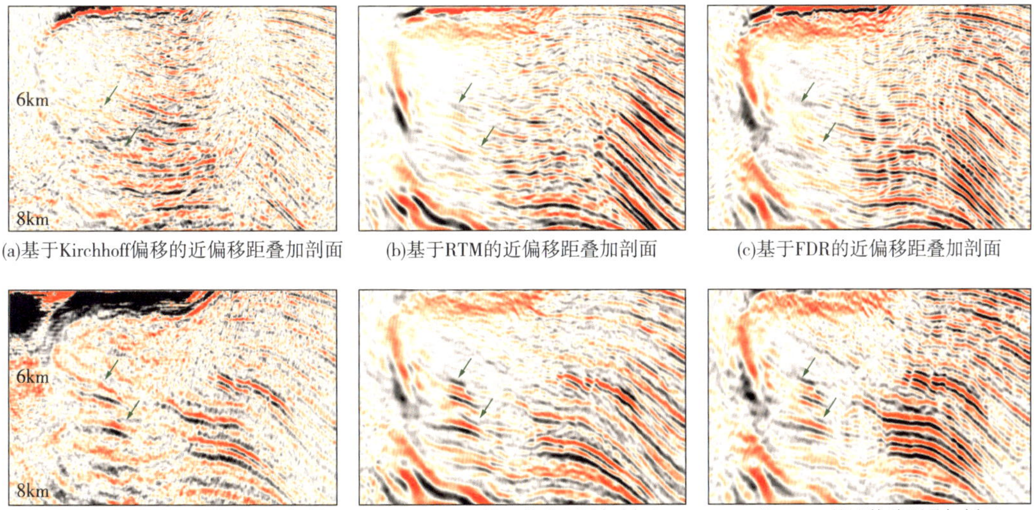

(a)基于Kirchhoff偏移的近偏移距叠加剖面　(b)基于RTM的近偏移距叠加剖面　(c)基于FDR的近偏移距叠加剖面

(d)基于Kirchhoff偏移的远偏移距叠加剖面　(e)基于RTM的远偏移距叠加剖面　(f)基于FDR的远偏移距叠加剖面

图 5-18　基于 Kirchhoff 偏移、RTM、FDR 的近偏移距和远偏移距盐下地区叠加剖面

（2）FWI 成像可以替代传统处理成像流程（如去噪、去多次波、速度建模、偏移），精度更高、工期更短、自动化程度更高，得到了各大公司的大量应用；并逐渐从海洋 OBN 地震数据应用走向海上拖缆地震数据和陆地地震数据应用，从构造成像走向保幅反射系数；已成为 Kirchhoff、RTM 或 LSM 成像的补充甚至替代产品。

（3）国外物探公司 FWI 技术发展迅速，从 FWI 成像技术快速迭代发展到 FWI 出叠前道集，成为当前最新热点研究方向，引起广泛关注；FWI 出叠前道集可以用于 AVO/AVA 分析，有助于定量解释，使 FWI 功能更完善。

（4）弹性波 FWI 考虑波传播中的黏弹性效应，与声学 FWI 相比，能更准确地进行数据建模，适用于具有大阻抗对比和弹性效应的数据（如盐岩、火成岩、蒸发岩等）；近两年 EFWI 应用实例大量涌现，也逐渐从处理 v_P 反演中的弹性效应，走向 v_S 等参数反演，弹性多参数 FWI 反演是未来发展方向。

参　考　文　献

［1］Cai J，Liu Y，Tan R，et al. Revealing the unseen mud diapir through OBN data：a case study in Yinggehai Basin［C］. 84th EAGE Annual Conference & Exhibition，2023.

［2］Cheng X，Xu J，Vigh D，et al. Enhanced template matching full-waveform inversion［C］. 84th EAGE Annual Conference & Exhibition，2023.

［3］Henin G，Janot L，Jiang H，et al. The road to 200Hz FWI using hybrid streamer and node acquisition over nordkapp［C］. 84th EAGE Annual Conference & Exhibition，2023.

[4] Romanenko M, Saxton L, Davies D, et al. High-frequency FWI on clair OBN dataset-challenges and successes [C]. International Meeting for Applied Geoscience & Energy, 2023.

[5] Rayment T, Dancer K, Mcleman J, et al. Multi-parameter FWI imaging in the Gulf of Mexico [C]. International Meeting for Applied Geoscience & Energy, 2023.

[6] Cheng X, Feng Z, Dutta G, et al. Least-squares FWI-derived reflectivity-a new way of seismic imaging [C]. 85th EAGE Annual Conference & Exhibition, 2024.

[7] Henrique A, Felão L, Barragan S, et al. Elastic FWI imaging of a complex presalt structure using NATS data [C]. International Meeting for Applied Geoscience & Energy, 2023.

[8] Hao A, Chen C, Wei Z Y, et al. Meeting the imaging challenges at atlantis with high-frequency elastic FWI [C]. International Meeting for Applied Geoscience & Energy, 2023.

[9] Espin I, Michou L, Salaun N, et al. Angle-restricted FWI for shallow reservoir characterization [C]. 85th EAGE Annual Conference & Exhibition, 2024.

[10] Warner M, Armitage J, Umpleby A, et al. AVO determination using acoustic FWI [C]. 83h EAGE Annual Conference & Exhibition, 2022.

[11] Jin H, Luo S, Liao Q Q, et al. FWI derived reflectivity gathers in angle domain [C]. International Meeting for Applied Geoscience & Energy, 2024.

5.4 万米特深井工程技术与装备发展方向

近年来国内外深井超深井钻完井技术装备发展迅速，工程地质一体化优化设计、超深井钻机设备、高效钻头与钻井工具、高温高压随钻测控仪器、抗高温超高密度钻井液、复杂地层固井、超深层完井测试等工程技术领域不断取得新突破、新进展。随着勘探开发向万米深地探索，面临更加复杂的工程地质条件，钻完井作业风险大、周期长、成本高，需持续加大关键技术装备攻关力度，构建万米油气钻探工程技术装备体系，为深地油气勘探开发提供技术保障。

5.4.1 国内外特深井钻探概况

万米特深井工程技术是探寻利用深地油气资源的重要手段，也是一个国家科技、装备制造综合实力的具体体现。国外万米科学钻探起步较早，成功实施了一批具有标志性的典型井。国内中国石化启动“深地工程”，全力提升井筒工程技术能力，推进超深领域钻完井成熟适用性技术与装备攻关集成；中国石油启动实施了万米科探井，着力推动重大技术装备攻关和重大工程项目突破。

1）国外特深井钻探概况

根据 IHS Energy 统计数据，全球发现深层油气储量 1865×10^8t 油当量，其中，近 20 年陆上深层油气累计探明可采储量 52.6×10^8t 油当量。世界上第一口超深井、特深井分别于 1949 年、1972 年由美国完成，井深分别为 6255m 和 9159m（见图 5–19）。苏联在克拉半岛完成的 SG–3 井是当前世界最深直井，完钻井深 12262m。美国墨西哥湾是世界范围内超深特深井钻井数量最多的地区，特深井钻完井装备、工具、工艺与技术实现规模化应用，区域内万米级特深井实现 260d 以内完钻。其中，Tiber1 KC102 井完钻井深 10685m（水深 1259m、地层深度 9424m、垂深 10683m），井底温度 184℃，地层压力 166MPa（见表 5–3）。

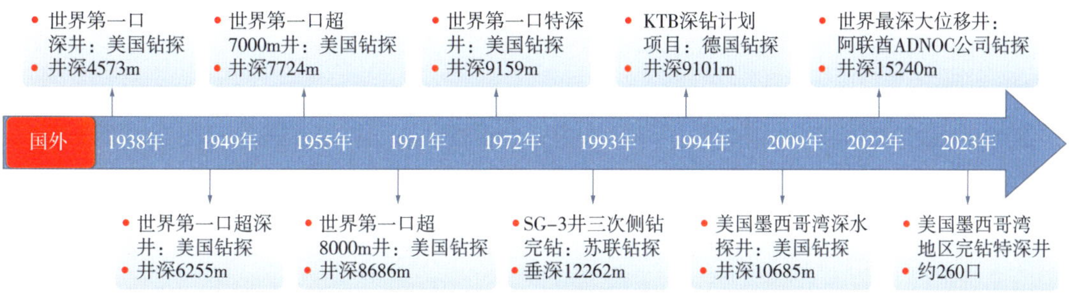

图 5–19　国外典型完钻深井情况

表 5–3　国外典型完钻特深井技术指标统计

序号	井名	井深 /m	完钻年份	钻井周期	备注
1	Kola SG–3	12262.00	1993	约 23a	苏联科探井
2	KTB HB	9101.00	1994	约 8a	德国深钻计划
3	GB9590 045SB0	11504.00（水深 1392）	2017	—	美国墨西哥湾
4	Tiber1 KC102	10685.30（水深 1259）	2009	180d	美国墨西哥湾
5	GC512–1BP2	10420.00（水深 1084）	2006	—	美国墨西哥湾
6	Kaskida	10059.00（水深 1798）	2006	—	美国墨西哥湾
7	Norsk Hydro	9723.00	1994	425d	挪威探井
8	FL1–9	9043.00	1983	1152d	美国探井
9	Emmalou No.2	9029.00	1979	492d	美国探井
10	Togers No.1–17	9583.00	1974	504d	美国探井
11	Baden No.1–18	9159.00	1972	543d	美国探井

国外深层油气钻完井技术发展主要集中在钻井优化设计、钻机、钻头、工具、仪器、钻井液等方面。优化井身结构应对复杂地层，采用井下动力钻具提速，使用高强度钻杆等提高钻具安全性；钻机装备功率大、提升能力强，配套设备性能可靠、自动化程度高；钻头类型多、质量好、系列全，单只钻头进尺多、机械钻速快；钻井液热稳定性、润滑性、剪切稀释性好，固相含量、高压失水量低，可抗盐类和酸性气体污染。

2）国内特深井钻探概况

根据 2015 年全国油气资源评价结果，中国深层－超深层油气资源达 763×10^8t 油当量，占到全国油气资源总量的 35%，目前探明程度不到 15%，勘探潜力巨大。其中，塔里木盆地奥陶系、震旦系特深层（8000~12000m）估算石油储量 10.17×10^8t、天然气储量 $1.9\times10^{12}m^3$，四川盆地灯影组估算天然气储量 $5.6\times10^{12}m^3$，顺北、富满、克深等大油气田（区）的发现推动了我国特深层油气资源的有效动用，近 10 年来我国 54.3% 的新增油气储量在深层－超深层。国内先后经历了深井、超深井、特深井阶段，围绕深井钻完井需要的装备、工具、仪器、材料和软件等关键技术持续攻关并取得重大进展，促进了我国超深井特深井钻井技术发展，全面保障了勘探持续突破和开发快速建产，实现了由钻井大国向钻井强国的转变。

图 5–20 和表 5–4 展示了我国典型完钻深井情况。2021 年，中国石化塔深 5 井完钻，完钻井深 9017m，国内首次突破 9000m；同年，中国石油双鱼 001–H6 井完钻，完钻井深 9010m，标志着我国钻井技术迈上特深井台阶。2023 年 5 月 30 日，中国石油在塔克拉玛干沙漠腹地部署的万米科探井——深地塔科 1 井开钻，截至 2025 年 2 月 20 日，钻至井深 10910m 完钻，钻井周期 632d（含侧钻施工时间）。2025 年 4 月 7 日，由派特罗尔公司承钻的新疆互盈公司新安 1 井五开加深钻进突破 10000m。

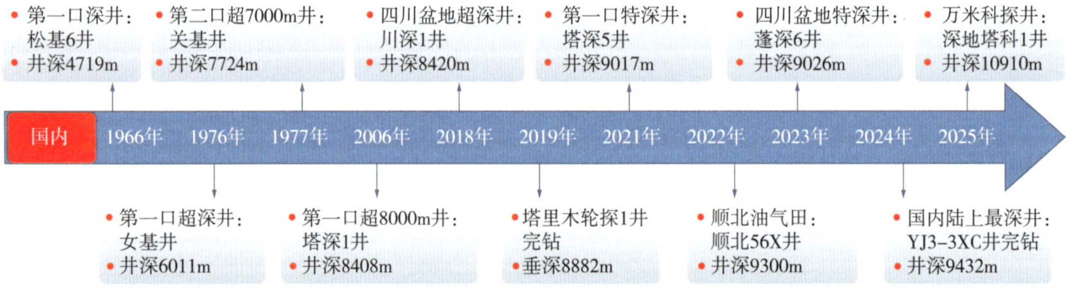

图 5–20　我国典型完钻深井情况

表 5–4　我国典型完钻超深－特深井技术指标统计

序号	井名	完钻井深 /m	完成单位	完钻年份
1	塔深 1 井	8408	中国石化	2006
2	马深 1 井	8418	中国石化	2016

续表

序号	井名	完钻井深 /m	完成单位	完钻年份
3	川深 1 井	8420	中国石化	2018
4	顺北鹰 1 井	8588	中国石化	2019
5	元深 1 井	8866	中国石化	2022
6	塔深 5 井	9017	中国石化	2021
7	顺北 11C 井	9093（垂深 8455）	中国石化	2021
8	顺北 56X 井	9300（垂深 8088）	中国石化	2021
9	跃进 3–3XC 井	9433（垂深 7242）	中国石化	2023
10	五探 1 井	8060	中国石油	2018
11	轮探 1 井	8882	中国石油	2019
12	双鱼 001–H6 井	9010（垂深 8000）	中国石油	2021
13	蓬深 6 井	9026（垂深 9022）	中国石油	2023
14	果勒 3C 井	9396（垂深 8057）	中国石油	2023
15	满深 805 井	9057（垂深 8720）	中国石油	2024
16	奥探 1 井	9417（垂深 9315）	中国石油	2024
17	深地塔科 1 井	10910	中国石油	2025
18	深地川科 1 井	10520（设计井深）	中国石油	正钻
19	新安 1 井	加深至 10008（原设计 8800）	新疆互盈	正钻

21 世纪以来，国内研制了一批深井超深井重大装备，关键工具仪器、高性能工作液，8000m 以上超深井数量和工程技术指标显著提升，钻探能力迈上 9000m 特深井台阶，目前正在向万米深地进军。

5.4.2 工程技术装备发展现状

通过多年攻关研究和现场实践，国内外万米特深井技术装备在工程基础理论、钻井工程技术装备、测量控制技术装备、完井改造技术装备等方面显著提升。

1）井筒工程基础理论研究现状

国外依托随钻地震工具（SWD），综合应用随钻测量数据、自动化矿物分析实时监测，前探数百米；国内研发了井震融合指导钻井技术，不依赖随钻地震设备，井震信息融合提高分辨率和钻井风险体（侵入体、漏失层等）预测精度。

在高效破岩技术方法研究方面，国内外提出了空化、脉冲、旋转、直旋混合等破岩方式，明确了水楔、应力波、空蚀等射流破岩机理，射流破岩方法和理论日趋成熟。基于动静力学岩体失稳、钻柱动力学原理及参数敏感因素分析，揭示了协同高效破岩机制，提出了钻井提速三要素：与地层匹配的钻头、足够的破岩能量、稳态的钻头工况。

钻柱动力学模型逐渐向全面化、精细化迈进，钻柱动力学模型中考虑的因素更加全面，国内外钻柱动力学分析由常规轴向、扭转、横向振动研究向高频扭转振动、管柱纵－横－扭耦合振动分析发展，研发了全尺寸实验装置和钻柱振动测试技术。

深部地层类型和流体组分复杂，超高温、超高压导致井筒内流体存在超临界态相变、气体溶解与脱溶，相态特征、多相流型复杂，为此建立了“物理模型＋数据修正”的多相流井筒压力计算方法，研发了基于压力特征的溢流早期预警技术，实现了气侵溢流早期预警，研发了井筒压力精细控制钻井设备，实现了全流程井筒压力自主调控。

2）钻井工程技术装备发展现状

21 世纪以来，依托国家油气重大专项和油气企业重大科技项目持续攻关，在地质工程一体化设计、特深井自动化钻机装备、高效破岩快速钻井技术、高温高密度钻井液技术、高温高压测量控制技术、窄密度窗口安全控制技术、特深层高温高压固井技术等方面取得重要进展，钻井技术装备水平不断提升。

井身结构设计经历了从经验积累到理论设计，再到系统工程设计的发展过程。借助理论实践、技术进步、工艺发展，井身结构设计逐渐从以经验为主的阶段进入科学设计阶段。国外非标套管种类齐全，利用高性能随钻扩眼和膨胀管工具等技术手段实现了 11 层井身结构、大井眼完井；国内现有井身结构最多 8 层，Φ107.9~139.7mm 小井眼完井。

在钻井装备方面，重载钻机作业能力不断提升，NOV 研发了 15000m 钻机，提升能力达 13500kN。以 Drillmec、Nabors 为代表的国外公司陆续开发了无绞车全液自动化钻机及全自动陆地钻机。我国近年来持续开展深井－超深井钻完井技术装备研究，攻克了超高钻台大载荷提升系统关键技术，自主创新、研发了多款高性能钻机，成为世界钻机制造大国。宝石机械公司研制了 12000m 钻机，绞车功率 4410kW，最大提升钩载 9000kN，配备 2205kW/70MPa 钻井泵，用于万米深地科探井作业。

钻头是钻井工程中破碎地层岩石、钻出井眼必不可少、最直接的工具，PDC 钻头采用楔形、斧形、柱形、多脊等异型齿复合片大幅提升了钻进效率，新一代高密度混合布齿 PDC 钻头和孕镶金刚石钻头可用于高强度、强研磨地层。

井下动力工具正向着耐高温、长寿命、大扭矩、高可靠性、多功能发展，输出功率、工作寿命、能量转换效率大幅提高。通过优化设计定转子结构提高能量转换效率，研发高性能橡胶材料提高抗温耐油能力。为增大输出扭矩，在常规螺杆动力钻具基础上发展了等壁厚螺杆、等应力马达，使应力集中减小、工作寿命延长、破岩效率提升。

特深井钻井需要最大限度提高钻柱的抗拉承载力，高强度等级的 Z–140、V–150 投入应用，与 S–135 相比，强度重量比分别提高了 4% 和 11%，新型高强度钻杆 UD–165 的强度重量比与 S–135 相比提高了 22%。

针对工程地质条件复杂易发生漏失和溢流、溢流时间短、溢流量大、井控作业风险高等问题，需要进行出入口流量监测，以实现溢流早监测、早发现、早处理，降低井控作业风险。美国卡麦隆公司研发了 170MPa 压力等级井口防喷器组。国内华北荣盛、苏州道森等厂家研发了 140MPa 防喷器。

针对高温钻井液处理剂失效、流变性变差等技术难题，研制了耐高温钻井液降滤失剂、乳化剂、封堵剂等，形成了高温高密度钻井液体系和堵漏技术。国外水基 / 油基钻井液耐温 260℃、密度 2.60g/cm^3，高失水堵漏、凝胶堵漏技术耐温 230℃；国内水基 / 油基钻井液耐温 240℃、密度 2.40g/cm^3，堵漏浆体系耐温 200℃。

在油气建井工程中，为了保持井筒稳定和地层 – 套管环空长效密封，通过注水泥固井封隔油、气、水层，为持续钻探、完井开采提供安全作业环境。国内外攻克了抗高温水泥浆降滤失剂、防窜剂、加重剂等外加剂难题，研发了抗高温固井外加剂、高温大温差水泥浆、高温高密度水泥浆、高压防气窜水泥浆等特色体系，研制了高承载、高密封性尾管悬挂器。

3）测量控制技术装备发展现状

采用测量控制技术可识别地层特性、判别井下工况、控制井眼轨迹、提高油层钻遇率、降低油气钻探开发综合成本。

MWD（随钻测量技术）突破了超高温定向探管、高温脉冲器、超高压密封减振、高温标定及校验等核心技术，研发了高温高压随钻测量系统，实现了从低速到高速、从常温向高温、从单一功能向平台的扩展。国外耐温 200℃、耐压 206MPa MWD 成熟，最高抗温 230℃；国内耐温 175℃ MWD 成熟，185℃ MWD 推广应用，200℃ MWD 入井验证。

LWD（随钻测井技术）开发了高温、高压、高精度、多维随钻测井系统，具备远探测、前探测能力，实现了二维、三维主动探测。国外近钻头伽马成像测点距钻头 0.50m，电成像分辨率 208 扇区，三维远探 90.00m、前探 30.00m，耐温 200℃；国内近钻头伽马成像测点距钻头 0.50m，电成像分辨率 128 扇区，二维远探 6.00m，前探样机验证阶段，主流仪器耐温 150℃，部分耐温 175℃。

高温电缆测井研制了超高温超高压常规测井和二维、三维扫描成像仪器，为储层物理参数求取、储层评价、产量评估提供了手段。国外常规测井仪器耐温耐压 260℃ / 206MPa；二维、三维扫描成像系列化，耐温耐压 175℃ /140MPa；国内常规测井仪器耐温耐压 260℃ /206MPa，二维成像仪器耐温耐压 175℃ /140MPa。

为了解决高陡构造、大倾角地层“防斜打快”的技术难题，研制了井下闭环控制、主动防斜纠斜垂直钻井系统，释放了钻压、提高了钻井速度。国外机电液一体化智能导向，井斜控制≤ 0.5°，耐温耐压 200℃ /172MPa，尺寸系列齐全；国内自动垂直钻井系统，井斜控制≤ 1.5°，耐温耐压 150℃ /140MPa，适用于 Φ311.1mm 以上井眼。

4）完井改造技术装备发展现状

碳酸盐岩储层的增产改造经历了从酸化到酸压，从无砂压裂到加砂压裂的复杂过程。通过改性胍胶、稠化剂、交联剂等关键助剂，构建了一系列耐高温、强携砂性能的压裂液体系；各大油气公司针对超深层碳酸盐岩研发了耐高温酸用化学剂，实现了耐高温酸液体系强缓速、低腐蚀、深穿透。国外压裂液体系最高耐温 232℃，有机缓速酸体系最高耐温 230℃，凝胶酸 / 交联酸体系耐温 204℃；国内压裂液体系最高耐温 232℃，有机缓速酸体系最高耐温 200℃，凝胶酸 / 交联酸体系耐温 180℃。

超高压压裂装备主要由超高压井口、超高压液力端、超高压地面管汇、超高压传感器等四部分组成。为满足超高压、大排量压裂改造需求，研发了超高压大功率压裂泵、超高压井口、超高压管汇、超高压传感器等，实现了远程、智能化控制。国外压裂车 1690.5kW/175MPa，电动压裂机组 4410kW/210MPa，研发了智能压力监测、砂堵风险预警和压裂作业参数实时调控技术；国内压裂车 2205kW/175MPa，电动压裂机组 5880kW/175MPa。

在完井测试技术方面，国外高温高压测试工具整体耐温 204℃、耐压 105MPa，高端完井工具耐温 232℃；国内高温高压测试工具 204℃、105MPa 级别产品国产化，正在研发耐温 232℃的完井工具。

5.4.3 工程技术装备对标分析

我国特深层油气藏具有其特殊的地质背景，地层古老、埋藏深、温度压力高、相态复杂，万米特深井地层压力系统复杂、深部硬地层破岩难度大、井壁稳定性差、超长封固段固井难，超高温高压环境对井下工具仪器和井筒工作液要求高、窄密度窗口地层井控风险大。

（1）受限于实验装备测试能力，220℃以上超高温及 200MPa 高压岩石力学参数描述和超硬地层抗钻强度刻画与国际先进水平相比仍有不足。

（2）在复杂超深井井身结构拓展、超高温工作液、高温随钻测量仪器、垂直钻井、高效钻头、高温高压固井和完井工具等方面仍与国外存在较大差距。

（3）压裂设备在超高压及大功率方面达到了国际领跑水平，压裂设计软件仍然存在较大差距；完井测试工具和测试解释软件成熟度不够，工具应用性能不稳定，与国外还有一定差距。

对标万米特深油气井工程技术与装备，国内陆上万米特深井在钻机设备、工具仪器、工作液、完井改造技术等方面与国外还有差距（见表 5–5），万米油气资源钻探钻完井技术仍处于探索阶段。

5.4.4 工程技术装备难题挑战

万米深地钻探面临复杂地层、复杂流体、复杂应力、复杂波场和复杂温度场，地层古老，不确定因素多，特深、重载、高温高压、酸性环境、强烈振动等恶劣工况耦合，超出现有装备、工具、流体的耐受极限。

表 5–5 国内外特深井钻完井技术与装备技术指标对标分析

关键技术	国外	国内
钻机设备	名义钻深 15000m 顶驱提升能力 13500kN 钻井泵 77.5MPa/2205kW	名义钻深 12000m 顶驱提升能力 9000kN 钻井泵 52MPa/2205kW
测量仪器	200℃ MWD 成熟，最高耐温 230℃ 206MPa/260℃常规测井仪商业化推广 二维 / 三维成像测井系列化、产业化	185℃ MWD，正在研发 200℃ MWD 206MPa/260℃常规测井仪规模化入井应用 二维成像测井系列不全，三维声波工程处于样机阶段
钻头螺杆	金刚石切削片合成压力 8GPa、层厚 3.0mm 异型齿 PDC，混合钻头、全旋转齿钻头 218℃等壁厚螺杆（Roper Pumps）	金刚石切削片合成压力 7GPa、层厚 2.5mm 系列化异型齿 PDC、混合钻头 215℃等壁厚螺杆
钻井液	水基钻井液耐温 260℃ 油基钻井液耐温 260℃，密度 2.40g/cm^3 高失水堵漏、凝胶堵漏技术耐温 230℃	水基钻井液耐温 240℃ 油基钻井液耐温 240℃ 堵漏浆体系耐温 220℃
水泥浆	高温水泥浆耐温 232℃ 大温差水泥浆 50~220℃ 高密度水泥浆体系密度 2.90g/cm^3	水泥浆体系耐温 210℃ 大温差水泥浆 50~100℃ 高密度水泥浆体系密度 2.82g/cm^3
完井改造	测试工具耐温 204℃、耐压 105MPa，高端完井工具耐温 232℃ 压裂液体系最高耐温 232℃，有机缓速酸体系最高耐温 230℃，凝胶酸 / 交联酸体系耐温 204℃	测试工具耐温 204℃、耐压 105MPa 级国产化，耐温 232℃工具研发验证 压裂液体系最高耐温 232℃，有机缓速酸体系最高耐温 200℃，凝胶酸 / 交联酸体系耐温 180℃

1）超深层地质环境复杂，钻井地质环境因素描述困难

超深、高温、高压恶劣地质工程条件导致钻井风险高，钻前预测不准、设计针对性不足，易发生“遭遇战”，给钻完井工程带来不可挽回的损失；但深部地层地震资料分辨率低，复杂地层及岩性识别难且认识不足，在地质力学和岩石力学等方面急需开展更系统更深入的基础研究，以提高认识，强化工程针对性。

2）超深 – 特深井钻井对钻柱动力学研究提出了新的挑战

在一般深井中并不突出的钻柱动力学问题逐渐凸显，钻柱所受载荷不断逼近强度极限，超长细比特征引起的超柔特性、钻柱振动规律的沿程变化特征、钻柱与井壁碰摩特征的随机性、黏滑振动的深度效应及传递规律以及高频扭转振动的产生机制及抑制方法等都需进一步探索。

3）井身结构复杂，现有钻机装备难以满足要求

钻井作业对提升能力、钻具排放、承载构件稳定性、抗振性与起升安全性提出更高要求，钻机装备正向全自动化、模块化、混合能源管理发展，需提高作业效率和起升安全性，提高钻机能量运行管理水平，高效利用下钻势能，以满足低成本、绿色环保作业要求。

4）超长井段沿程动力传递效率低，钻头破岩动力不足

大尺寸井眼、深部硬地层钻头、提速工具选型困难，螺杆钻具在高温条件下橡胶易失效；地面动力损耗大，沿程流体压耗大于 50MPa，超长管柱摩阻扭矩大，机械能量传递困难；深部地层平均单趟进尺仅 100m 左右，平均机械钻速不到 1.20m/h，起下钻频繁影响钻井效率；在深部地层取心过程中存在堵心、掉心风险，取心收获率和作业时效低。

5）长裸眼裂缝地层安全密度窗口窄，钻井作业井控风险高

地层压力体系复杂，存在异常高压风险，发生气侵、溢流、漏失及溢漏并存概率高；ECD 精确预测困难，高温（220℃）、高压（140MPa）井筒流体膨胀性、流变性差异明显；井筒压力控制准确性差，井筒压力调控过程中，流动规律多变，压力波传播距离长、反应时间滞后。

6）超高温条件下助剂易失效，工作液体系性能难调控

高温易导致助剂失效、高密度流变性难以调控、材料沉降稳定性更差、高盐加剧体系失稳；超高温高压环境下封堵材料性能劣化，封堵层致密性减弱、强度低，卡钻风险高、成井困难；油基钻井液体系超高温条件下稳定性差、易破乳，重晶石易沉降，缺乏专用堵漏技术；水泥浆体系高温敏感性强、易降解失效，水泥环强度衰退，难以实现层间封隔。

7）井下耐高温耐高压工具仪器缺乏，工作性能不稳定

钻井工具橡胶部件、电子元器件等耐温耐压受限，影响寿命及测量精度，预测万米地层温度超过 220℃、压力超过 140MPa，在超高温高压、剧烈振动等恶劣工况下，现有螺杆动力钻具、测量仪器、固完井工具耐温性能差、性能难保障，可靠性和寿命有待提高。

8）耐高温酸液体系、测试工具装备无法满足要求

油气井完井管柱力学行为和白云岩孔洞型储层试井方法尚不成熟，高温高压环境对测试工具性能提出了更高要求，酸液体系耐温性能不足，现有 140MPa 井口和地面流程无法满足万米特深井需要。

5.4.5 工程技术装备发展方向

针对万米特深井复杂工程地质环境导致的工程技术难题，持续开展钻井地质风险预测、井身结构优化设计、钻完井工具装备、高性能工作流体及完井改造技术攻关，研发深地油气工程装备、工具仪器、井筒工作液，构建万米深地油气钻完井工程技术体系。

1）工程地质因素特征描述与预测技术

开展岩石力学特性表征方法、地应力及地层压力系统预测、钻井风险因素预测及评估、钻完井工程地质因素随钻超前预测技术等研究。

2）深地复杂地层安全快速钻井技术

开展钻井工程优化设计技术、耐高温钻头和高效破岩工具、复杂地层等井径钻井技术、耐高温气滞塞和封缝堵气技术、气侵溢流井筒压力安全控制技术等工具技术研究。

3）超高温高密度钻井液及井筒强化技术

加大新材料、新体系、新工艺研究力度，深化复杂地层精细描述、大型物模重构，探索失稳和漏失机理及防治方法；开展高温高密度钻井液技术、耐高温低固相钻井液技术、破碎地层井壁稳定技术、缝洞地层防漏堵漏技术研究。

4）超高温高压固井关键技术

开展超高温防窜水泥浆关键材料、超高温防窜水泥浆体系构建与评价、深层－超深层超高温固井工具、深层－超深层超高温高压固井配套技术研究。

5）深层－超深层水平井钻井关键技术

开展地质一体化水平井轨道设计方法、超高温高压 MWD 测量仪器、深层－超深层水平井减摩降阻技术、深层－超深层地层评价技术、深层－超深层水平井轨迹控制技术研究。

6）深层－超深层完井测试与储层改造技术

开展高温高压测试封隔器及配套工具、深层－超深层测试工艺及测试资料解释、低 / 无固相高比重经济测试液、速溶超高温交联酸体系、高温高压分段压裂工具及配套应用技术、深层－超深层深部沟通高导流酸压技术等研究。

参　考　文　献

［1］刘岩生，张佳伟，黄洪春．中国深层－超深层钻完井关键技术及发展方向［J］．石油学报，2024，45（1）：312–324.

［2］孙金生．万米深地油气钻完井技术与攻关方向［C］．第 20 届钻井院所长会议，2023.

［3］黄福喜，汪少勇，李明鹏，等．中国石油深层、超深层油气勘探进展与启示［J］．天然气工业，2024，44（1）：86–96.

［4］Gelfgat M. Super deep scientific drilling：lessons learned for the modern drilling technologies development［R］. 2017.

［5］汪海阁，张佳伟，黄洪春，等．墨西哥湾万米级特深井钻完井实践与启示［J］．石油钻探技术，2024，52（2）：12–23.

［6］休斯敦研发中心．国外超深井钻井经验及其启示［J］．休斯敦油气简报，2021（7）.

［7］王建云，韩涛，赵宽心，等．塔深 5 井超深层钻井关键技术［J］．石油钻探技术，2022，50（5）：27–33.

［8］孙金声，刘伟，王庆．万米超深层油气钻完井关键技术面临挑战与发展展望［J］．钻采工艺，2024，47（2）：1–9.

［9］贾承造．含油气盆地深层－超深层油气勘探开发的科学技术问题［J］．中国石油大学学报（自然科学版），2023，47（5）：1–12.

［10］赵金海，张洪宁，王恒，等．中国石化超深层钻完井关键技术挑战及展望［J］．钻采工艺，2024，47（2）：28–34.

［11］周延军，耿应春，王贵宾，等．深部地层岩石力学性质测试与分析研究［J］．岩土力学，2011，32（6）：1625–1630.

［12］Zhang P，Mishra B，Heasley K. Experimental investigation on the influence of high pressure and high temperature on the mechanical properties of deep reservoir rocks［J］. Rock Mechanics and Rock Engineering，2015，48：2197-2211.

［13］Gautam P，Verma A，Jha M，et al. Study of strain rate and thermal damage of Dholpur sandstone at elevated temperature［J］. Rock Mechanics and Rock Engineering，2016，49：3805-3815.

［14］Kibikas W，Ghassemi A，Carpenter B. Evaluating the mechanical properties of carbonate and evaporite caprocks in the Sichuan Basin［J］. Journal of Asian Earth Sciences：X，2021，6：1-13.

［15］史鸿祥，李辉，郑多明，等．基于随钻地震测井的地震导向钻井技术——以塔里木油田哈拉哈塘区块缝洞型储集为例［J］．石油勘探与开发，2016，43（4）：1-8.

［16］张进双，王春辉，张贤印．一种防斜打快钻井技术的提速机制及实践［J］．西部探矿工程，2021，20（3）：91-94.

［17］胡群爱，孙连忠，张进双，等．硬地层稳压稳扭钻井提速技术［J］．石油钻探技术，2019，47（3）：107-112.

［18］王富华，王瑞和，刘江华，等．高密度水基钻井液高温高压流变性研究［J］．石油学报，2010，31（2）：306-310.

［19］曾义金．海相碳酸盐岩超深油气井安全高效钻井关键技术［J］．石油钻探技术，2019，47（3）：25-33.

［20］曹秀义．压裂装备技术现状及发展方向探讨［J］．石化技术，2021，28（7）：119-120.

［21］张锦宏，张波，曹明，等．中国石化“深地工程”油气测试关键技术及展望［J］．石油钻探技术，2024，52（2）：48-57.

［22］毛军，郭肖，庞伟．高温高压气密封测试封隔器研发及现场试验［J］．石油钻探技术，2023，51（6）：71-76.

5.5 智慧油气藏数字孪生技术发展进展与展望

数字化转型的核心是实现物理世界与数字信息世界的相互融合。数字孪生具有实时映射、迭代优化、深度分析、高效决策等特点，作为沟通数字虚拟世界和现实物理世界的有效方法广泛应用于不同行业。基于油气藏系统的数字孪生技术构建油气开发业务新模式正在成为油气行业数字化转型和智慧油气田建设的新的发展方向。据咨询公司 ResearchDive

预测，2021 年全球数字孪生市场规模为 65 亿美元，到 2030 年将增至 1257 亿美元，年增长率达到 39.48%。主要市场分布在航空航天、汽车运输、家庭商业、医疗保健、能源与公共事业、石油天然气、农业、电信等领域。油气产业是重要的市场，占比近 10%。

目前，国外油气公司竞相抢占智慧油气藏数字孪生技术制高点。油公司将动态数字孪生系统技术应用于油气田开发，优化生产流程，最大限度地提高油气采收率。如碧辟采用数字孪生技术，对油田开发方案中的多个井筒建模，最优化每口井的轨迹，以最小风险达到生产预期目标；沙特阿美在实时作业中心（RTOC）部署数字孪生解决方案，建立基于数字孪生的 RTOC 数据流和工作流；艾奎诺在 Johan Sverdrup 油田使用数字孪生技术，实时获取现场实时作业参数特征，并进行优化模拟。油服公司构建了建井数字孪生系统，实时监控、分析和预测地面装备、钻井井下动态参数等，实现智能化作业，提高建井作业效率。如贝克休斯和诺布尔联合研发了世界上第一艘数字钻井船，通过传感器采集数据，实时进行设备可靠性预测分析；挪威 eDrilling 公司利用数字孪生技术对钻井作业进行监控，预测即将发生的事件或潜在问题；Sekal AS 公司采用数字孪生技术在钻井作业期间监控井眼状况，分析钻井参数的变化趋势，防止卡钻事故的发生；哈里伯顿公司使用数字孪生技术构建了实时钻井状态模型，基于现场获得的实时数据预测井下工况，做出合理决策。

国内石油公司也开始探索将数字孪生技术应用于油气开发领域。如中国石油开展了数字孪生智慧油气田建设方案研究，油气开发场景部分实现了三维数字可视化和仿真模拟；中国石化设计了智慧油气藏数字孪生系统的整体架构，并开展了井场数据标准采集、机理计算模型耦合及三维动态融合显示等技术研发；中国海油在引进 eDrilling 系统的基础上，根据海上钻井实际需求扩展开发了具有随钻监测、模拟优化等功能的钻井优化系统。总体而言，国内智慧油气数字孪生技术还处于探索阶段，在模型构建、场景应用、动态可视化等方面的研究应用与国外还有一定的差距。

5.5.1 智慧油气藏数字孪生技术及特点

数字孪生技术是充分利用物理模型、传感器更新、运行历史等数据，集成多学科、多物理量、多尺度、多概率的仿真过程，在虚拟空间中完成映射，从而反映相对应物理实体的全生命周期过程。数字孪生概念最早由密歇根大学教授 Michael Grieves 提出，他认为通过物理设备的数据，可以在虚拟空间构建一个可以表征该物理设备的虚拟实体和子系统，并且这种联系不是单向和静态的，而是在整个产品的生命周期中都联系在一起。

1）智慧油气藏数字孪生技术及组成

智慧油气藏数字孪生技术是将数字孪生技术应用于油气开发领域，通过油气物理资产虚拟映射，实现油气藏开发全过程的动态描述、诊断、预测、决策和操控反馈，是构建智慧油气藏、实现产业转型升级的核心技术手段。基于智慧油气藏数字孪生技术链，其技术体系可分为数据感知、数据管理和场景应用等 4 部分，如图 5-21 所示。

图 5-21　智慧油气藏数字孪生技术体系架构

（1）数据感知。数据感知主要分为地面感知、井筒感知和储层感知，为油气藏数字孪生模型构建和动态更新提供实时高精度数据支撑。地面感知是指通过传感器实时采集地面设备的运行参数，并通过数据传输网络传输到数据中心。井筒感知是指通过随钻测井 / 测量技术实现钻井过程中相关数据的测量，并通过 EM-MWD、MWD、智能钻杆等随钻传输技术实现多类型井下测量数据的传输，测量的数据类型包括地质参数和工程参数。储层感知是指通过应用 DTS、DAS、DSS、DPS、DCS 等分布式光纤传感技术实现油气井生产过程中油气藏相关数据的测量，以及通过 RFID、MEMS 微芯片、纳米机器人等微型测量系统实现地层裂缝、储层等相关数据的测量。

（2）数据管理。数据管理分为数据存储、数据处理与识别、数据共享与安全，用于对测量的多源多类型非标准数据进行处理和管理。通过数据库、数据云平台、大数据平台等基础设施实现测量数据的存储，为数据后续处理提供硬件支持。通过对数据进行标准化、清洗、分类、特征识别等步骤实现数据处理与识别，为油气藏数字孪生模型的构建提供标准化数据，提高建模精度。通过数据共享与安全等关键环节实现标准化多源数据的管理，提高数据安全性和管理效率。

（3）场景应用。场景应用是油气藏数字孪生建模和动态更新的核心和目标，旨在提高油气开发效率和智能化水平。根据油气开发流程，主要包括地面装备建模与实时优化、钻完井建模与实时优化、生产建模与实时优化。地面装备建模与实时优化包括装备的可视化、实时监测与预警、性能参数的实时优化等，钻完井建模与实时优化包括井位部署优化、钻完井工程设计优化、钻完井参数优化、钻完井风险预警等。生产建模与实时优化包括生产动态预测、生产措施调控和生产风险预警等。

2）智慧油气藏数字孪生技术的特点

智慧油气藏数字孪生技术可以反映油气开发物理资产或流程的整个生命周期，具有以下特点：

（1）虚拟建模。油气开发过程中的很多问题可能是物理实体之间的相互作用造成的，物理实体的状态通常需要通过多个相互作用的物理模型进行建模，而数字孪生可以对物理实体间的交互作用进行虚拟建模，更有利于对物理实体的认识与理解。如在油气开发方案设计中建立各流程的数字孪生模拟模块，可以优化出最高效的操作配置。

（2）远程可视化。基于数字孪生的 3D 建模可以实现钻井装备、井下工具和油气藏的可视化，进而对物理实体进行实时监测和维护。远程可视化作业是数字孪生最容易被接受和实现的应用方向，康菲石油公司已有 5 个海上平台采用远程可视化作业。

（3）智能分析与预测。数字孪生可以结合物联网的数据采集、大数据的处理和人工智能的建模分析，通过数据驱动的黑匣子模型，实现对油气开发作业状态的评估、对过去发生问题的诊断，以及对未来趋势的预测，模拟各种可能性，提供更全面的决策支持。

（4）专家经验数字化。人们很难将专家经验当作精准判断的理论基础，针对油气开发运行中出现的各种问题特征，数字孪生可以将传感器的历史数据通过机器学习训练出针对不同问题的数字化特征模型，再配以专家解决方案，使之成为一套在未来精确判断和解决技术问题的基本理论，并可进行特征库的丰富和更新，为智能诊断和判别奠定基础。

（5）数据集成。数字孪生是一个集成式平台，能够收集、同步和整合来自各个系统的信息，通过数据的集成可以促进各个单元之间的无缝通信和信息共享，增强团队之间的沟通和协作，实现更高效和同步操作，确保资源得到最优配置，提高组织运营管理效率。增强现实（AR）与数字孪生的集成可以进一步提高运营效率，配备增强现实设备的工程师可以在执行任务时接收实时数据叠加和视觉指导，从而提高情境感知能力和决策能力。同时，在油气超级盆地建设中，还可以将氢能、CCS、风能等资产结合起来，实现油气与新能源的深度耦合。

5.5.2 智慧油气藏数字孪生技术新进展

1）总体进展

数字孪生系统集成了大量的物理模型，综合应用了数据远传处理、实时计算与可视化技术，既可在设计阶段用计算机进行虚拟模拟，也可在实时作业阶段进行参数预测和方案即时重新规划。数字孪生技术在智慧油气藏中的应用可分为三类：①可视化（Visualization），包括资产的三维模型、多种来源数据汇聚、系统中枢和分级展示、数字化工作流程等；②监控（Monitoring），包括仪器设备的监测和流程状态监控、物联网和实时数据分析等；③数值模拟（Simulation），设备和资产状况的预测，流程的模拟和培训等。作为大型油气开发企业，研发推广数字孪生技术涵盖了不同的广度和深度。康菲石油公司将数字孪生技术按照成熟度分为 5 个等级：1~3 级是可视化阶段，从建立信息化工程系统到远程可视化作业和操作中心，再到数字化流程体系；4 级是监测监控阶段，除了监测还包括实时的执行作业；5 级是成熟度最高等级，指的是系统模拟，不但包含数值模拟的分析计算，还有更复杂的优化和预测算法。

目前，国际各大石油公司正在快速推动智慧油气藏数字孪生技术的应用，部分应用场景有所突破，在数据感知、基于云计算的决策分析平台、人工智能算法模型和可视化等方面具有一定的基础，但总体上仍处于起步阶段，尽管有些企业认为自己的系统是数字孪生，但大多只是实现了部分物理资产的三维可视化、部分实时信息展示和分析预测，与数字孪生的概念相对更接近一些，未达到真正的数字孪生技术目标。

2）关键技术进展

（1）油气装备数字孪生技术。利用数字孪生技术将油气装备物理实体与数据分析技术相融合，通过储存于云平台上的深度学习模型，自动检测设备缺陷和异常情况，提供潜在故障的早期预警，根据风险制定检测计划，避免不必要的常规周期检测维修。

贝克休斯和诺布尔联合研发了世界上第一艘数字钻井船，目的是通过数字化设备减少 20% 的运营成本，提高钻探效率。该数字化钻井船解决方案由 GE 的 Predix 工业物联网（IIoT）平台提供支持，部署在 Noble Globetrotter Ⅰ钻井船上，并成功和所有预定控制系统相连接，包括钻探控制网络、动力管理系统和动力定位系统。通过集中在钻井船上的传感器和控制系统收集数据，然后实时发送到贝克休斯的工业性能和可靠性中心（Industrial Performance and Reliability Center）进行预测分析。数字化钻井船已经捕获了多次异常情况，并且在事件发生两个月前发出警报，通知潜在的故障。贝克休斯为马士基钻井公司 10 部钻机的顶驱、绞车、主发动机等关键部件提供了基于数字孪生体的性能管理方案。目前，贝克休斯已经为 5000 多个装备仪器建立了数字孪生体，正在研究井筒数字孪生体，通过安装在井筒内的传感器，获取井筒内的设备信息以及储层状态信息，将井筒状态与地面装备运行状态结合在一起。

埃尼与塞班合作开发了钻井虚拟环境，将半潜式钻井平台虚拟化，实现了在虚拟钻井平台上巡视、作业过程重现、安全互动虚拟体验、油气井操作模拟等功能，如图 5-22 所示。①在虚拟钻井平台上巡视。在数字钻机上进行真实的沉浸式体验，提高对真实钻机环境的认识。在巡视过程中，可以连接到公司数据库随时获取技术规范、安全表单和功能描述等数据。②作业过程重现。交互式数据库提供约 300 口油气井的录井数据，根据钻井类型、作业类型、钻井事件等分组，可以自动导入虚拟环境中进行回放和查看。③安全互动虚拟体验。可以完成钻井现场安全入职培训、钻井现场安全演习、钻井现场作业期间的相关事件应对，安全互动虚拟体验包括钻机安全入门视频、个人防护装备穿戴、救援船区域巡演等。④油气井操作模拟。利用油气井数字孪生体支持油气井设计、操作准备、监控、事后分析和培训。在设计阶段，可以分析可能会发生复杂钻井事件的特定井段，而在钻井作业过程中，可以尽早发现实际操作与模拟操作之间的变化，并进行诊断咨询。

（2）油气井筒数字孪生技术。井筒数字孪生是真实钻井过程的数字化呈现，可应用在设计、准备、培训、实时预测等建井全生命周期的各个环节，用于钻井设计、钻井作业参数优化、井下风险预警和智能导航等，提升作业效率。图 5-23 为基于数字孪生的建井过程，数字孪生系统可以为作业者、钻井承包商和技术服务商建立一体化合作的商业模式，加强数据的共享，提高油气建井设计和施工的速度，降低钻井作业成本达 25%。

(a) 虚拟图　　(b) 实际图

图 5-22　钻机的虚拟图和实际图

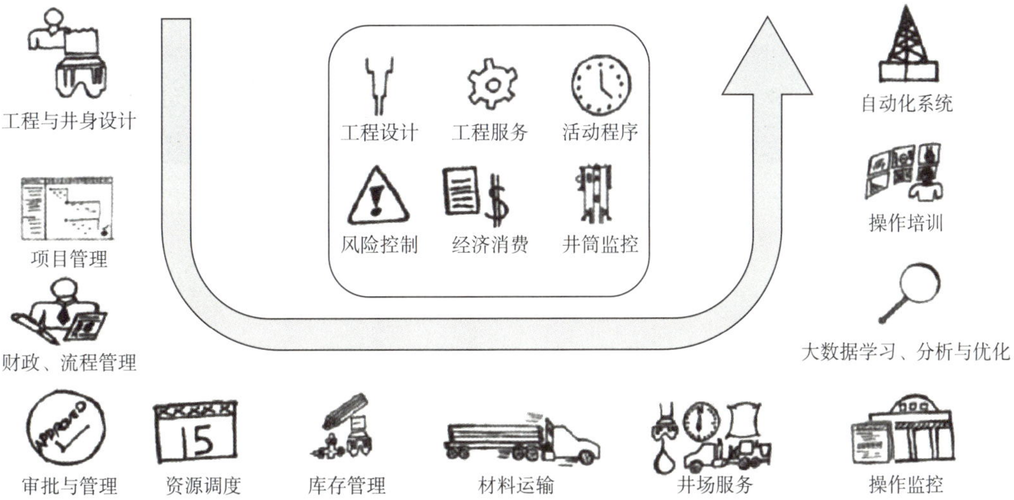

图 5-23　基于数字孪生的建井过程

eDrilling 公司应用数字孪生技术，构建形成了一套钻井数字孪生系统，主要目标是提高钻井效率、减少非生产时间。该数字孪生系统基于物理基础模型，使用地面和井下实时钻井数据，进行实时建模，以监督和优化钻井过程，图 5-24 为钻井过程中应用数字孪生技术的三维可视化。其主要组成部分包括：中央数据采集可视化系统，使用 WITSML 标准格式接收来自现场的实时数据；钻井数据质量检查和自动校正组件，以保证数据满足计算模型要求；钻井过程实时监测算法，结合使用钻井实时数据和建模数据结果进行实时监测；钻井状态诊断算法，实时对井下状态进行诊断咨询；集成瞬时水力模型、热力学模型和机械模型的钻井模拟器，对不同钻井子过程进行动态建模，自动进行预测和即时重新规划；井下过程动态 3D 可视化组件（虚拟井筒），设计数据、实时数据及其他相关数据被用于实时钻井状态的可视化。俄罗斯天然气工业石油公司应用该系统在西伯利亚接收来自钻井平台的所有实时钻井数据，用于钻井过程管理和运营效率提升。在某井应用中，实现了不稳定地层自动控制起下钻速度和管理当量循环钻井液密度，技术人员无须手动计算，只需查看实际值与模型计算值是否匹配，必要时进行干预即可。

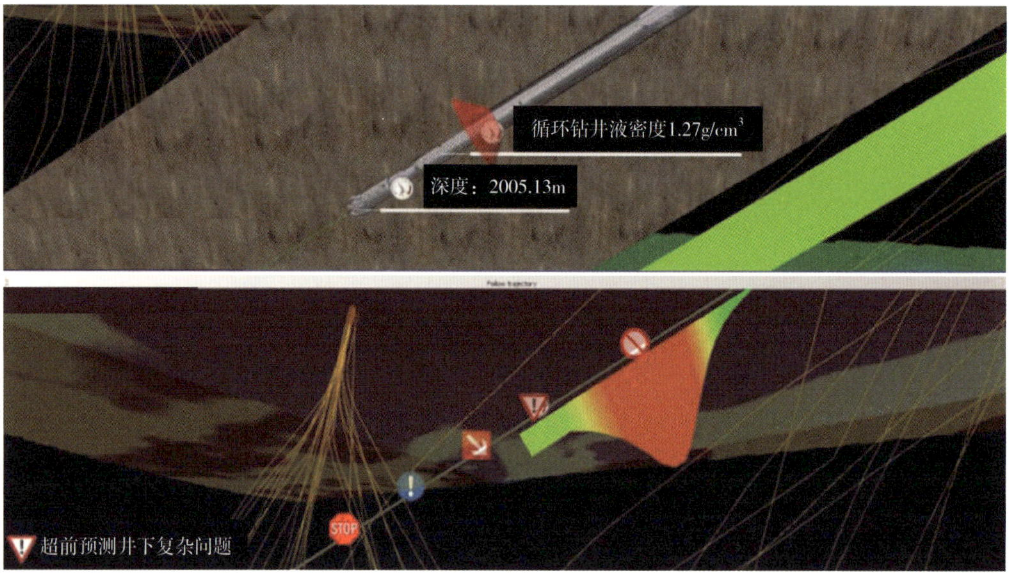

图 5-24　钻井过程中应用数字孪生技术的三维可视化

数字化转型时期，通过模拟和预测分析提高钻井效率变得尤为关键。美国 WellsX 公司提出了一种数字生态系统，软件平台包含动态数字孪生、KPI 趋势分析和数据回归分析等功能，旨在实现数据质量保证与控制、井筒工况评价、作业效率分析、井下复杂问题识别、目标的可行性评估，不断优化施工方案。数字孪生模型考虑了耦合井筒流体力学、地质力学、热力学、管柱力学和钻头 – 岩石相互作用的力学效应，具备水力压力实时计算、自动确定摩擦系数、实时选择钻井参数和智能报警等功能，能进行钻井设计优化、井下风险预警和钻井参数优化，极大提高钻井效率，缩短非生产时间。利用该系统在伏尔加 – 乌拉尔地区钻探定向井的平均钻井周期缩短了 16%，侧钻井的平均钻井周期缩短了 20%。

（3）油气藏数字孪生技术。油气藏数字孪生通过实时感知油气储层地质与开发信息，基于大数据算法和建模技术耦合的地面地下实时注采优化理论与方法，借助地下实时注采优化动态仿真平台，实现井位智能部署和实时智能注采优化，支撑油田高效开采、效益开发。

哈里伯顿公司提出了油气数字孪生概念，并将其用在了 Decision Space 365 云平台中，该平台中的建井工程 4.0 套件，实现了井位部署、钻井工程设计、建井施工管理全过程的一体化，进而实现油气井交付过程的持续高效优化。阿克碧辟采用哈里伯顿数字孪生系统，帮助技术人员从传统的电子表格查看、处理数据转变为 3D 可视化数据分析。该系统可使用工厂化和交互式两种工作流程，工厂化工作流程本质上使用程序模板，需要输入目标和地面位置、要使用的井模板及有关地下数据，可进行井眼轨迹分析、地质预测、完井和成本评估等自动模拟。交互式工作流程可根据多种因素分析各种场景的风险概率。在此基础上，阿克碧辟与哈里伯顿联合开发了油田开发规划（FDP）云应用程序。该程序将油田开发数据的手动整理过程转换为自动化数字系统，用于对油田内多个井筒建模、优化井眼轨迹。同时，阿克碧辟将与哈里伯顿、微软和斯伦贝谢等公司合作构建数据网格平台，旨在实现地质建模和油气井设计方面的数字化系统建设。该系统基于开源、跨公司的 OSDU 数据平台，涵盖油气生产中的数据管理标准。将数据标准化，可方便不同的运营商和供应商在软件平台上分析地下数据、测井曲线、井眼轨迹和流体 / 岩石特性等数据，无须重建代码，可以通过标准和可互操作的应用程序编程接口共享结果。

挪威软件公司 FutureOn 拥有 20 多年的可视化工程作业经验，不断与全球能源公司合作，推动下一代数字孪生解决方案，加快油气行业数字化进程。最近将其 FieldAP 应用程序及基于云的数据管理平台 FieldTwin 与 Bentley Systems 公司的 iTwin 平台相结合，实现了数据管理和可视化开发设计、建模分析的融合，帮助构建海洋油气开发数字孪生系统，推动油气上游勘探开发的设计，使油公司能够进一步提高其工程作业性能、运营能力和盈利能力。FutureOn 和 Bentley Systems 公司均使用开放式 Web 标准来促进复杂的集成和定制，并且组合产品已在勘探开发工作流程中应用，并实现了跨学科远程协作。图 5-25 为海洋油气开发数字孪生系统。

图 5-25　海洋油气开发数字孪生系统

5.5.3 认识与发展思考

1）认识

（1）数字孪生技术是油气数字化转型的重要方向。油气增储上产、降本增效的压力加快了油气行业数字化转型的步伐，人工智能、物联网、大数据、云计算等各类数字技术的应用百花齐放。数字孪生技术可以被视作数字技术的集成体，称作“系统的系统”（System of System），能够为新一代产业革命中的资产管理提供优化和自动化的运营路径，是油气工程技术智能化无人化发展的重要方向。

（2）多维多尺度数据感知是数字孪生的关键。智慧油气藏数字孪生涉及数字装备、数字建井和数字油田，是对地面装备、井筒和油气藏的动态超现实映射，通过数字模型与物理实体的交互实时反映物理实体的动态变化，油气藏开发过程中各类相关数据的实时传感、传输对数字孪生的实现具有至关重要的作用。智慧油气藏数字孪生体的构建需要多维多尺度数据支撑的同时，还需保证数据测量和传输的实时性、可靠性和稳定性，以及数据测量的频率和精度。

（3）多学科数据融合与交互是数字孪生的基础。智慧油气藏数字孪生涉及地球物理学、地质学、油藏工程、石油工程、岩石力学、数学和计算机等众多学科领域，数据具有尺度跨度大、类型多、数据量差异大、分辨率差异大等特点，将这些不同学科、不同尺度的数据进行集成利用是智慧油气藏数字孪生体构建的瓶颈问题，需要采用数据通用采集接口，验证多元异构数据统一输出标准的可行性，以实现数据汇聚、标准化、处理、存储、管理与共享。在实际应用中，要同时考虑网络安全性，保护物理和虚拟设施免受网络攻击。

（4）构建基于应用场景的模型与智能算法是数字孪生的核心。围绕油气建井、开发、运行等业务领域建立应用场景，依托油气藏数字孪生体为其提供智能化应用支持，才能实现为油气行业赋能的目标。针对地面装备实时监测、油气井设计、钻井参数优化、风险预警、生产优化等应用场景，建立用于映射显示的数字孪生体和用于实时动态仿真的孪生计算模型是数字孪生的核心。同时，数字孪生技术中引入了数据驱动的智能算法，弥补了实时数据不足和机理模型的计算缺陷，提升了分析预测能力。围绕模型构建和智能算法，需要开展复杂系统融合建模、机器学习等理论方法研究，实现传统机理计算模型与人工智能模型的应用与融合。

（5）智慧油气藏数字孪生技术未来将向地面井下一体化、多学科一体化和油气藏全生命周期一体化发展。一是地面井下一体化实现数据的高度融合、智能分析判断、装备的协同控制和精准无风险作业；二是智慧油气藏开放式统一技术标准平台不断成熟，通过多学科一体化加强甲乙方作业协作，打破学科界限，推动地质勘探、建井、开发生产数据的共享；三是由单一技术场景推广应用，向钻井、完井、压裂和生产等油气勘探开发全周期全过程多目标协同优化发展。

2）发展思考

数字孪生是支撑油气行业数字化转型的综合技术体系，随着人工智能、大数据、物联网、云计算、边缘计算、人机交互等技术的快速发展，数字孪生技术的应用基础更扎实、应用前景更广阔、应用范式更智能。数字孪生的核心包括平台、数据和模型，中国油气公司在数据采集、算法模型积累和开放平台开发等方面存在诸多短板，成为制约数字孪生发展的瓶颈。当前，要坚持需求导向和价值引领，在加大基础研究攻关力度的基础上，以需求迫切、基础较好、潜力巨大的应用场景为突破口，推动智慧油气藏数字孪生技术研究与应用。

（1）加强数字孪生技术基础前瞻研究。围绕数字孪生技术涉及的数据采集、算法模型和可视化技术等开展研究。一是开展大容量高带宽工程参数测量、随钻地层高精度测井、光纤传感技术等研究，以获得更加准确、充分的数据源，应用不同的物联网通信协议，构建快速、安全、稳定的交互通道，实现数据汇聚；二是开展复杂系统融合建模与算法模型研究，油气藏数字孪生模型构成复杂，包括地质、井筒、工具等多种元素，需要通过流程建模和系统建模形成孪生体，并借助海量历史数据，通过机器学习算法，弥补机理模型的计算缺陷，提高建模效率和模型精度；三是开展人机交互和边缘计算等研究，借助 AR/VR 等显示交互技术，帮助专家更好地分析作业状态以制定作业计划。通过边缘计算，将云计算的各类计算资源配置到井场或区域中心，降低时延、节省网络带宽和提升安全隐私性。

（2）开展油气装备数字孪生技术研究。以油气装备设计、管理平台为基础，开展钻机装备、压裂装备、随钻测量系统、井下提速工具等数字孪生技术研究，将装备传感器数据及使用环境数据实时输入数字孪生模型，使数字孪生的环境模型与实际设备工作环境的变化保持一致，通过数字孪生运行模拟，进行设备运行状态分析、关键设备故障预测及自动化诊断，设备预测性维护及寿命预测，掌握装备的任务数据、环境数据、维修保障数据，优化装备性能，实现装备设计、制造、使用、管理、维护等生命周期的实时管理和监测。

（3）开展井筒数字孪生技术研究。在现有井筒数字仿真技术的基础上，按照数字孪生标准扩展完善井筒数字模型，借助成熟的数字孪生平台研发井筒数字孪生系统。井筒数字孪生系统利用已钻井和已钻地层的数据信息，构建实时同步、忠实映射、高保真度的数字镜像，融合传统机理模型和数据驱动模型，开展钻完井设计、井眼轨迹导航、钻完井作业参数优化、井下风险预警等场景应用，以可视交互的方式支持自动化、智能化钻完井作业，实现钻完井全生命周期的降本增效。

（4）开展油气藏数字孪生技术研究。基于地下数字孪生体海量的历史及动态数据，建立数据挖掘和人工智能预测模型并持续进化，形成油气勘探开发孪生体，开展油气井产能预测、生产参数优化等场景应用，实现油气田生产全生命周期的主控参数识别，进而提出油气开发优化方案。基于数字孪生体，在油气田勘探、开发和生产各阶段，建立从单井、区块到整个油气田的投入/产出动态分析模型，推动经济评估、方案优选向实时、自动、超前演进，实现开发全生命周期的经济效益高效动态掌控。

（5）搭建智慧油气藏一体化孪生平台。基于持续汇聚的数据湖，构建以地面、井筒、油气藏孪生体为核心的数字孪生赋能平台，进而融合各类动静态数据。平台架构包括物理层、数据感知层、数据管理层与应用层，以统一的数据模型与技术体系进行业务应用开发，用以满足不同场景的应用需求，实现油气田建设的数字交付和全生命周期地面井下数字化、智慧化管理。平台通过增强地球物理、地质学、油藏工程、钻完井和生产领域之间的互通性，打破学科界限，真正实现技术一体化。并通过开源处理为甲方和合作伙伴提供一个开放、可扩展的数字化生态系统，实现系统开放共享。

参 考 文 献

[1] 光新军．数字孪生：智慧油气工程的未来之路[N]．中国石化报，2024-04-15（05）.

[2] 刘文岭，韩大匡．数字孪生油气藏：智慧油气田建设的新方向[J]．石油学报，2022，43（10）：1450-1461.

[3] ResearchDive. Digital twin market report [EB/OL].（2022-06-01）[2024-04-30]. https：//www.researchdive.com/5951/digital-twin-market.

[4] Mayani M G，Svendsen M，Oedegaard S I. Drilling digital twin success stories the last 10 years [R]. SPE 191336，2018.

[5] Okhuijsen B，Wade K. Real-time production optimization-applying a digital twin model to optimize the entire upstream value chain [R]. SPE 197693，2019.

[6] 杨传书．数字孪生技术在钻井领域的应用探索[J]．石油钻探技术，2022，50（3）：10-16.

[7] 张好林，杨传书，李昌盛，等．钻井数字孪生系统设计与研发实践[J]．石油钻探技术，2023，51（3）：58-65.

[8] Deuter A，Pethig F. The digital twin theory [EB/OL].（2019-03-18）[2020-02-05]. https：//www.researchgate.net/publication/330883447.

[9] Grieves M，Vickers J. Digital twin：mitigating unpredictable，undesirable emergent behavior in complex systems [EB/OL].（2016-08-31）[2020-01-29]. https：//www.researchgate.net/publication/307509727.

[10] Grieves M. Virtually intelligent product systems：digital and physical twins [EB/OL].（2019-07-21）[2020-01-29]. https：//www.researchgate.net/publication/334599683.

[11] 张菲菲，王茜，王学迎，等. 油气井工程多源多模态数据融合技术与展望[J]. 天然气工业，2024，44（9）：152–166.

[12] Ahmed A，Khaled A，Muhanmmad U D. Transformation of operations through digital twin application [R]. SPE 216714，2023.

[13] Scippa R. Digital twins：The 'system of systems' [EB/OL].（2023–06–12）[2024–04–30]. https://www.conocophillips.com/spiritnow/story/digital-twins-the-system-of-systems/.

[14] Carpenter C. Digital-twin approach predicts fatigue damage of marine risers [J]. Journal of Petroleum Technology，2021，73（10）：65–66.

[15] Holberg G I，Grennberg V，Martens J. Using digital twins for condition monitoring of subsea mechanical equipment [R]. SPE 202405，2020.

[16] Robinson K A. Noble，GE collaborate to create digital rigs that leverage predictive analytics and digital twins to take maintenance off the critical path [J]. Drilling Contractor，2018，74（3）：14–18.

[17] Robinson K A. Digital twins help to predict failures，create blueprint for ideal asset performance [J]. Drilling Contractor，2017，73（5）：21–23.

[18] Paolo F，Giorgio R M，Roberto P. Virtual reality：new concepts for virtual drilling environment and well digital twin [R]. IPTC 20267，2020.

[19] 闫娜，蒋海军，王敏生，等. 埃尼公司数字化转型的经验及启示[J]. 国际石油经济，2020，28（9）：33–40.

[20] Nadhan D，Mayani M G. Drilling with digital twins [R]. SPE 191388，2018.

[21] Mayani M G，Baybolov T，Rommetveit R. Optimizing drilling wells and increasing the operation efficiency using digital twin technology [R]. SPE 199566，2020.

[22] Karpov R，Kojadinovic K，Kokotovic U. Live digital twin improving drilling performance and providing foundation for the realtime data quality control [R]. SPE 216981，2023.

[23] Halliburton. Applying the O&G digital twin [R]. Houston：Halliburton Energy Services，2018：1–3.

[24] Halliburton. Using an E&P digital twin in well construction [R]. Houston：Halliburton Energy Servias，2017：1–10.

[25] Whitfield S. Digital twins building new engineering worlds in a digital ecosystem [J]. Drilling Contractor，2023，79（5）：14–20.

[26] FutureOn. FutureOn secures investment from the bentley acceleration fund for oil & gas digitalization [EB/OL].（2020–10–19）[2024–04–30]. https：//informedinfrastructure.com/58483/futureon-secures-investment-from-the-bentley-acceleration-fund-for-oil-gas-digitalization/.

5.6 智能控制尾管悬挂器技术进展与展望

5.6.1 技术背景

深水钻井和大位移井钻井日费可能达数十万美元，为缩短施工时间，提高作业效率，降低建井成本和风险，全世界各地的油气井每年都要安装数千个复杂程度各异的尾管柱。

安装尾管柱可以保护地层不受破坏，防止井下潜在的安全隐患。此外，还可以减少井口悬重，通过降低循环压力改善固井作业。

尾管悬挂器是一种连接在尾管柱顶部的工具，用于将尾管柱锚定在上面的大尺寸套管柱中。尾管柱、尾管悬挂器与尾管送入工具一起通过钻杆下入井中，并到达预期深度。随后激活尾管悬挂器并进行测试，以确保其正确坐封。在深部地层作业时，还需要进行固井和尾管顶部封隔器坐封等额外操作。尾管悬挂器坐封在预定位置后，需在油气井的整个生命周期内承受尾管柱的重量。而最后尾管送入工具将随着钻杆起至地面。

尾管悬挂器系统通常采用两种激活方法。第一种为机械驱动方式，需要某种形式的钻杆操作，如旋转或上提下放钻杆激活尾管悬挂器系统，在大斜度井和水平井的井眼轨迹中就受到了限制。第二种方法是液压驱动方式，可用于常规尾管悬挂器系统和膨胀式尾管悬挂器系统。该方法通常需要地面投球，然后将其泵送至井下，可以是单个设备，也可以是多个设备。液压坐封允许钻杆上提下放和旋转，球落在球座上，从而增加工作管柱压力，进而激活尾管悬挂器并释放送入工具，但是在深水和大位移井中，泵送时间较长。

该类系统坐封仍然存在诸多问题，甚至无法将尾管安全送至井底。在井眼轨迹复杂、高温高压、钻井液安全密度窗口极窄的井中，或者在控压条件下，如果尾管悬挂器系统不能正确坐封或不能坐封在合适的位置，可能会导致非生产时间很长。

为大幅减少下入尾管悬挂器所需的时间，并最大限度减少导致非生产时间增长的问题，智能控制尾管悬挂器系统成为当前技术研究热点。智能系统无须投球和操作管柱，通过自动化作业，为尾管悬挂器坐封提供了一种智能且安全的解决方案，极大提高了建井效率。

5.6.2 国外研究现状

贝克休斯是业内首个对智能控制尾管悬挂器系统进行研究的公司，目前提出了两种尾管悬挂器系统智能控制方法，一种是基于钻井液脉冲信号的远程激活方法坐封尾管悬挂器并释放送入工具，另一种是通过声波遥测系统实现尾管悬挂器系统的远程控制。国民油井公司推出了用于尾管和尾管悬挂器安装过程中进行数据采集的短节，可为施工优化提供依据，有助于实现精准高效的智能控制。

1）钻井液脉冲控制尾管悬挂器系统

（1）工作原理。

该系统通过远程通信方法即钻井液脉冲激活尾管悬挂器并释放尾管悬挂器送入工具。如图 5-26 所示，钻井液通过特定的时间间隔循环产生钻井液脉冲，并通过位于底部钻具组合上封装有传感器的控制器检测。当控制器通过钻井液脉冲接收到指令时，会向附近的尾管悬挂器发送不同的短程声波信号，从而激活特定的尾管设备。通过人为操作可以很容易地控制钻井泵的定时循环。可以通过改变周期长度和循环次数，发送不同的指令，从而让工具执行不同的功能。此外，井下不需要球座，减少了底部钻具组合（BHA）下入的设备数量。

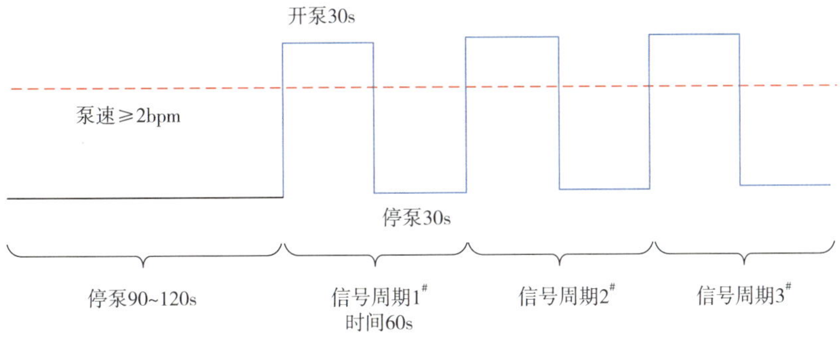

图 5-26　用于发送激活指令至远程尾管悬挂器系统的钻井泵循环实例（1bpm=0.159m³/m）

与传统的液压激活设备不同，激活信号触发并打开工具上的电子阀，使静水压力作用于活塞，无须从地面施加压力，也无须在内径上设置压力孔，因此避免了环空之间的泄流通道，降低了由循环压力产生的液压效应而导致起下钻时意外坐封的发生概率。

（2）钻井液脉冲信号测试。

为确保通过钻井液脉冲信号控制的方法与实际井下环境完全兼容，开展了大量的研究工作。

在实验室流动回路（通常用砂或固相颗粒的侵蚀测试）中进行了首次概念验证测试。测试中，地面钻井泵在封闭回路中通过软管和管柱循环钻井液。循环过程中不断改变流量，并使用固定在工作管柱上的加速度计记录不同流量下的信号噪声，同时描述钻井泵打开和关闭时信号的上升和下降情况。此外，还测量了信号的频率带宽，用于加速度计优选。研究表明，在 378~3785L/min（100~1000gal/min）的钻井液流量下，会产生持续的低频振动（噪声），流动开关检测到的噪声信号为 100~300Hz，因此，将该信号作为钻井液流动信号。

（3）声波通信测试。

为测试工具之间声波通信的范围，科研人员在每一端都安装了声波收发器，构建了具有代表性的测试管串，总长约 51.00m（见图 5-27），实际管串中的井下控制器与尾管悬挂器之间的距离最远可达 21.30m。首先，在振动位置（上部组件或下部组件）测量声波信号的强度，通过加速度计测量信号强度，以确定基准信号强度，获取信号在穿过管柱时的衰减程度；其次，在测试管串的两端安放加速度计，测量整个井筒发出的声波脉冲信号强度和频率，创建和检测多个指令，如“激活尾管悬挂器”或“释放送入工具”。此外，还对测试管串组件进行了处理，以测试恶劣条件下的信号传输，例如管柱弯曲、多个表面接触点或内径部分充满水等情况，并成功完成了信号传输。

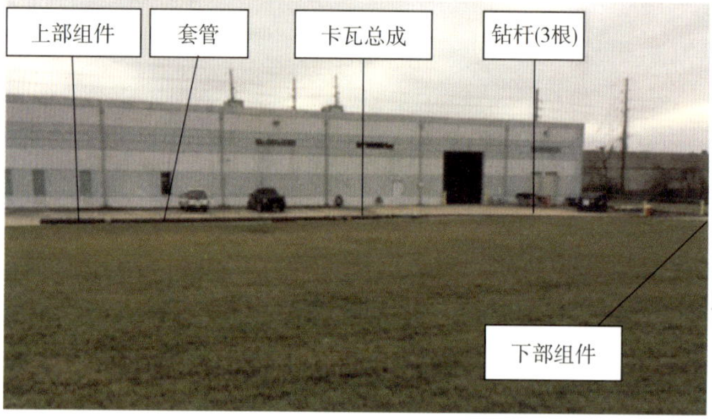

图 5-27　工具间测试管串包括 3 根钻杆、送入工具和 2 根套管

（4）尾管工具激活方法验证。

开发远程控制尾管悬挂器系统的尾管工具激活方法需要避免任何机械管柱操作或从地面施加压力（球和阀座施加压力）。该技术采用小型电子阀，在接收到井下控制器发出的工具之间激活信号后打开，允许来自工具环空的静水压力进入并推动活塞运动。

测试结果如图 5-28 所示，在较低的静水压力下，因为弹性体密封摩擦造成活塞效率很低，而输出力并不比静水压力高多少。在较高的静水压力下，与总输出力相比，密封摩擦的百分比变小，从而使活塞效率提高。

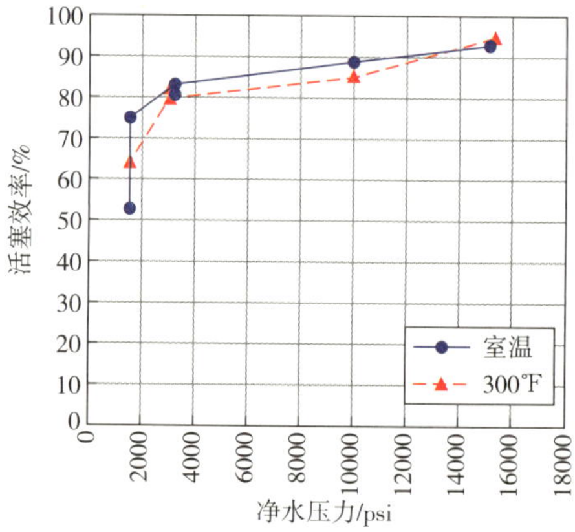

图 5-28　不同静水压力下活塞效率变化曲线

2）Sonus™ 声学尾管悬挂系统

贝克休斯推出的 Sonus™ 是业内首款声学尾管悬挂系统，为尾管悬挂器坐封提供了一种新方法，即利用声学编码数字信号从地面传输至钻柱，实现尾管下入的远程操作和自动化控制。Sonus™ 系统通过使用先进的 XACT™ 井下声波遥测平台，以极高的精度和控制能力有选择性地部署或释放

尾管悬挂器，最终将尾管悬挂器成功部署在目标井深。该系统可大幅缩短时间、降低建井成本和 HSE 风险。

（1）XACT™ 声波遥测网络系统。

XACT™ 声波遥测网络系统主要由声波地面下行链路工具（ASDL）、声波遥测井下工具（ATT）和电子声波接收器（EAR）组成。应用过程中，将指令发送至双向声波遥测网络地面配套设备，通过 XACT™ 声波遥测网络系统沿钻柱向下发送声波释放指令，在尾管悬挂器内通过弹簧提供坐封力。Sonus™ ARD–E 声波驱动送入设备可提供不依赖压力或管柱操作的按需释放功能，因此可以在固井之前、期间或之后随时随地运行。同时，在部署尾管前后，XACT™ 设备可持续监测并传输井下压力、重量和扭矩等测量值。系统原理如图 5–29 所示。

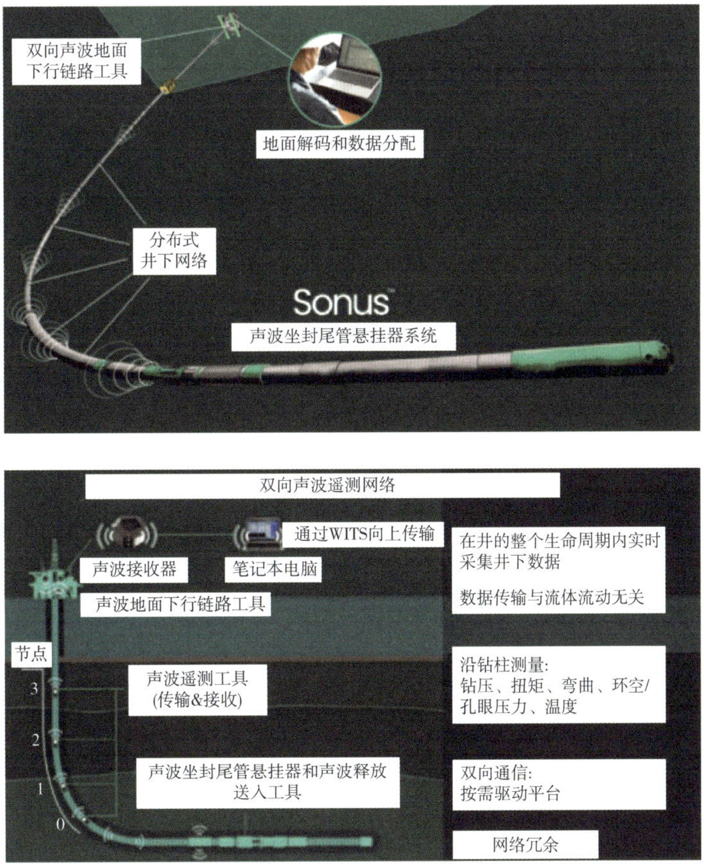

图 5–29　系统原理

（2）声控尾管悬挂器作业要求。

与液压系统相比，利用声波激活信号消除了液压尾管悬挂器系统中需要的液压孔和密封件，提高了尾管悬挂器的整体坚固性。为了能够与声波遥测系统配套使用，尾管悬挂器操作要求如表 5–6 所示。

表 5-6　声控尾管悬挂器操作要求

描述	解释
防止下入过程中悬挂器提前坐封	可靠的遥测通信和机械设计可防止提前坐封功能
取消悬挂器内径压力孔	取消从液压缸中弹性体密封件通向环空的潜在泄漏通道，实现尾管顶部永久隔离
取消球座	能够持续处理井筒流体，从而减少阻塞并降低送入工具故障风险
下入和固井过程中能够旋转	提高尾管固井水泥完整性
取消尾管本体上的弹性体	取消液压缸，不需要弹性密封件保持尾管压差，延长了井的寿命，特别是提高了高温高压环境下的可靠性

（3）现场试验。

在墨西哥湾的一口海上勘探井中对声控尾管悬挂器系统 Sonus™ 进行了现场试验。该井的大井斜导致尾管下至设计深度具有较大难度，加之地层的地质力学不稳定等问题，通常尾管悬挂器坐封后和固井施工中漏失严重，会产生大量的非生产时间。采用该系统后，尾管悬挂器坐封和送入工具释放的整个过程共耗时 17 min。该系统可在固井作业前后激活，同时验证了尾管可以在固井作业中旋转。整个坐封过程中，未破坏脆弱地层，未造成压力激增事件。在整个送入工具释放和尾管顶部封隔器坐封过程中，可监测井下实际悬重。固井作业期间，可以监测压力变化。

3）尾管固井工程参数采集工具 i-Con™ 监测短节

尾管固井工程参数采集工具 i-Con™ 监测短节（见图 5-30）由国民油井公司研发，可用于采集井下作业过程中的动态数据。

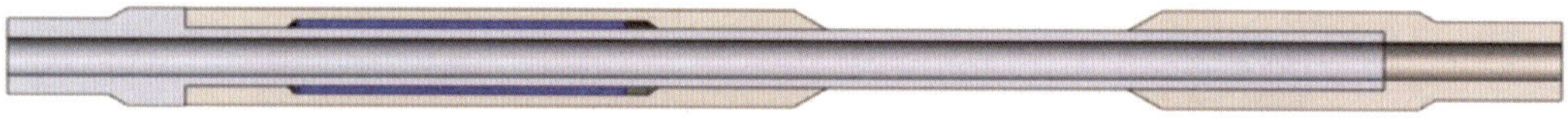

图 5-30　i-Con™ 监测短节示意图

该短节能够采集井下拉伸、压缩、扭矩、温度、压力、振动和加速度等数据，起至地面后即可下载测量数据，并对比分析地面数据。该短节可用于完井和修井作业的尾管安装和下部完井、扭矩和摩阻模型验证、打捞、打桥塞和回收、转位工具操作、清洗、其他重要的钻杆干预和井口槽回收作业等。

该短节在尾管和尾管悬挂器安装过程中得到成功应用，测量数据为下一步施工措施的制定和优化提供了依据。

顶驱扭矩校准。在挪威某井下尾管过程中应用，由于尾管下入受阻，怀疑顶驱扭矩输出测量值的有效性，因此采用 i-Con™ 监测短节测量了扭矩。在管柱旋转入井时将 i-Con™ 监测短节直接放置在顶驱保护接头下，将 i-Con™ 监测短节测量值与顶驱扭矩对比，从图 5-31 中可以看出地面值始终高于 i-Con™ 监测短节记录的扭矩值，因此进一步校准了顶驱。

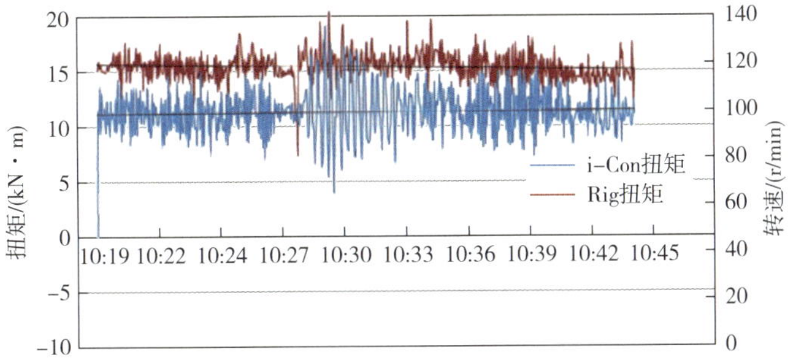

图 5-31　i-Con™ 监测短节测量值与顶驱扭矩曲线对比

Φ244.5mm 尾管固井。在挪威某井，为隔离浅部气层，在安装完 Φ244.5mm 尾管后进行固井。为避免扭矩过大对尾管造成伤害，并对作业进行优化，需旋转尾管，在最终深度，旋转尾管未成功，地面扭矩值和上扣扭矩值分别为 45kft·lbs、50kft·lbs，i-Con™ 监测短节测量尾管顶部扭矩值分别为 23kft·lbs、29kft·lbs。再次尝试施加地面扭矩 50kft·lbs，并上提下放管柱，尾管顶部扭矩为 33.5kft·lbs，实现了尾管旋转（见图 5-32）。

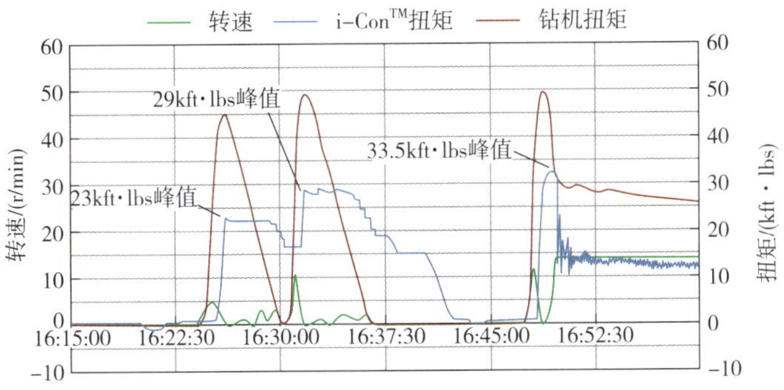

图 5-32　i-Con™ 监测短节测量值与钻机扭矩曲线对比

泵送胶塞和裸眼封隔器坐封。水泥胶塞碰压，过程中采用 i-Con™ 监测短节测量验证剪切值。i-Con™ 监测短节的压力传感器靠近尾管顶部，测量的压力峰值清晰（见图 5-33），与地面记录数据相比分辨率更高。碰压后，施加液压坐封裸眼封隔器。

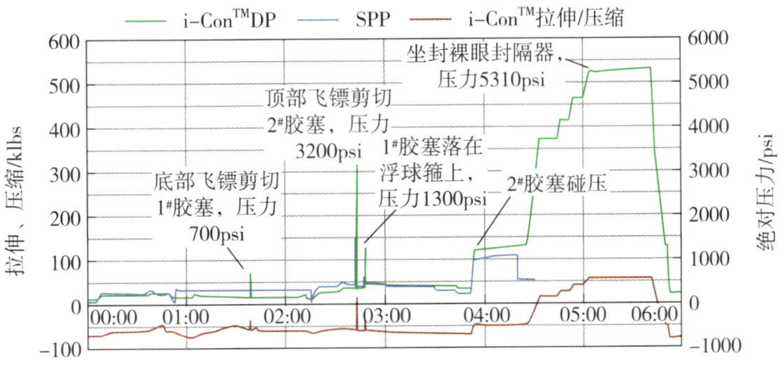

图 5-33　i-Con™ 监测短节测量值与地面测量值对比曲线（1psi=6.89kPa）

5.6.3 国内研究现状

中国石化石油工程技术研究院德州大陆架石油工程技术有限公司（简称大陆架公司）对智能控制超高压尾管固井装置进行了研究，研制了智能控制尾管悬挂器、基于无线电磁和泵序列脉冲双信号触发的液压控制系统和尾管固井工程参数测量短节，并完成了现场试验。

1）智能控制尾管悬挂器

该系统主要由数据采集及存储单元、智能控制送入工具单元、动力传动单元、超高压尾管悬挂器单元、信号标签等组成，见图 5–34。其中数据采集及存储单元主要用来采集尾管固井工程参数并存储，完成数据处理，建立数据库；智能控制送入工具单元被称为坐挂及丢手动作“发动机”，能识别不同激发信号，实现对应动作；动力传动单元被称为传动“链条”，将坐挂推力传递到超高压尾管悬挂器单元，实现坐挂动作；超高压尾管悬挂器是坐挂动作的实施单元，采用整体式设计，无液缸及传压孔，强度达到尾管同等钢级水平；信号标签被称为启动“钥匙”，通知“发动机”开始坐挂或丢手动作；打捞篮位于管串最下部，用以承接信号标签，而且固井替浆时胶塞在此处碰压。

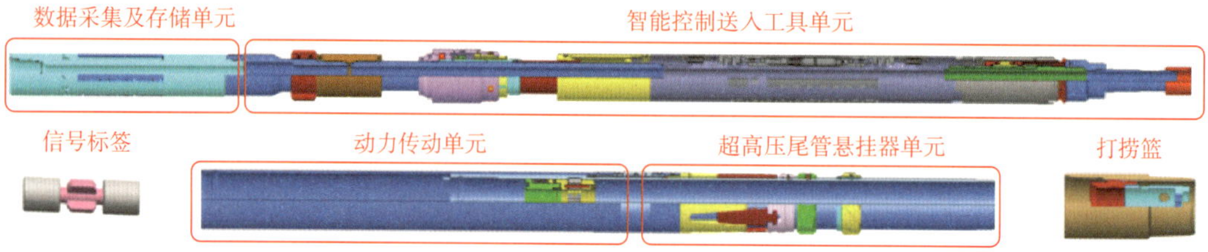

图 5–34　智能控制尾管悬挂器

该尾管悬挂器的主要工作流程如下：悬挂器下端连接尾管，上端连接送入钻具，将尾管串下放到设计位置（下入过程中尾管可实现旋转下入及无限排量循环）；井口投放坐挂信号标签，或通过规律性启停泵形成坐挂钻井液脉冲信号，送入工具单元上的双触发双出口液压控制系统在接收到坐挂信号后，电机泵等开始工作，向上泵出高压油，带动活塞下行，剪断坐挂销钉，带动坐挂塞帽及回接筒下行，下压锥套，卡瓦沿锥套斜面胀开，咬紧上层套管实现坐挂；坐挂动作完成后，井口投放丢手信号标签或通过规律性启停泵形成丢手钻井液脉冲信号，送入工具单元上的双触发双出口液压控制系统在接收到丢手信号后，电机泵等开始工作，向下泵出高压油，带动丢手液缸上行，剪断丢手销钉，弹簧爪收紧，上提钻具实现丢手动作；丢手成功后，转入常规尾管固井施工流程。

2）基于无线电磁和泵序列脉冲双信号触发的液压控制系统

该系统主要由本体、电池、液压组件、机芯组件（集成振动传感器及电磁线圈）、油囊等组成（见图 5–35）。本体采用周向凹槽均布设计，各功能模块安放其中，设置了过线孔及油路，实现电、控制信号及高压油的传递；下端设置扭矩齿，传递管串旋转扭矩。

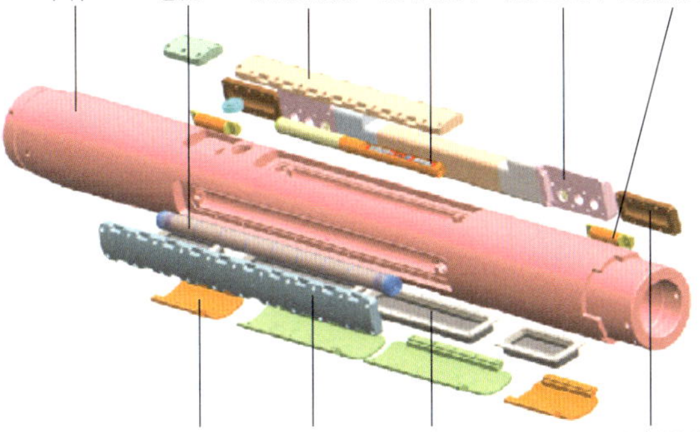

图 5–35　双触发双出口液压控制系统

机芯组件上的线圈 / 振动传感器接收到有源标签 / 泵序列脉冲信号后，电路单元识别指令控制电机转动，液压油自油囊通过油路进入液压组件内，向上 / 向下输出高压油（额定输出压力 20 MPa），分别实现尾管悬挂器的坐挂和丢手动作。

3）尾管固井工程参数测量短节

该短节主要由本体、电池单元、主控单元、传感器、通信接口等组成（见图 5–36），可获取尾管固井施工中载荷、压力、温度等参数的准确值，以及为同区块其余井的施工提供数据支持。

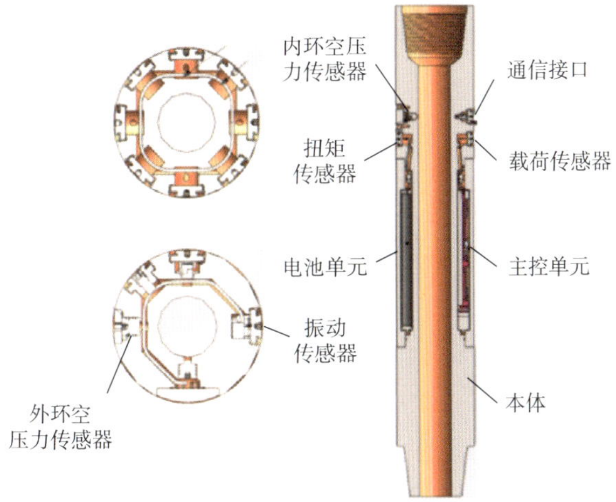

图 5–36　尾管固井工程参数测量短节

本体采用周向凹槽均布设计，各功能模块及信号传感器安放其中，设置了专门的过线孔，可以实现电、信号等的传递。还设置了通信接口，实现采集信号与地面数据处理软件的数据交互。研选钻铤用 P550 无磁钢，满足 3500kN 的强度需求。

测量原理：优选全桥正交拉压应变片和扭矩应变片，采用惠斯通电桥电路测量应变片微小阻值变化实现拉压载荷的测量。选用24位模数转换器同步采集4路拉压信号和2路扭矩信号，进一步提高测量精度。将测量值与拉压扭矩装置提供的实际值进行线性回归，即可获得拉压扭矩值。

4）现场试验

（1）大陆架公司试验井入井测试。

重新组装尾管悬挂器，在大陆架公司试验井内，下入壁厚11.99mm的Φ244.5mm套管一根，将尾管悬挂器下入套管内，并用法兰坐于井口，投放信号标签，等待10min后下压台架，实现坐挂；台架下压20kN，投放信号标签，等待10min后上提台架，丢手成功。尾管悬挂器顺利实现坐挂及丢手动作，验证了尾管悬挂器智能控制的可行性。

（2）中国海油JJSY-1模拟试验井入井测试。

利用中国海油全尺寸试验井完成了整套尾管悬挂器的试验井入井试验，验证了尾管悬挂器旋转和大排量循环下入功能，但井下未接收到信号，坐挂及丢手动作未触发，出井后检查各项信号参数均正常，证明尾管悬挂器在井下未接收到触发信号，分析原因是地面参数设置与实际井况不匹配。后续继续优化电路程序，根据模拟分析结果扩大信号标签的接收速度范围，并研判现场实际井况，从振幅、频率等方面优化振动开关阈值。

（3）胜利油田中7-斜520井监测短节入井试验。

在胜利油田中7-斜520井中，成功完成了智能尾管悬挂器监测短节在井下复杂环境中的信号触发与读取功能试验。入井前对信号短节调试，连接电源，保证触发与储存区在上电状态，同时将监测短节与电脑连接，同步短节时间。将监测短节连接钻杆，下入600.05m后，井口坐吊卡，在井口循环开泵－停泵，开泵停泵间歇3s，累计循环10min，测试完成后提出监测短节。

地面调试可以实现振动信号的有效检测与存储，且数据记录准确；但是中7-斜520井随通井钻具入井后，机芯中的电路单元发生故障，未能有效监测管柱真实振动情况，目前正在进行机芯单元电路维修，待维修好后再进行管柱真实振动情况测试。

5.6.4 发展建议

目前，油气勘探开发不断向深地、深水和非常规发展，对尾管悬挂器的耐压能力和井筒完整性提出了更高要求，进一步缩短非生产时间、提高作业效率和降低建井成本成为今后钻井工作者的工作重心。该技术具有良好的应用前景，应引起科研工作者和现场作业人员的关注和重视。

通过研发智能控制尾管悬挂器，采用智能控制方式实现坐挂，消除液缸式结构存在的薄弱环节，提升尾管悬挂器系统的整体承压能力和下入/坐挂可靠性，扩大尾管固井工艺在深地、深水和非常规油气井中的适用范围，助力深地、深水和非常规油气资源勘探开发提质增效。智能控制尾管悬挂器将实现第五代固井工具的技术迭代，技术发展方向建议如下：

1）优选信号传输方式

基于指令下传（泵序列脉冲）的信号传输方式主要依靠钻井液实现，要求井筒内必须充满钻井液，对易漏失等复杂井况和空气钻井等工况使用受限。基于声波信号控制的 Sonus™ 系列尾管悬挂器依托 XACT™ 双向井下声学遥测平台，不仅可在固井过程中选择性地驱动设备，还可在整个尾管安装过程中实时测量张力、扭矩、弯曲、内外部温度和压力等井下数据，使用更加便捷可靠，因此声波等信号传输方式是未来技术发展方向之一。此外，射频识别技术在随钻扩眼器、射孔枪、压裂滑套和循环短节等钻完井工具中得到成功应用，建议将该技术引入尾管悬挂器系统中，实现尾管悬挂器坐封及送入工具释放的智能控制。

2）加强尾管固井胶塞智能追踪系统研究

尾管固井过程中，钻杆胶塞和尾管胶塞的运行位置以及是否符合要求，是决定最后能否成功碰压及固井的关键，但现有技术只能依靠井口压力波动现象来观察反推，无法及时有效地指导胶塞的准确位置。若胶塞下行速度慢，会出现过替现象；若下行速度快，则会出现大量的水泥塞，因此，胶塞实时位置的掌握是决定固井质量的关键。下一步如何实现胶塞在管柱内运行状态的实时追踪是技术发展方向之一。

3）开展井下动力方式研究

现有智能控制尾管悬挂器井下动力方式有两种，分别是微型液压泵和环空液柱压力，通过特殊的结构设计，在信号控制下为尾管悬挂器动作提供动力源。井下如何满足高效、大动能输出，也是后续技术研究方向之一。

4）制定智能控制尾管悬挂器技术行业标准

在智能控制尾管悬挂器技术日益成熟的基础上，需进一步开展系统研究，形成智能控制尾管悬挂器施工工艺及装备配套等标准，并最终形成智能控制尾管悬挂器技术行业标准，有利于该技术的推广应用。

参　考　文　献

[1] Hawthorn A，Groves D，Osunjaye G. Demonstration of a remotely set liner hanger setting system utilizing acoustic telemetry [R]. IPTC 23423，2024.

[2] Mathisen K D，Sørheim T，Koløy T R，et al. Overcoming challenges，improving understanding，and optimizing liner deployment in long laterals [R]. SPE 181288，2016.

［3］Munshi A A，O’ connor K，Mcmahon S，et al. Development of a remotely activated liner hanger system while minimizing operational risks［R］. SPE 186994，2017.

［4］Munshi A A，O’ connor K，Mcmahon S，et al. Deployment of a remotely activated liner hanger system to improve drilling and well construction efficiencies［R］. SPE 187108，2017.

［5］Munshi A A，O’ connor K，Mcmahon S，et al. Acoustic set liner hanger for HPHT applications［R］. OTC 32595，2023.

［6］Brillaud L，Couliou F，Mathisen K，et al. Ensuring success of complex liner deployment over complete field development campaign［R］. SPE 204073，2021.

［7］Mathisen K，Sørheim T，Keerthivasan V K，et al. Improve installations of liners and lower completions with real-time downhole data［R］. SPE 204127，2021.

［8］Baker Hughes. Sonus acoustic-set liner hanger successfully deployed in Mexico utilizing XACT acoustic telemetry platform［EB/OL］.（2024-07-09）［2024-07-18］. https：//dam.bakerhughes.com/m/34817c46a1199ed4/original/Sonus-acoustic-set-liner-hanger-successfully-deployed-Mexico-cs.pdf.

［9］Baker Hughes. The Baker Hughes Sonus acoustic-set liner hanger system［EB/OL］.（2024-07-10）［2024-07-19］. https：//dam.bakerhughes.com/m/339ba9ac0f58932b/original/The-Baker-Hughes-Sonus-acoustic-set-liner-hanger-system-slsh.pdf.

［10］NOV. i-Con monitoring sub［EB/OL］.（2024-07-11）［2024-07-20］. https：//www.nov.com/products/i-con-monitoring-sub.

［11］NOV. i-Con real time monitoring sub［EB/OL］.（2024-07-11）［2024-07-20］. https：//www.nov.com/products/i-con-real-time-monitoring-sub.

5.7 物探技术在 CCS/CCUS 监测中的应用

5.7.1 概述

CCS/CCUS 是实现碳中和愿景的有效途径。近年来，随着一系列 CCUS 试点项目的推进，国内外的研究重心逐渐聚焦于 CO_2 地质封存的监测。随着 CO_2 的注入，储层的电阻率、波速及密度等物性参数发生变化，这为地球物理监测 CO_2 地质封存提供了必要的物性支持。

1）CCS/CCUS 概念

CCS 是指从源头捕获废弃 CO_2，然后将其封存在地下深处已经枯竭的油气藏或盐水层中，防止其释放到大气中（见图 5-37）。CCUS 是指从源头（如发电厂）或直接从空气中捕获 CO_2，然后运输存储至地下或转化为有用的产品，如在油气田、煤层开发过程中利用 CO_2 提高采收率。

图 5-37　碳捕集与封存 CCS 示意图（据 TGS，2024）

2）CCS/CCUS 发展形势

经过长时间的技术探索和示范应用，CCS/CCUS 已经展现出规模化应用的巨大潜力和较好的商业化应用前景。

（1）石油公司的 CCS/CCUS 由探索阶段开始进入规模工业化。

艾奎诺是工业 CCS 领域的先驱，在北海地区拥有近 30 年的运营经验。基于从 Sleipner 和 Snøhvit 项目中获得的经验，艾奎诺正在挪威开发更多国际合作项目，如 Northern Lights 和 CO_2 Highway Europe，同时也在英国海岸外推进 Northern Endurance Partnership 项目。

沙特阿美在中东推进 CCUS 项目。在中东最大的 CO_2 捕获和储存示范项目之一，沙特阿美正在捕获 CO_2，将其注入储层，并在此过程中测试提高石油采收率的可行性。如今沙特阿美在 Hawiyah 的 NGL 工厂有能力捕获和处理 $127\times10^4m^3$ 的 CO_2。捕获的 CO_2 可以通过管道输送到 85km 外的乌斯曼尼亚油藏中，在封存 CO_2 的同时，也有助于保持油藏的压力并开采更多的石油。

沙特阿美正在与合作伙伴斯伦贝谢和 Linde 合作，在沙特阿拉伯东部省份的朱拜勒工业区建立 CCUS 中心，它是世界上最大的 CCUS 中心之一。从 2027 年开始，朱拜勒 CCUS 中心每年将捕集多达 900×10^4t 的 CO_2。沙特阿美的份额将为每年 600×10^4t CO_2，其余 300×10^4t 将来自邻近的工业排放者。

埃克森美孚为 CCS 产业引领者。埃克森美孚拥有并运营超过 2414km 的 CO_2 管道，是美国最大的 CO_2 管网（见图 5-38）。拥有超过 15 个陆上 CO_2 储存地点，具有每年减少

CO_2 排放超过 1×10^8t 的潜力。埃克森美孚已累计捕获 CO_2 1.2×10^8t，为业界最多，约占迄今捕获的所有人为排放 CO_2 的 40%。埃克森美孚怀俄明州 CCS 项目是目前全球最大的此类项目。每年由怀俄明州拉巴奇工厂捕获 CO_2 600×10^4~700×10^4t，并储存于 Shute Creek 地下深层地质构造中。埃克森美孚正在建设全球最大的 CCS 项目——休斯敦 CCS 创新区。该项目从休斯敦石化工业和天然气处理中捕获 CO_2，埋存于墨西哥湾密西西比三角洲盐水含水层中，深度为 1000~2500m。该项目规划 2030 年 CO_2 捕集埋存量达到 5000×10^4t/a，2040 年达到 1×10^8t/a。美国能源部评估墨西哥湾沿岸 CO_2 地下埋存潜力为 5000×10^8t，相当于美国工业和发电一个世纪的排碳量。

图 5-38　埃克森美孚 CCS 产业分布（据 Exxonmobil，2024）

壳牌参与全球 CCS 技术开发。壳牌提出到 2050 年成为净零排放能源企业的战略目标。从加拿大到挪威、从澳大利亚到荷兰，壳牌参与了全球 CCS 技术的开发（见图 5-39）。

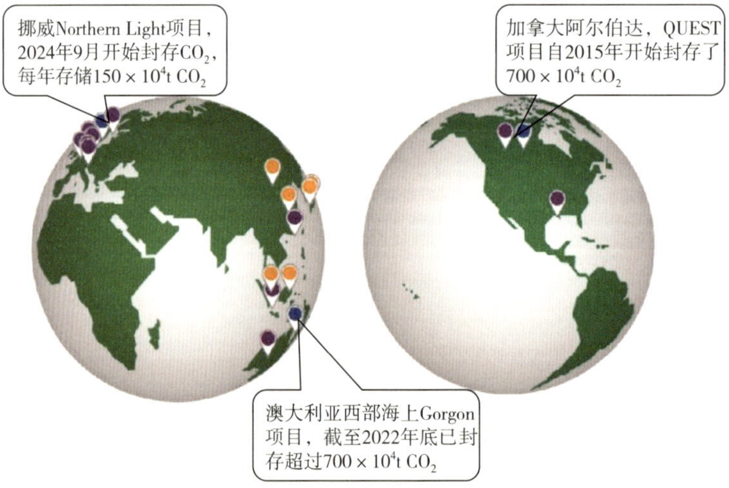

图 5-39　壳牌公司 CCS 产业分布（据 Shell，2024）

蓝色为运营中的 CCS 项目，紫色为开发中的 CCS 项目；黄色为协商中的 CCS 项目

（2）油服公司积极介入提供 CCS/CCUS 技术服务。

过去 20 年，斯伦贝谢参与了全球各行业 100 多个 CCS/CCUS 项目，提供封存场地地下建模和开发计划、CO_2 流动、注入风险和封存监测服务。

斯伦贝谢提供个性化服务和技术，采用灵活商业模式，实现整体的“端到端”解决方案。一种是技术服务模式，按需提供技术服务；另一种是运营管理模式，斯伦贝谢设计、建造和运营 CCS 项目；还有一种是投资模式，与其他公司合作覆盖 CCUS 的整个价值链，斯伦贝谢采用合作分享股权，共同拥有，或者成立合资企业投资 CCUS 项目。

Viridien 公司（原 CGG 公司）15 年来参与了全球 30 余个碳封存项目，提供 CO_2 封存和监测技术，用于存储地点筛选、地下成像、地质建模和长期的监测，为 CO_2 注入盐水层或衰竭油气藏提供地面和井中解决方案。Viridien 公司和贝克休斯一道提供联合 CCS 解决方案，目前在 CCS 封存方面具有 15 年的经验（见图 5-40），服务包括对不同尺度数据进行区域选址筛选，识别适合安全、长期 CO_2 封存的潜在地点，利用先进的地震成像技术改善储层成像为更好地决策提供依据，为 CCS 的有效监测提供地震建模和进行模拟，基于对封存地点的不同地质模拟投资最优的地震采集、CO_2 封存策略，提供基于目标的有效监测解决方案，确保封存地址的长期安全监测。

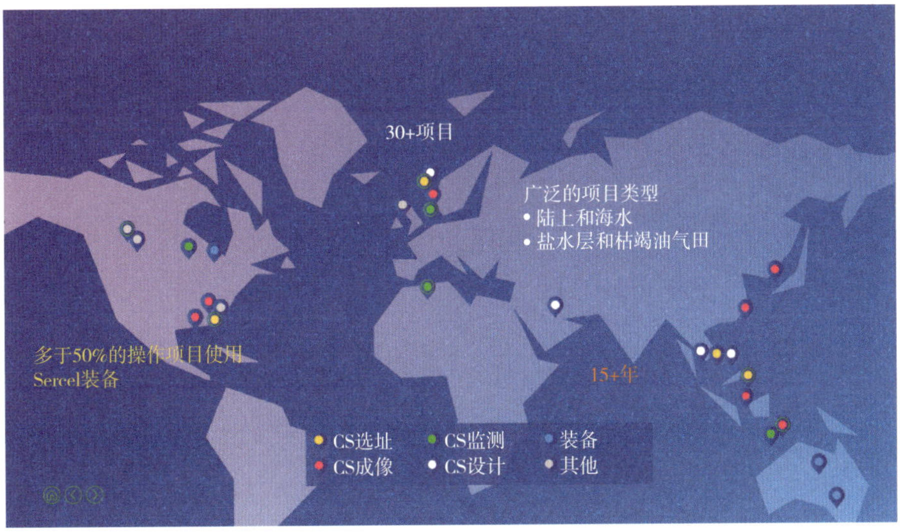

图 5-40　Viridien CCS 服务版图（据 Viridien，2024）

（3）国内 CCS/CCUS 发展面临需求大、成本高、风险大的形势。

在 2060 年碳中和愿景下，我国每年 CCS/CCUS 碳封存量为 5×10^8~26×10^8t，成为石油工业未来的重要挑战。碳封存将 CO_2 压缩成超临界流体，在 800m 以下的地层封存，并确保超长期安全。CCS 封存涉及面广，对装备及技术要求高，例如捕集运输技术装备、CCS 封存方案与选址技术、超长期地下封存科学基础与技术装备、CCUS 驱油与封存技术装备、安全风险评价与监测技术等。

5.7.2 CCS/CCUS 地球物理技术进展

地球物理技术在地质封存选址、封存空间探测、封存容量估算、注入过程的地质建模、CO_2 泄漏风险评估和监测、CO_2 羽流监测等方面可发挥重要的作用。Viridien、TGS 等公司都提供了碳封存和监测解决方案。Viridien 在 CO_2 封存和监测方面提供综合的地球科学理论与技术，用于存储地点筛选、地下成像、地质建模和长期的监测，为 CO_2 注入盐水层或衰竭油气藏提供地面和井中解决方案。

1）封存地点选址评估

选址评估主要评价地质结构、储层特征、流体动力学特征、盖层完整性等。在选址评估方面，需要对不同尺度数据进行区域选址筛选，识别适合安全、长期 CO_2 封存的潜在地点。利用先进的采集、地震成像技术改善储层成像，高品质的成像支撑后续孔隙压力分析、地震反演、油藏建模和地质力学模拟，为长期、安全的 CO_2 封存识别潜在的存储地点提供更好的依据；开展枯竭油气储层和盐水层建模，依托包括地震、井、地质、生产数据的数据库评估 CCS 潜力。

2）CCS 封存监测

CCS 封存监测主要评价 CO_2 泄漏风险、封存完整性、CO_2 羽流监测等。基于对封存地点的不同地质模拟，选择最优的地震采集、CO_2 封存策略；提供基于目标的有效监测解决方案，确保封存地址的长期安全监测。

CCS 封存监测物探技术包括 InSAR 数据监测地面形变，陆上可控震源、陆上节点和地面 DAS 地震勘探、井中 VSP 和 DAS VSP 等技术监测陆上盐水层或衰竭油气藏 CO_2 封存，海洋拖缆采集、海底节点和海底 DAS、井中 VSP 和 DAS VSP 监测海上盐水层或衰竭油气藏的封存状态（见图 5-41）。

以 TGS 公司为例，其超高分辨率（UHR）三维地震，可获得覆盖层和羽流的详细图像。OBN 结合高分辨率震源和海底传感器，将分辨率和可重复性相结合。分布式声学传感（DAS）/ 垂直地震剖面（VSP），井中垂直光纤将尽可能接近目标，以实现按需重复性监测。

5.7.3 CCS/CCUS 地球物理技术应用实例

1）挪威北海 Sleipner 气田时延地震监测 CO_2 羽流

挪威北海 Sleipner 气田碳捕集与封存项目为世界上第一个商业 CCS 项目。自 1996 年以来，挪威国家石油公司在挪威北海 Sleipner 气田的天然气中捕获 CO_2。超过 1900×10^4t 的 CO_2 被注入并封存在海床以下 1000m 处的盐水层中。CO_2 以液体形式注入高孔隙的砂岩后，封闭在页岩盖层下。

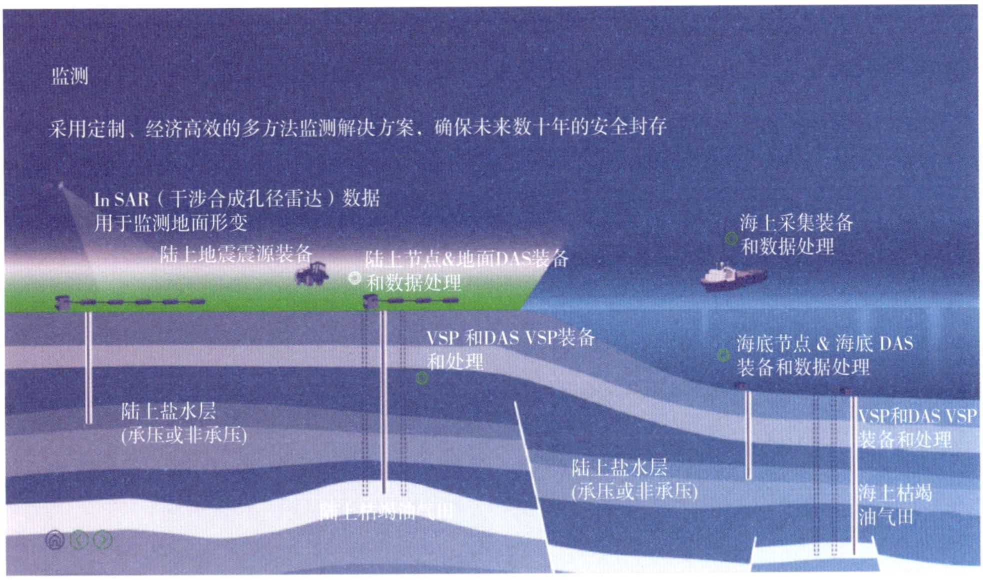

图 5-41　CCS 监测方案示意图（据 Viridien，2024）

Sleipner 气田 CO_2 封存过程很好地展示了时延地震方法应用于 CO_2 羽流监测。CO_2 通过位于海平面以下约 1012m 深处、储层顶部以下约 200m 深的近水平井进行注入。开展了多期时延地面地震，分别在 1994 年、1999 年、2001 年、2002 年、2004 年、2006 年和 2008 年进行了 3D 采集。地震监测的主要目的是跟踪 CO_2 羽流迁移，估算储层容量，以更好地了解控制储层羽流发展的详细流动过程。CO_2 羽流成像为储层内许多亮点的次水平反射，随着时间推移而增长（部分监测图像见图 5-42）。

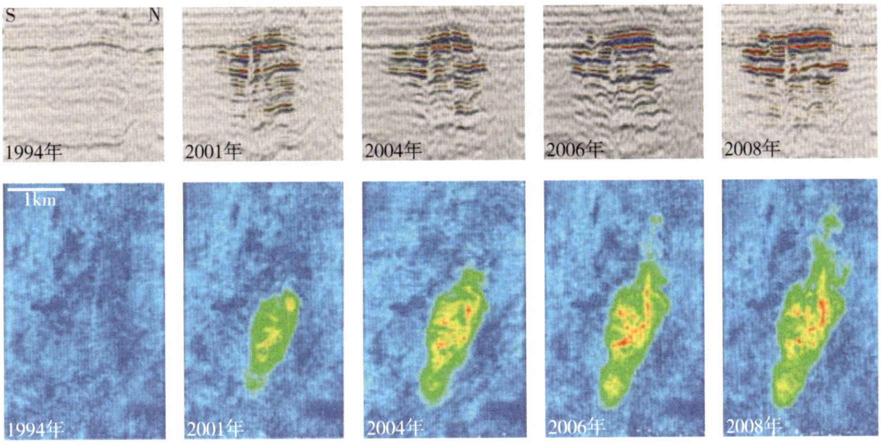

图 5-42　挪威北海 Sleipner 油气田时延地震监测 CO_2 羽流（据 Chadwick，2010）

近年来多种经济高效的拖缆地震采集、海底节点采集、宽频处理、高端地震成像等技术的发展提供了更高品质的地震资料。例如 TGS 公司研发的超高分辨率 3D 成像技术，也称扩展高分辨率成像技术，可以提供准确的碳储存地点地下成像，用于碳封存选址和持续的 4D 监测，结合 OBN，超高分辨率地震勘探可提供可重复且具有成本效益的解决方案以监测碳储存储层。

2022 年 TGS 公司通过 OBN 和近偏移拖缆（扩展高分辨率，XHR）混合采集，对 Sleipner CCS 项目 CO_2 羽流进行成像。近偏移距拖缆数据提供了浅层高分辨率图像，浅层河道成像更清晰（见图 5-43），而 OBN 数据则提供了 FWI 速度建模的长偏移距，结果证明了混合采集可以以较经济的成本显著改善成像质量（见图 5-44），证实了 CO_2 监测潜力。

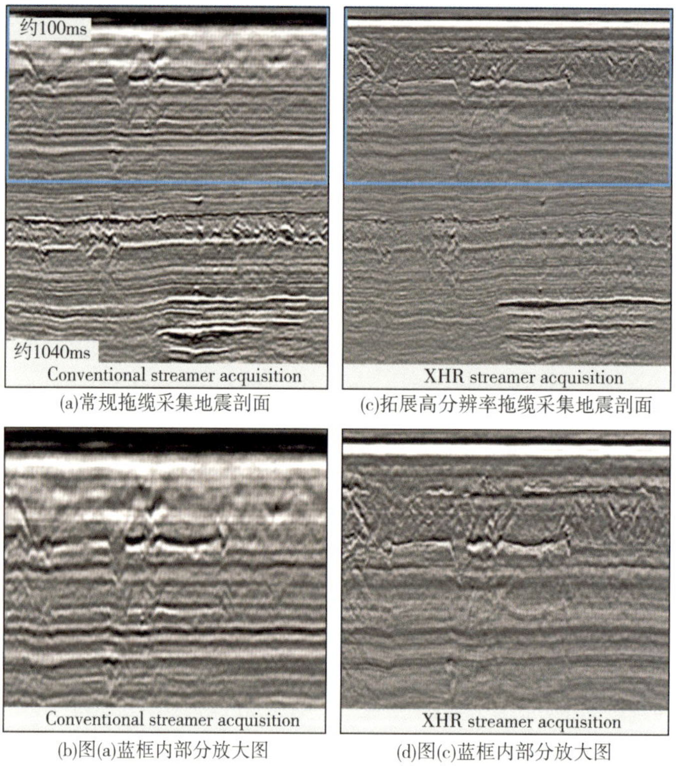

(a)常规拖缆采集地震剖面　(c)拓展高分辨率拖缆采集地震剖面

(b)图(a)蓝框内部分放大图　(d)图(c)蓝框内部分放大图

图 5-43　常规拖缆采集（左）与拓展高分辨率拖缆采集（右）成像对比图（据 Simon Stokes，2023 IMAGE）

在北海 Sleipner East 气田通过超高分辨率三维数据表征 CO_2 羽流分布（见图 5-45）。

2）加拿大 Aquistore CCS 项目：DAS VSP 验证 CO_2 地质封存的安全性

加拿大萨斯喀彻温省 Aquistore 项目采用 DAS 采集 VSP 数据验证 CO_2 地质封存的安全性，进行碳捕集与封存储层监测。

Aquistore 是世界上首个联合商业发电厂和 CCS 项目。在附近的燃煤发电厂捕获 CO_2。CO_2 捕获后，一部分用于提高石油采收率作业，其余部分通过管道运输到约 5 km 外的 Aquistore 站点。CO_2 通过一口 3000m 深的注入井注入深层储层，这套储层自 2015 年 4 月以来，已永久储存超过 27.5×10^4t 的 CO_2。

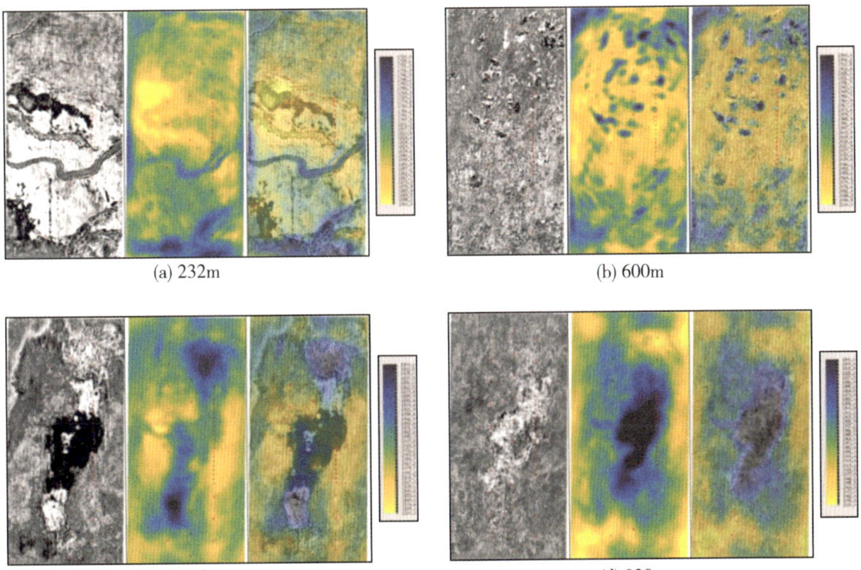
(a) 232m　(b) 600m　(c) 842m　(d) 928m

图 5-44　不同深度的地层切片（据 Simon Stokes，2023 Image）

每张图片左、中、右分别为 XHR、基于 OBN 数据的 FWI 速度建模、二者融合后

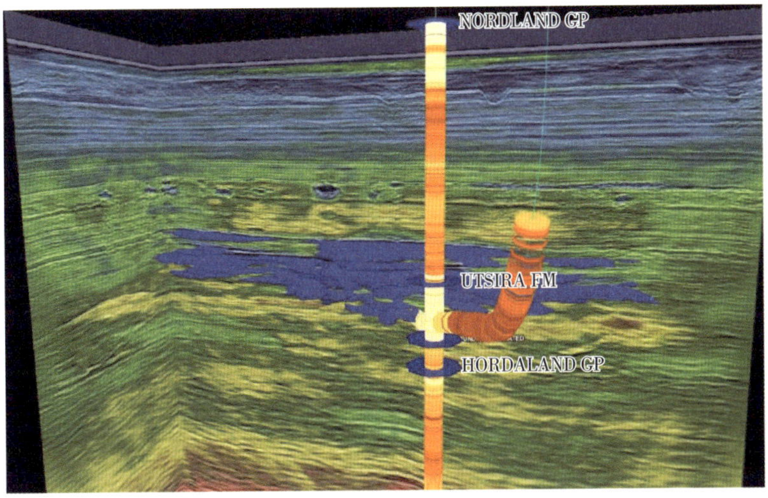

图 5-45　北海 Sleipner East 气田 CO_2 储层的超高分辨率三维数据（据 TGS，2024）

60Hz FWI 速度模型叠加在 OBN 数据上，蓝色地质体为存储的 CO_2

分布式传感器取代了检波器组合，为地震数据采集提供了可行的替代方案，降低了监测成本，并提供了空间和时间上的连续数据。在 Aquistore 站点的监测井中永久性地部署了一根光纤电缆，这为长期和按需监测提供了解决方案（见图 5-46）。DAS 在 VSP 采集中的优势和质量均已得到证实。DAS 具备在监测井中无须干预即可进行重复 4D 采集的能力，从而提供了一种经济有效的解决方案。从 DAS 获得的数据非常适用于检测 CO_2 存在导致的地震响应变化。

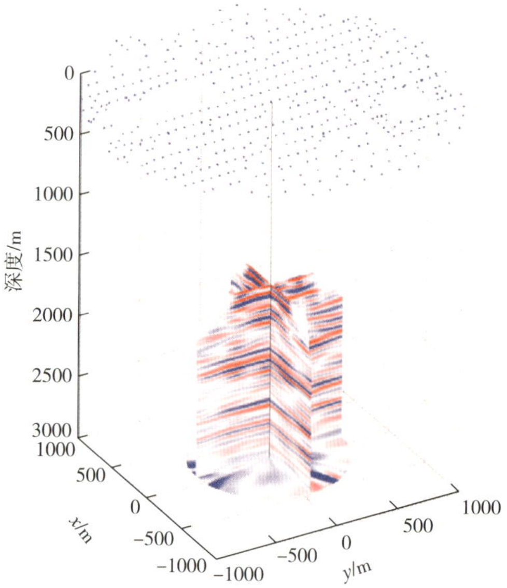

图 5-46　iDAS 地震数据得到的高精度 3D VSP 成像（据 Silixa，2022）

Silixa 公司的技术 TM iDAS 为 Aquistore 地区 CO_2 安全封存和 CCS 提供了长期、按需和具有成本效益的地震监测解决方案。自 2013 年以来，iDAS 一直在 Aquistore 项目使用，通过 VSP 采集提供基准和监测数据，最近一次是在 2020 年 1 月采集 VSP 数据。这些数据已用于对 CO_2 封存储层进行成像、跟踪 CO_2 羽流的范围（见图 5-47），并验证盖层的完整性。如果有大量的 CO_2 从封存地层中泄漏，将可以从 iDAS 解调仪记录的地震响应中观察到。

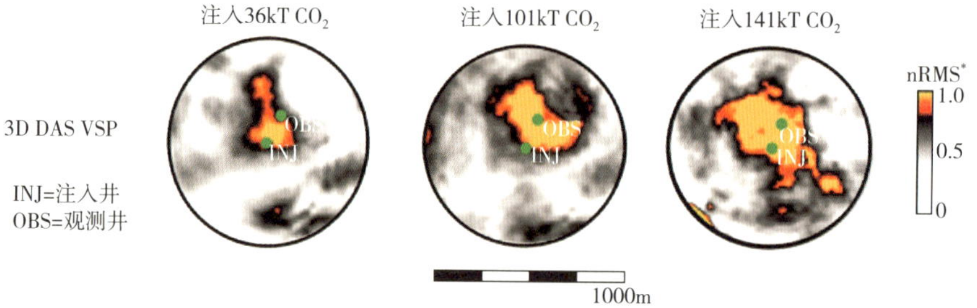

图 5-47　采用 Silixa 公司 iDAS 解调仪和光纤电缆记录的不同时间的 3D VSP，监测 CO_2 羽流（亮色）的范围（据加拿大地质调查局的 Don White，2022）

5.7.4 结论和建议

1）结论

通过对物探技术在 CCS/CCUS 监测中的应用进行深入分析，可以得出以下结论：

（1）物探技术尤其是地震监测技术，在 CCS/CCUS 项目的各个阶段都发挥了关键作用。从封存地点的选址评估、封存容量计算到 CO_2 羽流的实时监测，物探技术提供了必要的数据支持，确保了封存过程的安全性和有效性。

（2）随着物探技术成熟度和地震资料品质提升，在 CCS/CCUS 监测方面得到广泛应用。高分辨率采集、超高分辨率 3D 成像技术、FWI 速度建模等先进技术的应用，显著提高了监测数据的精度和分辨率，使 CO_2 羽流的分布和迁移路径能够被更清晰地识别和跟踪。多种物探技术如 DAS VSP、OBN、时延地震等已经在多个 CCS/CCUS 项目中得到成功应用。这些技术的成熟度和可靠性在挪威北海 Sleipner 气田和加拿大 Aquistore 项目等实际案例中得到验证。

（3）CCS/CCUS 项目的成功实施离不开国家间的合作与技术共享，挪威、加拿大、美国等国的 CCS/CCUS 项目展示了跨国合作在技术研发和应用推广中的重要作用。

2）建议

CCS/CCUS 产业发展面临着成本高、运营风险高、价值链复杂、技术要求高的挑战。为进一步提升物探技术在 CCS/CCUS 监测中的应用水平，为全球碳中和目标的实现提供强有力的物探技术支持，提出以下建议：

（1）加强技术研发与创新。继续加大对物探技术的研发投入，特别是在高分辨率成像、实时监测和数据解释算法等方面。通过技术创新，进一步提高监测的精度和效率，降低监测成本。

（2）推广应用先进技术。鼓励在更多的 CCS/CCUS 项目中应用先进的物探技术，如 DAS VSP、OBN 等。通过实际项目的验证和优化，推动这些技术的标准化和规模化应用。

（3）加强国际合作与交流。建立国际技术交流平台，促进各国在 CCS/CCUS 监测技术方面的合作与共享。通过国际合作，加速技术的传播和应用，推动全球 CCS/CCUS 项目的发展。

参　考　文　献

[1] Exxonmobil. Carbon-capture-and-storage [EB/OL]. [2025-05-11]. https://corporate.exxonmobil.com/what-we-do/delivering-industrial-solutions/carbon-capture-and-storage#Denbury.

[2] Aramco. Carbon-capture-utilization-and-storage [EB/OL]. [2025-05-11]. https://www.aramco.com/en/what-we-do/energy-innovation/advancing-energy-solutions/carbon-capture-utilization-and-storage.

[3] Shell. Carbon-capture-and-storage [EB/OL]. [2025-05-11]. https://www.shell.com/what-we-do/carbon-capture-and-storage.html#iframe=L3dlYmFwcHMvQ0NTX0dsb2JlLw.

[4] Equinor. Carbon-capture-utilisation-and-storage [EB/OL]. [2025-05-11]. https://

www.equinor.com/energy/carbon-capture-utilisation-and-storage.
[5] Chadwick A，Williams G，Delepine N，et al. Quantitative analysis of time-lapse seismic monitoring data at the Sleipner CO_2 storage operation [J]. The Leading Edge，2010 (2)：170-177.
[6] Stokes S，David S，Cho E，et al. Combined OBN and High-resolution 3D Streamer Acquisition for CO_2 Monitoring：Initial Model Building and Imaging Results over Sleipner [C]. International Meeting for Applied Geoscience & Energy，2023.
[7] TGS. Carbon-capture-and-storage [EB/OL]. [2025-05-11]. https：//www.tgs.com/carbon-capture-and-storage/storage-prospecting.
[8] Silixa. Carbon-capture-and-storage [EB/OL]. [2025-05-11]. https：//silixa.com/sectors/carbon-capture-and-storage/co2-storage-monitoring/.

5.8 枯竭油气藏与新能源融合发展技术进展与发展建议

随着油气勘探开发的深入，全球油气田进入开发中后期，油气井废弃或转产逐渐增多，导致出现大量的枯竭油气藏，即在一定的技术经济条件下，或受客观条件制约，无法开采或不值得开采，而必须废弃或终止运营的油气资产。国际能源署分析了全球 800 个主要油田的生产和储量情况，认为全球大多数非欧佩克产油国的石油产量要么已过高峰期，要么在未来 20 年内将达到高峰期，全球现有油田产量以平均 9% 的自然递减率减少，我国老油田年产量递减率为 10%~15%。非常规油气田产量递减速率快，油气藏衰竭迅速，导致枯竭油气藏、废弃井数量迅速攀升。根据美国环境保护署统计，全美备案的废弃油井数量，相比“页岩气革命”前增加了 12% 以上，废弃井泄漏、地面坍塌等引发的安全环保问题已经引起广泛关注。另外，在全球低碳发展的背景下，油公司在油气投资决策中计入碳价格，提高了油气勘探开发的门槛，使更多的油气资源变得不可开发。妥善处理枯竭油气藏相关的资产及安全环保问题、提升在新型能源体系中的地位，成为油气企业转型的重要考量。

5.8.1 枯竭油气藏与新能源融合发展的主要优势

太阳能、风能、地热、氢能等新能源在低碳环保方面有着明显的优势，但前期投资成本较高，回报周期较长，限制了其规模发展的速度。另外，太阳能、风能受天气条件的影响大，导致能源产生的波动性较大，受储能高成本、低效率的制约。枯竭油气藏可以为风、光、地热、氢等能源提供低成本的运输通道、存储空间、基础设施和施工经验，通过油气技术移植和拓展而降低新能源开发利用的风险，提升其规模化发展的速度。枯竭油气藏与新能源融合发展主要有以下优势：

（1）避免废弃井带来的安全环保问题。废弃井里含有大量的甲烷、苯、硫化氢等物质，会造成空气、地表水、地下水的污染，还有爆炸的风险。我国发生过多起废弃井引起的安全事故，带来了巨大的经济损失。2021 年，美国启动了为期 10 年的废弃井治理计划，投资 800 亿美元进行废弃井的封堵。枯竭油气藏的资源化利用可以恢复废弃井的使用和运行，因而能有效减少废弃井带来的安全环保问题。

（2）节约投资。①降低油气井废弃及维护成本。环保要求的日益提高使油气井的废弃成本越来越高。据统计，因为井深及完井方式的不同，加拿大陆上油气井的废弃成本为每口井 2 万 ~16 万加元；尼日利亚陆上油气井的弃井成本每口井约为 100 万美元（不包括采油设备退役和拆除、井场地表恢复的成本）；荷兰 Schoonebeek 油气田油气井的废弃总成本估计为 2.61 亿美元。海上油田油气井的废弃成本更加高昂。墨西哥湾油井的废弃总成本预期高达 290 亿美元，北海油井的废弃井成本每年高达 30 亿美元，总费用预计为 400 亿美元。②节约新能源基础设施投资。油气田多数占地面积大，距离居民区较远，交通和物流基础设施已经完善，利用枯竭油气田开发新能源，可利用土地、井筒、道路和输电线路等已建成基础设施，从而大大节约新能源建设投资，提高新能源开发利用的经济可行性。

（3）促进油气产业转型及新能源快速发展。枯竭油气藏与新能源融合发展，可为油气行业的退出人员提供就业机会，为油气生产提供绿色能源，推动当地能源转型。油气田开发中积累的地质环境、储层条件等基础数据，生产井、注入井的历史数据，油气从业人员的经验，可为新能源开发提供信息支撑，降低新能源发展的风险，从而快速推动相关技术发展。

5.8.2 枯竭油气藏与新能源融合的技术进展

由于技术可移植借鉴的程度不同，枯竭油气藏与新能源融合的技术发展成熟度有很大差异：利用枯竭油气藏开采地热资源在全球已有较多成功应用，利用枯竭油气藏储能处于现场验证阶段，利用枯竭油气藏储氢已有少数成功的先导试验，但距离大规模、长周期、纯氢的存储仍有很多基础性问题有待解决，利用枯竭油气藏原位开采氢及锂的技术应用边界条件不清晰，推广应用的可行性还没有得到验证。

1）地热开采

地热资源常与油气伴生，地热能与油气资源的勘探开发技术有较高程度的重叠，技术可移植的程度很高。利用废弃井的井筒和地面设施来开采地热资源，是油气与新能源融合最常见的方式，主要有联产和废弃油气井转地热井两种。

联产是指在油气开采过程中，通过提取油气井产出液中的热量，同时生产碳氢化合物和地热能。在老油田，油井产出液的含水率最高达 99%，其温度为 65~150℃，可以转化为热能或电能。废弃油气井转为地热井的井筒改造方法主要有开窗侧钻法、改造泵室射孔法和直接射孔法。中原油田采用改造泵室射孔法将马古 6 井改造为地热井，进行了井口恢复、储层解堵和试水测试，验证了改造方案和配套技术的可行性和可靠性；大港油田应用直接射孔法对滨海新区的废弃油井进行了改造，采用“一采两灌”模式开发地热，获得了达到供暖要求的地热能，供热面积达 $39\times10^4m^2$；长庆油田在陕北姬塬油区建成了长停油井地热能开发利用示范工程。2019 年，加拿大阿尔伯塔省开始建设“低焓地热能”样板项目（见图 5–48），利用 2 口相距 2.5km、深 2400m 的废弃井，在井底水平方向建立通道，将水从 1 口井注入地下，经过水平段高温加热后，通过另 1 口井流回地面，达到采出地热能的目的，这样的设计利用了热虹吸原理，减少了泵水的能量消耗。

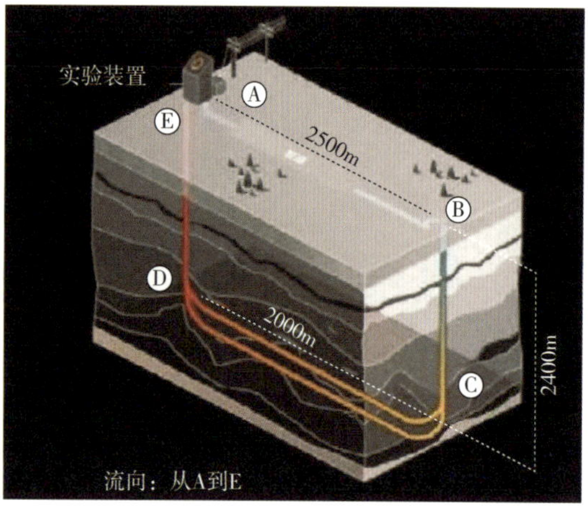

图 5–48　低焓地热能系统

2000 年，斯坦福大学等研究机构提出，利用二氧化碳密度低、热物性好、与天然气储层配伍性高的优点来开发废弃气藏地热能。崔国栋等提出了利用二氧化碳开采废弃气藏地热能的操作流程：在提高天然气采收率阶段，提前将部分生产井转为注入井，注入二氧化碳以恢复储层压力，然后再注采二氧化碳，进入地热能开发阶段。2020 年，加拿大利用二氧化碳羽流系统开采废弃井地热进入测试阶段，用超临界二氧化碳代替水作为工作流体（见图 5–49），在地层温度 90℃的条件下也可以运行，降低了对地层温度的要求（通常地热发电的地层温度要超过 160℃），增加了利用废弃井建设发电厂的经济可行性。

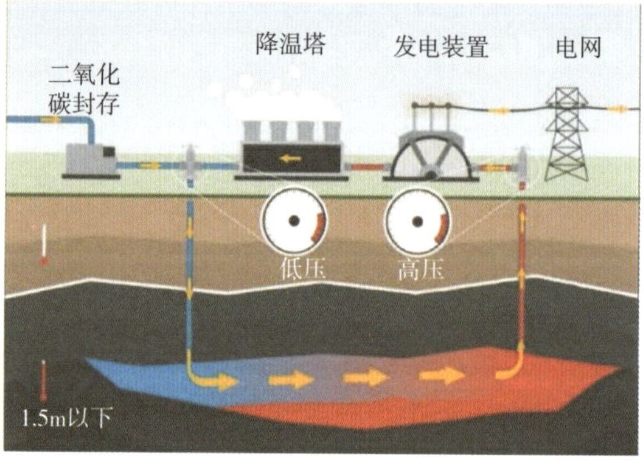

图 5–49　二氧化碳羽流系统开采废弃井地热基本原理

2）储能

（1）压缩气体储能。

压缩气体储能是用可再生能源发电对气体加压，通过废弃井注入地下储存，压缩气体产生的热能也在地下储存，当需要恢复电能时，气体从井下释放并受热，气体膨胀做功用于发电。2009 年，美国太平洋天然气电力公司从地址评价及选址、储库建设与运维及监测分析等方面，对利用枯竭气田压缩空气储能开展了技术经济可行性研究：形成了储气库适宜性评价方法，需要考虑储层应具有的圈闭特性、地面发电设备、现有已钻井的分布密度、废弃井修复的投入等因素；利用枯竭油藏进行压缩空气储能，可以满足设施运行所需的流速和压力，但需严格控制空气中的甲烷比例。2020 年，美国再生能源实验室提出了压缩气体储能设计方案，考虑了与枯竭油气田基础设施的兼容度，采用天然气作为能量载体储能（见图 5-50），模拟结果显示，不同岩层温度的往返效率为 40%~70%；但目前该方案处于研究分析阶段，还未进行现场试验。

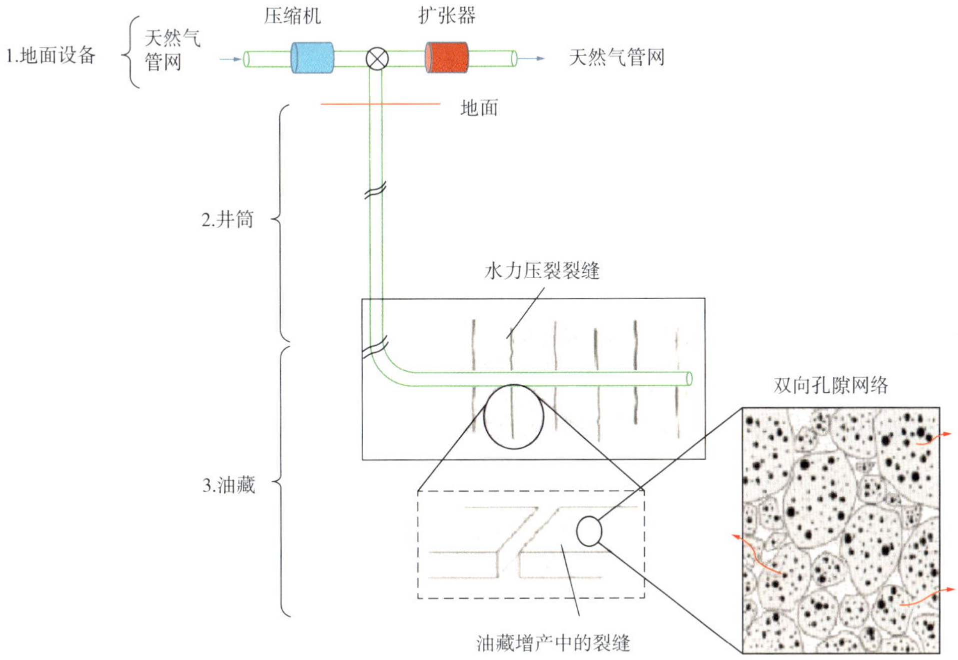

图 5-50　压缩天然气储能技术基本原理

近年来，国内也进行了压缩气体储能的探索。江都区新型空气储能源网荷储一体化项目，设计利用真武油田废弃油井，进行压缩空气储能发电，建设期 2 年，装机容量 120MW，年发电量 5×10^8kW · h。胜利油田计划与清华大学联手，在垦东区块开展兆瓦级空气储能试验。

（2）泵压水力储能。

水力储能是将能量转化为高水位和低水位之间的差值来实现发电，具有储能效率高、环境污染少等优点，但在场地选择、建设成本方面有诸多限制。泵压水力储能是利用油气藏建立一个连接至废弃井的地下封闭水库，当新能源电力产出过剩时，用多产出的电将地面水池中的水加压泵入地下储存起来。当需要用电时打开井口，高压液体回到地面，通过涡轮发电，恢复正常压力的水流回地面水池。通过地面控制，能够在电网负荷高峰期提供短时间、高功率的电力输出。

美国得克萨斯州 Quidnet 公司发明了模块式水力涡流发电机（见图 5-51），可以使枯竭油气藏储能的往返效率达到 70%~75%，与抽水储能效率相当。该技术目前部署了 6 个试点项目，并得到美国能源部的支持，现已与一家供电公司签订了为期 15 年的承购协议。

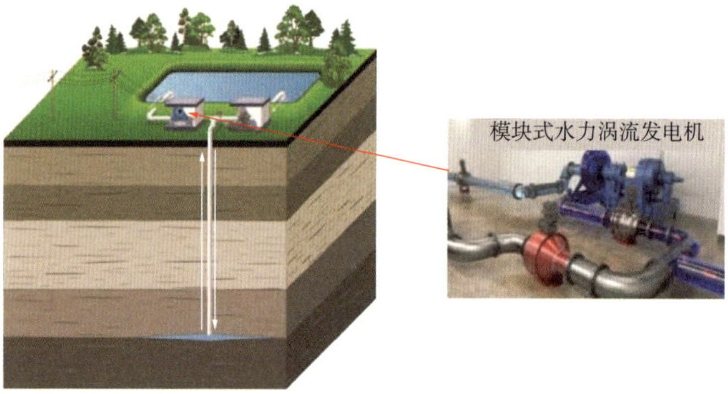

图 5-51　Quidnet 公司的泵压水力储能基本原理

美国 Sage Geosystems 公司研究出“EarthStore”泵压储能技术，通过油田废弃井向地层注入高压钻井液，推动地下岩石裂缝扩张，再利用多余的可再生能源向井筒高压注入水，以保持裂缝的“充气”状态，然后关闭阀门将水储存在地层中。当需要使用能源时，打开阀门，地层压力会使水沿着管道流出地面，通过涡轮机发电（见图 5-52）。“EarthStore”系统这种类似于“吸气和呼气”的作用机制，将水与热岩结合在一起，多个邻近的油气井可以组合成多缸热 / 压力发动机，18~20 个这样的装置，就可形成一个 50MW 的可再生能源储存厂。

目前，Sage Geosystems 公司得到了国际钻井承包商 Nabors Industries 等投资者的支持。

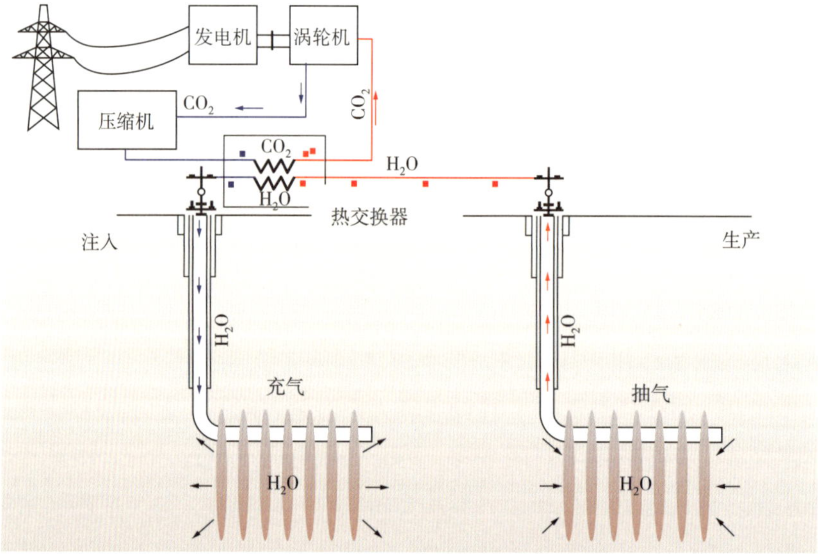

图 5-52　“EarthStore”系统泵压储能原理

3）枯竭油气藏储氢

枯竭油气藏储氢具有容积大、地质认识程度高、密封性好、地理分布比较广等优点，与新建储氢设施相比，具有显著的成本优势。欧洲是探索枯竭油气藏储氢的先驱，2012

年，欧盟启动了 HyUnder 项目，主要目的是评估欧洲大规模地下储氢的潜力。2021 年，欧盟资助了 HyStorIES 项目，探索在地下含水层或枯竭油气藏中储存纯氢的技术可行性，评估了爱尔兰、意大利等国家枯竭气田储氢的潜力和可行性。

2011—2015 年，Hychico 公司在阿根廷的 Diadema 地区开展枯竭油气藏储氢的先导性试验。首先通过循环注入和采出天然气，使储层压力达到 2.65MPa（设定为原始压力），同时设立几处监测点，注入少量的氢气作为示踪剂，以确定储层的性质和密封性；然后向储层注入氢气，直至储层内含氢量达到 10%，储层压力达到 1.0MPa；再次注入天然气提高储层压力，检测储层在原始压力下对氢气的密封性，结果证明含氢量 10% 时，对储层密封性无显著影响。2014—2017 年，RAG 公司在奥地利的 Gampern 气田，将氢气（10%）和天然气（90%）的混合物注入枯竭油气藏，发现 10% 的氢气对储层的密封性、力学性质和设备材料无显著影响，注入氢气的 82% 可以被回收。2023 年，RAG 公司在该油田启动了枯竭油气藏储氢示范项目。

虽然枯竭油气藏储氢可利用天然气储气库的建设经验，但氢元素的特殊性使地下流动行为与流固相互作用更为复杂。目前，利用枯竭油气藏储氢仍在探索阶段，且面临巨大挑战。据 IEA 的统计，全球 13 个储氢项目中，有 50% 处于概念论证阶段，极少数处于试验和运营阶段。推动地质储氢发展，需要开展多尺度多场耦合氢损耗机制、氢气体运移及泄漏监测体系、场地尺度数值模拟等攻关研究。

4）其他能源开采

（1）废弃井采氢。

目前，利用枯竭油气藏采氢有地下原位燃烧和微生物发酵两种方式。

加拿大 Proton 公司利用其在原位燃烧和纳米薄膜过滤方面的优势技术，提出了地下原位燃烧采氢技术，主要流程分为 3 步（见图 5-53）：①将废弃井改造为注氧气井，将富含氧气的气体注入储层，在储层高温下，氧气与储层内的少量焦炭结合引起燃烧，引发热解反应、水热分解、烃气化和水煤气变换等一系列化学反应，生成含有氧气、二氧化碳、一氧化碳、甲烷、氮气和氢气的混合气体，氢气缓慢上浮汇集在盖层岩石的下部，其他气体则留在储层中。②在注氧气井旁边钻 1 口氢气接收井，井深钻至盖层底部，井眼底部安装过滤装置 Hy-Generator，将其他气体过滤掉，将氢气分离，并提升到地面。③氢气存储。2020 年，该公司在加拿大一个废弃油田进行了现场试验，氢气日产量超过 30t。由于注入储层的是空气，其中 70% 以上的氮气既不参与合成反应，也达不到超临界状态，而是在地下积存，影响了氢气的持续生产。目前，该公司计划在地面建立经济有效的氧气站，向地下注入纯氧气，以解决氮气的地下积存问题。

美国 Cemvita Factory 公司研发了利用枯竭油气藏的天然微生物采氢技术，并将这种方式产生的氢定义为金氢，其生产流程：将循环水、食用微生物和抑制物质通过废弃井注入储层，通过生物刺激发生专有反应，产生氢气和二氧化碳，氢气通过井筒采出，二氧化碳地下封存。2022 年，该技术在美国二叠纪盆地枯竭油田进行了现场试验，成功获得了氢气产出（见图 5-54）。目前，该公司的攻关重点是提高微生物的反应速度，降低氢气生产成本，实现商业化应用。

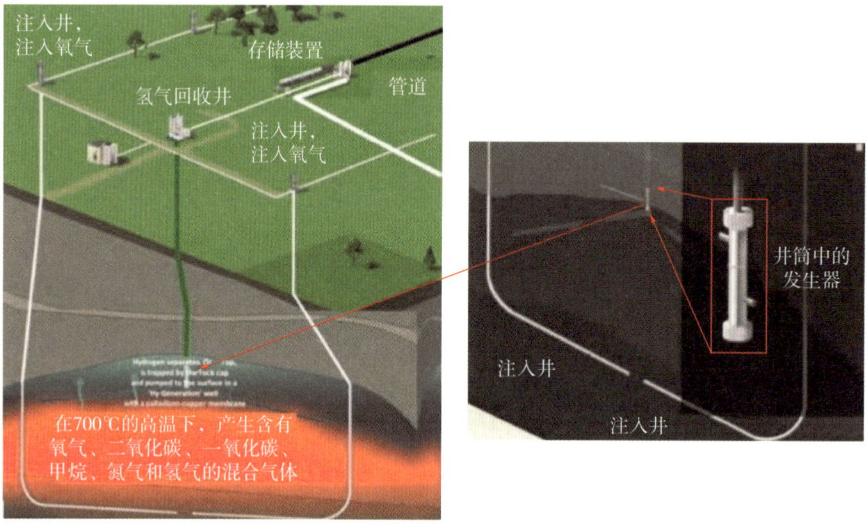

图 5-53　井下原位燃烧制氢基本原理

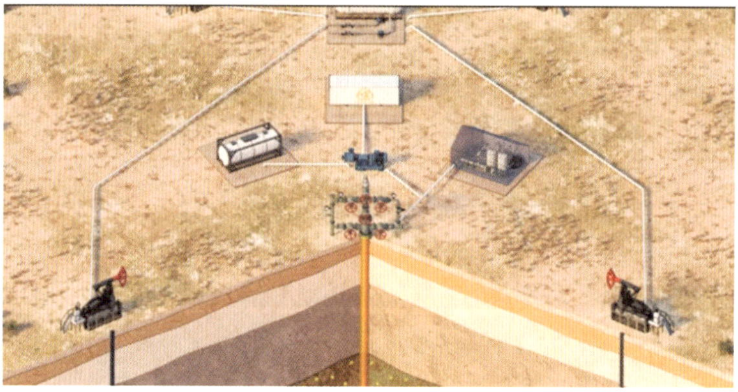

图 5-54　Cemvita 与 ChampionX 公司合作进行金氢现场试验

（2）废弃井采锂金属。

锂金属是新能源领域的关键矿产，主要存在于伟晶岩矿物及盐水中，在自然界中没有单质存在。目前，主要通过矿石提炼和卤水萃取生产，需要占用大量土地和水资源。由于油气开发产出的盐水中通常含有锂，从中提取锂金属包括预处理、富集浓缩（吸附 / 萃取 – 膜分离）、沉淀 3 个步骤。随着锂需求量的增加，从废弃井中开采锂金属已经引起广泛关注。

目前，加拿大、美国等国家的废弃井采锂技术已经现场应用，我国仍处于起步阶段。加拿大 Prairie Lithium 公司购买了 3 口废弃井，计划加深钻至富含锂的盐水层，进行锂金属开采。美国 A1 Lithium 公司计划在 Paradox 盆地打开封堵的油气井，进行锂的勘探开发。

2023 年，中国石油西南油气公司采用气田出水预处理和吸附膜－沉淀法耦合的提锂工艺，在龙王庙组气藏成功产出了首批成品——Li_2CO_3，锂吸附剂回收率达 85%~95%，实现国内油气田采出水提锂的“零突破”。

为了提高锂的提取速度，普林斯顿大学开发了一种可以扭曲成绳索的多孔纤维，研发了绳子捞锂技术。该多孔纤维内部亲水、表面防水，浸入盐水中时，水会通过毛细管作用向上流动，水蒸发后，在纤维表面形成氯化钠和氯化锂晶体，由于钠盐溶解度较低，形成的晶体在绳子下端，溶解度较高的锂盐晶体则在上部，可轻松地分离。该技术将原来几个月甚至几年的蒸发时间，缩短到不到一个月。

5.8.3 枯竭油气藏与新能源融合发展建议

枯竭油气藏与新能源融合发展已进行了多种路径的探索，但受技术发展阶段、行业壁垒、信息壁垒、行政审批、商业模式等因素的限制，目前仍面临诸多挑战。为了切实发挥枯竭油气藏与新能源融合发展的潜力，需要在建立枯竭油气藏信息共享平台和废弃油气井资源化利用研发平台、形成油气藏资源化利用标准、创新枯竭油气藏资源化利用商业模式等方面进行攻关研究。

（1）进行枯竭油气藏普查，建立相关信息共享平台。开展枯竭油气藏普查工作，详细调研普查枯竭油气藏位置、封存状态、地质条件、资源赋存、区域经济及社会发展水平、市场需求与经济性等基本信息与参数，为综合利用、商业化运营奠定基础，建议建立国家级枯竭油气藏数据库和信息共享平台，并实行信息动态跟踪管理，为推进枯竭油气藏与新能源融合发展提供全面而翔实的数据支撑。

（2）建立废弃油气井资源化利用研发平台，协同推动技术快速突破。废弃油气井资源化利用涉及传统能源和多种新能源种类，有油气公司、油服公司、新技术公司、最终用户、区域管理等多种参与主体，目前整体融合技术处于试验阶段，基础理论研究薄弱，且存在地质条件复杂，社会条件多变等困难，建议建立废弃油气井资源化利用研发平台，围绕枯竭油气藏资源化利用的关键核心问题进行联合攻关，如地热开发过程中的压力保持问题，氢气与储层岩石和流体的化学反应、微生物反应、多尺度多场耦合氢损耗机制、氢气体运移及泄漏监测体系，枯竭油气藏资源化利用的地质、井筒、地面设施评价及选址方法、应用潜力评价方法、投入产出评价方法等。在科研机构、地方政府、国内外先进科技企业、传统能源企业之间形成技术交流、专利转让、技术试验、利益共享的研发合作机制。

（3）开展示范试点，形成枯竭油气藏资源化利用的标准体系。枯竭油气藏资源禀赋条件各不相同，原有地面基础设施和井筒条件也是千差万别，因此建议通过国家重大专项研发平台，对枯竭油气藏储能的安全性、科学性、技术经济可行性进行评估，选取技术可靠、经济可行、资源综合利用效率高的项目作为示范工程，进而形成枯竭油气藏储能 / 储氢的装备、设计、施工及项目运行的规范和标准体系。在条件许可地区，采用政府与企业共同投资的模式，形成产业示范区，以点带面，加快我国油气能源与新能源融合发展的进程。

（4）探索枯竭油气藏资源化利用的商业模式，推动协同低碳发展。构建枯竭油气藏与新能源融合发展的投资合作机制，明确产权与利益分配机制。关注新兴科技公司，发掘并投资具有潜在颠覆性的工程技术，抢占发展先机。在电网接入、示范项目申报等方面与地方政府及金融机构合作，积极争取专项或区域税收优惠政策，多方协力推动枯竭油气藏资源化利用发展，逐步形成经济和社会效益显著的低碳发展商业模式。

5.8.4 结论

枯竭油气藏的资源化利用是解决废弃油气井带来的安全环保问题的重要途径，其与新能源的融合发展，对建设国家新型能源体系具有重要意义。目前，国内外在利用枯竭油气藏进行地热开采、储氢、储能、制氢、开采锂金属等方面开展了大量卓有成效的研究和探索，但由于技术可移植借鉴的程度不同，技术发展成熟度有很大差异，而且受理念思路、行政审批、运营管理等因素的限制，枯竭油气藏与新能源融合发展中存在技术突破难、运营成本高、组织运营不畅等问题。为此，需要建立国家级枯竭油气藏数据库和信息共享平台及废弃油气井资源化利用研发平台，开展示范工程项目，逐步形成枯竭油气藏资源化利用的规范和标准，加强油气公司、油服公司、新技术公司、地方政府、金融机构等多方合作，推动枯竭油气藏资源化利用快速发展，更好地满足国家能源战略需求。

参 考 文 献

［1］吕建中 . 保障能源安全需做好传统能源与新能源战略协同［J］. 世界石油工业，2022，29（2）：1-6.

［2］Marsh M. New Brunswick onshore oil and natural gas well abandonment study［EB/OL］.［2024-01-10］. https：//dokumen.tips/documents/new-brunswick-onshore-oil-and-natural-gas-well-abandonment-coiled tubing-can.html?page=1.

［3］Kooffreha B E，Anyatang B F I. Abandonment/decommissioning under nigerian legal regimes：a comparative analysis.［EB/OL］.（2020-12-04）［2024-01-10］. http：//ensani.ir/file/download/article/1621232043-10362-2020-12-4.pdf

［4］Brown D W. A hot dry rock geothermal energy concept utilizing supercritical CO_2 instead of water [C] //Proceedings, Twenty-Fifth Workshop on Geothermal Reservoir Engineering, January 24–26, 2000, Stanford University, Palo Alto, California : 1–6.

[5] 宋先知，许富强，宋国锋 . 废弃井地热能开发技术现状与发展建议 [J] . 石油钻探技术，2020，48（6）：1–7.

[6] 宋先知，许富强，姬佳炎，等 . 多层合采油藏废弃井网取热性能评价 [J] . 天然气工业，2022，42（4）：54–62.

[7] 崔国栋，任韶然，裘智超，等 . 低渗废弃气藏注超临界 CO_2 采热发电技术及经济性分析 [J] . 石油学报，2022，43（1）：156–166.

[8] 郭朝斌，李采，杨利超，等 . 压缩空气地质储能研究现状及工程案例分析 [J] . 中国地质调查，2021，8（4）：109–119.

[9] U.S. Department of Energy. Energy storage grand challenge roadmap [EB/OL] .（2020-12-21）[2024-01-20] . https : //www.energy.gov/sites/default/files/2020/12/f81/Energy%20Storage%20Grand%20Challenge%20Road map.pdf.

[10] Quidnet Energy. Quidnet's breakthrough energy storage technology is enabling the zero-carbon grid [EB/OL] . [2024-01-17] . https : //quidnetenergy.com/.

[11] Sage Geosystems. What makes Sage Geosystems different? [EB/OL] . [2024-01-17] . https : //www.sagegeosystems.com/.

[12] 潘松圻，邹才能，王杭州，等 . 地下储氢库发展现状及气藏型储氢库高效建库十大技术挑战 [J] . 天然气工业，2023，43（11）：164–180.

[13] 周庆凡，张俊法 . 地下储氢技术研究综述 [J] . 油气与新能源，2022，34（4）：1–6.

[14] 刘翠伟，洪伟民，王多才，等 . 地下储氢技术研究进展 [J] . 油气储运，2023，42（8）：841–855.

[15] 罗小明，贾子寒，张宏阳 . 枯竭油气藏地下储氢技术挑战及展望 [J] . 油气储运，2023，42（9）：1009–1023.

[16] Proton Technologies. H_2 recovery [EB/OL] . [2024-01-20] . https : //www.proton-technologies.com/markets/h2-recovery/.

[17] Cemvita. Cemvita's successful field test demonstrates gold Hydrogen™ production in situ [EB/OL] .（2022-09-27）[2024-01-20] . https : //www.cemvita.com/news/cemvitas-successful-field-test-demonstrates-gold-hydrogentm-production-in-situ.

[18] PARASKOVA T. Abandoned oil wells offer new source of lithium [EB/OL] .（2023-04-22）[2024-02-15] . https : //oilprice.com/Metals/Commodities/Abandoned-Oil-Wells-Offer-New-Source-Of-Lithium.html.

[19] Chen Xi, Yang Meiqi, Zheng Sunxiang, et al. Spatially separated crystallization for selective lithium extraction from saline water [J] . Nature Water, 2023, 1（9）: 808–817.

5.9 各国新能源初创企业支持机制评价研究

加速清洁能源科技创新是应对气候挑战的决定性因素。国际能源署发布的《全球能源行业 2050 净零排放路线图》显示，从 2021 年到 2030 年，全球二氧化碳排放量的大部分减少来自现有技术。到 2050 年，几乎一半的减排将来自目前仅处于概念或原型阶段的技术。没有更多的创新，气候目标将无法实现。新能源发展不仅是能源革命，也必将引发新一轮的科技革命。大型能源企业是科技创新的主力，但受现有业务、资产和知识储备的影响，传统能源企业在能源转型中更倾向于扮演客户、初创企业收购者的角色。随着能源创新范围的扩大，初创企业有望通过颠覆性技术创新在能源转型中发挥更大作用。2015 年《巴黎协定》签署后，各国在资助研发项目、提供税收减免等方式之外，不断探索国家帮助初创企业的政策措施。2014 年 7 月，中共中央、国务院印发的《关于加快经济社会发展全面绿色转型的意见》再次强调，要"强化支撑绿色转型的科技创新、政策制度创新、商业模式创新，推进绿色低碳科技革命，因地制宜发展新质生产力，完善生态文明制度体系，为绿色转型提供更强创新动能和制度保障"。调研全球支持新能源初创企业的支持现状，从新能源初创企业发展的需求出发，研究支持机制的评价方法，提出我国政策细化落地执行的建议，对于推动技术发展和能源转型具有重要意义。

5.9.1 国家支持新能源初创企业的必要性

能源行业具有高度监管、技术密集、资金密集特点，前期基础设施需求大、投资回收期长，不具备市场融资竞争力。国家支持新能源初创企业不仅是解决市场失灵问题的手段，也是创造新的经济增长点的重要手段。

1）解决市场失灵问题

目前，大多数国家拥有天使投资、风险基金、私人股本和公司融资等丰富的金融资源，但大多数风险投资都倾向于投资技术的扩展阶段，具有中后期偏好的特点。另外，美国绿色风险投资曾遭遇一场几乎"全军覆没式"的惨败，绿色投资并不是一个前人没有看到的大金矿，而是一座没有捷径、需要费力攀爬的险峰，国家必须利用"有形之手"来解决市场失灵问题，对潜在颠覆性想法进行持续刺激和引导。

2）抓住能源转型的市场机遇

新能源发展会拉动投资、带动相关产业发展，创造大量就业机会，有利于创造新的经济增长点。特斯拉在加利福尼亚州弗里蒙特的工厂成立 10 年后，雇用了 3000 名员工。丹麦通过维斯塔斯等创新技术公司，营造了风能技术生态系统，在欧盟每安装 1GW 的海上风电容量，就为丹麦创造 9000 个工作岗位，推动了当地经济发展。

5.9.2 新能源初创企业发展的需求

新能源初创企业的发展需求可以分为资金、基础设施、创业服务、创业网络四大类。在不同的发展阶段，需求的具体内容和强度有差异，如表 5–7 所示。

表 5–7 新能源初创公司在不同阶段的需求

技术发展阶段		概念阶段（技术成熟度 1~3）	原型（技术成熟度 4~6）	示范（技术成熟度 7~9）	进入市场早期（产品 / 服务进入市场）
阶段定义及状态		应用新的科学进步或现有知识的新组合来应对能源挑战	形成设计原型，形成新设备，或者现有设备的新配置、新组件	新技术第一次现场应用，是以完整商业单元的规模引入给定市场。其目的是证明技术有效性，减少投资的风险	技术已经被某些客户使用，但来自早期使用客户的收入仍不足以维持运营
创业公司需求	资金	无收入条件下的运营资金； 实验资金	无收入条件下的运营资金； 用于支付技术测试和建造原型的资金； 壮大团队的资金	在较低收入条件下维持生存的资金； 壮大团队的资金； 用于建设试点和示范的资金	在较低收入条件下维持生存的资金； 在竞争市场保持对人才吸引力的资金； 投资装备、市场和制造领域的资金
	基础设施	实验室设施使用	试验环境、办公空间	试验环境、办公空间、在商业环境中现场试验	
	创业服务	技术指导； 业务指导； 商业服务	技术指导； 业务指导； 商业服务（如采购和推销培训）	商务服务； 与潜在客户和投资者建立联系	商业服务
	创业网络	技术同行评议网络	具有潜力的技术、服务、客户、投资人网络	具有潜力的技术、服务、客户、投资人网络	与潜在的投资者和并购者的联系网络； 接触更广阔的用户市场

1）资金

资金是初创企业的血脉，在发展的初期和成长阶段都需要大量的资金投入，无论是产品研发、市场推广还是团队扩张，都需要有足够的资金支持。创业之初，通常依靠创业者的积蓄或来自朋友和家人的资助。随着公司的成长，它需要更多的资金来支付办公空间、建造原型、试验监测、生产能力建设、市场拓展等费用，资金需求量大幅增大。在技术形成稳定收入前，这些都必须有外部资金支持。

2）基础设施

新能源初创企业兼具技术研发与工程实现能力，所需的基础设施主要包括办公场所、室内试验场所、现场试验场所等。在能源这种高度管制的产业，所有仪器、工具、装备都要经过认真的测试，以确保符合工业标准。研发过程不仅需要精密的高端试验测试设备，还要有足够的实验室空间来容纳庞大的设备。这些对初创企业来说都是无法承担的昂贵支出，试验测试环境的使用权是重要的支持内容。

3）创业服务

随着初创企业的发展，技术发展走向、法律和合规、团队建设和管理、市场分析和开拓、宣传和品牌建设等管理内容激增。如何进行人才引进和培养，构建一支高效、专业的团队，激发团队成员潜能，为企业的快速成长提供有力支持；如何选择组织形式、股东该如何选择，股权架构该如何设计，才能最大限度地保障自己的权益。这些问题是创业者最大的知识缺口，需要专业服务机构的支持。

4）创业网络

当前市场环境日趋复杂、新技术更新换代的速度加快，使创新活动的复杂性和不确定性增加。创业企业需要从外部寻求资源突破自身技术、资源、信息等多方面的限制。虽然创业网络是无形的，但一个包含政策制定者、投资人、创业者、商务服务机构等主体的网络是初创企业的关键资源。在这个网络中，创业企业可以获得专业知识以及与投资者和客户的联系，甚至是来自其他面临类似困难的人的情感认同，这些可以使整个创新生态系统受益。

5.9.3 基于等级尺度法的新能源初创企业支持机制评价方法

等级尺度法是美国经济学家罗伯特·斯托伯提出的一种投资环境评价方法，根据各个因素表现程度不同，细分为若干种情况，参照每个因素的重要程度，定出从最差到最好各种情况的分值标准的方法。本书采用等级尺度法评价国家支持新能源初创企业的机制，基于新能源创业企业的需求，从支持渠道便捷性，支持的专属性、范围，支持的技术成熟度跨度，资金支持，基础设施支持，创业服务，创业网络支持，后续跟踪 8 个维度进行细化分级。在调研美国、新加坡、德国、欧盟、英国、加拿大、印度、挪威、瑞典、摩洛哥等国家和地区支持新能源初创企业发展措施的基础上，进行因素分级。因素分级标准如表 5–8 所示。

表 5–8　基于等级尺度法的新能源初创企业支持机制评价

序号	评价维度	评价内容	分值
1	支持渠道便捷性	不定期征集	0
		定期征集	2
		长期开放征集窗口	4
		长期开放与定期不确定主题征集相结合	6
2	支持的专属性、范围	并非只针对新能源发展领域，而是只面向国内企业	0
		并非只针对新能源发展领域，而是面向所有创新主体	2
		针对新能源发展领域，只面向国内企业	4
		针对新能源发展领域，面向所有创新主体	6

续表

序号	评价维度	评价内容	分值
3	支持的技术成熟度跨度	少于 3 个等级	2
		在 3~6 个等级之间	4
		无等级限制	6
4	资金支持	没有资金支持	0
		奖金	1
		拨款	2
		贷款担保	4
		贷款或股权投资	6
5	基础设施支持	无	0
		实验室、办公场所、应用环境三类中提供 1 类	2
		实验室、办公场所、应用环境三类中提供 2 类	4
		实验室、办公场所、应用环境三类中提供 3 类	6
6	创业服务	无	0
		商务服务、技术专家、宣传渠道三类中提供 1 类	2
		商务服务、技术专家、宣传渠道三类中提供 2 类	4
		商务服务、技术专家、宣传渠道三类中提供 3 类	6
7	创新网络支持	无	0
		包含投资人、消费者、供应商、国际机构、政府机构中的 2 类以下主体，无推动合作的机制	2
		包含投资人、消费者、供应商、国际机构、政府机构中的 2 类以上主体，无推动合作的机制	4
		包含投资人、消费者、供应商、国际机构、政府机构中的 2 类以上主体，有推动合作的机制	6
8	后续跟踪	无后续跟踪	0
		跟踪但不评价减排贡献	2
		跟踪且评价企业减排贡献	4

1）支持渠道便捷性

对新能源初创企业的支持，有不定期征集、定期征集、长期开放征集窗口、长期开放与定期不确定主题征集相结合等 4 种方式。定期征集是指政府每年在固定的时间段内征集申请，通过专家评估选择。征集活动一年开放一次，可持续几个月。不定期征集是指征集的时间和频率不固定。长期开放征集窗口是指初创企业可随时向政府部门申请。长期开放与定期不确定主题征集相结合是指初创企业在随时申请的基础上，定期不定期开展特定主题的创意征集。

瑞典能源署遵循年度固定时间段征集的模式，但初创企业如果有紧急需求，也可以在征集时段之外与该机构接洽。挪威、英国、欧盟、新加坡等国家和地区均支持初创企业随时申请。

2）支持的专属性、范围

根据对于新能源的针对性及征集的广泛性，可以分为以下四类：并非只针对新能源发展领域，而是只面向国内企业；并非只针对新能源发展领域，而是面向所有创新主体；针对新能源发展领域，只面向国内企业；针对新能源发展领域，面向所有创新主体。

美国制造挑战赛不是针对新能源与绿色发展领域的倡议，不排斥新能源初创公司申请，但个人不能申请。丹麦的能源技术开发和示范计划面向个人、公司和财团开放。美国能源高级研究计划局的倡议接受个人或财团的申请。印度、挪威、加拿大等国要求国际申请者要么在当地拥有子公司，要么承诺在资助国建立企业。

3）支持的技术成熟度跨度

技术成熟度水平把技术从最初创意到市场的发展历程划分为 9 级。按照支持的技术成熟度跨度可以分为 3 个等级：少于 3 个等级，在 3~6 个等级之间，无等级限制。

美国制造挑战赛支持成熟度处于 1~6 级的创意或创新，针对不同的技术发展阶段，有不同的奖励规则。印度的清洁能源国际孵化中心支持成熟度处于 3~9 级的创新计划。新加坡的 EcoLabs 支持成熟度处于 4 级的技术。欧盟的 EIT 能源创新高速通道支持具有成熟概念和扩大规模潜力的早期初创企业，处于 4~7 个等级之间。美国 Incubatenergy Network 支持技术的成熟度跨度在 1~7 级。

4）资金支持

国家对新能源初创企业的资金支持有奖金、拨款、贷款担保、贷款或股权投资等方式。奖金和拨款都是通过国家财政收入支付，但支付依据和使用限制不同。拨款需要依据项目的后续发展计划，而奖金不需要。奖金数额一般小于拨款。政府通常会限制拨款的使用方式和用途，符合条件的费用范围通常由公共支出规则决定。拨款有时包括追回条款，在不遵守规定的情况下收回。

加拿大妇女清洁技术挑战赛以 3 年津贴的形式向 6 名决赛入围者提供了 9 万美元的拨款，受助人被允许以他们认为最有价值的方式使用这笔津贴。一些政府为孵化器等机构提供资金，这些机构负责选择初创企业和发放赠款。印度科学和技术部每月拨款 3 万印度卢比（约合 400 美元）给经认证的孵化器，通过孵化器支持创意阶段技术。

资金支持的方式与技术所处发展阶段相关。美国制造挑战赛的太阳能奖，对处于创意阶段的技术，选择 20 名获胜者提供 5 万美元的现金奖励；进入原型设计阶段的初创企业，选择 10 家给予 10 万美元的现金奖励，同时发放 7.5 万美元的代金券，用于进入国家实验室进行原型开发；进入现场测试阶段的技术，选择 2 名获胜者提供 50 万美元的现金奖励，用于与工业合作伙伴进行试点测试。

西班牙、瑞典等国早期将有条件贷款作为支持初创企业的政策工具。如果初创企业未能将产品推向市场，则不需要偿还贷款。然而，对一些初创公司来说，偿还机制触发太早，不利于后期发展。后来两国都将贷款改为了拨款。美国能源部为初创企业提供贷款担保，其贷款项目办公室管理了超过 300 亿美元的债务，包括贷款担保和有条件承诺。

摩洛哥允许企业在拨款和股权之间进行选择。如果创业者选择股权，需让渡 20% 的股份。如果选择以拨款的形式获得资金，则需在获得第一笔收入后的第三年开始，以每年收入的 1.5% 支付特许权使用费。

欧盟委员会于 2020 年成立了欧洲创新理事会基金，对成熟度处于 9 级的技术进行直接股权和准股权投资，投资金额在 50 万 ~1500 万欧元，最多可占 25% 的股权。印度清洁能源国际孵化中心，规定赢得能源技术挑战的初创企业有资格获得 13 万美元的种子股权投资。

5）基础设施支持

根据实验室、办公场所、应用环境三类基础设施需求的覆盖程度，可分为无基础设施支持；提供 1 类；提供 2 类；提供 3 类 4 个等级。

EIT 创新能源高速通道在欧洲有 8 个办公场所，在美国有 1 处办公场所，其支持的初创企业如果在这些办公场所附近就可以获得办公空间。EcoLabs-COI、EIT 创新能源高速通道、智利初创企业等支持机制都包括实验室测试环境。EcoLabs-COI 与 30 多个实验室建立了合作关系，初创企业可在这些机构进行试验测试。在美国制造挑战赛项目中，获得支持的企业可以利用 17 个国家实验室的设备和专业知识。如果实验室没有适当的检测设施，国家实验室可根据需要开发或采购。Energy Systems Catapult Living Lab 允许创新者在英国 500 多个数字连接的智能家居中与真人一起设计和测试产品、服务和商业模式。

6）创业服务

创业服务可分为商务服务、技术专家、宣传渠道三大类，按照服务覆盖程度分为四个等级：无；提供 1 类服务；提供 2 类服务；提供 3 类服务。政府通常通过第三方提供这些创业服务。

德国能源转型创业公司奖励前 100 名入围者获得交流和在线宣传机会，前 15 名入围者获得宣传视频，并可向投资者、客户和政策制定者介绍。印度清洁能源国际孵化器中心为初创企业提供的商业服务包括战略建议、财务援助、专家指导和采购支持。此外，还筛选认证了提供招聘和工资管理、品牌和公关管理、法律和合规监督、财税管理、秘书协助和知识产权备案等服务的供应商，初创企业可以折扣价购买这些服务商的服务。欧盟的 EIT InnoEnergy Highway 为参加的每家初创企业制定了两年半的加速计划，计划执行期间提供融资、市场准入、人才招募、产品及知识产权、销售以及供应链管理等服务。智利全球风险投资公司每月为法律顾问提供 1h 的免费咨询，加拿大突破能源解决方案公司为选定的初创企业提供与知识产权相关的指导机会。美国国家可再生能源实验室为选中的初创企业分配一名研究人员，在加速商业化方面提供指导。

7）创新网络支持

根据创业生态主体的丰富性，以及内部互动的方式将创新网络支持划分为 4 个等级：

无创新网络支持；创新网络包含投资人、消费者、供应商、国际机构、政府机构中2类以下主体，无推动合作的机制；创新网络包含投资人、消费者、供应商、国际机构、政府机构中2类以上主体，无推动合作的机制；创新网络包含投资人、消费者、供应商、国际机构、政府机构中2类以上主体，有推动合作的机制。

构建创新创业互动网络是推动技术发展的重要路径，网络内部互动的方式包括定期交流机制、推荐机制等。在此基础上，为了推动创新网络内部的互动，EIT InnoEnergy在与合作伙伴的协议中嵌入了互惠原则，合作伙伴承诺为初创企业提供实物支持，以换取参与活动、获取知识和人才。美国制造挑战赛有一个在线平台，参与的企业家可以通过该平台与注册投资者进行互动。对自愿支持另一个团队的网络成员，给予小额金钱奖励。2012年，美国能源部认识到孵化器之间互动不足限制了初创企业获得机会和投资的能力，于是建立了一个包含30多个清洁能源技术孵化器的网络，促进它们之间的沟通，并提供了丰富的专家和导师资源。

很少有国家将政府主体的参与作为创新网络的内容，但在欧盟的EIT创新能源高速通道的年度网络中，为政策制定者和选定的初创企业举办专门互动会议。

8）后续跟踪

根据是否关注支持初创企业的后续发展情况，分为无后续跟踪、跟踪但不评价减排贡献、跟踪且评价减排贡献3个等级。

印度清洁能源国际孵化中心为支持的每家初创企业量身定制成果和影响指标，跟踪初创企业的影响潜力，排放影响评估纳入其评价内容。新加坡EcoLabs根据后续部署的成功程度、公司估值等关键指标跟踪受援项目情况。

5.9.4 全球新能源初创企业支持机制评价

本小节应用上文形成的等级尺度法评价维度及标准，评价了加拿大、美国、智利、欧盟、德国等11个国家和地区的新能源初创企业支持策略，评价结果如表5–9所示。

表5–9 新能源初创企业支持策略评价结果

序号	国家	倡议名称	介绍	得分
1	加拿大	女性清洁能源企业家挑战赛（Women in Cleantech Challenge）	为决赛入围者提供为期三年的孵化资助，以鼓励处于技术早期阶段的女性清洁能源企业家	36
2	智利	智利创业公司（Start–Up Chile）	孵化高潜力初创企业，曾经征集过与能源转型相关创意	40
3	欧盟	EIT创新能源高速路（EIT InnoEnergy Highway）	为能够实现欧盟目标的国际清洁能源技术开发商提供加速支持	42
4	德国	能源转型创业公司（Start Up Energy Transition）	为来自全球的能源创业企业提供现金、全球宣传机会及和利益相关者对话途径	24

续表

序号	国家	倡议名称	介绍	得分
5	印度	科技企业孵化器（Technology Business Incubators）	为经认证的私营孵化器提供资金，以支持印度初创企业	43
6		清洁能源国际孵化中心（Clean Energy International Incubation Centre）	为来自世界各地的初创企业提供孵化服务	40
7	摩洛哥	Green Innoboost	为摩洛哥清洁能源创新者提供孵化服务，帮助他们从实验室走向市场，并在市场上测试产品	32
8	挪威	创新挪威（Innovation Norway）	为技术开发人员提供赠款和贷款，用于开展业务、执行技术项目和开展全球市场研究	44
9	新加坡	EcoLabs-COI	为全球清洁能源初创企业提供商业支持和实际测试机会	39
10	瑞典	瑞典能源署资助项目（Swedish Energy Agency Grants Programmes）	为引导能源创新者进入下一个成熟阶段的项目提供资金	44
11	英国	能源系统生活实验室（Energy Systems Catapult Living Lab）	提供真实世界应用环境，帮助智能节能技术更快地进入市场	20
12	美国	美国制造挑战赛（American-Made Challenges）	为获奖者提供现金资助和公共实验室使用权	46
13		Incubatenergy Network	将孵化器和其他机构联系起来，通过适当的支持帮助能源初创企业发展	42
14		Innovation Incubator（IN^2）	帮助清洁能源硬件初创企业获得公共实验室的精密技术测试机会和环境	20

另外，在调研中发现，很多国家采取政府部门牵头，国有企业、私募资金等多部门参与的形式开展项目。在印度，印度政府和塔塔信托公司按 43 : 57 的比例分担成本。英国能源系统加速实验室 1/3 的资金来自政府拨款，1/3 来自行业合作伙伴，1/3 来自其他部门的合作研发资金。美国创新孵化器 IN^2 资金来自一个私人慈善机构，项目由一个国家实验室管理。

5.9.5 中国支持新能源创业企业的建议

通过调研和评价，发现各国为了助力新能源初创企业的发展，在助力措施方面进行了深入探索实践，支持的方式更加灵活，服务的内容更加丰富，基于初创企业发展的需求，借鉴其他国家的措施经验，针对我国增加新能源发展政策供给的需求，提出以下建议。

1）增加开放渠道，强化各阶段新能源初创企业的筛选和支持

首先，增加新能源技术的筛选渠道，广泛征集接触新能源领域的创新创意。其次，明确不同阶段的技术的筛选评价方法，从技术潜力、技术应用对减排影响、技术应用对现有能源系统及用户的影响等角度全面评价初创企业的技术，选择最具潜力的技术给予奖励或支持。最后，针对不同阶段的公司，给予相应的策略组合支持，进行精准培育。

2）整合资源，形成对新能源初创企业完备的服务

首先，加强管理服务、法律法规、市场准入、发展战略及股权设置方面的服务能力的

培育，采用资格认证等方式打造高质量的服务供应商；其次，加强科技企业孵化器的网络建设，将各地的科技企业孵化器组成网络，实现最大范围的服务、知识、资金、空间等孵化器资源的共享，促进企业孵化器之间在大区域、全国乃至全球范围内的交流与合作。

3）构建新能源创新创业网络，涵养更有活力的创业生态

构建新能源创新创业网络，各网络主体政府通过严格的筛选增强投资人信心；对于项目有前景、技术有竞争力、发展有潜力、知识产权价值高但有效抵质押物较少的初创企业，进行贷款担保，分担投资人风险。同时，培育多元化创业投资主体，加快培育高质量创业投资机构，支持专业创业投资机构发展。

参考文献

[1] IEA. Net zero by 2050：a roadmap for the global energy sector [EB/OL].（2020-12-17）[2024-01-20]. https：//iea.blob.core.windows.net/assets/deebef5d-0c34-4539-9d0c-10b13d840027/NetZeroby2050-ARoadmapfortheGlobalEnergySector_CORR.pdf.

[2] 科技日报.美清洁技术泡沫破灭 政府慷慨援手无奈回生乏术 [EB/OL].（2012-04-16）[2024-01-20]. https：//www.chinanews.com/ny/2012/04-16/3820947.shtml.

[3] American made. American-made is the fast track to energy innovation [EB/OL].（2012-04-16）[2025-02-20]. https：//americanmadechallenges.org.

[4] Social alpha.CEIIC offerings [EB/OL].（2019-07-16）[2025-01-20]. https：//ceiic.socialalpha.org/.

[5] Startupchile.Programas [EB/OL].（2019-07-16）[2025-02-21]. https：//startupchile.org/en/.

[6] IEA. EIT innoEnergy highway [EB/OL].（2021-07-16）[2025-02-22]. https：//www.iea.org/articles/eit-innoenergy-highway.

[7] Innovation incubator. Startup studio [EB/OL].（2020-08-17）[2025-02-22]. https：//innovationincubator.com/.

[8] Innovation Norway. We give local ideas global opportunities [EB/OL].（2020-07-11）[2025-02-22]. https：//en.innovasjonnorge.no/.

[9] F6S. EcoLabs COI for energy [EB/OL].（2020-02-20）[2025-02-22]. https：//www.f6s.com/ecolabs-coi/.

[10] Energy systems catapult. Living lab [EB/OL].（2020-04-17）[2025-01-20]. https：//es.catapult.org.uk/tools-and-labs/living-lab/.

[11] Incubatenergy Labs. Startups engaging EPRI and electric power energy providers In

demonstration projects [EB/OL] . (2020-04-17) [2025-01-20] . https : //labs.incubatenergy.org.

[12] IEA. How governments support clean energy start-ups [EB/OL] . (2023-12-17) [2025-01-20] . https : //www.iea.org/reports/how-governments-support-clean-energy-start-ups.

5.10　基于专利的钻井参数智能优化技术发展态势分析

随着油气开采成本的上升，钻井阶段的时间成本变得尤为关键。在确保钻探安全的前提下调整钻井参数以缩短钻井周期，成为实现成本效益最大化的关键策略。面对日益复杂的地层条件和增加的施工难度，钻井周期延长，成本也随之增长。传统的优化方法已不足以应对当前的勘探开发需求。因此，全球的石油公司和油田服务提供商开始转向油田钻井系统的数字化和智能化，结合现场实际情况，融合大数据技术和人工智能算法，专注提高机械钻速这一关键效率指标，建立高效的钻速预测模型，选择最佳钻井参数，以期降低成本并提高效率。

钻井参数智能优化是指通过先进的技术手段和数据分析，对钻井过程中的各项参数进行优化和调整，以实现更高效、更安全的钻井作业。钻井参数优化包括转速、钻压、钻井液性能等多个方面，通过实时监测和分析钻井数据，优化这些参数的设置，以提高钻井效率、降低风险和延长钻头使用寿命。这些技术的内涵在于其依赖大数据分析和人工智能技术，为钻井工程师提供实时、精准的决策支持，最终优化整个钻井过程，提高作业效率和经济效益。全球各大公司均十分重视并着力推动技术创新中的专利挖掘、专利整体布局与有效运用，并且分层级、分阶段、分步骤地在企业技术创新中付诸实践。

5.10.1　专利检索

专利分析的数据采集使用智慧芽专利数据库，该数据库作为专利分析的基础，提供了全面的专利检索服务。在进行专利分析时，将智慧芽数据库中的文献著录数据作为识别核心专利的参考依据。

5.10.2　专利申请趋势

钻井参数智能优化技术专利申请以发明为主，全球申请趋势主要分为三个阶段：2012 年以前是第一阶段，专利申请量较少；2012 年到 2017 年为第二阶段，年均申请量出现小幅增长但趋势平缓，基本维持在每年 10 项；进入 2018 年后为第三阶段，专利申请量出现快速增长，2021 年申请量最高，达到 76 项（见图 5-55）。

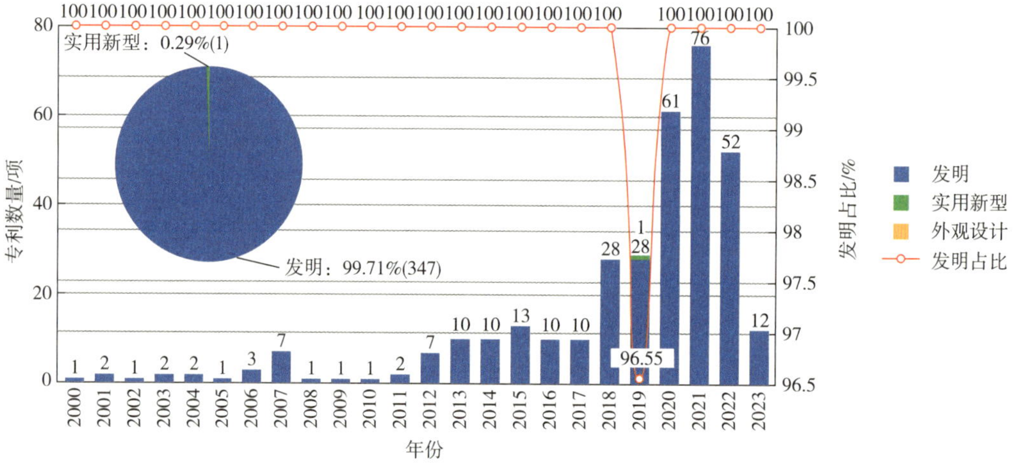

图 5-55　钻井参数智能优化技术申请趋势

从钻井参数智能优化技术专利在全球和中国专利申请的情况可以发现，中国境内专利申请在 2011 年前后才开始出现，随后基本与全球申请趋势保持一致（见图 5-56）。

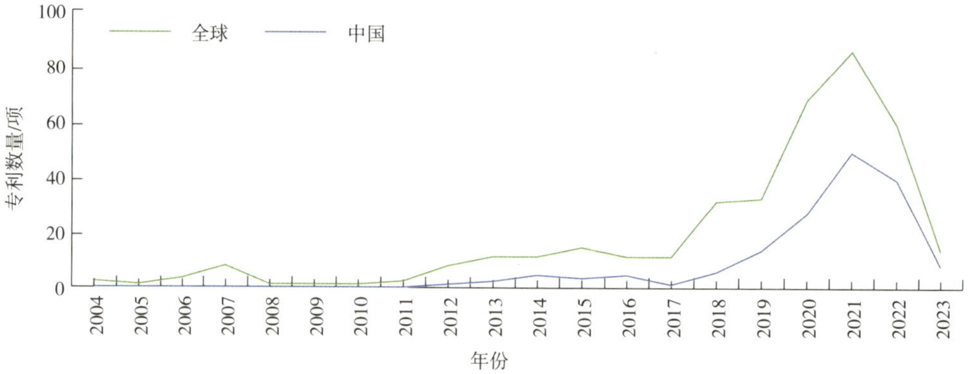

图 5-56　钻井参数智能优化技术全球和中国专利申请趋势对比

5.10.3 专利地域分析

从技术目标市场角度分析发现，美国、中国作为最为重要的技术目标国，近 20 年来，专利申请量均高于其他国家和地区，且随时间变化增长速度也高于其他国家和地区，2020 年以前，美国专利申请量均高于中国，但 2020 年及以后，中国专利申请量增速加快，超过美国，成为专利申请的首要目标国（见图 5-57）。除中美外，近年来印度专利申请量增加也较为明显。

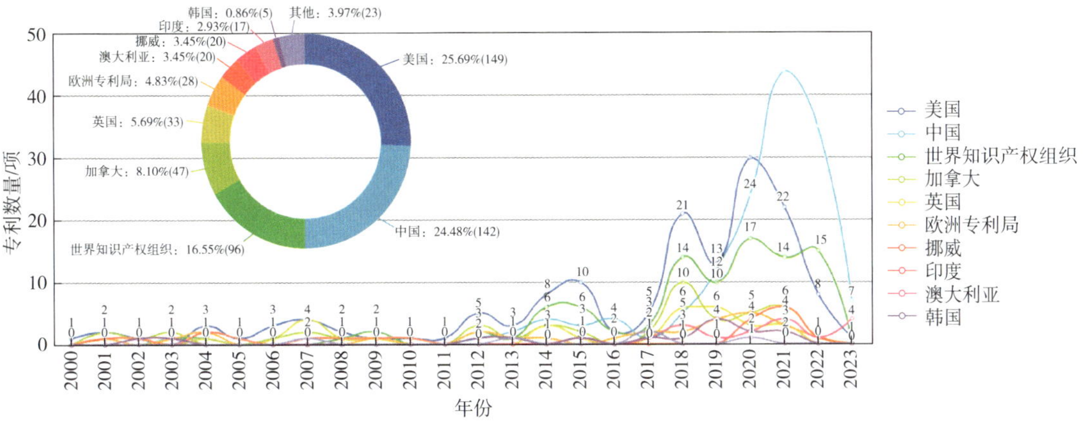

图 5-57　钻井参数智能优化技术目标市场国 / 地区趋势

作为钻井参数智能优化技术的专利来源国，美国专利总量优势明显。中国作为排名第二专利来源国，专利申请量稳步增加，特别是在 2020 年后增速加快，2021 年当年专利申请量已与美国基本持平。除中美外，印度近年专利申请量增长迅速（见图 5-58）。

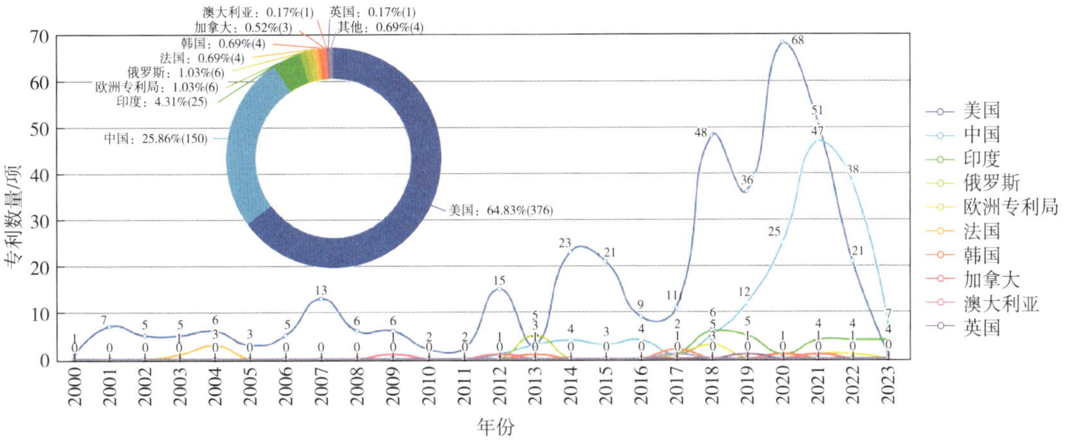

图 5-58　钻井参数智能优化技术来源国 / 地区趋势

5.10.4 主要专利权人分析

该技术领域专利申请较为分散，竞争相对激烈，排名前 15 的专利权人专利申请量占领域总量的 47.4%，且公司间的专利数量差距并不明显，专利家族数量超过 20 的有两个，分别是哈里伯顿、沙特阿美石油公司（见图 5-59、表 5-10）。其中排名第 1 的哈里伯顿公司目前拥有 47 个专利家族；沙特阿美石油公司拥有 26 个专利家族，排名第 2。在专利数量排名前 10 的专利权人中，中国企业及机构有 6 个上榜，其中西南石油大学以 16 项专利排名第 3。

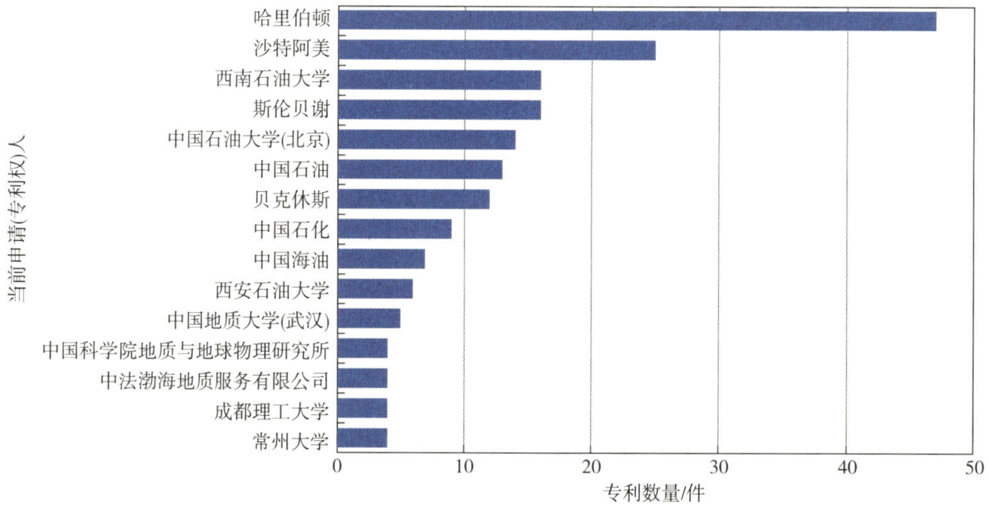

图 5-59　钻井参数智能优化技术专利权人排名

表 5-10　钻井参数智能优化技术专利权人前 9 位列表

申请人	专利数量 / 项	失效数量 / 项	合作	主要发明人	技术主题
哈里伯顿	47	6	无	MADASU SRINATH（15）；RANGARAJAN KESHAVA PRASAD（11）；DANDE SHASHI（6）；CHEN DINGDING（6）；DAI BIN（6）DANDE SHASHI（4）	钻井机械钻速优化与预测；钻井参数优化建模；钻孔声波数据处理；钻井液光谱数据获取与监测
沙特阿美石油公司	25	1	阿拉姆科服务公司（2）；KOVALEV DMITRY YURIEVICH（1）；法赫德国王石油和矿业大学（1）	MAGANA-MORA，ARTURO（5）	使用人工智能、机器学习优化预测钻井能效、机械钻速、储层压力、钻头磨损等参数
西南石油大学	16	3	四川杰瑞泰克科技有限公司	苏俊霖（4）	基于神经网络的机械钻速、钻井压耗、钻井裂缝宽度等参数预测方法
斯伦贝谢	16	7	无	MORAN，DAVID P（2）；BOUALLEG，RIADH（1）等	基于机器学习的钻井模型；基于神经网络的钻井模拟
中国石油大学（北京）	14	1	中国石油化工股份有限公司石油工程技术研究院	宋先知（5）；李根生（5）；田守嶒（5）	机械钻速预测与优化
中国石油	12	1	无	何以晴（2）；詹胜（2）	机械钻速预测；钻压计算
贝克休斯	11	5	无	DUBINSKY，VLADIMIR（2）；JAIN，JAYESH RAMESHLAL（2）；MACPHERSON，JOHN D（2）	定向钻井参数估计 实时钻井优化
中国石化	9	0	无	路保平（3）；侯绪田（2）；廖璐璐（2）；张洪宝（2）	机械钻速预测方法
中国海油	7	0	无	刘兆年（2）；李梦博（2）；李永华（2）；殷志明（2）	钻井参数优化

在钻井参数智能优化技术领域排名前 10 的专利权人中，大部分在专利申请中主要依托自身创新力量，没有与其他企业或机构合作，仅有沙特阿美石油公司、西南石油大学、中国石油大学（北京）与其他企业或机构建立了合作关系。其中，沙特阿美石油公司的合作对象既有企业又有科研院校，而西南石油大学与中国石油大学（北京）主要以自身科研优势寻求与企业间的合作创新。

1）哈里伯顿

在钻井参数智能优化技术领域，哈里伯顿的专利数量排名第一，占据显著优势，其专利申请时间主要集中在 2015 至 2021 年间，并以美国作为目标市场。在哈里伯顿内部的专刊技术创新过程中，形成了两个创新合作团队（见图 5-60）。

在哈里伯顿内部的专利技术创新过程中，形成了两个创新合作团队。

图 5-60　哈里伯顿钻井参数智能优化技术领域发明人合作网络图

（1）以 MADASU SRINATH 和 RANGARAJAN KESHAVA PRASAD 为核心的研究团队，共申请专利 15 项。在 2017 年成功申请了专利 US11319793B2，该专利涉及一种系统和方法，旨在通过训练神经网络模型来优化钻井作业的参数，并实现钻井参数的实时估算。基于这些估算结果，团队进一步指导后续钻井阶段的作业。随后，该团队的研究工作不断深化，其方法论从传统的机器学习向深度学习领域拓展。随着研究的深入，所采用的网络模型在复杂性上不断提升，其应用场景也从最初的实时参数优化与估算，逐步扩展至自主钻井控制系统的开发与应用。

其中，该团队于 2020 年申请的 US20200190957A1 专利，内容主要是利用机器学习实时预测和优化最佳机械钻速（ROP）和最佳钻进参数［如钻压（WOB）和转数（RPM）］的方法，该专利被其他专利权人引用 12 次。

（2）以 CHEN DINGDING、DAI BIN 为核心的合作团队。该团队研发时间跨度较长，首次专利申请是在 2006 年，在 2006 年至 2020 年，共申请专利 7 项，申请方向主要侧重钻井过程中储层数据的测量与优化及流体模型数据的获取与处理。

其中，该团队于 2015 年申请的 US20170270225A1 专利，内容主要是利用神经网络优化和集成计算元件（ICE）设计、制造和应用，该专利先后被 11 项专利引用，其中有 3 项是哈里伯顿公司自引。

2）沙特阿美石油公司

沙特阿美石油公司自 2017 年首次申请相关专利开始，到目前共有专利家族 25 项，其中 23 项是在 2020 年和 2021 年期间申请，基本所有专利都以美国为目标市场。

目前，沙特阿美石油公司在钻井参数智能优化领域的专利申请量最多的发明人为 MAGANA-MORA、ARTURO，共申请 5 项专利。在沙特阿美石油公司内部的专利技术创新过程中，形成了两个创新合作团队（见图 5-61）。

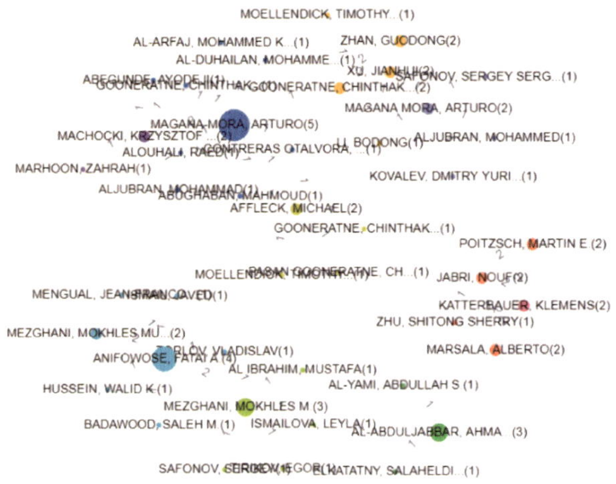

图 5-61　沙特阿美石油公司钻井参数智能优化技术领域发明人合作网络图

（1）以 MAGANA-MORA、ARTURO 为核心的团队，在 2019 年至 2021 年，共申请专利家族 7 项，其中授权 4 项，实质审查 3 项。主要聚焦钻井参数获取与机械钻速优化。

（2）JABRI、NOUF 团队在 2020 年共申请专利家族 2 项，均为授权专利，主要技术方向为智能随钻测量与优化。

5.10.5 技术发展路径分析

在钻井参数智能优化领域，研究主要聚焦于两个关键方面：一方面是不可控的参数，这些参数通常被视为固定值，在研究过程中不作深入探讨。这些不可控参数主要受地层的可钻性、储层的埋藏深度以及复杂的地质条件等自然因素的制约。另一方面是可控参数，这些参数包括钻压、转速、排量等，它们是钻井操作中可以调整的关键变量。

在钻井参数智能优化技术的研究中，主要分为单目标优化和多目标优化两种策略。研究过程中涉及机械参数、水力参数及钻井液参数等多个方面，这些参数对提高钻井速度具有决定性的影响。

钻井参数智能优化及其相关领域的研究受到了学术界和石油钻探行业的广泛关注和重视。20 世纪 90 年代开始，贝克休斯等国际油服公司就在评估钻头条件、基于 MWD 的实时钻井优化等方向布局了相应的专利（AU1993031095A1、US6424919B1、US7172037B2）（见图 5-62）。

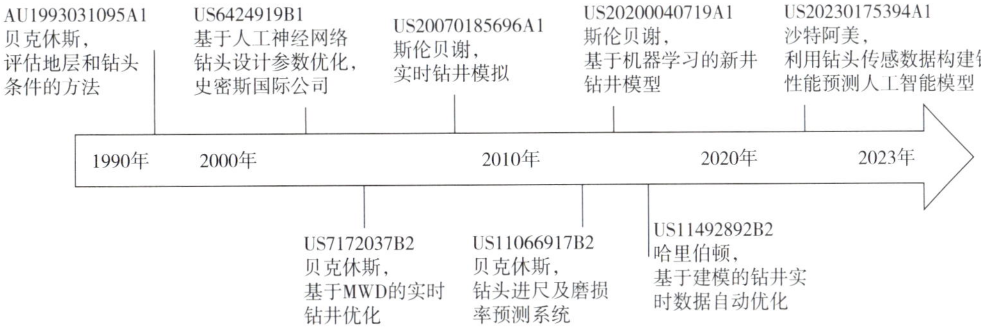

图 5-62 钻井参数优化技术发展路径

2010 年开始，斯伦贝谢、哈里伯顿等公司也相继在实时钻井模拟、钻头进尺预测等方向布局专利，同时将机器学习等新方法应用于钻井参数智能优化方面（US20070185696A1、US11066917B2、US20200040719A1）。

近年来，沙特阿美等油公司也将人工智能模型等技术应用于钻头性能预测等方面（US20230175394A1）。

自 20 世纪以来，国外研发人员已经开发并应用了多种技术手段，致力实现高效、低功耗且高质量的钻井技术。在机械比能的实时计算和钻井性能分析方面，Dupriest 和 Koederitz 等人根据比能优化理论，通过整合历史数据与实测数据，开发了一套能够连续监测的钻井优化系统。Robert 等人则利用实时测井技术来识别地层类型，输入相应的钻井参数，计算机械比能，并与标准比能进行比较，以此来评估 PDC 钻头的磨损状态。Iversen 等人基于实测数据，提出了一种新的钻井参数智能优化方法，该方法通过分析钻压和扭矩，调整其数值，确保钻井参数在一定范围内保持稳定，以实现钻速的实时优化。Yashodhan 等人则利用神经网络算法辅助钻井现场人员分析钻井数据，延长钻头使用寿命，优化钻井参数，提高钻井效率，降低钻井成本。Jiang 和 Samuel 等人结合了人工神经网络和蚁群算法来预测钻速，其中神经网络的输入包括井深、钻压、转速、泥浆流量和伽马射线等参数，输出为钻速，蚁群算法用于优化神经网络算法。Chandan Guria 等人将精英策略与遗传算法相结合，构建了一个多目标的钻井优化模型，以进一步提升钻井效率和降低成本。

目前，国际上主要有两种钻井参数智能优化方法：

（1）通过构建数学模型，列出描述机械钻速的多元方程。应用最优化理论来求解多元方程，以找到最优解。这个过程涉及将钻速与影响其的各种因素（如钻压、转速、钻井液流量等）之间的关系数学化，并利用数学方法来确定这些因素的最佳组合。

（2）设计特定的算法，利用大型计算机求解上述问题。通过计算机仿真，模拟不同的钻井条件，并为每组仿真结果寻找最优解。这个过程可能包括使用数值分析方法、优化算法（如梯度下降、遗传算法等）来处理仿真数据，并对结果进行迭代优化，直至达到最优的钻井参数配置。

自20世纪末以来，纯数学理论的研究已经实现了显著的飞跃，其发展速度之快令人瞩目。与此同时，融合了计算机技术的优化方法开始崭露头角，逐渐演变为该领域研究的主导方向。

斯伦贝谢开发了一套先进的钻井参数实时监测和优化系统。该系统通过整合地面数据和井下测量数据，能够实现机械比能的实时计算。系统会根据机械比能曲线的实时变化，动态调整钻井参数，以实现钻井过程的实时优化。同时，埃克森美孚也推出了其FDP系统，该系统基于比能开发，集成了钻井参数的实时优化、监测与分析技术。这些技术的运用，为钻井作业提供了更为精准和高效的参数调整方案，有助于提高钻井效率和降低作业成本。

国内研究虽然起步较晚，但目前正处于快速发展阶段，并已经取得了一些突破性的成果。通过学习国外在钻井优化中引入的设计算法，我国在这一领域积累了宝贵的经验。智能优化算法在我国钻井工程中的应用正迅速成为研究热点。研究人员不仅深入研究现有的智能算法，还致力于对这些算法进行改进和优化，以期获得更好的优化效果。通过这些改进，研究人员将智能优化技术成功应用于钻井参数的优化研究中，不仅提高了钻井效率，也为钻井作业的安全性和经济性带来了显著的提升。

从国内外众多学者的研究中可以看出，经典的优化理论在钻井技术研究中扮演着重要角色，且研究方法呈多样化趋势。然而，随着石油钻井行业的持续发展，对钻井技术提出了更为严苛的要求。考虑到影响钻井效率的各种因素非常复杂，传统的优化方法在某些情况下可能显得力不从心，无法根据实际钻井条件进行精确的参数优化。因此，为了应对这些挑战，引入新技术和新方法变得尤为必要。这可能包括采用先进的数学模型、机器学习算法、人工智能技术等，来提高钻井参数智能优化的准确性和效率。通过这些新技术的应用，可以更好地适应复杂的钻井环境，实现钻井过程的精准控制，从而提高钻井作业的整体性能。

5.10.6 结论与建议

（1）钻井参数智能优化技术已成为研究的热点领域。国际油公司、油服公司如哈里伯顿、沙特阿美和斯伦贝谢近年来的专利申请主要集中在应用机器学习和深度学习技术，以实现对实时钻井数据的综合采集、优化和预测。与此同时，中国的专利申请则更多地聚焦于单项钻井参数的优化和预测问题，致力于解决特定参数的优化难题。

（2）在面对人工智能算法与模型等技术在不同应用场景中的发展不均衡问题时，企业可以采取积极主动的策略，通过跟踪学习与周边布局的方法，尽早在有潜力的市场占据有利位置。特别是在海外市场进行兼并、重组、融资或上市等战略规划时，企业应提前进行目标专利的布局，以此来提高无形资产的价值和增强自身的市场竞争力。

（3）在实施和组织方式上，企业可以学习业界领先公司的经验，例如在不同地区设立研发中心，这样可以充分利用当地的人才优势，及时识别并解决各地特有的技术挑战。同时，根据技术任务的具体需求，选择最合适的研发团队进行针对性的技术攻关，以确保研发工作的高效性和有效性。通过这种方式，企业不仅能够加速技术创新的步伐，还能够在全球范围内构建起强大的技术竞争优势。

（4）为增强全球竞争力，企业应精心规划海外专利布局。这包括及时在关键市场如非洲、中东申请专利，保护核心技术，防止竞争者侵占。同时，灵活运用 PCT（专利合作协定）、巴黎公约等策略，根据市场特点和需求，有针对性地申请专利。企业还需考虑法规和市场风险，持续监控市场动态，以保持技术领先和市场优势。

（5）针对钻井参数智能优化这一多学科交叉融合技术，国内油气企业应与科研院校或大数据公司研发团队进行强强联合，开展多方位、多层次的合作，共同开展基础性研究。国内高校如西南石油大学和中国石油大学（北京）在专利申请方面表现活跃，专利数量上超过了许多企业。这为校企合作奠定了良好的基础，通过合作可以整合资源，形成竞争优势。中国科学院、华为等公司和机构在数据管理领域专利申请量较大，可以开展合作研发，不断优化数据处理方法。

参 考 文 献

[1] 张好林，杨传书，李昌盛，等．钻井数字孪生系统设计与研发实践［J］．石油钻探技术，2023，51（3）：58–65.

[2] 杨传书，李昌盛，孙旭东，等．人工智能钻井技术研究方法及其实践［J］．石油钻探技术，2021，49（5）：7–13.

［3］李昌盛，赵金海，杨传书，等．钻头工作效率实时评估新方法［J］．石油钻采工艺，2012，34（6）：1–4.

［4］光新军，李婧，闫娜，等．基于专利分析的智慧油气藏数字孪生技术发展态势及建议［J］．石油科技论坛，2024，43（2）：83–94.

［5］王禹钦，高博颢，孟芳芳．基于 AI 的油气管道数字孪生技术专利分析［J］．石油科技论坛，2023，42（3）：86–92.

［6］赵汩凡，李婧，邸伟娜，等．基于专利的 RFID 在石油工程领域应用分析［J］．石油化工应用，2015，34（6）：9–11，15.

［7］杨顺辉，郭珍珍，张洪宝，等．基于集成迁移学习的机械钻速预测［J］．计算机系统应用，2022，31（10）：270–278.

［8］张洪宝．浅析钻完井关键技术适应性评价软件开发［J］．信息系统工程，2019，（12）：115–116，119.

［9］周长所，杨进，幸雪松，等．基于机械比能理论的渤海深层钻井参数优化［J］．石油钻采工艺，2021，43（6）：693–697.

［10］白凯，向华，郑双进，等．基于锯齿型遗传算法的页岩气井钻井参数优化［J］．中国科技论文，2021，16（9）：999–1003，1009.

附录

附录 1　2024 年 OTC 聚焦新技术奖

国际海洋油气技术大会（Offshore Technology Conference，OTC）于 2024 年 5 月 6 日在美国休斯敦举行，是全球石油行业规模最大的年度盛会，被誉为油气行业的“奥斯卡”。其组委会每年都会评选多项创新独特、商业可行、对海上油气行业产生重大影响的新技术，旨在表彰引领海洋能源行业革命性变革的最前沿、最先进的创新成果。2024 年 OTC 聚焦新技术奖共有 15 项，其中 5 项来自小型企业，这不仅是对获奖者技术实力的认可，更为整个行业的发展注入了新的活力和动力。

1. 2024 年聚焦新技术奖（Spotlight Winners）

1）TRU-ARMS™ 高级油藏测绘服务

贝克休斯的 TRU-ARMS™ 高级油藏测绘服务（见图附 -1），通过精准描绘距井筒 91.44m（300ft）范围内的岩性和流体边界，为油藏测绘带来了革命性的突破。这一创新服务不仅优化了油田开发规划，还显著提高了产量和采收率。其独特的置信度分析功能，为油气藏体积评估提供了有力支持。

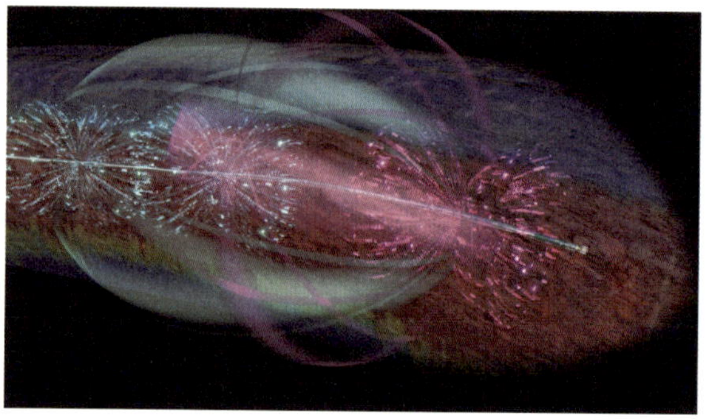

图附 -1　贝克休斯 TRU-ARMS™ 高级油藏测绘服务

2）Sonus™ 声学尾管悬挂系统

贝克休斯的 Sonus™ 声学尾管悬挂系统（见图附 -2），以全新的方式安装尾管悬挂器，不仅节省了时间，还优化了作业流程并降低了风险。该系统能够在整个尾管安装过程中实时提供井下数据，并配备下行链路机制，允许在固井前、固井期间或固井后选择性地启动设备。

3）量子动力电机

博世力士推出量子动力电机（Quantum Power Motor，见图附 -3），其性能和使用寿命达到全新巅峰。最高转速超过 150r/min，可持续输出最大扭矩超过 350kN · m。在峰值扭矩下，功率高达 3MW，结构紧凑且效率高，是同类产品中体积最小、功能最强大的电机。

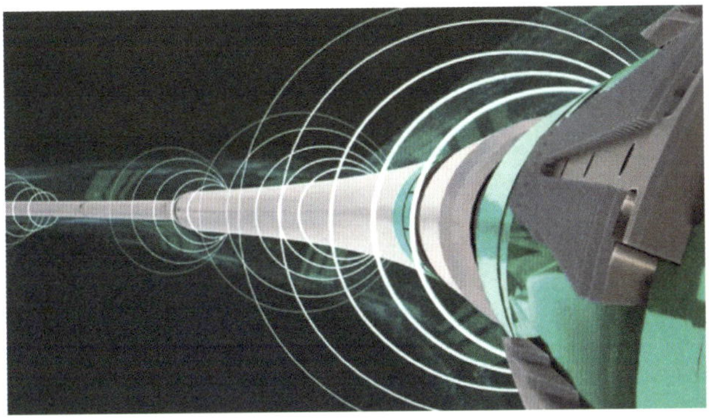

图附 -2　贝克休斯 Sonus™ 声学尾管悬挂系统

图附 -3　博世力士乐赫格隆（Hägglunds）量子动力电机

4）自主检测机器人

DeepOcean 公司的自主检测机器人（Autonomous Inspection Drone-AID，见图附 -4）能够为海底设备提供预编程的检查路线，可在无须增加人员的情况下，增加同时进行的作业量。这些路线在 DeepOcean 公司的数字孪生系统中进行规划和优化后，从远程操作中心传输至机器人，并在此过程中持续受到监控，不仅确保了数据质量，还提高了作业者的感知能力和作业效率。

图附 -4　DeepOcean 公司的自主检测机器人

5）Blue Dragon 海底钻机

荷兰 Fugro 公司研发的 Blue Dragon 海底钻机（见图附 -5）是模块化、全自动的海底钻机，能够在单次下潜中完成原位测试、土壤取样和岩心钻探，彻底颠覆了海上岩土工程勘探传统模式。Blue Dragon 能够在各种水深和地形中作业，可最大限度地降低风险、提升安全性、促进可持续性，并确保数据质量的一致性。

6）远程海底检查解决方案

荷兰 Fugro 公司的远程海底检查解决方案（见图附 -6），将 Fugro Blue Essence 无人水面航行器和 Fugro Blue Volta 电动遥控潜水器相结合，由远程操作中心统一管理。这种无人化作业方式显著降低了健康、安全和环境风险，压缩了项目成本，减少了碳排放，同时促进了客户之间的实时协作，从而助力做出更有效的决策。

图附 -5　荷兰 Fugro 公司 Blue Dragon 海底钻机

图附 -6　远程海底检查解决方案

7）LOCTITE Pulse 工业物联网解决方案

德国汉高公司的 LOCTITE Pulse 解决方案（见图附 -7），旨在提升工厂设备的可靠性。通过安装传感器，用户可以在单个应用程序中监控设备工作状态。当监测到异常现象时，系统会立即发送通知。这一解决方案能够最大限度地减少停机时间，提高安全性，增强可持续性。

图附 -7　LOCTITE Pulse 解决方案

8）ACTIVEHub 和 ACTIVELatch 电池供电远程监控系统

Oil States 公司的 ACTIVEHub 平台和 ACTIVELatch 数字生态系统（见图附 –8），为行业首个电池供电远程监控系统，显著提升了井场的安全性和效率。ACTIVELatch 可远程控制井口连接，作业人员则可在红区外安全工作。通过 ACTIVEHub 平台的实时通信和控制，作业人员可通过仪表板对井场上配备了 ACTIVEHub 技术的设备进行远程监控和指挥。

图附 –8 ACTIVEHub 和 ACTIVELatch 电池供电远程监控系统

9）Swift DW2 RAR 棘轮防转连接器

Oil States 公司的 Swift DW2 RAR 棘轮防转连接器（见图附 –9），具有独特的整体加工防转机制，能够在极端和疲劳敏感的深水条件下，有效防止连接器断开。它是市场上唯一一种将整体 RAR 作为标准组件的真正金属密封套管连接器。

图附 –9 Swift DW2 RAR 棘轮防转连接器

10）IAU（集成声学单元）

Saipem 公司的集成声学单元（IAU，见图附 –10），能够在铺设作业期间对海上管道的完整性进行非侵入式的远程监测。IAU 通过数字异常检测降低作业风险，确保监测准确性，为客户创造价值。IAU 技术已获得 DNV 认证，目前支持多个正在执行的项目。

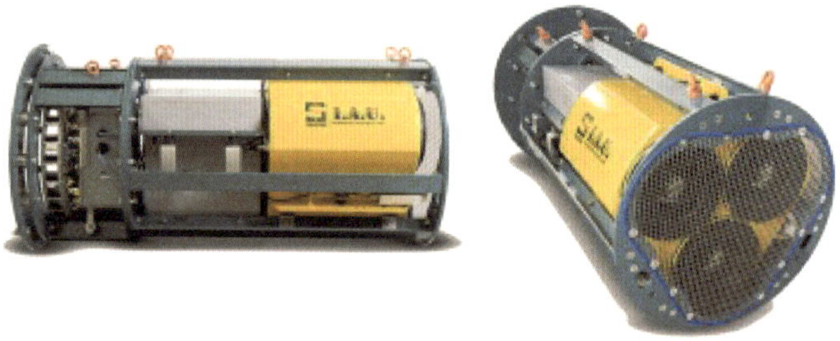

图附 -10　Saipem 公司的集成声学单元

2. 2024 年小型企业聚焦新技术奖（Spotlight Small Business Winners）

1）BridgeFlow Valve 公司的机械球阀

BridgeFlow Valve 公司的机械球阀（见图附 -11）以其无与伦比的耐用性、优于传统方法的密封性以及环境可持续性，彻底改变了传统阀门技术。其创新设计确保了无泄漏操作、无摩擦旋转和高效流通，树立了可靠性和高效率的新标杆。

图附 -11　BridgeFlow Valve 公司的机械球阀

2）GoWell 公司的多孔径运动补偿脉冲涡流深层探测工具

GoWell 公司的第二代增强型管道检测工具（ePDT-Ⅱ，见图附 -12）采用多孔径运动补偿电磁技术，能够对多达五层管柱的管壁厚度进行可靠测量。腐蚀监测可避免高昂的维

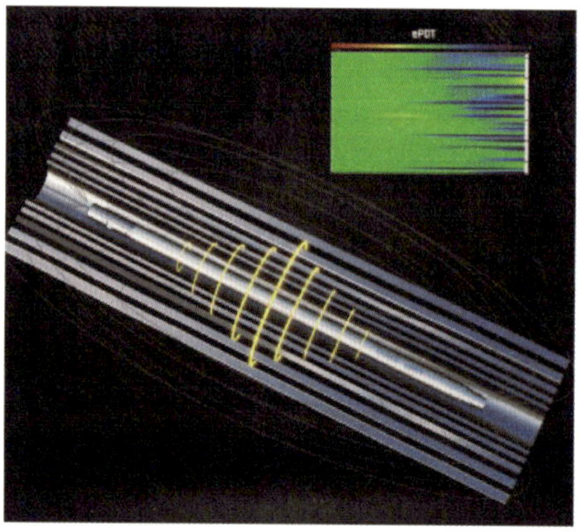

图附 -12　多孔径运动补偿脉冲涡流深层探测工具

修费用和潜在的报废风险。ePDT-Ⅱ的应用范围很广，可对外径在 73.025mm（2.875in）~ 609.6mm（24in）的管柱进行评估。

3）GoWell 公司的弹性结构非谐振式过油管固井评价技术（TTCE）

GoWell 公司的非谐振式 T TCE 技术（见图附 -13）采用弹性结构非谐振技术，实现了可靠的过油管固井评估。T TCE 可在各种环境下提供井筒完整性管理（包括油气井、地热井、封堵与废弃井及储气井），高效且经济，作业者能够在不起出油管的情况下评估固井效果。

图附 -13 弹性结构非谐振式过油管固井评价技术

4）HYTORC 公司的 LIGHTNING PUMP 系列单电机泵

HYTORC 公司的 LIGHTNING PUMP 系列单电机泵（见图附 -14）是为螺栓紧固而设计的速度最快的单电机泵。该泵配备了 1170W · h 的电池，不依赖于电网供电，可变速电机实现了更高的流量和更快的泵送速度，可在各种天气条件下工作。个别型号还配备了直观的触摸屏和文档记录功能。

图附 -14 LIGHTNING PUMP 系列单电机泵

5）Nanoprecise Sci 公司的 NrgMonitor 电机驱动设备状态监测平台

NrgMonitor 是一个能效与健康分析平台（见图附 -15），能够追踪能效、监测碳足迹，并实现电机驱动设备的状态监测。该平台能够识别设备能耗，精准定位故障，并预测设备寿命，帮助实现零排放目标，同时防止非计划停机。

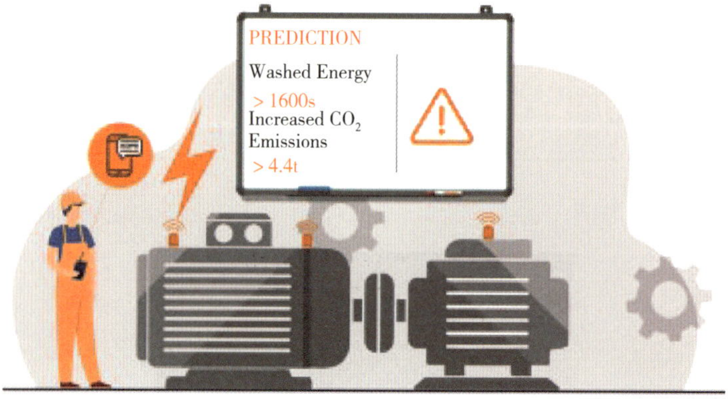

图附 -15　NrgMonitor 电机驱动设备状态监测平台

附录 2　2024 年工程技术创新特别贡献奖

Hart Energy 发布了 2024 年工程技术创新特别贡献奖（MEAs），评选了上游能源行业中具有卓越工程成就的 18 项技术，表彰在概念、设计和应用方面具有创新性的新产品和新技术。

1. 人工举升：沙特阿美和 Lex 潜水泵公司 UHS HGVFP 电潜泵

沙特阿美石油公司与 Lex 潜水泵公司（Lex Submersible Pump）联合推出适用于高含气量的超高速电潜泵（Ultra-High-Speed High-Gas-Volume-Fraction Pump，UHS HGVFP），泵吸入端含气率（GVF）达 90% 仍可使用，极大地扩展了现场气体处理的生产作业范围。高游离气体体积是井下至地表产油量减少的主要因素，并可能导致生产延期、电机过热、振动过度、设备失效及修井费用增加等一系列问题。相较于传统多相泵（最高仅能处理 75% 的 GVF），UHS HGVFP 将处理能力提升至新高度，展现出显著的技术优势。

UHS HGVFP 的结构设计紧凑，总长仅约 16.764m（55ft），核心部件包括转子和定子（见图附 -16）。转子和定子的叶片均采用螺旋状设计，旨在提高液压效率。在运行过程中，该泵能确保气体和液体充分混合，有效防止气液分离，从而避免了泵内气阻的发生。其轴向流设计进一步提升了气体处理能力。此外，UHS HGVFP 转子和定子的最小间隙比较大，所以其耐砂性高。泵内还集成了热交换系统，能有效冷却井下电机，确保在处理比热容相对较低的气体混合物时，电机能在适宜温度下稳定运行，防止过热现象的发生。

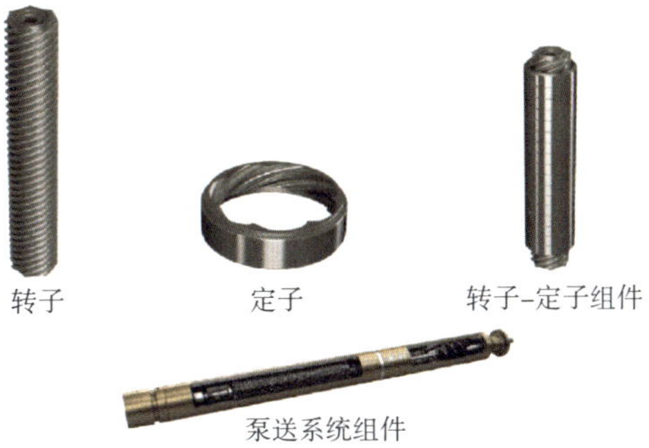

图附 –16　UHS HGVFP 主要部件

2. 碳管理：Caterpillar Oil & Gas 公司 Cat 混合动力储能系统

Caterpillar Oil & Gas 公司的 Cat 混合动力储能系统为钻井承包商和作业者提供了一种创新的能源管理方式。该系统通过优化能源存储、发电机组、双向功率逆变器和微电网主控制器，将天然气作为主要燃料，从而大幅减少柴油消耗，降低碳排放和总成本。混合动力系统由混合动力储能装置与燃气发电机组组合而成，其瞬态响应速度甚至比传统柴油动力钻机更快。此外，该系统具有很强的通用性，支持多种发电机组选项，提供优化的电力解决方案，能够轻松集成到现有的钻机设备中。

Cat 混合动力储能系统还具备其他优势。利用完全自主的燃气混合动力系统（包括最新的发电机组，见图附 –17），作业者和钻井承包商可以获得可靠且不间断的电力供应，不仅提高了燃油经济性，还减少了发动机维护成本并降低了废气排放。该系统提高了作业效率，保证了现场多种燃料的灵活使用，并能承受现场恶劣的作业条件。根据现场配置，使用天然气时可节省 30% 的燃料成本，使用现场气体时则可节省 85% 的燃料成本，同时氮氧化合物排放量可降低 81%。

图附 –17　电网稳定模块

3. 数字油田：Expro 公司 Centri–Fi 数智化指挥与控制系统

随着数字化与自动化技术的飞速发展以及安全性措施的持续强化，石油工业正经历着前所未有的变革，特别是在执行效率、行业接纳度以及资产管理方面。在钻井、井筒介入及油气生产等关键环节，数字化转型不仅显著提升了作业的安全性，还极大提高了工作效率，并有效降低了作业成本。Expro 公司的 Centri-FI 系统（见图附 -18）是一个典型的数智化指挥与控制系统。通过这一系统，作业者仅凭一台远程平板电脑就能精确组装卡瓦，操作吊卡、吊钳，连接完井工具，完成水泥头装配等工作。这一创新使原本需要三名或四名钻井人员完成的任务，现在仅需一名操作人员即可完成，大幅减少了人力成本。

图附 -18　Centri-FI 数智化指挥与控制系统

Centri-FI 不仅是一个高度模块化的系统，能够集成并同步运行多个非协调设备，以满足下套管和完井作业等需要，它还具备监控操作关键性能指标、分析操作效率并记录时间以节省运营成本的功能。通过钻机座椅集成模块，该系统将控制权直接交给了钻井作业人员，进一步降低了运营成本，同时保持了通信的透明度。此外，Centri-FI 还支持远程操作，进一步减少了人力成本，并通过提升钻台安全性来减轻潜在危害，提高了资产回报率并推动了技术创新。利用机器学习和人工智能技术，Centri-FI 能够对数据进行深度分析和可视化呈现，持续优化整个作业流程。其最终目标是提供一套全面自动化的、自主的管柱作业方案，为钻机设备与软件服务供应商带来最高级别的操作稳定性和数据可信度。

4. 钻头：斯伦贝谢 AccuStrike 短接钻头

AccuStrike 短接钻头（见图附 -19）在提升定向钻井性能方面优势显著。未来油气钻井技术的发展趋势是将旋转导向系统（RSS）的功能与数字平台相结合。为实现这一愿景，RSS 必须能够顺利钻穿整个计划井段，并确保实际钻井轨迹与预设轨迹精确吻合。这不仅有助于缩短单井作业时间，还能有效降低碳足迹，推动绿色钻井进程。通过将聚晶金刚石复合片

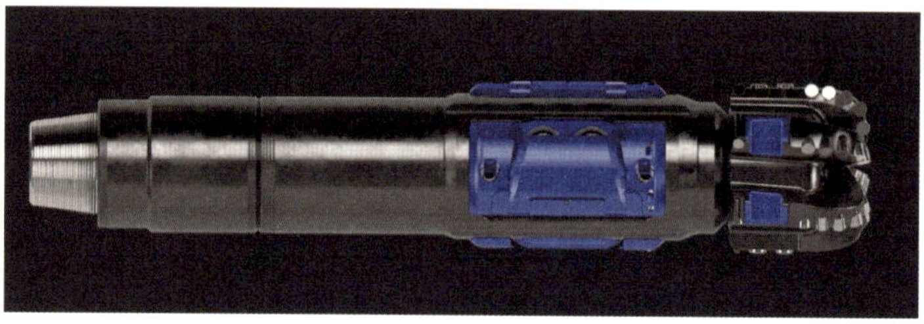
图附 -19　AccuStrike 短接钻头

（PDC）钻头的切削结构与偏转结构之间的距离最小化，斯伦贝谢成功缩短了 PDC 钻头的接合长度（MUL），使其能够应对更复杂多变的井眼轨迹，有效缓解可能损害工具的冲击与振动。

为了进一步优化 PDC 钻头的性能，斯伦贝谢设计了一体式钻头主体，对内部钻头制造工艺进行了革新。通过优化切削结构设计，提升了接合长度、稳定性和耐用性，增强了 PowerDrive Orbit G2 RSS 的定向钻井性能。同时，制造和运维团队对机械和钻头主体设计进行了改良，以确保达到期望的质量标准。通过创新夹具设计和有限元分析（FEA），突破了传统两件式钻头结构及焊接连接的局限性。此外，破岩槽的独特布局避免了钻头主体物理结构的损伤，提高了作业安全性。基于对传统两件式钻头结构的深入改进和广泛的材料特性研究，斯伦贝谢最终成功研发出公差极小、高效且高质量的 AccuStrike 短接钻头。

5. 钻井液：哈里伯顿 BaraHib 抑制剂浓度测试系统

在环保敏感区域，高性能水基钻井液（HPWBF）被视为油基 / 合成基钻井液（NAF）的替代品。HPWBF 利用页岩抑制剂（包括胺类抑制剂和聚合物包封剂）来达到与 NAF 相近的钻井液性能。传统上，胺类抑制剂的浓度追踪依赖质量平衡计算，但实际操作中，这些抑制剂的消耗速度可能比预期更快，进而引发一系列问题，如井眼不稳定、卡钻事故频发、非生产时间延长、储层难以到达以及钻井成本上升等。为解决这一问题，哈里伯顿 Baroid 开发了 BaraHib 可追踪抑制系统（TIS），这是一种创新的 HPWBF 解决方案，采用先进的抑制化学技术，能在钻井现场实现连续定量测量。这不仅提升了作业可靠性，降低了环境影响，还有助于最大化资产价值。BaraHib TIS 确保了在不同黏土矿物类型中的井眼稳定性，优化了润滑性能，并在高斜度和长水平井段实现了卓越的井眼清洁效果。该系统可根据实际情况定制抑制体系，有效防止页岩膨胀，避免岩屑分散，并利用防积垢涂层减少钻头泥包现象。图附 –20 为 BaraSure 页岩抑制剂的跟踪测试流程。

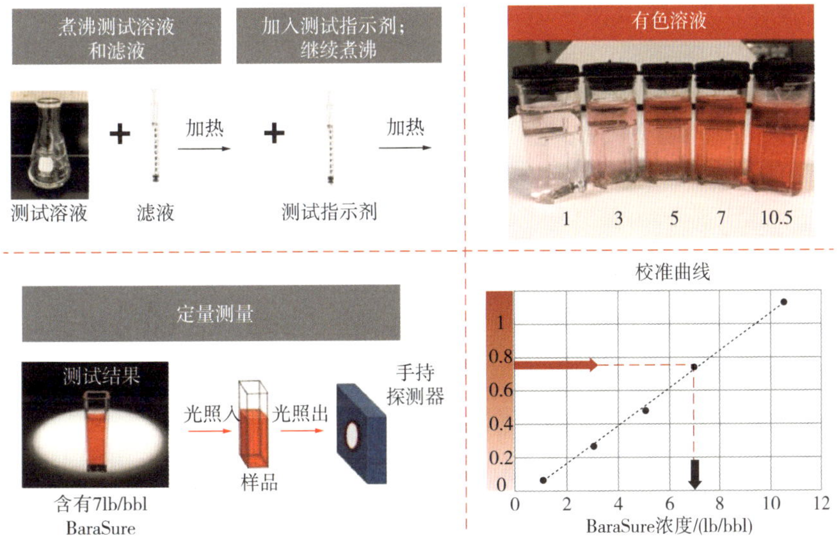

图附 –20　BaraSure 页岩抑制剂跟踪测试流程

含有水化页岩或反应性黏土混合层的地层可能导致井眼不稳定。与常规采用的体积追踪方法不同，BaraHib TIS 通过定量测量技术精确追踪页岩抑制剂的浓度。这种创新的追踪方式能够准确测定胺类抑制剂的含量，从而确保有效的页岩抑制，增强井眼稳定性，提升钻井效率。BaraHib TIS 的设计初衷是抑制反应性黏土的水化作用，使作业者能够钻探更长的井段，避免黏土膨胀导致扩划眼作业。此外，其独特的剪切稀化特性提升了水马力，增强了井眼清洁和悬浮性效果，最大限度地提高了钻进速度。

6. 钻井系统：Ulterra 公司 Mitigator 阻尼减振工具

高频扭振（HFTO）是导致持续和严重井下工具故障的根本原因，源自井下钻具组合（BHA）各组件之间的相互作用，表现为一种高能低幅的谐波失调。为此，Ulterra 设计了 Mitigator 工具（见图附 –21），能有效减弱隔离高频扭转振动。该工具由两个主要部分组成，通过摩擦板连接。设计的重点是两部分之间的凹槽传递旋转驱动力，允许发生一定程度的角度变化。工具内部注入了 Vylon 材料（专有的高温弹性体），以实现持续的阻尼效果。Vylon 材料与钻井液完全隔离，以防止在阻断 HFTO 时发生降解。Mitigator 工具最大的优势在于其长度较短，约为 1m（3ft），与标准转换接头长度相当，适用于各种 BHA 设计。另外，Mitigator 工具没有活动部件，且零件总数较少，减少了潜在故障点，最大限度地提高了可靠性。Mitigator 工具预留了安装钻井动力学传感器的空间，分别位于工具的上方和下方，可以用来量化减振效果，为了解井下动态环境提供帮助。

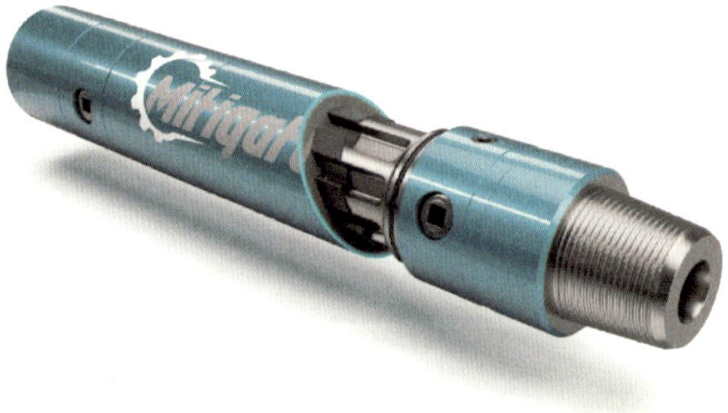

图附 –21　Ulterra 的 Mitigator 工具

在现场测试中，通过数据采集结果和 BHA 作业后状态分析，证明 Mitigator 工具能够降低并减弱谐波频率。随钻测量和随钻测井仪器电子组件故障率降低，提高了平均无故障时间。这种阻尼阻断效果在工具上方和下方都有体现，证明工具减少了高频振动。测量结果显示，该工具还减少了其他有害振动形式，如黏滑振动和横向振动。

7. 勘探 / 地球科学：哈里伯顿快捷现场管理（Agile Field Management）

石油和天然气投资决策是基于对油田的技术、运营、地缘政治、环境和财务分析而做出的，并需要在这些因素之间找到平衡。传统人工模式可能导致工作流程孤立、数据管理存疑、决策轨迹无法追溯以及项目状态不准确等问题。哈里伯顿 Landmark 的快捷现场管理（见图附 -22）解决方案可以跨功能提供更广泛的决策视角，利用多个团队的专业知识和数据，更全方位地了解业务环境并做出更加明智的决策。

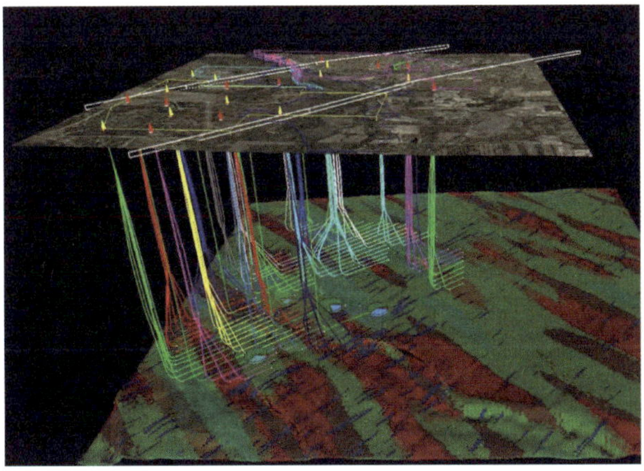

图附 -22　使用快捷现场管理（DecisionSpace 365 解决方案）进行资产评估和规划

作为 DecisionSpace 365 解决方案的一部分，快捷现场管理通过将多领域数据、专业知识和自动化工作流程整合到一个高效、可审计且统一的决策环境中。该解决方案能够创建一个可视化的数字孪生体，使资产管理团队内的领域专家能够无缝协作。项目团队可以合作构建油田开发替代方案，衡量排放、风险、经济性和技术复杂性等参数，并对替代方案进行特征描述。该方案采用创新的网格架构来分散数据和决策所有权，各部门人员都能够随时访问数据。公司能够利用综合评估方法快速测试多种方案，以提供优化的开采策略、生产流程和加密井位置，从而使项目交付更快、更准，油藏产量更大。

8. 浮式生产系统和钻井平台：PTS（生产技术与服务）公司多体式船型设计

多体式船型设计采用铰接式连接技术整合两艘或多艘油轮（见图附 -23），形成功能多样的复合船体，可应用于浮式生产储卸油装置（FPSO）和浮式液化天然气装置（FLNG）等多种场景。通过创新应用业内成熟的连接技术，该设计以更简单经济的方式实现了船体与上部平台 / 甲板结构的运动解耦，同时拓展了船舶配置的可能性，有助于提升作业效率并增加液态存储容量。

图附 -23　多体式船型设计效果图

与传统单体式 FPSO/FLNG 相比，多体式设计综合成本（涵盖工程设计、建造施工、海上安装及系统调试）可降低 30%。由于多体式结构的上部平台通常采用比常规 FPSO/FLNG 更少的层级配置，船厂模块化建造周期大幅缩短，材料消耗减少，综合成本显著优化。相比单体式平台，多体式平台由于重心较低，其稳定性更强，从而减少了储液容量折损。多体式设计通过优化的设备布局显著提升作业安全性和通风系统效率，使应急情况下的人员疏散更加通畅。

9. 地层评估：Cordax 公司 LWT-GEN3 地层密度测井技术

Cordax 公司的起钻测井技术（Logging-While-Tripping，LWT），是一项经过商业化验证的专利技术，可在钻井作业完成后、钻具组合起升至地面过程中，实时采集符合工业标准的裸眼测井数据并存储于井下存储器。该技术利用起钻过程高效完成测量作业，几乎不存在仪器落井或卡钻风险，从而最大限度减少占用钻机时间。相较于传统电缆传输、过钻头式或随钻测井方法，这种钻杆内输送的 LWT 地层评估方法固有风险更低。传统方法需要在裸眼井环境中采集数据，不仅占用更多钻机时间，还增加了仪器落井（LIH）风险。当前，LWT 技术已实现地层电阻率、地层密度、中子孔隙度、自然伽马及能谱伽马等参数的测量。过去 20 余年间，裸眼地层密度测量主要依赖推靠式测量装置，将探测器和放射源置于推靠臂表面，通过推靠井壁实现地层电子密度测量并转换为地层密度值。传统上此类推靠式仪器需通过电缆下入井中。随着大斜度井和水平井的普及，业界将探测器与放射源集成在随钻稳定器外壁，模拟形成随钻推靠式测量装置（即 LWD 工具），但 LWD 工具面临传感器与井壁接触 / 推靠效果及深度控制两大技术挑战。

Cordax 公司研发的 LWT-GEN3 地层密度测井系统（见图附 -24）由第三代钻铤和探测器测量工具组成。LWT-GEN3 钻铤配置于底部钻具组合（BHA）中，全通径设计且钻井过程中无须携带电子或放射源。完钻并确认井况稳定后，通过地面泵送方式将 LWT-GEN3 测量工具输送至钻铤预定位置完成机械锁定。在起钻过程中，系统自动完成地层密度测量并将数据存储于井下存储器。返回地面后，将时间基准的存储数据与深度数据相关联，即生成可直接交付的深度基准地层密度数据。

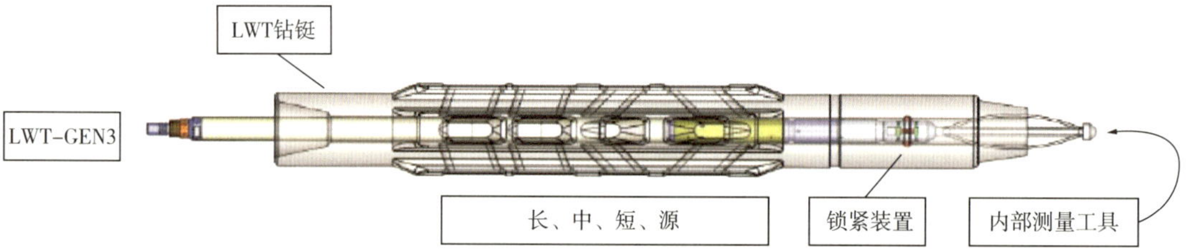

图附 -24　LWT-GEN3 地层密度测井系统

10. HSE：Extract（NOV）公司机械轴锁（MSL）技术

油气生产中永磁电机（PMM）的使用可能存在重大安全风险，如电机轴旋转时产生致命电压的问题。为解决这一难题，将机械轴锁（见图附 -25）技术在 PMM 中应用，成为安全与效率领域的重要突破。

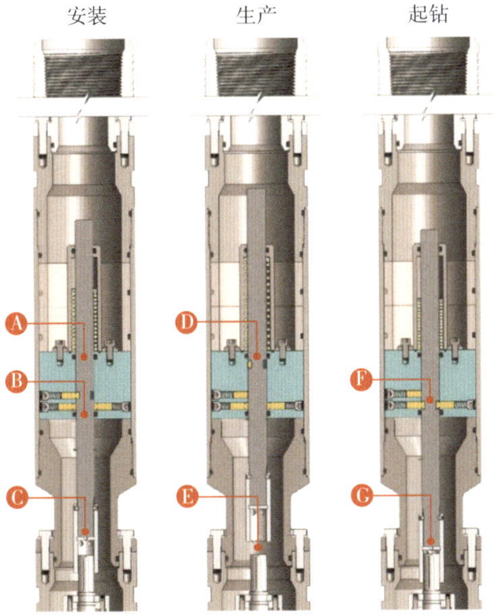

图附 -25　机械轴锁结构图

MSL 装置作为一种故障保护机制，可有效防止 PMM 驱动的电潜泵（ESP）在安装和起出过程中产生电压。通过剪切销对电机轴进行物理固定，MSL 能够防止井下压力导致的轴旋转，从而保障现场技术人员的安全。值得注意的是，MSL 可由电机动力自动解锁，实现向生产模式的无缝切换。与现有的安全措施（如短路法和油管封堵法）相比，MSL 提供了更可靠、更有效的解决方案，从根本上消除了意外旋转和电压产生的可能性。现场测试验证了 MSL 的有效性，在安装和起出过程中成功实现了安全销的剪切与复位，证实了其作为故障保护方法的可靠性。MSL 在多家油气作业商的多口井中成功应用，充分证明了其在保障安全、预防危险工况方面的卓越性能。该技术不仅提升了安全性，还通过省去清除油管封堵的辅助作业环节，优化了作业流程。MSL 有望彻底改变 PMM 的安全操作规程，提供一种简单、可靠且高效的解决方案，从根本上杜绝危险电压的产生，创造更安全的工作环境。

11. 水力压裂 / 压力泵送：Lonestar 完井工具公司 LONEstart 趾端阀

特殊结构井侧钻段固井后需建立注入通道，常见方法是使用位于侧钻段完井管柱内的趾端阀，可满足套管测试需求并实现地层流体循环。破裂盘是标准趾端阀的主要激活方式，达到预设压力时破裂，驱动活塞开启阀门，活塞内设有防止提前开启的次级剪切装置，趾端阀的密封完整性对工具安装与激活至关重要，要根据井筒条件精确配置。趾端阀常见故障主要是无法开启或提前开启，失效原因有三种：密封泄漏导致液体侵入、固井刮管不彻底导致水泥残留、现场组装或配置错误。

LONEstart 趾端阀（见图附 -26）针对上述问题进行了优化设计。其独特的装配结构（标准趾端阀通常包含上接头、外壳、滑套和下接头）通过一体化设计，取消了外部剪切装置并减少 50% 的高压密封点。该设计通过在活塞与顶接头间设置微型剪切面实现功能集成，平滑的内径与优化的活塞结构可使产生的力大于常规趾端阀的开启力，即使管柱内存在水泥残留也能确保可靠开启。

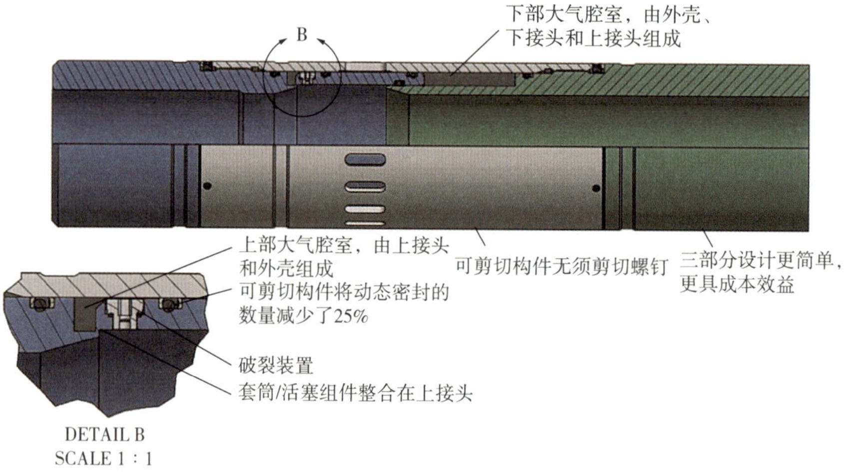

图附 -26　LONEstart 趾端阀剖面图

12. IOR/EOR/ 修复：Locus 生物能源公司 AcidBoost 酸液增效剂

酸基流体体系在井筒修复中具有关键作用，可清除碳酸盐垢、抑制铁沉积并解除地层伤害以恢复产能。传统酸液处理需使用多种辅助添加剂，施工复杂度高，健康安全环保（HSE）风险大。AcidBoost 酸液增效剂是一种基于生物表面活性剂的微乳液，通过单剂替代传统多级溶剂组合，显著提升酸处理效率。Locus 生物能源公司的实验室测试表明，在含油碳酸盐岩样品中，纯盐酸溶液会形成油润湿环境并导致酸液乳化，使残余油相滞留于岩石孔隙间；添加 8% 二甲苯后除油效果略有改善，但表面仍呈油润湿且存在乳化现象；而改用 3%AcidBoost 后，油相被彻底剥离，形成清晰的油酸分离界面，岩石表面转为水润湿状态，酸液与碳酸盐反应活性显著增强（见图附 -27）。在与其他工业级酸兼容微乳液、胶束表面活性剂及二甲苯复配体系的对比测试中，AcidBoost 均展现出稳定优势，该技术可减少表面活性剂、溶剂及抗淤渣剂的用量。其生物表面活性剂的强效去污能力可优化储层岩石表面，为酸化创造理想条件。

Locus 生物能源公司强调，AcidBoost 通过整合多种化学剂、多阶段功能实现了工艺简化，不仅降低作业复杂度，还减少了溶剂及添加剂大规模泵送带来的 HSE 风险。实验数据表明，该技术在实际应用中可提升酸处理效率与原油产量，其构建水润湿环境及抑制乳化的特性增强了酸液反应活性与渗透能力。

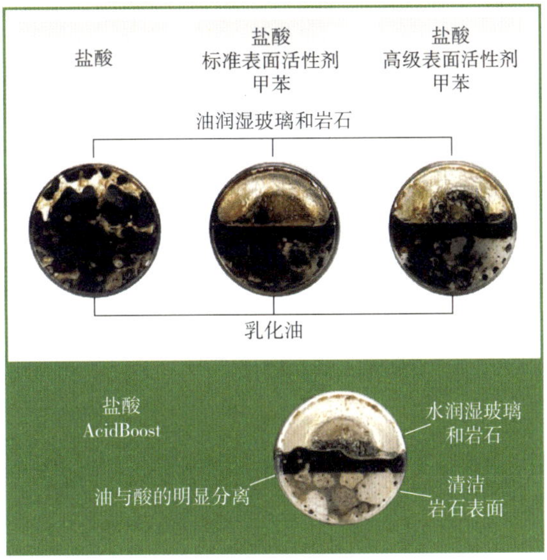

图附 -27　AcidBoost 实验室测试对比

13. 机器学习和人工智能：纳伯斯工业和 Corva 公司超前预测钻井系统

纳伯斯工业和 Corva 公司通过战略合作，将 Corva 公司的超前预测钻井系统接入纳伯斯工业的 SmartROS 钻机操作系统，为钻机（包括第三方承包商设备）提供全新智能化升级。此次合作整合全球顶级钻井承包商与能源软件即服务（Software as a Service，SaaS）供应商资源，推动自动化闭环钻井发展。核心目标是通过机器学习优化机械钻速（ROP），减少非生产时间，实现单位长度钻井成本最低。超前预知钻井系统通过云端无缝连接远程控制钻机自动司钻系统，无须额外升级硬件。Corva 开发的 ROP 优化算法与纳伯斯工业的 API 接口协同工作，实时同步 ROP、钻压、压差、转速等参数至云端、边缘端及人机界面（HMI），通过通信传输机制保障通信可靠性。

近期应用结果显示，预测性钻井自动化性能已超越传统自动司钻手动操作模式，增强型自动司钻系统在侧钻井作业中减少了约 5000 次人工参数调整。据纳伯斯工业统计数据，当系统使用率在 70% 以上时，ROP 提升 15%~20%（见图附 -28），振动抑制效果显著，且可实现单只钻头完成侧钻井段作业。云端部署支持远程参数调整与软件快速迭代，突破传统边缘端部署对现场人员的依赖，显著减少现场干预需求，降低司钻工作强度并提升作业安全性。

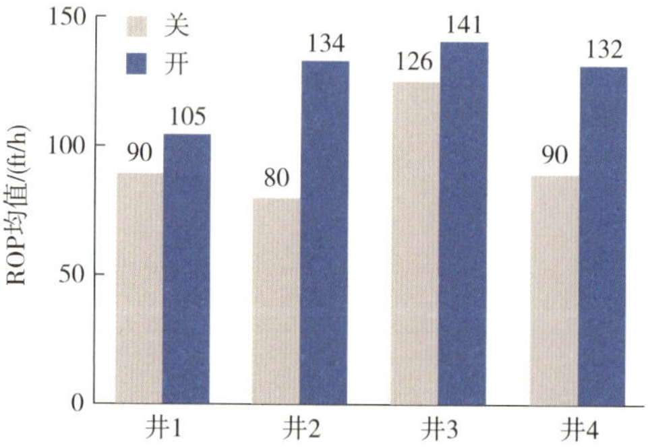

图附 -28　预测性钻井系统使用前后 ROP 对比

14. 海洋建设和弃置：贝克休斯模块化通用工具（Agnostic Tooling）

通用工具系统（见图附 -29）通过模块化设计显著提高工具适应性，降低风险与成本。其核心理念是通过功能分析与工具共性评估简化设计，减少专用工具需求。在油田全生命周期作业中，跨厂商、跨井型的工具配置耗时且昂贵，而通用型工具系统通过标准化接口实现"瑞士军刀"式多功能集成。

图附 -29　模块化通用工具现场应用

例如，水下干预工具的导向与坐封标准化设计可简化操作流程。单一供应商模式在海上多井作业中更具灵活性，便于优先级调整与计划变更。该技术在弃置作业中表现突出，面对 2035 年预计达 150 亿美元的弃置市场及日益严格的封井法规，通用工具通过跨厂商设备模块化适配减少工具总量，标准化设计降低总成本。跨井组工具标准化可减少现场作业与维护所需工具量，简化设计审批流程，通过通用连接接口使设备需求最小化。

15. 完井：哈里伯顿双程智能完井系统

随着井下湿式对接技术发展，作业者能在更深和 / 或大斜度井中进行双程完井，上下部完井工具可分别下入。双程完井的优点很多，能在油井提产早期修井或后期修复系统，允许取出故障设备维护且不破坏 SmartWell 系统完整性，无须释放或切割生产封隔器。该系统可通过钻杆与下部接收器对接接口安装，减少安装时间，漏失时能快速到达预定井深。控制管线如果在井口进入点或裸眼井段受损，作业者要断开钻杆返回地面，重新连接上下部完井管柱才会发现，在深水作业中这可能耗费数天时间来更换损坏的控制线或整个下部完井管柱。

哈里伯顿开发了两项关键技术，使深水油气井能够实现双程 SmartWell 完井：Auris 完整性检查系统（见图附 -30）和配备 Fuzion-TJ 控制线的伸缩式传动节。Auris 系统通过与下部完井的接口提供声学验证，从地面通过钻杆发送双向信号进行远程系统确认完整性。声学遥测使用成熟的 Dynalink 遥测系统，声学信号近乎实时到达井下模块，该系统对控制管线进行压力测试，以确认液压系统无泄漏；还可以读取整个永久井下仪表串，以确认电气系统是否受损。因此，Auris 完整性检查系统有助于作业者在部署下一阶段作业之前降低双程完井的风险。

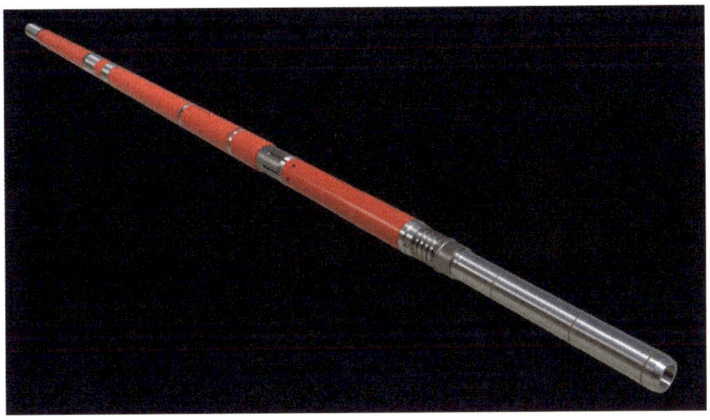

图附 -30 Auris 完整性检查系统

16. 陆上钻机：Canrig 公司 Sigma 顶驱装置

在钻井领域，追求更长的水平段已成为一大趋势，人们期望钻探出超过 6.4km（4mile）的水平段。这一转变推动了高扭矩、大马力顶驱装置的需求。Canrig 公司 40 多年来一直在提供业界领先的顶驱装置，最近将 Sigma 顶部驱动装置（见图附 -31）商业化。Sigma 顶驱装置注重提高可靠性和输出扭矩，同时保持安全标准。

Sigma 顶部驱动装置经过全新设计，能够承受最恶劣的钻井条件，提供最高的持续扭矩，能够输出 33720kN · m（75000ft · lbs）的扭矩，支持超长水平段钻井作业。Sigma 顶部驱动装置功率强、性能高、扭矩大，使地面和井下的自动化和远程控制能力得到增强。目前，Sigma 配备了 Nabors 公司的智能软件套件，可实现无缝集成和自动控制。该顶部驱动装置还采用了先进的技术和预防性维护功能，可监控设备健康状况和使用情况，从而提高可靠性并大幅降低成本。

图附 -31 Sigma 顶部驱动装置

与传统的顶部驱动装置相比，Sigma 顶部驱动部件减少了 30%，其紧凑的设计使操作更安全。此外，Canrig Sigma 顶部驱动装置采用液冷电机，无凝结和过热现象，减少了故障和噪声污染。

17. 海底系统：Mocean Energy 和 Verlume 公司海底电力可再生能源项目

海底电力可再生能源项目（RSP，见图附 –32）是一个开创性的联合行业项目，汇集了苏格兰在石油和天然气作业、海洋能源和海底储能方面的专业知识，旨在通过创新推动海上活动的脱碳进程。

图附 –32　海底电力可再生能源项目

2023 年 2 月，由 Mocean Energy 建造的 10kW Blue X 海洋能量转换器在苏格兰奥克尼群岛东海岸 3mile 处部署，并通过智能能源管理专家 Verlume 开发的 150kW · h Halo 水下电池与岸上实现无电缆连接。该项目耗资 250 万美元、为期 13 个月，证明了绿色技术能够为海上微电网中的海底设备提供可靠的低碳电力和通信，从而消除了对昂贵海底电缆的需求，减少了碳排放。该项目为贝克休斯海底电子模块和 Transmark Subsea 公司常驻自主水下航行器提供了可靠的可再生海洋能源。RSP 项目可以为海上碳捕集与封存以及弃置等领域提供可靠、清洁的电力和通信。该技术已准备进行商业部署，预计在未来两年内将在北海和其他地区实施相关项目。作为能源转型的先驱，RSP 项目展示了目前可用的可再生能源解决方案，以促进更大规模的海上可再生能源脱碳项目实施，并助力运营商和行业实现净零排放目标。

18. 水管理：沙特阿美压裂返排水管理项目

零液体排放（ZLD）生产水管理解决方案（见图附 –33）通过改变采出水的离子特性来实现脱盐，并产出高附加值产品。该技术方案定制设计的预处理系统用于去除残留的烃类和硫化氢（H_2S），动态蒸汽压缩（DyVaR）单元用于从高盐度油田生产水中去除盐分。

图附 –33　ZLD 生产水管理解决方案

预处理系统采用化学清除剂降低生产水中溶解的有毒硫化氢含量，同时利用氮气进行诱导气浮去除分散的烃类。预处理后的生产水在 DyVaR 单元中进行处理，有效去除生产水中的盐分。DyVaR 系统配备了新型“旋风分离器”，能够在 80~90℃的温度下实现水蒸发。水蒸气随后冷凝，生成高质量、低盐度的水。浓盐水被连续回收，与预处理后的进料产水混合，生产水回收率高达 70%~80%。通过 ZLD 技术获得的浓缩盐可以进一步处理回收，或直接用于配制高密度钻井液和防漏堵漏材料（LCM）浆料，从而实现零废物排放。ZLD 处理后的水还可以用于灌溉，从而间接降低环境碳排放，有助于促进油气行业的能源转型。

免责声明